Hellmuth Stieff

Briefe

Deutscher Widerstand 1933-1945

Zeitzeugnisse und Analysen

Herausgegeben von Karl Otmar von Aretin,
Ger van Roon und Hans Mommsen

Hellmuth Stieff

Briefe

Herausgegeben
und eingeleitet von
Horst Mühleisen

im
Siedler Verlag

Inhalt

Doch es gibt Lagen, in denen man auf den Erfolg nicht achten darf; man steht dann freilich außerhalb der Politik. Das gilt auch für diese Männer, und daher gewannen sie moralisch, wo sie historisch scheiterten. Ihr Opfer zählt zu jenen, die nicht der Sieg, wohl aber die Dichtung krönt.

Ernst Jünger: Strahlungen

Das Vergangene ist nie tot;
es ist nicht einmal vergangen.

William Faulkner

Ernst Ferber

Geleitwort

Hellmuth Stieff, Generalmajor und Chef der Organisationsabteilung im Generalstab des Heeres, gehörte bislang nicht zu den Soldaten des Widerstandes, deren Leben und Leistung besonders gewürdigt wurde. Manche Kritik ist an ihm geübt worden: Er habe lange gezögert und geschwankt, und nicht immer seien sich die Verschwörer seiner Teilnahme sicher gewesen. Aber mutig stand Stieff vor dem Volksgerichtshof und bot dessen Vorsitzendem Freisler die Stirn. Eine Stunde nach Verkündung des Urteils wurde er am 8. August 1944 hingerichtet.
Mit diesem Buch werden die Briefe, die Hellmuth Stieff seiner Frau und seinen engsten Familienangehörigen geschrieben hat, zum ersten Mal vollständig veröffentlicht. Diese Briefe, soweit sie erhalten sind, lassen uns Denken und Fühlen dieses Offiziers erkennen. Wer einen Teil der Ereignisse, die sich hier niederschlagen, miterlebte und dem Vorgesetzten Stieff in dieser schweren Zeit nahestand, der wird durch diese Zeugnisse besonders berührt. Ende März 1943 wurde ich von der Ostfront in die Organisationsabteilung versetzt, wo ich Stieff täglich erlebte. Obwohl er an den sinnwidrigen und oft verheerenden Eingriffen Hitlers in die Organisation des Heeres schier verzweifelte, tat er sachkundig und unermüdlich alles ihm Mögliche, um der Truppe und der Führung zu helfen.
Die Briefe geben ein Bild des ganzen Menschen. Schon früh zeigte der junge Soldat kluges Urteil und tatkräftige Frische. Nach Dienst in der Truppe für den Generalstab ausgewählt und ausgebildet, erhielt er wegen seiner operativen und organisatorischen Begabung bevorzugte Verwendungen im Oberkommando des Heeres. Dort, aber auch in seiner Stellung als erster Generalstabsoffizier eines Armeeoberkommandos im Osten, vor Moskau, eröffneten sich ihm tiefe Einblicke in das militärische und politische Geschehen. Sein sittliches Empfinden, sein christlicher Glaube und sein durch Familientradition geprägtes Ehrgefühl hatten ihn schon längst aus dem Traum nationaler Erneuerung durch Hitler gerissen. Im harten Winter 1941/42 begann in Stieff der Entschluß zum Widerstand zu reifen.
Immer wieder wurde ihm das Dilemma bewußt: die Diskrepanz zwischen der Hoffnung auf militärische Erfolge für das bedrängte Vaterland einerseits, dem Wissen um den Dilettantismus der politischen und militärischen Führung andererseits. Und immer stärker trat deren verbrecherischer Charakter hervor. Diese Kluft, heute nicht leicht nachzu-

empfinden, zwischen dem Stolz auf seine berufliche Leistung – so bei der Beförderung zum General – und der tiefen Verachtung für den Diktator zeigt die Zerrissenheit und die menschliche Not jener Jahre. Stieff besaß einen scharfen Blick für die militärischen und politischen Lagen, die rasch wechselten. Er sah die gähnenden Abgründe, die sich öffneten, aber auch die Chancen, die sich möglicherweise noch boten. Über die Fährnisse und Ungewißheiten der Verschwörung war er sich bewußt. So ist wohl auch sein Schwanken zu erklären, das die Mitverschworenen beklagten und mancher Historiker kritisiert. Ich erinnere mich einer Äußerung Stieffs in vorgerückter Stunde: »Ich habe immer Glück gehabt im Leben, auch wenn es nicht danach aussah. Auch diesmal wird es wohl gutgehen!« Erst nach dem Schicksalstag verstand ich den Sinn dieser Worte.

Im Juni und Juli 1944 war ich bei Stieff Generalstabsoffizier im Hauptquartier in Ostpreußen. Seine letzten Stunden in Freiheit verbrachte ich mit ihm am Abend des 20. Juli. Noch in der Hoffnung, daß die Geheime Staatspolizei seine Teilnahme an der Verschwörung nicht entdecken würde, vertrat Stieff als amtierender Chef des Generalstabes des Heeres General Heusinger, der beim Attentat verletzt worden war. So mußte Stieff, auf Anweisung Keitels, die Oberbefehlshaber der Heeresgruppen an der Ostfront davon unterrichten, daß Hitler das Attentat lebend überstanden hatte, und mußte sie auffordern, dem Staatsoberhaupt und Obersten Befehlshaber die Treue zu halten. Es waren gespenstische Stunden.

Stieffs Briefe, die von der Not, dem Zorn, von Ängsten und menschlichen Schwächen berichten, sind unerläßlich zum Verständnis jener dunklen Zeit. Sie sind auch eine Warnung an die Nachgeborenen, die meinen, aus der sicheren historischen Distanz urteilen oder verurteilen zu können. Nachdenklich stimme sie, auch zur Lehre für ihr eigenes Leben, das Schicksal eines Mannes, der bestrebt war, das Gute zu tun und seine Pflicht als Soldat in schier auswegloser Lage zu erfüllen. Sie mögen auch spüren, wie er an seinen Schwächen zu tragen hatte und sich bemühte, gegen sie anzukämpfen.

Hellmuth Stieff setzte sein Leben ein, um sein Vaterland vor weiterem Unheil zu bewahren. Aber er unterlag. Gestärkt in seinem Glauben an Gott ging er in den Tod: für Deutschland. Dieser Mensch und Soldat verdient unser Gedenken in Achtung und Anteilnahme.

Die Veröffentlichung seiner Briefe trägt dazu bei.

Horst Mühleisen

Einleitung

Unter den Briefen, die aus der Zeit der nationalsozialistischen Herrschaft erhalten sind, nehmen die Schreiben Hellmuth Stieffs einen hohen Rang ein. Sie erhellen nicht nur den Lebensweg dieses Soldaten, der früh in wichtige Führungspositionen gelangte, sie sind auch aufschlußreiche Dokumente für die Auseinandersetzung zwischen Armee und Nationalsozialismus. Mehr noch: verglichen mit anderen Briefeditionen[1] zeichnen diese Zeugnisse Stieffs Weg in den aktiven Widerstand gegen Hitler und sein Regime nach. Sie enthüllen das innere, immer qualvolle Ringen und legen seine Motive frei. Daher sind diese Briefe einmalig und einzigartig.

Stieff war ein passionierter Briefeschreiber. Bei Trennungen führte er den Gedankenaustausch mit seiner Braut, Ehefrau, Mutter und Schwester auf diese Weise fort. Für ihn bedeutete Schreiben, besonders während des Krieges, den Ausgleich für die seelische Anspannung, unter der er stand. Daher war er offen, sehr freimütig und leichtsinnig in seinen Aussagen. Aber Unbekümmertheit war einer seiner Grundzüge. Obgleich mehrere Briefe der Jahre 1939 bis 1943 durch Kurierpost befördert oder von Bekannten mitgenommen wurden,[2] stellten die darin enthaltenen Äußerungen ein gefährliches Wagnis dar. War ihm dies bewußt?

Über Hellmuth Stieff war bisher wenig bekannt. Hans Rothfels teilte einige Daten mit, Annedore Leber veröffentlichte eine biographische Notiz. 1984 erschien ein Lebensabriß, verfaßt vom Herausgeber der vorliegenden Edition; jedoch fehlt in dem Band »20. Juli. Porträts des Widerstands« sein Lebensbild.[3] Deshalb folgt hier sein Werdegang in Umrissen.

Im November 1918 hatte der Fahnenjunker Stieff den Zusammenbruch einer Welt, des Kaiserreichs, erlebt. Die Revolution traf ihn im Innersten. Lange wirkten diese Geschehnisse bei ihm nach. Als im Dezember 1941 die Krise vor Moskau ihren Höhepunkt erreichte und der Zusammenbruch der 4. Armee unvermeidlich schien, rief der erste Generalstabsoffizier Stieff aus: »Chaos. Ein zweites 1918 will ich nicht mehr erleben!«[4]

Er war von kleiner Statur, hochbegabt und immer ehrgeizig, ohne ein Streber zu sein, sehr offen und hilfsbereit. Nach Kriegsende blieb er bei der Armee und diente in der Reichswehr. Er wollte Deutschland, sein Vaterland, schützen, denn als »*Lebenselixier des Soldaten*« galt ihm

»*seine uneigennützige Vaterlandsliebe*«. Ohne diese sei man nur »Landsknecht um des Soldes willen«. Darin sah er seine Aufgabe; er bejahte die Republik – allerdings nur aus Vernunftgründen: »Das Bedürfnis zur positiven Mitarbeit ohne Vorbehalt am Staat ist besonders bei uns jüngeren Offizieren vorhanden, weil nur daraus eine innere Befriedigung möglich ist.« Dennoch war für Stieff, diesen nationalkonservativen, traditionsbewußten Offizier, den die preußische Armee geprägt hatte, das Heer der Träger der wahren Staatsgewalt. Einen Aufstieg Deutschlands konnte er sich nur mit dem Heer vorstellen.[5]
Stieff besaß ein »ausgesprochenes Interesse an politischen Fragen«.[6] Doch seine Briefe aus den letzten Jahren der Republik zeigen, kennzeichnend genug, eine unpolitisch-militärische Betrachtungsweise, da er die Ereignisse unter dem Blickwinkel des Soldaten bewertete. Nur allmählich gelang es ihm, sich von dieser Sichtweise zu lösen. Er äußerte sich über Wahlen, Auseinandersetzungen zwischen KPD und SPD; er berichtete über Brüning, Papen und deren Kanzlerschaften; er nahm Stellung zum Ulmer Offiziersprozeß, der die Reichswehr spaltete; er schrieb über die Heeresvermehrung und Querelen der Parteien sowie über sein Selbstverständnis als Soldat und Offizier.
Es ist nicht bekannt, wann Stieff erstmals Berührung mit dem Nationalsozialismus hatte. Seine Briefe enthalten nur spärliche Hinweise auf die Partei. Auch er brachte der Bewegung ohne Zweifel Sympathie entgegen. »Nationaler Aufbruch« hieß das Zauber- und Losungswort, das blendete. Er fand die Ideale, die er stets hochgehalten hatte, die aber in den Programmen der Weimarer Parteien wenig berücksichtigt worden waren, in dem Gedankengut der nationalsozialistischen Partei wieder. Noch durchschaute er das Wesen der Bewegung nicht.
Über den 30. Januar 1933 liegen keine Zeugnisse Stieffs vor. Bruchstücke früherer Aussagen lassen allerdings den Schluß zu, daß er diesen »Tag der nationalen Erhebung« freudig begrüßte. Jetzt war das Reich »an einem ebenso entscheidenden Wendepunkt« angelangt wie 1871 und 1918, von dem er ein Jahr zuvor geschrieben hatte.
»Hitler hat es eben geschickt gemacht.« So urteilte Adolf Heusinger rückblickend über den Irrtum der Offiziersgeneration.[7] Hitler hatte es verstanden, den Idealismus der jungen Offiziere, in dem sich nationalsoziale und nationalrevolutionäre Elemente, auch alter Freikorpsgeist, unklar vermischten, für seine Absichten zu gebrauchen. Er wußte, daß diese Leutnants, Oberleutnants und Hauptleute in wenigen Jahren die Führungsschicht seines nationalsozialistischen Heeres bildeten; aber noch brauchte er die Reichswehr als Kader.
Stieff wurde spontan ein Bewunderer Hitlers. »Ganz fabelhaft« sei dessen Rede auf dem Reichsparteitag in Nürnberg gewesen, fand er, und er hielt Hitler für den »Begründer einer neuen unzweifelhaft epochalen Weltanschauung«. Dies war, so betonte er, »meine innerste Überzeu-

gung«. Durch die Reden habe er »ein sehr klares und sympathisches Bild der Bewegung« erhalten, schrieb er am 4. September 1933.

Dann kam der 30. Juni 1934, der »Röhmputsch«. Unkritisch übernahm Stieff die amtlichen Verlautbarungen über die Erschießung Röhms und anderer SA-Führer; unkritisch wiederholte er die Darstellung von Klauseners Tod. Noch hielt er diese Liquidierungen für Rechtens und zweifelte nicht an Hitler und der NSDAP. Für ihn zählte nur, daß sie Deutschland, *sein* Vaterland, wieder stark machten, und er glaubte, alles müsse sich diesem Ziel unterordnen. Aber nach der Ermordung des österreichischen Bundeskanzlers Dollfuß, Ende Juli 1934, bezeichnete Stieff *sein* Deutschland als »Lauseland«, in dem man nicht mehr offen schreiben könne. War dies ein jähes Erwachen? Seine Bewunderung für die nationalsozialistische Bewegung war erschüttert, jedoch nur vorübergehend. Dann überwog wieder die Sympathie.

Im August starb Reichspräsident Hindenburg. Für Stieff, und nicht nur für ihn, war er der Garant des Rechts und der Ordnung gewesen. Vertrauensvoll gelobte der Hauptmann Stieff, der auf das neue Staatsoberhaupt Adolf Hitler vereidigt worden war, seinem neuen Führer Dank und Treue, sprach von dem »festen Gottvertrauen« und von dem »Glauben an die Zukunft unseres Vaterlandes« sowie der Pflichterfüllung. Immer wieder gebrauchte Stieff diese Begriffe, sie blieben für ihn bis 1939 Grundmotive seines Handelns. Noch zweifelte er nicht an der Moral des »Führers und Reichskanzlers«, wie sich Hitler nach Vereinigung der Ämter des Reichspräsidenten und des Regierungschefs nennen ließ. Wenn Stieff schrieb, er sei von »der Lauterkeit des Charakters des Führers fest überzeugt«[8], so bewies diese Aussage einmal mehr, wie er und mit ihm eine Generation der Täuschung »Hitler« erlagen.

Hindenburgs Beisetzung bildete die willkommene Staffage, die nationale Verbrämung; ähnlich wie der »Tag von Potsdam«, diese »preußische Rührkomödie« (Joachim Fest) im März 1933, an dem Hitler Sinn für Theatralik bewiesen hatte. Wieder war er 1934 der meisterhafte Regisseur, der es verstand, das Volk psychologisch und rhetorisch zu täuschen. Stieffs Beurteilung, daß Hitler »den allergrößten Verlust erlitten« habe, war ein großer Irrtum.

Hitler kannte die Erwartungen und Stimmungen der Offiziere und verstand sie zu motivieren. Er setzte auf ihren Ehrgeiz und Sinn für nationale Töne. Am 16. März 1935 führte er die allgemeine Wehrpflicht ein und befahl die Bildung einer selbständigen deutschen Luftwaffe und die Aufstellung eines Friedensheeres von zwölf Armeekorps und sechsunddreißig Divisionen. Es war ein geschickter Schachzug, die Wehrhoheit wiederherzustellen. Für die Offiziere bedeuteten diese Maßnahmen, daß »die Aussicht auf eine erfolgreiche Karriere für uns reale Gestalt annahm«.[9] Zwei Monate später, Ende Mai, wurde das Wehrgesetz verkündet. Stieff empfand Stolz. Nun hieß die Armee, der er ange-

hörte, nicht mehr Reichswehr, sondern Wehrmacht. Jetzt war eine Entwicklung, die 1919 begonnen hatte, abgeschlossen. Dafür hatte er sich eingesetzt und Opfer gebracht. Nur aus dieser Begeisterung ist seine Bemerkung über den »Arierparagraphen« zu verstehen, denn Hellmuth Stieff war kein Antisemit. Wieder übernahm er, fast gläubig, die Darstellung, welche die Nationalsozialisten über die Klösterprozesse verbreiteten.[10] Obwohl er selbst kein Nationalsozialist war[11], bewunderte er Hitler und seine Partei, weil sie Deutschland scheinbar von Erfolg zu Erfolg führten. Mit dieser Bewunderung stand er bekanntlich nicht allein.
Nach seiner Verwendung als Generalstabsoffizier einer Division und als Batteriechef wurde Stieff im Herbst 1938 in die Operationsabteilung des Generalstabes versetzt. Diese Versetzung bedeutete eine Auszeichnung. Tief traf ihn, zwei Wochen nach seinem Dienstantritt, das Pogrom in Berlin. Schon damals rief er in Gegenwart seiner Schwester zornig aus: »Ich schäme mich, ein Deutscher zu sein!«[12] Der Blockwart des Hauses, in dem er wohnte, hatte am 9. November versucht, die jüdischen Mitbewohner zu drangsalieren, und Stieff war dagegen eingeschritten. Hatte er jetzt den verbrecherischen Charakter des Regimes erkannt, oder war es eine spontane menschliche Regung, bedrängten Mitbürgern zu helfen?
Ein Jahr später, zwei Monate nach Kriegsausbruch, flog Stieff nach Polen. Eindringlich wirken seine Schilderungen des zerstörten Landes. Er sah »die Ruine Warschau«. Dies waren die ersten Auswirkungen des Krieges. Und noch etwas sah er: ein Geschehen, das ihn in seinem Innersten erschütterte und das seine Welt und Wertvorstellungen einstürzen ließ. Er sah die Morde und die Verfolgungen der SS-Truppen an den Juden und erlebte die Ohnmacht der Wehrmachtdienststellen. Wieder schrie er auf: »*Ich schäme mich, ein Deutscher zu sein!*«[13] Er, der stets stolz auf Deutschland war, erkannte nun, daß dieses Vaterland, dem er bisher gedient hatte, für ihn nicht mehr bestand. Dies war der Wendepunkt seines Lebens. Jetzt hatte er jene Seite des Regimes erlebt, die seelenlose, mordgierige, menschenverachtende, die er bislang nicht hatte wahrnehmen wollen.
Im August 1940 erfuhr Stieff von Hitlers geplantem Angriff gegen die Sowjetunion. Aus militärischer Sicht lehnte er diesen Feldzug ab, jedoch bejahte er die Auseinandersetzung mit dem Bolschewismus, übernahm des Diktators Formulierung vom »Krieg der Weltanschauungen« und schrieb, »daß es höchste Zeit war, diese ganz Europa bedrohende Gefahr auszuräumen«.[14] Auch dieser Ideologie mußte Stieff dann im Winter 1941/42 abschwören.
Ende Juni 1941 begann der Feldzug gegen die Sowjetunion. Die Anfangserfolge der drei Heeresgruppen übertrafen alle Erwartungen. Doch der Generalstabsoffizier erkannte die Risiken der deutschen Operationen. Zu viele Unwägbarkeiten waren vorhanden, und kritisch kom-

mentierte er den Feldzug, der kein Blitzkrieg wurde. Stieff ließ sich nicht mehr täuschen und lehnte Hitler nunmehr grundsätzlich ab.[15]
»Hitler führt Deutschland ins Unglück!«
Diese Auffassung wiederholte er desto öfter, je länger er das Unternehmen »Barbarossa« in der Operationsabteilung miterlebte. Oft kam er nach Besprechungen mit Heusinger, seinem Chef, körperlich und seelisch erschöpft zu seinen Mitarbeitern und sagte: »Das hat der Verbrecher [Hitler] jetzt befohlen!«[16] In Briefen an seine Frau bezeichnete er den Diktator als »größenwahnsinnig gewordenen Proleten«; zwei Wochen später heißt es: »ein wahrer Teufel in Menschengestalt«[17]. Schon lange erstrebte er eine Verwendung an der Front, da ihm die Atmosphäre im Hauptquartier zuwider geworden war.
»Erkenne die Lage!« Gottfried Benns Wort galt auch für den Oberstleutnant i. G. Stieff. Der Feldzug gegen die Sowjetunion hatte das Antlitz des Krieges total verändert. Ende September erfolgte seine Versetzung als erster Generalstabsoffizier in das Armeeoberkommando 4. Diese Armee war die Stoßarmee auf Moskau. Wenige Tage danach, am 2. Oktober, begann der Angriff, der scheiterte. Was folgte, war ein System der Aushilfen, ein Taktieren, aber keine zusammenhängende Operation. Stieff war illusionslos geworden. Es waren Tage, Wochen und Monate unerhörter Anspannung bis zur physischen und psychischen Erschöpfung. Jedes Aufbäumen gegen dieses Erleben und gegen das Regime endete in Verzweiflung: »Ich bin von einem abgrundtiefen Haß erfüllt! [...] Denn hier ist man hilflos einem unmenschlichen Schicksal preisgegeben.«[18]
Immer wieder setzte sich Stieff mit dem »blutigen Dilettantismus« Hitlers auseinander. Ein ganzer Erdteil sei »dem verbrecherischen Willen und krankhaften Ehrgeiz eines Wahnsinnigen ausgeliefert«[19]. Und wenige Wochen später: »Ich tue meine *Pflicht* ohne jede Passion! Denn wenn man *die letztere* auch noch dabei empfindet, ist man kein Mensch mehr, sondern ein Stück Vieh!«[20] Stieff war »Landsknecht« geworden. Im August 1942 zeigte er sich zum Widerstand bereit: »Aber [...] wenn jemand größenwahnsinnig wird und auf *keinen Rat* mehr hört, dann muß er eben verdorben werden. [...] Denn jeder Gehorsam hat bestimmte Grenzen. Und ich habe durchaus die Absicht, auf der Seite der Vernunft zu bleiben.«[21]
Sein Entschluß beruhte auf zwei Beweggründen. Der eine war die Erkenntnis des Fachmannes, sich gegen die unsinnigen Befehle Hitlers aufzulehnen, und das Bewußtsein der Pflicht, diesen Weisungen entgegenzutreten. Das andere Motiv, bedeutsamer noch, war sein moralisches Empfinden. Schon lange war Stieffs Rechtsgefühl zutiefst verletzt. In Berlin und in Polen war er 1938/39 Zeuge der Pogrome geworden. Von seinem Aufschrei: »Ich schäme mich, ein Deutscher zu sein!« bis zu seiner Entschlossenheit im Sommer 1942 verlief eine folgerich-

tige Entwicklung. Im September 1941, vor seiner Versetzung an die Front, hatte er in Berlin den *Gelben Stern* gesehen, jenes Stoffabzeichen, das die nationalsozialistische Regierung den Juden zu tragen befohlen hatte, um sie außerhalb der Gesellschaft zu stellen. Er empfand Trauer und Scham. Wenige Wochen später, im November, hatte er auch von den Deportationen der Juden aus dem Reich in den Osten erfahren.[22] Er litt mit dem geschundenen Volk, denn diese Verbrechen waren im Namen *seines* Volkes begangen worden. Und er, Hellmuth Stieff, war mitschuldig geworden und bereit, dafür zu sühnen.[23] Als er die Ostfront Ende Oktober 1942 verließ, um Chef der Organisationsabteilung im Generalstab des Heeres zu werden, war er anscheinend zu allem entschlossen.

Nach seiner Versetzung zögerte er jedoch. War es die Bindung an den Eid, den er Hitler geschworen hatte? War es der Konflikt, der ihn abhielt, sich der Verschwörung anzuschließen? Dieser Konflikt, seine Pflicht zu tun und gleichzeitig Soldat im Widerstand zu werden? Stieff aber fühlte sich schon lange an den Eid, den er Hitler geschworen hatte, nicht mehr gebunden. Denn den Eid verstand er als eine gegenseitige Bindung, und der Diktator hatte ihn selbst gebrochen. War es die Skepsis, weil Stieff die Erfolgschancen der Fronde zu gering einschätzte? Sein Beispiel zeigt, daß beste Absicht den Willen zur Aktion noch nicht einschließt. Henning von Tresckow war es, der Stieff schließlich im Juli 1943 für die Konspiration gewann. Das Ende der 6. Armee in Stalingrad hatte die letzten Hemmnisse beseitigt. Doch Stieffs Verhalten ist bei den Mitverschwörern umstritten; auch bei den Historikern Christian Müller und Wolfgang Venohr.[24] Obwohl er zum engsten Kreis des militärischen Widerstandes gehörte, war er in der Fronde keine eigenständige Persönlichkeit. Nie wurde er initiativ; er hielt sich bedeckt. War er gefordert, so zögerte und schwankte er. Dennoch gehörte Stieff »zu den leidenschaftlichsten Feinden Hitlers«[25], den er als »*das absolut Böse*« und als »Gegenspieler Gottes« empfand.[26] Diese Unentschlossenheit mag einer der Gründe sein, weshalb sich die Forschung bislang nicht eigens mit Stieff befaßte. Aber trotz dieses Schwankens entzog er sich nicht seiner Verantwortung und wollte seine »wahre Pflicht« erfüllen, wie er Anfang August 1943 schrieb. Damals hatte er sich zu der Auffassung durchgerungen, »daß man sich keiner Verantwortung, die einem das Schicksal abfordert, entziehen darf«.

Das Zögern, Schwanken mag in Stieffs Charakter begründet gewesen sein. Rasch begeistert, überschwenglich, dann wieder sehr sachlich, nachdem er die Möglichkeiten geprüft hatte. Im Oktober 1943 fragte Graf Stauffenberg seinen ehemaligen Abteilungschef Stieff, ob er das Attentat auf Hitler ausführen könne, da er an den Lagebesprechungen teilnehme. Nach gründlicher Prüfung lehnte Stieff ab, bewahrte hingegen das Sprengmateriel bei sich auf, das Stauffenberg aus Berlin mitgebracht hatte. Einen Monat danach unterstützte Stieff das geplante Attentat des Hauptmanns von dem Bussche; ein Vorhaben, das jedoch nicht ausgeführt werden konnte. Im Januar 1944 wurde Stieff erneut gefragt, und wieder erteilte er eine Absage. Im nächsten Monat, etwa am 11. Februar, war er bereit, bei der Vorführung neuer Uniformen vor Hitler neben Oberleutnant von Kleist die zweite Sprengladung zu tragen. Aber diese Veranstaltung fand aus unbekannten Gründen nicht statt. Immer noch hoffte Stauffenberg auf Stieff. Für den 7. Juli war endlich die Vorführung der neuen Uniformen in Schloß Kleßheim bei Salzburg angesetzt. Wiederum war Stieff nicht bereit, das Attentat auszuführen. Vieles spricht dafür, daß er nicht das Leben unschuldiger Teilnehmer opfern wollte.

Am Morgen des 20. Juli flogen Stieff, Stauffenberg und dessen Ordonnanzoffizier, Oberleutnant d. Res. von Haeften, von Rangsdorf bei Berlin nach Ostpreußen. Nach der Ankunft fuhr Stieff in das Hauptquartier, Stauffenberg in das Führerhauptquartier. Am Nachmittag, nach dem gescheiterten Attentat, erkannte Stieff, daß jede weitere Aktion sinnlos war. Daher verbrannte er Akten und versuchte, die Spuren seiner Beteiligung zu verwischen, denn er hatte den Sprengstoff, den Stauffenberg in der Lagerbaracke gezündet hatte, beschafft. Nie gab Stieff die Hoffnung auf, den Häschern zu entkommen, und dies war bezeichnend für seine Naivität. Aber er warnte Freunde und gab wahrheitsgemäß Feldmarschall von Kluge, seinem ehemaligen Oberbefehlshaber, bei dessen abendlichem Anruf die Auskunft, daß Hitler lebe. Stieffs Mitteilung gab den Ausschlag, daß Kluge, Oberbefehlshaber West in Frankreich, sich der Konspiration nicht anschloß und mit dem Gegner keine Verbindung aufnahm.

»Stieff ist ausgebrochen« urteilte Stauffenberg am späten Abend des 20. Juli in Berlin, wohin er nach dem Attentat zurückgeflogen war.[27] Immer noch glaubte er, daß sein Anschlag erfolgreich war. Er war enttäuscht über den Mitverschwörer, und diese Enttäuschung ist verständlich, nachdem Kluge sich versagt hatte. Aber Stieffs Verhalten bedeutete keine Distanzierung von der Verschwörung, sondern eine sachliche Beurteilung der Lage. Zu diesem Zeitpunkt, etwa 22 Uhr, war der Staatsstreichversuch in Berlin bereits gescheitert. Stieff selber blieb im Hauptquartier in Ostpreußen, bis er einen Anruf erhielt, ins Führerhauptquartier zu kommen. Dort wurde er am 21. Juli, kurz nach Mitternacht, verhaftet.

Am 7. und 8. August fand der Schauprozeß vor dem Volksgerichtshof gegen ihn und sieben weitere Angeklagte, darunter die Generale von Witzleben und Hoepner, statt. Trotz Freislers Beschimpfungen gelang es Stieff, eines seiner Motive für seinen Widerstand zu nennen: »Für Deutschland!«[28]

Die in Plötzensee Hingerichteten brachten das größte Opfer, gaben

alles, was sie besaßen: ihr Leben. Diese Männer und Frauen, die immer die Gerechten waren und sein werden, wollten mit ihrem Tod ihrem Vaterland die Zukunft bewahren.
Darin liegt ihr Vermächtnis.

Den Weggefährten gilt ein langer Blick:
Sie hatten alle Geist und Rang und Namen,
die gleichen Ziels in diese Zellen kamen –

und ihrer aller wartete der Strick.
Es gibt wohl Zeiten, die der Irrsinn lenkt.
Dann sind's die besten Köpfe, die man henkt.

(Albrecht Haushofer: Moabiter Sonette)

Zur Edition

Die Briefe, die in der vorliegenden Edition versammelt sind, befinden sich im Nachlaß Stieff (N 114/1 - 3), Bundesarchiv - Militärarchiv Freiburg i. Br., und im Besitz der Schwester, Frau Ursula Grundmann, geb. Stieff, Berlin.[29]

Das Konvolut, das in Freiburg aufbewahrt wird, stellt den erhaltenen Rest jener Vielzahl von Briefen dar, die Stieff seiner Braut bzw. Ehefrau Ili, geb. Gaertner, schrieb. »Mein Mann hat mir immer bei Trennungen viel geschrieben, besonders auch im Krieg. Aus dieser Art Tagebuch wollte er später seine Erinnerungen schreiben«, teilte Ili Stieff dem Herausgeber am 17. Dezember 1977 mit.

Während eines Urlaubs im Herbst 1943 sortierte Hellmuth Stieff zusammen mit seiner Frau die Briefe »wegen der offenherzigen Äußerungen und Kritiken« aus.[30] Ili Stieff gab sie Frau Regine Kendlbacher, der Nachbarin des elterlichen Anwesens in Thalgau, in sichere Obhut.[31] Seit Jahrzehnten war Frau Kendlbacher der Familie Gaertner freundschaftlich verbunden; nach Kriegsende gab sie die Briefe an Ili Stieff zurück.

Am 29. Juli 1944 beschlagnahmte die Geheime Staatspolizei bei der Haussuchung in Thalgau das noch vorhandene Briefcorpus zusammen mit weiteren Akten und den Lageatlanten der Operationsabteilung. Dieses Material nahmen die Beamten nach Berlin mit. Seitdem ist es verschollen. Die Briefe aber, die Stieff seiner Frau von Herbst 1943 bis Juli 1944 geschrieben hatte, brachte Ili nach Mittelsteine, Schlesien, zu ihren Eltern. Dort beschlagnahmte sie die Geheime Staatspolizei im August 1944.[32] Auch diese Schriftstücke, die in die Gestapozentrale Breslau gebracht worden waren, sind verschollen.

Das Bundesarchiv - Militärarchiv erwarb im Dezember 1965 den (Rest-) Nachlaß Hellmuth Stieffs.[33] Wegen des Verkaufs hatte Ili Stieff mit dem Leiter des Militärarchivs, Oberarchivrat Hermann Teske, Verhandlungen geführt.[34] Unter den Akten befanden sich auch die Lehrgangsunterlagen der Infanterieschule München und der Offizierlehrgänge Berlin sowie weitere wichtige Schriftstücke aus Stieffs Dienstzeit bis 1938.[35] Die Archivalien erhielten die Signatur N 114/5-27. Während des Krieges war dieses Schriftgut im Geheimfach eines Schranks in Thalgau versteckt und bei der Hausdurchsuchung nicht gefunden worden.

Die Ausfertigung der geretteten Briefe veräußerte Frau Stieff nicht, erlaubte aber dem Archiv, Fotokopien herzustellen.[36] Auch das Institut für Zeitgeschichte München verwahrt Ablichtungen der Briefe.[37] Im

November 1953 überließ Ili Stieff dem Institut Teile der Briefe, um Kopien anzufertigen. Zu einem späteren Zeitpunkt ergänzte sie die fehlenden Briefe durch eine Dokumentation, die Oberstleutnant i. G. a.D. Albert Stückler, ein Freund der Familie, zusammengestellt hatte. Das Institut ordnete diese Archivalien unter der Signatur F 32/1-2 ein.

1954 veröffentlichte Hans Rothfels in den *Vierteljahrsheften für Zeitgeschichte* die Dokumentation »Ausgewählte Briefe von Generalmajor Hellmuth Stieff (hingerichtet am 8. August 1944)«[38] und edierte dreizehn Briefe aus dem Zeitraum 1930 bis 1943 in Auszügen, wobei der Schwerpunkt der Auswahl auf den Jahren 1941 und 1942 lag. Der Tübinger Historiker leitete die Veröffentlichung mit einer längeren »Vorbemerkung« ein. Annedore Leber gab 1960 den Band »Das Gewissen entscheidet. Bereiche des deutschen Widerstandes von 1933-1945 in Lebensbildern« heraus, in dem auch Stieff gewürdigt wurde. Neben einer biographischen Notiz sind Briefauszüge aus den Jahren 1928 bis 1944 enthalten. Ausschnitte aus zwei Briefen Stieffs, 1930 und 1932 geschrieben, veröffentlichte Thilo Vogelsang in seiner Studie »Reichswehr, Staat und NSDAP«. Und Francis L. Carsten zitierte in seiner Untersuchung »Reichswehr und Politik 1918–1933« ausführlich aus den Briefen vom 25. September und 11. Oktober 1930. Auch Elisabeth Wagner, die Witwe des Generals Eduard Wagner, machte einen Briefauszug vom 12. August 1934 bekannt. Historiker wie Hermann Graml, Hans-Adolf Jacobsen und Klaus-Jürgen Müller werteten Stieffs Briefe auf der Grundlage der von Rothfels besorgten Edition aus.[39]

In der vorliegenden Ausgabe werden, mit wenigen Ausnahmen, sämtliche erhaltenen Briefe Hellmuth Stieffs veröffentlicht. Bei den Ausnahmen handelt es sich um einen Bericht aus Quiévrain vom Herbst 1918 sowie um einen Bericht aus einem Manöver des Jahres 1932, deren Inhalt Stieff bereits in anderen Briefen mitgeteilt hatte. Eine politische Äußerung über Reichskanzler Franz von Papen (29. August 1932) wurde in den Kommentar übernommen (s. S. 197 Anm. 12).
Stieff schrieb seine Briefe mit der Hand; nur wenige sind in Maschinenschrift abgefaßt. Alle liegen in DIN-A 4-Format (29,7 cm x 21 cm) vor; oft sind diejenigen, welche aus der Kriegszeit stammen, auf kariertem Papier geschrieben; vermutlich stammt es von Meldeblöcken.
Stieff fand selten die Zeit, seine Briefe noch einmal durchzusehen. Noch heute verrät der Duktus der Schrift die Umstände, unter denen diese Briefe geschrieben worden sind. Hastig hingeworfene Zeilen, kaum die Linienführung beachtend, deuten darauf hin, daß Stieff wenig Zeit zur Verfügung hatte. Briefe, die auch in ihrer äußeren Form geordnet wirken, verfaßte er, so ist zu vermuten, während seiner wenigen Ruhepausen.

Fast einheitlich ist die Überlieferungsform[40]: Die Ausfertigungen liegen vor. Nur in zwei Fällen wird abgewichen: dabei diente jeweils eine maschinenschriftliche Abschrift der handschriftlichen Ausfertigung (Nr. 86 und 88) als Vorlage.

Der Abdruck der Briefe richtet sich im allgemeinen nach den Richtlinien, die Johannes Schultze erarbeitet hat,[41] und den »Grundsätzen für die Edition zeitgeschichtlicher Quellen«, die Friedrich P. Kahlenberg, der Präsident des Bundesarchivs, formuliert hat.[42]

An Besonderheiten und Abweichungen sind festzuhalten: Die Briefe werden in *vollem Wortlaut* veröffentlicht. Dazu gehören die Anreden und Schlußformeln. Nur im Brief Nr. 36 vom 21. August 1932 wurde eine sehr persönliche Aussage Stieffs nicht abgedruckt. Die Auslassung wurde vermerkt ([...]). Die *Rechtschreibung* wurde z. T. modernisiert (z. B. »äussere« in »äußere«, »dass« in »daß«, »preussisch« in »preußisch«). Aber Stieffs Schreibeigenheiten blieben erhalten (z. B. »Centner«, »entgültig«, »toternst«, »totmüde«). Die *Kommasetzung* wurde, um Sinnstörungen zu vermeiden, behutsam dem heutigen Gebrauch angepaßt. Aber ohne Änderung wurde Stieffs Interpunktion beibehalten.

Stieff verwendete in seinen Briefen sehr viele *Abkürzungen* (»Batl.«, »getr.«, »H. Qu.«, »herzl.«, »Lkw.«, »Pz. Korps«, »Pz. Abw. Abt. 33«, »O. B.«). Diese wurden stillschweigend aufgelöst. Hätte man die Abbreviaturen stehengelassen, so wäre die Lektüre erschwert worden. Die unterschiedliche Schreibweise der Datumsangabe wurde vereinheitlicht.

Die *Zusätze des Herausgebers* im Text sind mit [ ] gekennzeichnet; sie dienen der besseren Lesbarkeit und enthalten notwendige Erläuterungen, die nicht in den Kommentar übernommen werden konnten. Auslassungen wurden durch [...] kenntlich gemacht. Unterstreichungen, die Stieff in den Briefen vornahm, sind durch *Kursivdruck* hervorgehoben worden.

Die *Anmerkungen* (Kommentar) sind oft ausführlich gehalten. Dies war notwendig, um unzutreffende Darstellungen, die Stieff in seinen Briefen wiedergab, zu korrigieren, um die Fülle der genannten Personen und Ereignisse zu erläutern und sie in den historischen Zusammenhang einzuordnen. Dennoch können die Erläuterungen keineswegs immer vollständig sein; deshalb wurden weiterführende Literaturhinweise aufgenommen.

Die *biographischen Angaben* sind in wenigen Fällen unvollständig. Dies ist auf die unterschiedliche Qualität der verwendeten Hilfsmittel zurückzuführen.

Anmerkungen

1 Elisabeth *Wagner* (Hrsg.): Der Generalquartiermeister. Briefe und Tagebuchaufzeichnungen des Generalquartiermeisters des Heeres, General der Artillerie Eduard *Wagner.* München und Wien 1963, S. 191-212, bes. 201-212 (»Briefe aus dem Ostfeldzug bis zum November 1941«).
Helmuth James [Graf] von *Moltke*: Briefe an Freya 1939–1945. Hrsg. von Beate von *Oppen.* München 1988, S. 61–596 (für die Kriegszeit).

2 S. die Briefe Nr. 75, 76, 78 und 79. Zur Sicherheit der Briefpost, die über die Berliner Kurierstelle lief: s. Rudolf-Christoph Freiherr von *Gersdorff*: Soldat im Untergang. 3. Aufl. Frankfurt/M., Berlin, Wien 1977, S. 103.

3 H[ans] *R*[*othfels*]: Ausgewählte Briefe von Generalmajor (sic!) Hellmuth Stieff (hingerichtet am 8. August 1944). In: Vierteljahrshefte für Zeitgeschichte 2 (1954), S. 291–305. »Vorbemerkung des Herausgebers« [Rothfels], S. 291–295.
Hellmuth Stieff. In: Das Gewissen entscheidet. Bereiche des deutschen Widerstandes von 1933–1945 in Lebensbildern. Hrsg. von Annedore *Leber* in Zusammenarbeit mit Willy *Brandt* und Karl Dietrich *Bracher.* Berlin, Frankfurt/M. 1960, S. 247.
Horst *Mühleisen*: Hellmuth Stieff (1901–1944). In: Altpreußische Biographie. Bd. IV, 1. Lieferung. Marburg 1984, S. 1158.
Ders.: Hellmuth Stieff und der deutsche Widerstand. In: Vierteljahrshefte für Zeitgeschichte 39 (1991), Heft 3 (Juli).
Rudolf *Lill*/Heinrich *Oberreuter* (Hrsg.): 20. Juli. Porträts des Widerstands. Düsseldorf - Wien 1984.

4 Mitteilungen des Generalleutnants (Bw) a. D. Cord von *Hobe*, gesprochen im Juli 1988 auf Tonbandkassette. Der damalige Major i. G. von *Hobe* war im Dezember 1941 vierter Generalstabsoffizier (I d) im Armeeoberkommando 4 und engster Mitarbeiter Stieffs. S. Brief Nr. 78 Anm. 8

5 Brief Nr. 22 vom 19. Februar 1929.

6 Bernhard (von) *Watzdorf*: Die getarnte Ausbildung von Generalstabsoffizieren der Reichswehr von 1932 bis 1935. In: Zeitschrift für Militärgeschichte 2 (1962), S. 78–87, Zitat: S. 86.

7 »Hitler hat es eben geschickt gemacht. Gespräch mit Adolf Heusinger.« In: Guido *Knopp*/Bernd *Wiegemann*: Warum habt Ihr Hitler nicht verhindert? Fragen an Mächtige und Ohnmächtige. Frankfurt a.M. 1983 (Fischer Taschenbuch 3476), S. 103–108.

8 Brief Nr. 49 vom 2. August 1934.

9 *Watzdorf*, S. 86.

10 Brief Nr. 55 vom 29. Mai 1935.

11 Die Aussage, die Stieff nach dem 20. Juli 1944 während einer Vernehmung durch die Gestapo machte und die Freisler am 7. August vor dem Volksgerichtshof referierte: er, Stieff, habe »sich mit der Machtergreifung vorbehaltlos zum Nationalsozialismus bekannt«, ist kritisch zu werten und als Schutzbehauptung zu verstehen.
Verhandlungen vor dem Volksgerichtshof des Großdeutschen Reiches gegen von Witzleben und Genossen am 7. und 8. August 1944 im Großen Plenarsaal des Kammergerichts Berlin. In: *Der Prozeß gegen die Hauptkriegsverbrecher vor dem Internationalen Militärgerichtshof Nürnberg.* 14. November 1945 bis 1. Oktober 1946, Bd. XXXIII. Nürnberg 1949, S. 305.

12 Mündliche Mitteilung Frau Ursula *Grundmanns* am 5. August 1988.
13 Brief Nr. 63 vom 21. November 1939.
14 Brief Nr. 70 vom 29. August 1941.
15 Mündliche Mitteilung des Generalmajors (Bw) a. D. Christian *Schaeder* am 5. Dezember 1987. Der damalige Hauptmann Schaeder war von Januar bis September 1941 enger Mitarbeiter Stieffs in der Gruppe III der Operationsabteilung und dessen Nachfolger als Gruppenleiter.
16 Ebenda.
17 Brief Nr. 69 vom 23. August 1941 und Brief Nr. 71 vom 5. September 1941.
18 Brief Nr. 74 vom 5. November 1941.
19 Ebenda.
20 Brief Nr. 77 vom 24. November 1941.
21 Brief Nr. 90 vom 28. August 1942.
22 Brief Nr. 76 vom 19. November 1941.
23 Brief Nr. 85 vom 10. Januar 1942.
24 Christian *Müller*: Oberst i.G. Stauffenberg. Eine Biographie. Düsseldorf 1970 (Bonner Schriften zur Politik und Zeitgeschichte. 3), S. 341, 358 f., 384, 424, 498.
Wolfgang *Venohr*: Stauffenberg. Symbol der deutschen Einheit. Eine politische Biographie. Frankfurt/M., Berlin 1986, S. 263, 280, 308, 317, 342, 344, 377, 392, 402.
25 Alexander *Stahlberg*: Die verdammte Pflicht. Erinnerungen 1932 bis 1945. Berlin, Frankfurt/M. 1987, S. 388.
Dieses Zitat geht auf eine Äußerung des Bruders, Hauptmann d. R. Hans-Conrad Stahlberg, zurück, der 1944 in der Organisationsabteilung des Generalstabes arbeitete. Er verstarb am 26. September 1987.
26 Niederschrift Ili *Stieffs,* der Ehefrau. Nachlaß Stieff N 114/4, Bl. 97. Bundesarchiv-Militärarchiv Freiburg i. Br.
Frau *Stieff* verfaßte diese Aufzeichnung 1948 (Mitteilung vom 26. Februar 1978).
27 Hans Bernd *Gisevius*: Bis zum bitteren Ende. Vom Reichstagsbrand bis zum 20. Juli 1944. Vom Verf. auf den neuesten Stand gebrachte Sonderausgabe. Hamburg [1960], S. 533.
28 *Internationaler Militärgerichtshof.* Bd. XXXIII, S. 322.
29 Kopien der Briefe aus dem Besitz der Schwester befinden sich seit Februar 1989 im Bundesarchiv-Militärarchiv Freiburg i. Br.; sie wurden dem Nachlaß Stieff (N 114) zugeordnet.
30 Mitteilung Ili *Stieffs* vom 17. Dezember 1977 an den Herausgeber.
31 Frau *Stieff* schrieb am 17. Dezember 1977: »Ich konnte diesen Rest Briefe sicher, unauffindbar verwahren.« Frau Kendlbachers Namen erfuhr der Herausgeber von Frau *Grundmann* am 5. August 1988.
32 Mitteilung Ili *Stieffs* vom 17. Dezember 1977 an den Herausgeber.
33 Mitteilungen des Bundesarchivs - Militärarchiv Freiburg i. Br. vom 14. Januar 1988, für die ich Archivoberinspektor Johannes *Ganser* auch an dieser Stelle danke.
34 Hermann *Teske*: Wenn Gegenwart Geschichte wird ... Neckargemünd 1974 (Die Wehrmacht im Kampf, Bd. 50), S. 97 f.
Oberarchivrat Teske besuchte Frau Stieff in Thalgau am 12. August 1965 (ebenda).
35 Diese Archivalien und die fotokopierten Briefe in: Nachlaß Stieff N 114/1-27. Weitere Papiere, die aber *nicht* von Stieff stammen, übergab Ili Stieff im

Oktober 1967 (N 114/28, 29) und im Dezember 1968 (N 114/30) dem Bundesarchiv - Militärarchiv, um Fotokopien anfertigen zu lassen (s. Anm. 33).

36 *Teske,* S. 98.

37 Mitteilungen des Instituts für Zeitgeschichte München vom 30. Dezember 1987, für die ich Frau *Rasthofer* (Archiv) auch an dieser Stelle danke.

38 *Rothfels* (wie Anm. 3).

39 *Hellmuth Stieff.* In: Das Gewissen entscheidet, S. 247-250 (wie Anm. 3). Thilo *Vogelsang*: Reichswehr, Staat und NSDAP. Beiträge zur deutschen Geschichte 1930-1932. Stuttgart 1962 (Quellen und Darstellungen zur Zeitgeschichte, Bd. 11), S. 419, 472 (Dok. 8, 28). Francis L. *Carsten*: Reichswehr und Politik 1918-1933. 2. Aufl. Köln, Berlin 1965, S. 294 (Brief vom 11. Oktober 1930), 352 (Brief vom 25. September 1930). *Wagner* (Hrsg.): Der Generalquartiermeister (wie Anm. 1), S. 67, Fußnote. Hermann *Graml*: Die deutsche Militäropposition vom Sommer 1940 bis zum Frühjahr 1943. In: Vollmacht des Gewissens. Hrsg. von der Europäischen Publikation e.V. [Bd.] II. Frankfurt a. M., Berlin 1965, S. 428, 441-443, 448, 458-459, 466, 517. Hans-Adolf *Jacobsen:* 1939-1945. Der Zweite Weltkrieg in Chronik und Dokumenten. 6. Aufl. Darmstadt 1961, S. 437 (Nr. 168 mit falscher Datumsangabe). Klaus-Jürgen *Müller*: Das Heer und Hitler. Armee und nationalsozialistisches Regime 1933-1940. Stuttgart 1969 (Beiträge zur Militär- und Kriegsgeschichte, Bd. 10), S. 33, 137 mit Anm. 304. *Ders.*: Armee und Drittes Reich 1933-1939. Darstellung und Dokumentation unter Mitarbeit von Ernst Willi Hansen. Paderborn 1987 (Sammlung Schöningh zur Geschichte und Gegenwart), S. 147-148, 152-153 (Dok. 10 und 15).

40 Zur Überlieferungsform: Letzte Fassung der von Johannes *Schultze* erarbeiteten »Richtlinien für die äußere Textgestaltung bei Herausgabe von Quellen zur neueren deutschen Geschichte«. In: Blätter für deutsche Landesgeschichte 102 (1966), S. 1-10; wieder abgedruckt in: Richtlinien für die Edition landesgeschichtlicher Quellen. Hrsg. von Walter *Heinemeyer.* Marburg - Köln 1978 (Gesamtverein der deutschen Geschichts- und Altertumsvereine), S. 25-36, hier: S. 30 f. (Ziffer 13); ferner: [Friedrich P. *Kahlenberg*:] Zur Edition zeitgeschichtlicher Quellen. In: Jahrbuch der historischen Forschung in der Bundesrepublik Deutschland. Hrsg. von der *Arbeitsgemeinschaft außeruniversitärer historischer Forschungseinrichtungen in der Bundesrepublik Deutschland.* Stuttgart 1975, S. 137-147, hier: S. 140 ff. Ergänzend: Heinz *Boberach*: Zur Edition zeitgeschichtlicher Quellen. In: Jahrbuch der historischen Forschung. Berichtsjahr 1985. Hrsg. von der *Arbeitsgemeinschaft außeruniversitärer Forschungseinrichtungen in der Bundesrepublik Deutschland.* München, New York [usw.] 1986, S. 61-68. Und: Politisches Archiv des Landgrafen Philipp des Großmütigen von Hessen. Inventar der Bestände. Hrsg. von Friedrich *Küch.* Bd. I. Osnabrück 1965 (Publikationen aus den K. Preußischen Staatsarchiven, Bd. 78), Einleitung, S. XXX ff. (Neudruck der Ausgabe 1904).

41 S. Anm. 40

42 Ebenda

Lebensdaten Hellmuth Stieff

6. Juni 1901 in Deutsch-Eylau, Westpreußen, geboren als Sohn des Premierleutnants Walter Stieff (1872–1920) und seiner Frau Annie, geb. Krause (1877–1962)

16. Juli 1918 nach dem Notabitur Eintritt als Freiwilliger in das Feldartillerieregiment 71, Graudenz. September: Fahnenjunkerlehrgang in Quiévrain

1919/20 Verwendung im Grenzschutz Ost

1. April 1922 Leutnant im 3. (Preuß.) Artillerieregiment, IV. Abteilung, 12. reitende Batterie in Potsdam. Die Beförderung wurde am 22. Dezember 1922 ausgesprochen.

1. Februar 1927 Oberleutnant

Ende 1927 Versetzung zur I. Abteilung, 3. Batterie, des 3. (Preuß.) Artillerieregiments in Schweidnitz, Niederschlesien

23. September 1929 Heirat mit Ili Cäcilie Gaertner (1902–1980). Die Ehe blieb kinderlos

Oktober 1932 bis März 1935 Teilnahme an den »Offizierlehrgängen Berlin« (Ausbildung zum Generalstabsoffizier)

1. April 1934 Hauptmann

15. April 1935 bis Oktober 1937 zweiter Generalstabsoffizier (I b) der 21. Division in Elbing, Ostpreußen

15. April 1936 Versetzung in den Generalstab

Oktober 1937 bis Oktober 1938 Chef der 4. Batterie des Artillerieregiments 33 in Landau/Pfalz

1. August 1938 Major

20. Oktober (3./10. November) 1938 bis 23. September 1941 Mitarbeiter der 1. (Operations-)Abteilung im Generalstab des Heeres, zuletzt Leiter der Gruppe III (1939-1941)

1. November 1940 Oberstleutnant i. G.

24. September 1941 bis 20. Oktober 1942 erster Generalstabsoffizier (I a) im Armeeoberkommando 4

1. Juni 1942 Oberst i. G.

23. Oktober 1942 bis 20. Juli 1944 Chef der Organisationsabteilung im Generalstab des Heeres

Seit Juli 1943 im Widerstand

1. Februar 1944 Generalmajor

21. Juli 1944 Verhaftung im Führerhauptquartier »Wolfschanze«

7. und 8. August 1944 Schauprozeß vor dem Volksgerichtshof in Berlin

8. August 1944 zum Tode verurteilt und in Berlin-Plötzensee hingerichtet

Zusammenstellung nach: Militärische Dienstlaufbahn des Generalmajors Hellmuth Stieff. Bundesarchiv - Zentralnachweisstelle - IV A 3 (Stieff) vom 9. Mai 1966, mitgeteilt mit Schreiben des Bundesarchivs - Zentralnachweisstelle, Aachen-Kornelimünster, vom 31. Januar 1978 - Az.: I 40 - 54/78. Ergänzungen aufgrund der Briefe und Feststellungen des Herausgebers.

Prozeß vor dem Volksgerichtshof: Wachtmeister führen Hellmuth Stieff am 7. August 1944 in den Saal des Kammergerichts, Elsholtzstraße, in Berlin

Die Eltern: Annie Stieff, geb. Krause (1877–1962) und Walter Stieff (1872–1920)

Hellmuth Stieff als Schüler in Deutsch-Eylau, 1917

Oberleutnant Stieff in Schweidnitz, 1928

1. Batterie des Feldartillerieregiments 71 in Kunzendorf bei Culmsee, April 1919. Unteroffizier Stieff in der ersten Reihe, Mitte

Hauptmann Stieff als Batteriechef in Landau/Pfalz, 1938

Oberstleutnant i. G. Stieff, erster Generalstabsoffizier der 4. Armee, bei Malojaroslawez, November 1941

Die Briefe

Nr. 1
22. September 1918
[Quiévrain:] An den Vater

Mein lieber, guter Vater[1],
vielen herzlichen Dank für Deine lieben Briefe vom 13. und 15. September, die ich heute gleichzeitig erhielt. Es ist ja zu dumm, daß wir uns nicht treffen konnten. Seid Ihr durch Belgien transportiert? Dann sind wir aneinander vorbeigefahren.
Wir sind am 9. September aus Graudenz nach Danzig abgereist, blieben dort bei der II. [Abteilung] Ersatz-Feldartillerieregiment 36 bis Sonnabend, den 14. [September] früh 4 Uhr. In Konitz, wo es die erste tadellose Verpflegung gab, wurden wir einem Sammeltransport der 128er[2] und 5. Grenadiere[3] zugeteilt und gondelten im Güterzug in einem Coupé II. Klasse 36 Stunden bis Berlin. Wir blieben in unserem Wagen und wurden an einen großen Transportzug angehängt, der aber sehr schön schnell fuhr. Aus Spandau telegraphierte ich dringend an Mutter[4], daß wir 2 Uhr nachts in Hannover ankämen. Dies Telegramm hat Mutter erst morgens erhalten, so daß ich sie leider nicht traf. In Hannover hatten wir 2 1/2 Stunden Aufenthalt. Dort kratzten vom Transport der 128er die ersten 6 Mann aus.
Am nächsten Abend um 12 Uhr (Montag) waren wir in Aachen, wo wir infolge Fliegerangriffes 2 Stunden mit 3 andern Transportzügen lagen. In Brüssel Dienstag nachmittags um 1 Uhr wurden wir aus unserm Wagen herausgeworfen, erwischten aber wieder ein Coupé II. Klasse und landeten dann glücklich nachts 2 Uhr hier.
An den Betrieb hier muß man sich erst gewöhnen. Es geht verflixt scharf zu. Unsere Tageseinteilung ist etwa folgende: 5^{15} Wecken, 6 Uhr 1. Frühstück (im Kasino), 7^{0} - 8^{30} Vortrag über Dienstkenntnis, 8^{30} - 10 [Uhr] Reiten, 10^{0} - 12 [Uhr] Exerzieren an [der] Feldkanone 16. 12^{30} 2. Frühstück. 3^{0} - 4^{30} Vortrag über Artillerie. 4^{30} - 6 [Uhr] Vortrag über Nachrichtenwesen. Man muß also sehr viel nebenbei arbeiten. 7 [Uhr] Mittagessen.
Der Inspektionsälteste ist ein Fähnrich (Kadett), der 3 Wochen jünger ist als ich. Inspektionsoffizier ist ein Oberleutnant Heinz vom Infanterieregiment 141 (Graudenz), der Maschinengewehroffizier der Schule, und ein Leutnant von Dannewitz vom Feldartillerieregiment 61, letzterer ein gemeiner Kerl, auch ganz außerdienstlich.

Sonst ist es ganz nett - ich liege mit 4 Junker von Feldartillerieregiment 48 und 1 Junker von der Gebirgsartillerie zusammen. Jeden Abend kann man fein Fliegerangriff auf das 10 km entfernte Valenciennes beobachten. Auch das Trommeln von Cambrai her ist sehr deutlich hörbar. Manchmal zittert das ganze Nest, wenn der Tommy wie wild trommelt. Heute früh war's verhältnismäßig ruhig; jetzt bullert er schon wieder ordentlich.
Am 1. Oktober wird voraussichtlich die Schule nach der großen Festung Antwerpen in Belgien verlegt, da das Nest infolge der abgestellten Truppen sehr überfüllt ist.
Mit vielen herzlichen Grüßen und Küssen

Dein treuer Hellmuth

[Nachschrift:]
Kennst Du einen Hauptmann Moldenhauer? Er ist hier Leiter der Lehrabteilung B. Und einen Hauptmann Gepperl von Feldartillerieregiment 205, der hier die Feldartillerieabteilung 1001 hat?

Nr. 2
3. Oktober 1918
[Quiévrain:] An die Mutter

Meine liebe Mutter,
es geht nun los. Wann? wissen wir nicht. Marschbereit sind wir jedenfalls. Es ist natürlich jetzt fürchterlich ungemütlich. Alle Mobiliarien werden mitgenommen. Tische sind auseinandergeschlagen, Strohsäcke verpackt, der Inhalt liegt in den Betten - Mist! Es ist auch allerhöchste Zeit, daß wir von hier verschwinden, denn alles flutet zurück, Kolonnen, Batterien, Infanterie, Flüchtlinge: ein wildes Bild. Die Straßen sind verstopft, dazwischen fährt eine Feldbahn - toll. Es steht scheinbar ein allgemeiner Rückzug bevor[1]. Vorne ist auch nicht alles so, wie es sein soll. Bulgarien läßt uns im Stich[2], dann noch diese infame Regierungskrise[3] - wir pfeifen tatsächlich aus dem letzten Loch.
Hier sind alle Offiziere wie Mannschaften der Ansicht, daß wir noch in diesem Jahr einen allgemeinen Verzichtsfrieden mit Abtretung von Elsaß-Lothringen haben werden[4]. Es ist zu lausig. Und dann noch die Aussicht, Erzberger[5], Scheidemann[6] oder ähnliches als Kriegskanzler zu haben! Da verzichtet man am besten gleich auf die Achselstücke. Wir sind tatsächlich schon am Ende unserer Kraft. Die Hälfte der Fahrer auf den Kolonnen sind englische Gefangene. Man hält es kaum für möglich. Hoffentlich geht es nun bald fort.
Viele herzliche Grüße und Küsse Dir und Ulla[7]

Dein Hellmuth

Nr. 3
5. Oktober 1918
[Quiévrain:] An die Mutter

Meine liebe Mutter,
wir sitzen nun noch immer hier in Marschbereitschaft. Heute wird's wohl endlich losgehen. Es wird wenigstens alles Material verladen. Die Verzögerung unseres Abtransportes erklärt sich wohl darin, daß der Engländer vorgestern den Bahnhof von Mons mit Bomben zusammengeschossen hat und dann, daß die Zivilpersonen aus dem Gebiet zwischen Cambrai und Valenciennes erst fortgeschafft werden sollen. Wir werden eine große Rückzugsbewegung haben - es wird nämlich alles zurückgeschafft. Der Tommy merkt es scheinbar auch schon. Denn gestern war er dauernd über N.[1] und Mons. Er kam auch über unser Nest, hat aber nichts abgeworfen.
Heute ist mein Geld endlich angekommen. Ich werde mir noch was schicken lassen, denn damit kann kein Mensch auskommen bei dem jammervollen Fraß, den wir jetzt bekommen.
Schicke mir bitte umgehend: 1 Kartentasche, 1 Schere und 1 Nagelfeile. Von Frau Boden[2] habe ich rührender Weise 1 kleines Brot, 6 Eier und 3 wunderbare Äpfel bekommen. Ich habe mich riesig gefreut. Ich habe ihr schon gedankt.
Meine neue Adresse lautet: Fahnenjunker Stieff. Feldartillerie-Fahnenjunkerschule, 10. Inspektion, Lager Braschaet b/Antwerpen. Von Vater habe ich keine Nachricht.
Mit vielen herzlichen Grüßen und Küssen an Dich und Ulla

Dein Hellmuth

Nr. 4
21. Oktober 1918 O. U.
[Lager Braschaet bei Antwerpen:] An den Vater

Mein lieber, guter Vater,
vielen herzlichen Dank für Deine liebe Karte vom 7. und Deinen Brief vom 11. [Oktober]. Die politische Lage ist direkt niederschlagend[1]. Neugierig bin ich auf unsere neue Antwortnote[2] an Wilson[3]. Ich glaube aber beinahe, daß wir bis zum Schluß durchkämpfen, denn selbst die Unabhängigkeitssozialisten haben sich doch mit einer Verteidigung Deutschlands einverstanden erklärt[4].
Seit einer halben Woche befinden wir uns hier. Die Unterbringung in neuen belgischen Kasernen ist gut, auch macht die ganze Gegend mit ihrem deutschen Charakter einen ganz bedeutend netteren Eindruck als die Gegend um Quiévrain, die schmutzig und wenig angenehm war.

Dagegen ist die Verpflegung schlecht. Es gibt überhaupt nur 1 x am Tage Essen. Man muß sich daher etwas zukaufen, wenn man nicht hungern will. Zum Glück ist es hier in den letzten Tagen alles billiger geworden, weil die Leute befürchten, daß der Tommy bald kommt. Brügge haben wir ja bereits aufgegeben. Ich nehme an, daß A[ntwerpen] der rechte Stützpunkt der Front wird[5]. Daß wir von hier fortkommen, erscheint mir nach Anordnungen, die uns betreffen, die ich Dir aber nicht mitteilen kann, zweifelhaft.
Daß wir aus Quiévrain fortkamen, war allerhöchste Zeit. Denn zwei Tage, bevor wir fortkamen, lag bereits Fernfeuer auf dem 10 km entfernten V[alenciennes].
Durch den Fähnrich Christ[6] hier erfahre ich auch immer, wenn er Nachricht von seinem Bruder hat, wie es Euch geht. Das ist sehr angenehm, dadurch ergänzen sich unsere Nachrichten. Übrigens ist unser Kursus, wenn er durchgeführt wird, bis zum 22. Dezember verlängert, weil jetzt während des Umzuges 3 Wochen für den Unterricht verloren gingen. Möge es Dir weiter recht gut gehen! Mit vielen herzlichen Grüßen und Küssen

immer Dein Hellmuth

Nr. 5
2. November 1918 O. U.
[Lager Braschaet bei Antwerpen:] An den Vater

Mein lieber Vater,
eben höre ich durch Fähnrich Christ, daß 4 Gefreite der 1. Inspektion zu Deinem Regiment[1] kommen. Ich benütze natürlich sofort diese Gelegenheit, um Dir Nachricht zukommen zu lassen. Ich verstehe einfach nicht, daß Du seit dem 22. September keine Nachricht mehr von mir hast. Ich habe verschiedene Male aus Quiévrain und hier an Dich geschrieben, wenigstens 3 längere Briefe[2] und 4 - 5 Karten. Allerdings funktionierte in Quiévrain die letzte Zeit die Postverbindung nicht mehr, da unsere Feldpost »parti« war. Ich habe jedoch verschiedentlich Post Urlaubern auf dem Bahnhof zur Beförderung mitgegeben. Woran es an der schlechten Postverbindung von hier aus liegt, weiß ich nicht. Auch Mutter klagt darüber, daß sie seit dem 5. Oktober nichts mehr von mir gehört hat, obwohl ich ihr öfters geschrieben habe. Mir geht es soweit ganz gut.
Die Lebensverhältnisse hier sind bedeutend angenehmer als in Quiévrain, denn einmal fühlt man sich beinahe heimisch, weil das ganze Land einen ausgesprochen deutschen Charakter trägt, und die Leute alle viel netter und deutschfreundlich sind. Andererseits sind sämtliche Lebensmittel bedeutend billiger und schließlich hat man Antwerpen in der

Nähe. Ich war vorigen Sonntag dort. Es hat mir außerordentlich gefallen. Man sah und hörte doch mal wieder etwas anderes als den ewigen Kommiß, der einem sowieso durch die jetzigen politischen Verhältnisse verekelt ist. Wie das wohl noch alles werden wird? Ich glaube, daß wir einen Frieden um jeden Preis bekommen. Denn wie sollen wir jetzt weiterkämpfen ganz allein und bei *der* Moral unserer Truppen?! Es ist doch schandbar - die Absetzung Ludendorffs[3] hat bei den Leuten direkt Freude erregt, weil sie in ihm einen Kriegshetzer sahen. Und genau so opfern sie auch Hindenburg[4] und den Kaiser[5] einem Frieden um jeden Preis. Man kommt ja hier viel mit den einfachen Leuten der abgestellten Truppen, die im Lager blieben, zusammen und kann sich so ein ganz gutes Bild von ihrer Stimmung machen. Und dies trägt natürlich nicht dazu bei, einem Hoffnung auf einen guten Ausgang dieser Misere zu machen.
Ob wir von hier aus noch verlegt werden, ist fraglich. Ein Vorkommando ist vor einigen Tagen nach Labiau abgegangen, um Unterkunft vorzubereiten, soll jedoch wieder zurückgerufen sein. Jedenfalls bleiben wir nach einer Mitteilung des K.M. [Kriegsministerium], solange es die Verhältnisse gestatten, hier.
Wie geht es Dir denn und wo bist Du eigentlich? Ihr sollt doch neulich schon wieder auf der Achse gesessen haben?
Nun sei vielmals herzlichst gegrüßt und geküßt von

Deinem treuen Hellmuth

Nr. 6
29. November 1918
St. Tönis bei Krefeld: An die Mutter

Meine liebe Mutter,
endlich finde ich Zeit, Dir etwas ausführlicher zu schreiben. Seit 17 Tagen sind wir schon unterwegs. An einem Sonnabend[1] erfuhren wir zuerst von der Revolution, am Montag[2] war die Lage schon bis zu uns durchgedrungen. Am Dienstag kam vom Armeeoberkommando 4[3] der Abmarschbefehl. Wir wurden der 3. Infanteriedivision zugeteilt, in deren Verbande wir noch marschieren. Es ging dann über Schilde, Bonvel, Tessenderloo, Hasselt, Canne (an der holländischen Grenze), Visé nach Aachen. Der Marsch von Hasselt an war sehr anstrengend, da er durch sehr gebirgiges Gelände ging. Außerdem mußten wir in diesem Teil unser Gepäck tragen, um die Fahrzeuge zu erleichtern. Landschaftlich war die Gegend sehr schön. Die Quartiere waren meistens schlicht, die Bevölkerung gemein wie am Anfang des Krieges. In Bonvel war sie am gemeinsten. Schießerei und Dusel hatten wir in Visé. Die Spitzen der 5. Infanteriedivision und M.R. [Marschregimenter?], die einen Tag

später durchkamen, wurden mit Maschinengewehren zusammengeschossen.
Hier in Deutschland ist der Empfang sehr herzlich. Der Einmarsch in Aachen war wunderbar - alle Straßen mit Girlanden und Flaggenschmuck. Heute kommen wir nach Krefeld und vielleicht schon über den Rhein. Was aus uns dann weiter wird, ist unbekannt. Sobald ich kann, gebe ich weitere Nachricht. Wo mag Vater sein? Ob er rechtzeitig über die Grenze gekommen sein mag? Nachricht von Dir kann mich nicht erreichen.
Mit herzlichen Grüßen und Küssen Dir und Ullamaus

Dein treuer Hellmuth

Nr. 7
5. Dezember 1918
Lühlerheim: An die Mutter

Meine liebe Mutter,
vielen herzlichen Dank für die 100 M, die ich heute bekam. Somit kann ich mir endlich schon lang geklaute Toilettengegenstände wie Kamm, Zahnbürste und -paste usw. kaufen. Denn diese sind sämtlich bereits am 3. Marschtage mitsamt meines Tornisters »parti«, der mir, während ich Posten stand und die Inspektion sich an aus einem stehengebliebenen Proviantzug »empfangenen« Curacao und Sherry Brandy (wunderbar!) die Nase gehörig begossen hatte, aus der Scheune von bayerischen Infanteristen geklaut wurde.
Die Ruhetage bekommen ausgezeichnet - man kann doch endlich mal ausschlafen und sich ordentlich waschen. Nur frische Wäsche fehlt. Und dies ist sehr unangenehm, weil dadurch die Gefahr der Verlausung verstärkt auftritt. Die Hälfte von uns ist schon mit diesen lieblichen Tierchen behaftet. Ich, Gott sei Dank, noch nicht!
Gerüchten zufolge sollen wir noch bis zum 8. [Dezember] hier bleiben, dann noch 1 - 2 Tage marschieren, darauf nach Hamburg-Bahrenfeld verladen werden. Hoffentlich bewahrheitet sich dies Gerücht. Von Hamburg aus komme ich zur Ersatzabteilung nach Graudenz. Ich will versuchen, über Hannover zu fahren. Dort bleiben kann ich leider nicht. Denn ich fahre mit Krampff[1] auf einem Fahrschein, und ich weiß nicht, wie ich mir einen andern beschaffen kann. Ich werde aber mein möglichstes versuchen.
Was aus mir später wird, weiß ich nicht. Offizier werde ich wohl nie werden. Denn das Heer wird so schnell wie möglich abgeschafft werden[2]. Denke also mal nach, was ich werden kann - ich habe zu nichts Neigung, vielleicht Ingenieur. Der Soldatenberuf hat mir bisher kolossal viel Freude gemacht. Besonders auf der Junkerschule. Man hat da soviel

Interessantes gelernt. Und das Angenehme dabei war, daß mir alles kolossal leicht fiel.
Diese Revolution war der reine Wahnsinn - oder sie kam zu früh zum Ausbruch. Denn einen Monat später wären drüben wahrscheinlich dieselben Zustände gewesen. Und das wäre unserer einzige Rettung gewesen. Jetzt ist ja alles verloren. Und die Ententetruppen werden auch nicht vor dem Rhein Halt machen[3]. Aber mögen sie nur weiterkommen - die Herrschaften in der Heimat haben noch nichts vom Krieg gemerkt! Unsere Fronttruppen sind noch die einzig Vernünftigen. Natürlich ausgenommen die Etappenschweine - die sind noch schlimmer als die Heimatarmee. Übel ist, daß ich nicht weiß, was mit Vater los ist.
Laß es Dir gut gehen! Packe meine Extrasachen und Wäsche zusammen und halte sie bereit! Ullamaus einen besonderen Gruß.
Dir die herzlichen Grüße und Küsse

Dein Hellmuth

Nr. 8
28. Dezember 1918 O. U.
[Czeplinkau bei Rekden:] An die Eltern

Meine lieben Eltern,
Gott sei Dank bin ich nun umquartiert worden. Glänzend ist der Tausch ja nicht, aber man ist doch wenigstens mit andern Kameraden zusammen. Unser Wohn- und Aufenthaltsraum ist der Kuhstall. Essen dürfen wir in der Küche. Der Besitzer ist natürlich auch so ein geiziger, unfreundlicher Krüppel - wie alle hier. Gott, was hasse ich diese Bevölkerung hier. Meinetwegen sollten mal erst die Polacken reinkommen und der Bande zeigen, was Krieg ist. Wenn man dieser Gesellschaft hier so die Leute aus dem Westen gegenüberstellt, merkt man erst so recht den Unterschied. Wie freundlich und entgegenkommend die dort alle waren!
Das Weihnachtsfest wurde ganz nett von der Batterie gefeiert. Alle 30 Männekens der Batterie waren im Gasthaus versammelt, wo die Bescherung stattfand. Jeder bekam einen großen Kuchen aus wunderbarem weißen, amerikanischen Mehl (von der Unterstützungskommission in Valenciennes). Außerdem Lesestoff, Rauchwaren und Äpfel. Dazu viel Grog, nochmals Schnaps und Wein.
So - nach einem 4stündigen Ordonnanzritt zum Regiment nach Hohenkirch im herrlichsten Schneegestöber kann die Schriftstellerei weitergehen. Eben bekam ich auch ein Telegramm von Frau Boden, daß Du Dich bei ihr nach mir aus Waltersdorf erkundigt hast. Nun weiß ich endlich, wo Ihr steckt. Ihr werdet ja wohl auch meinen Brief nach Waltersdorf bekommen haben. Meine Adresse ist: Fahnenjunker Stieff,

Feldartillerieregiment 71, 1. Batterie, Czeplinkau b/Rekden, Kreis Graudenz, per Adresse Besitzer Nass. Schreibt bitte bald und ausführlich und schickt bitte ein paar Cigaretten. Hier gibt's gar nichts. Mitte oder Ende Januar hoffe ich, 8 Tage Urlaub zu bekommen. Dann ist die Reihe an mich. Meine Extrasachen schicke ich Euch nächstens. Hier, im Kuhstall, verderben sie doch blos.
Grüßt Banners[1] und Ulla schön von mir. Seid auch von mir vielmals herzlich gegrüßt und geküßt von

Euerm treuen Hellmuth

[Nachschrift:]
Verzeiht bitte die Stearinflecke - sie sind mir vorhin rausgetropft.

Nr. 9
4. Januar 1919 O. U.
An die Eltern

Meine lieben Eltern,
vielen Dank für Euern Brief vom 28. Dezember, den ich erst heute erhielt. Mir geht es so durchschnittlich. Gott sei Dank kommen wir in den nächsten Tagen fort - wo's lustig zugeht - Posen oder ähnliches! Zweck hat's ja nicht. Beim ersten Schuß läuft ja doch die ganze Batterie fort. Das sind doch alles keine Soldaten mehr - Memmen sind das. Ich bin neugierig, wie wir bis zum Verladebahnhof kommen. Fahrer fehlen, dafür Kanoniere. Mich hat man auch zum Vorderreiter gestempelt. Das kann ja gut werden, gefahren habe ich noch nie.
Heute haben wir wieder Ersatz aus Thorn bekommen. Feine Brüder!! Wenn sie die Gesellschaft uns doch blos nicht herschicken wollten. Die verderben uns blos die vernünftigen Elemente. Mutter schreibt von wenigem Dienst. *Überhaupt kein* Dienst! Als Appell angesetzt wurde, gab's großen Krach! Pferde putzt kaum ein Mensch. Dafür 5 M pro Tag! Das ist die Arbeit des Motzes.
Das deutsche Volk taugt gar nichts. Es ist grundverdorben - Mist und Dreck (pardon). Bezeichnend ist doch dafür, daß die Westdeutschen in der Batterie erklären, sie höben nicht eine Hand gegen die Polen, denn was ginge sie Westpreußen an. Und die Ostdeutschen erklären, es wäre ihnen egal, ob sie polnisch würden oder deutsch blieben[1]. Ein Volk, das derart denkt, ist eben nicht mehr existenzberechtigt!
Daß Vater eventuell in die schwedische Armee eintreten will, ist mir ganz neu und unerwartet.
Schluß. Ich muß zum Befehlsempfang. Schickt Cigaretten und Lesestoff. Adresse vorläufig: einfach 1./Feldartillerieregiment 71. Grenzschutz Ost.
Viele herzliche Grüße und Küsse an alle

Euer Hellmuth

Nr. 10
15. Januar 1919
Czersk: An die Eltern

Meine lieben Eltern,
noch immer habe ich keine Nachricht von Euch. Die letzte stammt vom 26. Dezember [19]18! Mir geht es soweit ganz gut. Nur schickt Cigaretten und Zeitungen. Ich habe vor 14 Tagen die letzte Zeitung gelesen!
Hier herrscht nach der letzten Affäre[1], von der ich Euch schrieb, Ruhe. Jedoch wird für den 18. und 19. des Monats noch ein Rutsch befürchtet. Meinethalben! - ne kleine Abwechslung. Auch in der Batterie ist alles wieder im Lot. Die Leute, von ein paar Kerls verhetzt, hatten nämlich ganz eigenartige Ansichten zu Tage gefördert: Dienstverweigerung, Absetzung des Batterieführers, Fahnenflucht. Darauf kam 1/2 Dutzend Soldatenräte von hier, von der 35. Infanteriedivision und dem XVII. Armeekorps[2] angereist und haben der Gesellschaft ordentlich den Standpunkt klar gemacht. Danach hat der Batterieführer genau dieselbe Macht wie früher - sämtliche Strafbestimmungen sind noch in Kraft, so daß Urlaubsüberschreitungen, wie sie hier andauernd vorkommen, bestraft werden können. Ebenso werden Fahnenflüchtige von jedem Soldatenrat im Reich unter Bedeckung zur Truppe zurückgeführt.
Die Soldatenräte haben mir entschieden imponiert. Der hiesige vom Lager ist ein ganz vernünftiger Marineunteroffizier, der sofort unsere größten Schreier als Aufwiegler festsetzte! Jetzt haben wir wieder den alten Dienstbetrieb, Geschützexerzieren etc.!! Und es klappt tadellos.
Eigentlich wollte ich noch weiter schreiben. Aber es ist Zeit zum Heu vorlegen und schlafen gehen. Darum für heute Schluß. Schreibt und schickt *Cigaretten, Lesestoff, Kamm* und Rasierpinsel!
Mit herzlichem Gruß an Großvater[3] und Ulla und herzlichen Grüßen und Küssen für Euch

Euer treuer Hellmuth

[Nachschrift:]
Verzeiht die Schweinerei - ich sitze aber auf einem Heuhaufen!

Nr. 11
20. Februar 1919
Culmsee: An die Eltern

Meine lieben Eltern,
ich bin nun glücklich soweit, daß ich in den nächsten Tagen aus dem Krankenhaus entlassen werden soll. Das geht mir natürlich gegen den Strich, denn die Batterie ist noch nicht fort. Ergo - ich kann nicht auf

Urlaub fahren. Und das ist sehr dumm. Ich habe augenblicklich das Vagabundieren so satt und sehne mich direkt mal nach geordneten Verhältnissen und in der Hauptsache nach etwas geistiger Beschäftigung. Täglich nur Pferde putzen und Mist karren, darüber hinaus aber auch weiter nichts, ist für mich nichts auf die Dauer. Diese ehrenwerte Beschäftigung betreibt man nun schon 8 Monate lang, ohne es zu etwas gebracht zu haben. Daß man bei diesen Gedanken die Lust am weiteren Soldatenleben verliert, ist ja kein Wunder. Das einzige, was einem das Leben hier erträglich erscheinen läßt, ist das Gefühl und das Bewußtsein, noch einer anständigen Truppe anzugehören. Ich lege Euch 2 Zeitungsausschnitte bei[1], deren Inhalt für die Stimmung sämtlicher Truppenteile der 35. Infanteriedivision charakteristisch ist. Die Sturmabteilung Rossbach[2] ist unserer Batterie zugeteilt. Die 5./Tr. [Truppe?] liegt in Kriegersdorf bei Strasburg. Ursprünglich sollte ich zu ihr kommen. Schreibt wieder an meine alte Adresse: Kunzendorf b/Culmsee.
Mit vielen herzlichen Grüßen und Küssen an alle

Euer Hellmuth, der so gern auf Urlaub käme, aber nicht kann

Nr. 12
4. März 1919
Graudenz: An die Eltern

Meine lieben Eltern,
heute erhielt ich gleichzeitig Eure lieben Briefe vom 21., 23., 24., 25., 26. Februar sowie das Paket mit der Lederweste. Auch der ›Faust‹ ist schon seit einigen Tagen in meinem Besitz. Habt vielen herzlichen Dank für alles.

Daß ich Unteroffizier geworden bin, werdet Ihr ja durch meinen gestrigen Brief erfahren haben. Übrigens sind die Sonderbestimmungen über Bevorzugung von Einjährigen und Fahnenjunkern bei Beförderungen erneut in Kraft getreten.

Die Ehe mit dem Batteriechef ist allerdings nicht sehr glücklich. Das ist aber keine Ausnahme. Ebenso geht es der gesamten Batterie. Er versteht es nicht, mit den Leuten umzugehen. Er ist wohl einmal ganz nett, stößt einen aber auch dann 10 x vor den Kopf. Eine Versetzung in eine andre Batterie wünsche ich aber jetzt nicht. Denn als Unteroffizier hat man in der Batterie eine ganz angenehme Stellung, weil wir fast lauter junge, gebildete Leute in der Batterie haben, während man in den andern Batterien wegen der vielen alten, im Felde gewesenen Mannschaften eine recht schwierige Position hat.

Gesundheitlich geht es mir schon bedeutend besser. Das schöne Frühlingswetter, das wir seit einigen Tagen haben, tut mir sehr wohl. Ich denke, in einer Woche aus dem Lazarett entlassen zu werden und will

dann doch zur Batterie zurückgehen und ungefähr am 20. [März] oder auch etwas später auf Urlaub kommen. Hoffentlich klappt alles nach Wunsch. Tante Dietz[1] läßt grüßen.
Mit vielen herzlichen Grüßen und Küssen an alle

Euer Hellmuth

Nr. 13
25. Juni 1919
Boguschau: An die Eltern

Meine lieben Eltern,
das Empörende ist also tatsächlich geschehen - der Vertrag ist bedingungslos unterzeichnet[1]. Man findet tatsächlich keine Worte, die dieser Schandtat den richtigen Namen geben. Auch die Ausrufung der Ostrepublik ist unterblieben[2]. Es fehlen eben die Führer, die gewillt sind, die Verantwortung zu übernehmen. Denn die Bevölkerung wie die Truppen wollen unsere Heimat nicht ohne Kampf preisgeben. Aber ohne einheitliche Führung wäre dies natürlich Wahnsinn. So wird es denn so kommen, daß wir Westpreußen ohne Kampf räumen. Dieser Gedanke ist aber derartig erniedrigend, man kommt sich wie fahnenflüchtig vor, wenn man die verzweifelte deutsche Bevölkerung sieht. Es ist zu ekelhaft! Diese Tage drücken auf mich schlimmer als die Revolutionstage. Man ist doch dazu da, um seine Heimat zu schützen. Und dann wird nicht einmal ein Versuch gewagt, sondern man muß sich wie ein Verbrecher davonschleichen, weil einem jeder anständige Mensch doch vor Verachtung ins Gesicht spucken muß. Und dabei liegt es doch wirklich nicht an uns. Gebt uns Führer, und gern wird jeder Ostmärker so teuer als möglich seine Heimat verkaufen.
Wir erwarten jetzt für die nächsten Tage den Abmarschbefehl. Die Division[3] wird dann irgendwo in Deutschland aufgelöst. Es ist zu toll, was man alles miterleben muß. Hoffentlich geht es Euch gesundheitlich gut.
Mit vielen herzlichen Grüßen und Küssen an Euch, Großvater und Ulla

Euer Hellmuth

Nr. 14
28. Juni 1919
Boguschau: An die Eltern

Meine lieben Eltern,
vielen Dank für das Paket mit der Wäsche. Der Brief ist allerdings noch nicht angekommen.
Heute fahre ich nach Graudenz. Es wird wohl das letzte Mal sein, daß

ich dorthin komme. Gott, wenn man sich vorstellt, wie man voriges Jahr hinkam, voller Illusionen. Wie malte man sich im Geiste schon das Garnisonleben nach beendigtem Kriege aus! Und jetzt?! Und ich kann noch nicht einmal klagen - ich finde ja jetzt in Breslau eine neue Heimat[1]. Aber all die Graudenzer und überhaupt Westpreußen, die beim Grenzschutz sind, die können nicht wieder zurück. Denn wir alle stehen doch beim Pollack auf der schwarzen Liste. Wie viele Tausende von Existenzen werden dadurch wieder vernichtet. Jeder, der sich irgendwie gegen die Polen betätigt hat, ist doch jetzt hier unmöglich. So wandern nun Tausende und Abertausende von hier weg nach Deutschland. Was aus uns allen werden soll, das weiß der Himmel.
Soldat bleiben, ist natürlich ausgeschlossen. Bis zu unserer Auflösung müssen wir noch zusammenhalten. Dann will ich versuchen, durch Onkel Arno[2] eine Stellung zu bekommen. Schlägt auch das fehl, dann weiß ich keinen Rat mehr. Und so geht es allen von uns.
Wißt Ihr, einem blutet das Herz, wenn man jetzt so das Land betrachtet, daß gerade dieses Jahr so fruchtbar wie selten ist, als ob es einem zum letzten Mal zurufen will: Vergiß mich nie - räche mich! Gott sei Dank ist ja in dieser Angelegenheit das letzte Wort noch nicht gesprochen. Der Tag der Vergeltung wird auch nochmal kommen. Schluß für heute.
Mit vielen herzlichen Grüßen und Küssen

Euer Hellmuth

[Nachschrift:]
Noch vor Toresschluß bin ich vor einer Woche etatsmäßiger Unteroffizier geworden. Der praktische Nutzen: täglich 90 Pf mehr!

Nr. 15
9. März 1920
Groß Voldekow bei Schmenzin: An die Mutter

Meine liebe Mutter,
vielen herzlichen Dank für Deinen lieben Brief vom 28. Februar. Sehr gefreut hat es mich, zu hören, daß es Dir besser geht. Pflege Dich nur ordentlich raus und Vater auch mit. Es ist ja zu dumm, daß er nun wieder so runter ist. Eine durchgreifende Besserung wird ja aber erst eintreten, wenn Vater aus der Großstadtluft raus ist.
Mir geht es so là-là. Unsere Quartiere sind schauderhaft, die Verpflegung recht schlecht. Da man sich rein gar nichts zukaufen kann, gibt's 4 Tage in der Woche trockenes Brot! Auch sonst ist es in jeder Beziehung mäßig. Ich hätte nie gedacht, daß Pommern so zurück ist! Langweile hat man aber Gott sei Dank nicht. Denn Dienst wird mehr als reichlich gemacht. Morgens um 5 Uhr steht man schon im Stall und in dem

Tempo geht es fort. Gegenwärtig wird noch mit besonderem Hochdruck gearbeitet, da wir in ca. 14 Tagen bis 3 Wochen eine Besichtigung durch unsern neuen Divisionskommandeur, Generalmajor von Hippe[1], einen Artilleristen, zu erwarten haben. Dieser Herr soll sehr genau sein und riesig viel Ahnung haben. Denn selbst Hauptmann Jacobsen[2], der tüchtigste Batterieführer, soll nicht allzu viel Schmeichelhaftes von ihm gehört haben.
Zu dieser Besichtigung sowie zur Schießübung sollen wir nächstens 3 Wochen nach Hammerstein kommen. Da wäre mir sehr angenehm. Denn selbst das Lager ist besser als diese gottverlassene Gegend. Außerdem ist Breitenfelde und Falkenwalde in der Nähe, so daß man wenigstens Ostern weiß, wo man hingeht.
Übrigens war ich vom 5. - 7. März in Falkenwalde[3] auf Sonntagsurlaub. Es war dort furchtbar nett. Dadurch hat sich auch die Beantwortung Deines Briefes verzögert.
Dir und Vater gute Besserung wünschend, bleibe ich mit herzlichem Gruß und Kuß für Dich, Vater und Ursel

Dein treuer Hellmuth

[Nachschrift:]
Die Post ist nicht, wie ich irrtümlicherweise angab, Groß Voldekow, sondern Schmenzin (Kreis Belgard/Pommern).

Nr. 16
2. April 1920
Schmenzin: An die Eltern

Meine lieben Eltern,
ich wünsche Euch ein recht fröhliches Osterfest. Hoffentlich ist Vater wieder soweit hergestellt, daß er keine Schmerzen mehr hat[1].
Zunächst nun vielen Dank für Euern Brief vom 25. März. Derselbe muß sich mit einem Brief von mir vom 24. oder 26. März, in dem ich Euch die Unruhen im hiesigen Bezirk beschrieben habe, gekreuzt haben[2]. Wo Ihr augenblicklich seid, weiß ich gar nicht. Ich schreibe deshalb noch nach Breslau. Von mir kann ich Euch nichts Besonderes berichten. Es ist noch genau so stumpfsinnig wie bisher. Nur der Dienst ist dadurch, daß wir einen neuen, recht forschen Wachtmeister bekommen haben, recht lebhaft und viel geworden. Tagesverlauf ist jetzt folgend: 5^{0} Wecken, 5^{15} Futtern, 6^{0} - 7^{30} Stalldienst, 7^{45} - 9^{45} Geschützexerzieren, 10^{0} - 11^{15} Maschinengewehr-Exerzieren, 11^{30} Mittag, 1^{30} - 2^{30} Vortrag (oder Reiten für Unteroffiziere). 2^{30} - 4^{0} Fußexerzieren, 4^{15} - 5^{30} Sport, 6^{15} Appell, anschließend Befehlsausgabe. Da ich 2 km entfernt in Voldekow liege, lohnt es mittags gar nicht, nach Hause zu gehen. Und das ist natürlich

sehr dumm, weil man dadurch den ganzen Tag überhaupt nicht zu Hause ist. Sonst der Dienstbetrieb macht so Spaß, weil Zug hinter steckt. Augenblicklich habe ich Wache.
Nun Schluß!
Mit herzlichem Gruß und Kuß

Euer Hellmuth

Nr. 17
5. Juli 1920
Itzehoe: An die Mutter

Meine liebe Mutter,
seit vorgestern bin ich zur 4. Batterie leichtes Reichswehr-Artillerieregiment 9 versetzt - zur berühmten Batterie Jacobsen! Hier ist tatsächlich allerhand los! Dienstbetrieb etwa wie in Quiévrain.
Denk' Dir nun bloß, heute kommt der Befehl, daß 3. und 4. Batterie leichtes Artillerieregiment 9 am 7. Juli nach Jüterbog verladen wird und dort wenigstens 14 Tage bleibt. Ich sagte ja in Neu Boguschau schon, daß ich bald wieder da sein würde. Daß es auf diese Weise geschehen würde, glaubte ich zwar nicht. Zu welchem Zweck wir dorthin kommen, ist nicht ersichtlich.
Sonst nichts Neues. Ich bin ziemlich in Eile, da unsere 2 Stunden-Mittagspause um 3/4 Stunde durch eine ewig lange Besprechung des Hauptmanns mit den Unteroffizieren gekürzt wurde. Die Dienstzeit täglich: 4^{30} - 6^{0}, 7^{0} - 11^{30}, 1^{30} - 4^{0}, 4^{30} - 6^{30}, um 7^{0} Appell - genug, daß man abends hundemüde ist.
Mit herzlichem Gruß und Kuß für Dich und Ursel

Dein Hellmuth

Nr. 18
20. August 1920
Itzehoe: An die Mutter

Meine liebe Mutter,
vielen herzlichen Dank für Deinen lieben Brief mit dem Bilde von Dir und Ulla. Die Aufnahme sieht recht naturgetreu aus, sonst könnte man auf den Gedanken kommen, der Zackenfall stände im Atelier eines Photographen. Nach dem Bilde zu urteilen, scheint Ihr Euch recht gut erholt zu haben. Das ist ja auch die Hauptsache! Denn Hand in Hand mit der körperlichen geht auch die seelische Erholung, und mit der Zeit, die bekanntlich alle Wunden heilt, wird sich auch die Lücke schließen, die Vaters Tod in Dein Leben gerissen hat[1]. Ich hoffe, wenn ich erst in Potsdam in Deiner Nähe weile, Dir diese Lücke ausfüllen zu helfen.

Wie ich aus Deinen Briefen ersehen habe, hast Du Dich nun in das Unvermeidliche gefügt, und das ist ja die erste Hauptbedingung, um ernsthaft an Deine weitere Lebensgestaltung zu denken. Zunächst fahre unbesorgt nach Ahlbeck und laß Dir Deine Erholungszeit nicht durch meine Ankunft in Potsdam kürzen. Wann dieselbe erfolgt, kann ich auch nicht einmal genau sagen, voraussichtlich erst Mitte September. Denn die Batterie wird ja erst vorher in Güstrow aus der 2. und 4. Batterie Reichswehr-Artillerieregiment 9 von einem Hauptmann Jentsch[2] vom Reichswehr-Artillerieregiment 9 zusammengestellt. Wir freuen uns schon alle auf unsere neue Garnison. Abgesehen davon, daß Itzehoe gar keinen Vergleich mit Potsdam aushält, erhofft jeder eine bedeutende Besserung der Lebensbedingungen. Nicht etwa dienstlich, bei einer reitenden Batterie wird es stets lebhafter zugehen müssen als bei einer fahrenden, nein, sondern was Unterkunft, Verpflegung und Bekleidung anbetrifft. Denn, wenn es an der Quelle, die Potsdam als die Garnison von Berlin doch ist, nichts gibt, soll es dann in der Provinz was geben? Sicher nicht!
Was uns hier in Itzehoe für unser Geld geboten wird, spottet tatsächlich jeder Beschreibung. Von unserem Monatsgehalt, der ja nach dem Dienstalter zwischen 600 - 900 M schwankt, wird täglich in Abzug gebracht 6,50 M für Verpflegung (Monat = 201,50 M), 1 M für Wohnung (Monat = 31,00 M) sowie monatlich 60 - 90 M für Bekleidung (bis zum Gesamtbetrag von 100 M) und 10 % Steuern. Nach all diesen Abzügen bleibt mir noch etwa 350 M monatlich. Der Staat macht ein ganz unglaubliches Geschäft bei dieser Sache. Eine Mannschaftsstube, die durchschnittlich mit 10 Mann (eine sagen - mit 16 Mann) belegt ist, wirft allein an Miete pro Monat 300 M ab. In der Stadt kostet ein nettes, möbliertes Zimmer aber auch nur 30 - 40 M. Ist das nicht unglaublich? Und für die Verpflegung 6,50 M zu nehmen, ist direkt eine Unverschämtheit. Satt wird man sicher nicht. Das Mittagessen, für das 3,25 M ausgesetzt sind, besteht aus dünnen Suppen (Graupe, Grütze, Nudeln etc.) mit kaum einem Stückchen Fleisch drin. Und bei der Menge, bei der eine billige Beschaffung der Lebensmittel doch möglich sein muß, kann das Essen doch bekanntlich viel vollhaltiger sein. Wie machte es denn sonst der Kantinenwirt, der für 3,50 M ein ausgezeichnetes warmes Abendbrot liefert und dabei doch sicher nichts zusetzt, wie er selber angibt. Dabei fallen doch Unkosten wie Küchenpersonal, Geschirrreinigen etc. für die Verwaltung gänzlich fort, da die Arbeitskräfte alles Soldaten sind! Es ist haarig!
Die Hälfte der 6,50 M sind weggeworfenes Geld und von dem verbleibenden Gehalt muß man sich verpflegen, um den Anforderungen des Dienstes gewachsen zu bleiben! Dabei stehen wir diesem allen hilf- und machtlos gegenüber. Denn die auch von den Truppenvorgesetzten als berechtigt anerkannten Beschwerden (zum Beispiel Jacobsen, mit dem

ich darüber sprach, fand das alles auch unglaublich), verlaufen wirkungslos im Sande. Gott sei Dank ist die Presse auf diese Übelstände schon aufmerksam geworden, die anderwärts ja genau so sind. Ich las wenigstens gestern in der ›Täglichen Rundschau‹ einen diesbezüglichen Artikel.
Von Hauptmann Becker[3] habe ich mehrfach gehört. Er ist Sportoffizier der Reichswehrbrigade 9 und leitete im Juli ein großes Sportfest der Brigade 9 in Schwerin, ebenso Hauptmann Heidrich[4], der in Jüterbog während unserer Anwesenheit ein großes Fest leitete und dabei sehr nette reiterliche Sachen zum Vortrag brachte.
Was wohl die Zukunft bringen wird? Im Osten und in Oberschlesien sieht's ja recht bunt aus[5]! Edith's Verlobung hat mich sehr überrascht[6]. Ich werde ihr in den nächsten Tagen gratulieren.
Mit einer Empfehlung an Herrn und Frau Maetzke und Frau Giese bin ich mit herzlichem Gruß und Kuß für Dich und Ursel

Dein Hellmuth

[Nachschrift:]
Ist dieser lange Brief nicht eine Leistung?!!

Nr. 19
2. Februar 1921
München: An die Mutter

Meine liebe Mutter,
vielen herzlichen Dank für alle Deine lieben Sendungen bis zum 1. Brief. Mir geht es soweit noch recht gut. Ich konnte leider nicht früher antworten, da ich sehr viel zu arbeiten hatte. Denn gerade die Grundlagen müssen gut sitzen, sonst kann man nicht aufbauen.
Ein Blenden wie in Quiévrain ist hier[1] nicht angebracht. Denn in der 8 Monate langen Zeit treten die Lücken doch einmal zu Tage. Meine Arbeit ist denn auch nicht unbelohnt geblieben. Nach den Ergebnissen der ersten Prüfung bin ich der Beste bei der 2. Aufsicht.
Unser Lehrgebiet ist sehr umfangreich. Der Reihenfolge nach: Taktik, Geländekunde, Pionierlehre, Nachrichtenwesen, Waffenlehre, praktischer Dienst (Infanterie-, Maschinengewehr- und Minenwerferdienst), Leibesübungen (Turnen, Leichtathletik, Rasensport, Fechten), Bürgerkunde (Überblick über das gesamte politische, wirtschaftspolitische und soziale Leben), Heereswesen, Luftfahr- und -schutzwesen, Kraftfahrtechnik, Gesundheitslehre, Pferdekunde und Reiten. Das genügt für den Tagesbedarf. Unsere Tageseinteilung ist: 7^{0} - 12^{0} Hörsaal, 12^{15} Appell und Mittag, 1^{30} - 4^{30} praktischer Dienst, 5^{30} - 7^{0} Arbeitsstunde, 7^{15} Abendessen, 10^{15} späteste Rückkehr und 10^{30} Licht gelöscht.

Am Mittwoch ist kein Dienst. Dafür finden vormittags taktische Ausflüge oder Museumsbesuche und nachmittags Vorträge statt. Es wird entschieden viel für uns getan. Zum Beispiel sind unsere Sportlehrer ganz bekannte Meisterschaftssieger aus den deutschen und schwedischen Stadionwettspielen. Die beiden bedeutendsten Professoren der Münchener Universität in Mathematik und Chemie erteilen Unterricht an die Offizieranwärter aus dem Unteroffizierstand.
Fremdsprachenunterricht habe ich nicht mitgenommen. Er findet abends von 8 - 10 [Uhr] statt. Dazu habe ich keine Lust. Außerdem bin ich zufrieden, wenn ich das andere alles schaffe. Dagegen nehme ich am Tanzunterricht, den die Schule Mitte Februar veranstaltet, teil. Hoffentlich macht man da nette Bekanntschaften.
Unter den Studenten habe ich einen ehemaligen Fahnenjunker vom Feldartillerieregiment 21, mit dem ich in Quiévrain zusammen war, getroffen. Näher angeschlossen habe ich mich an einen Oberjäger von Rhaden[2] von den Gardejägern und einen Unteroffizier von Kleist-Bornstedt[3] von den Rathenower Husaren[4].

6. Februar 1921
Natürlich ist der Brief wieder liegengeblieben. Was dazwischen kam, weiß ich nicht mehr. Ich will nur schnell schließen. Die 100 M schicke bitte um den 20. [Februar] rum. Möglichst bald aber meine weißen Handschuhe und Strümpfe.
Mit herzlichem Gruß und Kuß an Dich und Ursel

Dein Hellmuth

[Nachschrift:]
Grüße Krauses. Ist Oberleutnant Buffa[5] bei der Artillerieschul[e]?

Nr. 20
9. Juli 1921
München: An die Mutter

Meine liebe Mutter,
Du läßt ja gar nichts mehr von Dir hören! Hast Du meinen langen Brief, den ich vor ca. 10 Tagen schrieb, nicht erhalten[1]?
Anbei schicke ich Dir eine Reihe von Aufnahmen von unserer Fahrt nach Grafenwöhr und vom Reitfest in Grafenwöhr[2]. Hebe sie aber bitte alle auf. Ich habe nur diese Abzüge.
Während des praktischen Lehrganges habe ich wieder recht gut abgeschnitten. Meine Gesamturteilsziffer war diesmal eine 9 (vorzüglich). Somit bin ich jetzt bei jeder Beurteilung um 1 gestiegen. Höher hinauf geht's nimmer.

Am 3. August beginnt die Fähnrichsprüfung, die 14 Tage dauert[3]. Am 20. August erfolgt die Entlassung von der Infanterieschule 1. Jetzt gibt es noch viel zu arbeiten. Es wird doch eine Unmenge verlangt. Zu manchen Sachen fehlt einem auch jede praktische Erfahrung. In Taktik operieren wir augenblicklich mit dem verstärkten Infanterieregiment (3 Bataillone, 1 Minenwerferkompanie, 1 Abteilung Artillerie, 4 Eskadrons, 1 Pionierkompanie). Da werden Anforderungen gestellt, die die meisten nicht lösen können. Es gehört doch schon eine Menge logischen Denkens und Entschlußkraft dazu, um ein Regiment zu führen. Dahinter steht dann noch immer das Gespenst der Blamage, wenn man, wie in Grafenwöhr, die Truppen tatsächlich in die Hand bekommt und alten Stabsoffizieren Befehle geben muß. Um so heiterer ist es allerdings, wenn diese noch weniger Ahnung als unsereins haben, wie dies auch schon vorgekommen ist. Mir persönlich geht es ja in Taktik recht gut. Aber manch einer hat gar keine Veranlagung dazu. Und dies ist auch durch größten Fleiß nicht zu ersetzen. So sind denn jetzt zunächst 20 Offizieranwärter an die Luft gesetzt worden. Etwa ebenso viele fallen meines Erachtens auch noch durch die Prüfung durch. Es wird also sehr scharf gesiebt.
Den Wechsel schicke mir möglichst sofort. Wenn Du ihn diesmal etwas erhöhen könntest, wäre ich Dir sehr dankbar. Uns sind nämlich von der Heeresverwaltung fast neue Ferngläser zu 140 M (sonst 300 - 400 M) angeboten worden. Ich habe da natürlich sofort zugegriffen. Denn so billig kommt man nie wieder zu einem guten Glas.
Mit herzlichem Gruß und Kuß für Dich und Ursel

Dein Hellmuth

Nr. 21
9. November 1928 nachmittags
Schweidnitz: An seine Braut Ili Gaertner

Geliebtes Iliherz!
Über dem ernsten Thema meines gestrigen Briefes habe ich ganz vergessen, Dich daran zu erinnern, daß erst gestern vor einer Woche die Würfel fielen, und ich Dich zum ersten Mal in meinen Armen halten durfte. Mir kommt es schon ewig vor. Vielleicht liegt das daran, daß sich meine Gedanken mit Dir schon seit unserm ersten Kennenlernen dauernd beschäftigt haben. Ich kann Dir gar nicht die Unruhe schildern, mit der ich im Frühjahr immer wieder auf irgendeinen Zufall hoffte, mit Dir zusammen zu treffen. Ich gestehe, daß ich damals mit meinem Freunde Kraehe[1] die verschiedensten Möglichkeiten erwogen habe, wie man einen solchen Zufall herbeiführen könnte.
Eine Gelegenheit ist mir dabei im März entgangen. Da hatte man Dich

anläßlich eines Sprungwettbewerbs auf der Hohen Eule gesehen. Ich habe mich hinterher schrecklich geärgert, daß ich, entgegen meinem ursprünglichen Plan, nicht auch hingefahren war. Schließlich blieb nur noch der Weg eines Besuches, der unaufgefordert natürlich etwas aufdringlich wirken mußte. Den fraglichen Brief habe ich damals mehrere Tage in der Tasche rumgetragen und es bedurfte sehr energischen Zuspruchs durch Kraehe, bis ich ihn einsteckte. Als dann überhaupt keine Antwort eintraf, war ich sehr enttäuscht. Gott sei Dank wurde ich bald für 2 Monate nach Frankfurt a/O kommandiert. Denn Luftveränderung erschien mir in diesem hoffnungslosen Fall das beste. Einen ganz schwachen Funken Hoffnung hatte ich aber noch auf das Schweidnitzer Turnier gesetzt, weil Du mir damals beim Ball erzählt hattest, daß Du sicher dazu nach Schweidnitz kommen würdest. Dies ist auch der Hauptgrund gewesen, warum ich meine Kur in den September verlegen ließ.

Von dem Abend in der ›Krone‹ ab war dann bei mir die Entwicklung zwangsläufig, und ein anderer Ausgang wäre für mich die herbste Enttäuschung meines Lebens geworden. Im Grunde genommen habe ich nie daran gezweifelt, daß es so kommen würde. Denn als ich Dich das erste Mal sah - Du standst so entzückend in einem weißen Spitzenkleid unter vielen Leuten und beobachtetest durch Dein Stielglas -, empfand ich sofort, daß da mein Schicksal stand. Das hat mich Dir gegenüber im ersten Augenblick so verlegen gemacht, daß selbst meine sonst gewandte Klappe versagte, und ich Dir etwas furchtbar Banales gesagt habe, als wir zu Tisch gingen. Deine Antwort war auch dementsprechend - etwa mit der Betonung »wie kann man nur so etwas Dummes sagen« -, daß ich eine ganze Zeit brauchte, um wieder meine Fassung zu gewinnen und aufzubauen.

Genau so erging es mir dann am 1. Turniertag, wo nun noch der unbeantwortete Brief hinzukam, und ich habe mir erst einen großen Stoß geben müssen, um meine sonst gar nicht große Schüchternheit zu überwinden.

Du kleiner Schlingel! Du weißt gar nicht, was Du angerichtet hast. Ich bin ja jetzt so übermäßig glücklich, daß nun doch meine schönsten Träume in Erfüllung gehen, und kann meine Dankbarkeit Dir gegenüber nur dadurch zum Ausdruck bringen, daß ich Dich in den Mantel meiner Liebe hüllen und Dich mein ganzes Leben als mein Liebstes auf Händen tragen will und alles Schlechte und Böse von Dir abwehre, soweit es in meinen Kräften steht. Das schwöre ich Dir vor Gott, so wahr ich Dich liebe, Du mein einzig geliebtes Herz! Es ist eine Lust zu leben, wenn man weiß, daß man liebt und geliebt wird!

9. November abends

Ilimaus!

Ich habe gar keine lange Weile mehr. Stundenlang kann ich Zwiesprache mit Dir führen und freue mich immer auf den Moment, wo ich an meinem Schreibtisch sitze, den Federhalter ergreife und Dir von allem, was mich bewegt, erzählen kann. Du weißt, daß ich sonst so ungern schreibe. Jetzt ist es eine Feierstunde geworden, und ich möchte Dir jeden Gedanken und mein ganzes Innerstes offenbaren, es Dir als ein Geschenk darbringen, um mich Deiner Liebe würdig zu erweisen.

Herzlieb, für Dich ist das Milieu fremd, in dem ich lebe. Mir das Deine weniger, weil ich im Leben in vielen Kreisen verkehrt habe und stets ein Gegner der kastenmäßigen Abgeschlossenheit gewesen bin. Das verträgt sich nicht mit der Stellung des Soldaten und besonders des Offiziers im Staate. Früher nicht und heute erst recht nicht. Leider hat man es früher nicht so erkannt oder war zu bequem - wie auch heute noch manchmal. Letzten Endes hat diese falsche Einstellung zum 9. November [19]18 geführt[2]. Die Stellung des Offiziers heute ist nicht einfach. Die Linke zeiht uns der Reaktion, die Rechte ist zur Zeit mißtrauisch und verzeiht uns den Dienst an der Republik, das heißt dem Staate, nicht. Der Wirtschaftler sieht in uns den Steuerfresser und das unproduktivste Element des Staates, wobei er meistens leider vergißt, daß eine gesunde Wirtschaft in erster Linie von der Sicherheit des Staates abhängt. Segnungen des 9. Novembers und des defaitierenden Pazifismus, der so bequem und so entsetzlich wirklichkeitsfremd ist! Da ist es oft nicht leicht, sich seine Ideale zu erhalten und für das Ziel zu kämpfen, das des Soldaten Aufgabe heute ist: »Über den Parteien stehend den Gedanken der Volksgemeinschaft zum Wohle unseres Vaterlandes zu pflegen und durch das eigene Beispiel den Weg zur Erlangung dieses Zieles zu zeigen.« Hierin gipfelt neben unsern rein militärischen Aufgaben des Landesschutzes der Hauptzweck des Soldatenberufes. Und hierzu ist meines Erachtens der Soldat in erster Linie befähigt. Denn durch Überlieferung eingeimpft, finden bei uns all die Tugenden, für die der heutige Materialismus aller Kreise, seien es Unternehmer oder Arbeiter, keine Verwendung finden kann, eine pflegliche Zuchtstätte. Wir Soldaten fragen nicht, »kann dies und jenes mir etwas nützen«, sondern tun eine Sache um ihrer selbst willen. Das schließt nicht einen gesunden Ehrgeiz und ein Vorwärtsstreben aus. Aber auf diese gewissermaßen Selbstentsagung, auf dieses Hintanstellen persönlicher Interessen sind wir stolz. Es ist keine Überhebung, wenn ich sage, daß der Soldat dadurch gewissermaßen aus der Volksmasse herausgehoben wird. Denn, Hand aufs Herz, jeder andere Beruf mit wenigen Ausnahmen (Richter, Gelehrte) ist eigennützig, muß es sein, sonst wird er im Lebenskampf totgeschlagen. Und so kommt es, daß wir in gewisser Hinsicht isoliert sind.

Das Leben in einer Gemeinschaft erfordert Einordnung; in einem Heerwesen, wenn es zuverlässig und brauchbar sein soll, eine stark betonte Unterordnung. Denn der Führer muß ja das letzte, das Leben, von seinen Untergebenen verlangen können. Diese Unterordnung verlangt eine Aufgabe der persönlichen Freiheit in einem Maße, die sich oft bis weit in das private Leben eines jeden Einzelnen erstreckt. Der Soldat und besonders der Offizier ist niemals freier Herr seiner Entschließungen. Er muß sich fügen können. Oft mit dem von Dir ausgesprochenen inneren Vorbehalt. Vom rein Dienstlichen abgesehen, muß der Offizier nach einem Ehrenkodex leben, der oft für die heute durchlöcherte Moral rückständig scheint. Aber gerade in unsern Ehrbegriffen sehen wir die Voraussetzung für die Bewältigung der oben gestellten Aufgaben. In dem Leben nach diesen Ehrbegriffen werden eben gerade die Tugenden gepflegt, die unser Vaterland groß gemacht haben, die uns durch das Chaos von 1919/20 gerettet haben und die allein unsern Aufstieg wieder begründen können.
So – hier hast Du ein Bekenntnis meiner Berufsauffassung. Neues wird es Dir vielleicht nicht bieten. Empfinden tust Du dies sicher alles! Du sollst Dir in allen Fragen, die mich betreffen, klar werden. Darum schreibe ich Dir das. Denn, wenn wir zusammen glücklich durch's Leben gehen wollen, muß gerade in diesen Grundfragen absolute Übereinstimmung zwischen uns herrschen. Auch von der Soldatenfrau wird Entsagung verlangt. Kann sie dies nicht, ist sie ihrem Mann ein ewiger Hemmschuh, er schwankt zwischen seinen Berufs- und Ehepflichten, er wird zwiespältig und unfrei. Damit ist sein Schicksal als Soldat, der aufrecht und innerlich frei (aus dieser innerlichen Freiheit heraus ist nur die Unterordnung zu tragen) sein muß, besiegelt.
Iliherz, ich weiß, Du wirst eine solche tapfere Soldatenfrau werden, aus deren Eigenschaften der Mann neue Kräfte für seinen Beruf ziehen kann. Über die kleinen Freuden und Schmerzen, die so das alltägliche Soldatenleben für eine Frau mit sich bringt, erzähle ich Dir ein andermal. Heute schmerzt mich die Hand vom vielen Schreiben. Einen so langen Brief habe ich in meinen Leben noch nicht verbrochen.
Hoffentlich kommt morgen früh ein Brief von Dir. Ich erwarte ihn sehnsüchtig. Morgen nachmittag fahre ich im Pkw nach Breslau, da ich dort vom Corps Silesia zur Semesterantritts-Kneipe eingeladen bin. Sonntag bin ich wieder in Schweidnitz.
Tausend Gutenachtküsse, Geliebtes! Hoffentlich bist Du wieder im Traume bei mir – wie bisher jede Nacht!

10. November mittags

Ilimaus!
Deine Stimme tönt mir noch im Ohr von unserm kurzen Ferngespräch. Es war doch wieder ein Stück von Dir! Ich bin ja so überglücklich, daß ich Dich morgen wiedersehen kann. Das hast Du fein gemacht! Ich bin rasend gespannt auf alles. Hoffentlich können wir uns auch mal etwas ungestört unterhalten.
Über Deinen offiziellen Brief habe ich mich totgelacht. Das heißt: zuerst bekam ich einen Riesenschreck, wie ich die Überschrift las! Denn ich dachte, was ist nun los! Dann ging mir allerdings ein Seifensieder auf. Aber mit meinem Titel[3] bin ich noch nie von einer Dame angeredet worden! Das bin ich nur im Dienst und von Untergebenen gewohnt. Nichts für ungut.
Schluß, der Brief soll noch mit dem Mittagszug weg, damit Du ihn heute abend noch hast und siehst, wie ich immer nur an Dich denke.
Ich küsse Deine Augen voller Liebe!

Dein Hellmuth

Nr. 22
19. Februar 1929
Schweidnitz: An seine Braut

Mein einzig geliebtes Herz!
Mir tut es schon wieder sehr, sehr leid, daß ich Dir am Sonntag weh getan habe. Ich war innerlich durch die dumme Unterhaltung sehr erregt und es wird Dir begreiflich sein, daß es nur eines Anstoßes bedurfte, um zu explodieren. Da hätte man besser die Sache nicht angerührt. So aber, das muß ich zugeben, empfand ich im Moment Befriedigung, für die meinem Denken und Empfinden angetane Beleidigung Vergeltung üben zu können. Ich weiß, daß das schlecht ist, und denke heute auch schon viel ruhiger. Denn ich hoffe, daß der Vater[1] das nicht ernst gemeint hat.
Es ist mir einfach unvorstellbar, denn dann würde er der Mentalität derjenigen Kreise huldigen, die vergessen haben, daß wir 1919/20 in den Revolutionswirren den Staat freiwillig mit unserm Leben gegen die drohende Anarchie geschützt haben, und die zum Dank uns jetzt mit Dreck bewerfen und uns die positive Einstellung zum heutigen Staat erschweren, weil man an seinen Vertretern irre wird und werden muß.
Das Bedürfnis zur positiven Mitarbeit ohne Vorbehalt am Staat ist besonders bei uns jüngeren Offizieren vorhanden, weil nur daraus eine innere Befriedigung unseres Berufes möglich ist. Wir wurzeln aber mit allen Traditionen in der früheren Zeit. Ohne die preußische Armee ist

das heutige Reichsheer undenkbar. Nur auf dieser Grundlage hat das Heer die Revolution so schnell überwinden können, daß es, was wohl ohne Überheblichkeit gesagt und kaum bestritten werden kann, die Wehrmacht am allerschnellsten von allen Staatsinstitutionen wieder in Ordnung war. Wir wollen gar nicht eine Rückkehr der früheren Zeit, wir müssen aber das Gute aus ihr schöpfen, um lebensfähig zu bleiben. Alle die aber, die uns dies zu ihrem eignen Schaden, weil dann die vom Heer ausgeübte Staatsgewalt unterhöhlt wird, nehmen wollen und die alte Zeit in Bausch und Bogen verdammen, sind unsere ärgsten Feinde.
Du kannst verstehen, wenn man dann einschnappt. Wie gesagt, ich traue dem Vater aber ernstlich nicht derartiges Denken zu - dafür ist er doch eigentlich zu klug. Ich will mir auch Mühe geben, alles zu vergessen. Denn ich lege ebenfalls Wert darauf, die Menschen zu lieben und mich unter ihnen restlos wohl zu fühlen, zu denen Du gehörst. Den Beweis dafür dürfte ich erbracht haben, da ich nur in Rücksicht auf Dich diese Ohrfeigen eingesteckt habe. Andern Menschen gegenüber wäre ich wohl massiv geworden. Man kann sich trotz Gegensätzlichkeiten und verschiedener Meinungen gern haben, aber Voraussetzung ist die Achtung vor der fremden Meinung.
Im Zusammenhang damit muß ich Dir noch ganz besonders versichern, daß ich vor jedem andern Beruf die allerhöchste Achtung habe und daß Du mir etwas unterlegst, was gar nicht der Fall ist. Wenn wir Soldaten noch einen kleinen Extratick haben, so findest Du bei Seeckt[2] im Kapitel »Staat und Wehrmacht«[3] dafür eine sehr plausible Erklärung. Dieser Tick ist aber wirklich harmlos und schließt keine Geringschätzung anderer Kreise ein. Also, laß ihn uns!
So - nun will ich aber dies Kapitel schließen, sonst rede ich mich wieder in Wut und koche über. Hoffentlich können wir derartige Auseinandersetzungen für längere Zeit begraben. Sie führen zu nichts und tragen den Keim der Entfremdung mit sich. Wir müssen uns aber begegnen und uns ausgleichen, wenn unsere Liebe von Bestand bleiben soll. Ich will Dich nicht verlieren, weil ich Dich aufrichtig und tief liebe.
Geliebtes Herz! An diesem Brief doktere ich schon 4 Stunden rum. Es ist besser, ich höre auf, weil doch nichts Vernünftiges zustande kommt. Ich bin sehr zerrissen, und ich empfinde das Leben mal wieder als eine ungeheure Last. Ich wollte, ich wäre bei Dir, dann ist es sicher wieder in Ordnung. Du bist mir ein großer Hort und bei Dir kann ich Zuflucht vor mir selber finden.

Dein Hellmuth, der Dich sehnsüchtig küßt

Nr. 23
12. Juli 1929
Truppenübungsplatz Döberitz: An seine Braut

Mein geliebtes Igelein!
Gestern habe ich Dir nur einen kurzen Kartengruß aus Tempelhof senden können. Ich hatte nämlich den Auftrag, den ungarischen Hauptmann Jordan im Auto durch Potsdam und Berlin zu schleifen. So bin ich denn mit ihm in Sanssouci gewesen, durch den Park gelaufen, haben dem Grab der Kaiserin[1] einen Besuch gemacht und sind schließlich noch in der Garnisonkirche und in der Gruft Friedrichs des Großen[2] gewesen. Dann sind wir über Wannsee - Zehlendorf nach Tempelhof gefahren und sind nach einer Rundfahrt durch Berlin im Westen gelandet. Es war reizend nett. Ich selbst bin auf diese Weise auch wieder mal überall rumgekommen. Der gute Ungar, der Berlin und Potsdam noch gar nicht kannte, war ehrlich begeistert. Abends sind wir dann noch im ›Haus Vaterland‹[3] gewesen.
Berlin ist doch eine fabelhafte Stadt. Sie elektrisiert mich förmlich. Es war die allerhöchste Zeit, daß ich endlich mal aus dem dürftigen Schlesien rauskam.
Mir macht die ganze Übungsplatzzeit überhaupt sehr viel Spaß. Mein Fliegerschießen heute als Beobachter hat tadellos geklappt. Schon die zweite Gruppe lag mitten im Ziel. Auch eine anschließende Zieländerung ging ohne Schwierigkeiten, und ich hatte auf das neue Ziel sofort Wirkung. Vorher hat mich der gute Neubarth[4] infolge einer falschen Weitenrichtung beinahe von einem Holzturm im Zielgelände, auf dem ich die Zielbeobachtung für die 2. Batterie machte, heruntergeschossen. Die erste Gruppe mit Brisanzgewehren, die ankam, nahm Marschrichtung auf meinen Turm und lag nur wenig davor. Ich habe aber am Fernsprecher sofort Protest eingelegt, und da gab Neubarth weitere Mordabsichten auf. Es ist schließlich nichts so dumm, als daß es nicht doch passieren könnte.
Morgen ist der berühmte, große Film vor den Amerikanern[5]. Unser zoologischer Garten hat sich inzwischen um je einen Schweizer, Litauer, Chilenen und Russen vermehrt[6]. Morgen nachmittag will ich zur Inge Pritsch, am Sonntag nach Grunewald zum Großen Preis von Berlin (›Alexander‹ contra ›Graf Isolani‹!!).
Schlaf wohl, mein Liebling. Meine Küsse bedecken Dich voller Liebe

Dein Hellmuth

Nr. 24
20. Juni 1930
Altengrabow: An seine Frau

Geliebtes Haselein!
Du bist sicher schon sehr böse, daß ich so lange nicht ausführlich schrieb. Wir haben Großkampftage hinter uns. Drei Tage Chef Heeresleitung[1] und alle andern Vorgesetzten! Die Abteilungsbesichtigung verlief recht gut. Ondarza[2] ist allerdings mal wieder restlos durchgedreht, und alles stöhnt über ihn. Besonders tut mir der arme Gehlen[3] leid. Was der alles auszustehen hat, ist wirklich nicht einfach. Es ist aber zu merkwürdig. So wie höhere Vorgesetzte nur zu ahnen sind, verliert der gute Ondarza alle Nerven. Westram[4] hatte sich gestern furchtbar die Nase begossen und erschien heute früh erst, als ich mit der Batterie bereits in Stellung ging, wie ein Veilchen.
Die Hitze und der Staub sind nachgerade eine Plage, davon macht man sich gar keinen Begriff. Alles wartet sehnsüchtig auf Regen. Heute brannte auf dem Platz etwa 10 km Hochwald nieder. Mit Hilfe des ganzen Regiments gelang es, den Brand zu begrenzen. Es schwelt aber weiter, und die ganze Nacht müssen noch Brandwachen draußen bleiben. ›Cassandra‹ macht mir von Tag zu Tag mehr Freude. Sie geht im Gelände einfach fabelhaft, ist nicht totzukriegen, frißt glänzend und ist ein ebenso bequemes Dienstpferd wie ›Nero‹. Manchmal ist sie ja etwas heftig. Bei der Besichtigung hat sie mich zweimal höllisch in Mahnungsnot gebracht. Bei der Parade des Regiments im Galopp vor dem Chef Heeresleitung ging sie glänzend und fiel allerseits angenehm auf, wie überhaupt die 2. Batterie am besten vorbeigekommen sein soll.
Damit wären alle Neuigkeiten erschöpft. Der Lange-Mann hat sich bisher immer noch nicht entschlossen. Ich habe heute an ihn telegrafiert und gebe Dir dann sofort Drahtbescheid. In der Anlage[5] meine Anschriften ab 24. [Juni].
Mich plagt ein entsetzlicher Schnupfen seit heute mittag. Hoffentlich kein Heuschnupfen. Wann fährst Du nach Oberammergau?
Herzliche Grüße den Eltern.
Es grüßt Dich voller Liebe und Sehnsucht

Dein Hellmuth

Nr. 25
27. August 1930
Königsbrück: An seine Frau

Geliebtes Haselein!

Deine Berichte haben mich sehr interessiert. Arbeite ›Cassandra‹ hübsch fleißig und freue Dich an ihren Bocksprüngen auf der Koppel. Es ist ja nur ein Zeichen, daß sie sich wohlfühlt. ›Lanze‹ benimmt sich wie ein altes Truppenpferd und hat auch alle Scheu vor Lastautos pp. abgelegt. Nur große Steine erregen ab und zu ihr Mißfallen.

Ondarza ist mal wieder wild in seinem Element. Er findet immer neue Attraktionen. Gestern hat es ihm unsere brave Schimmelstute ›Bella‹ angetan. Er schickte kurzerhand Stephan[1] mit ihr ins Lager und will sie nicht mehr in der Truppe sehen. Was sollten wir nun machen? Sie ist wirklich ein gutes Pferd. Zube[1] kaufte daraufhin übermangansaures Kali, und aus dem Schimmel ist ein vollendeter Dunkelfuchs geworden. ›Bella‹ ist auf ihre neue Jacke sehr stolz. Die andern Insassen des Stalles drehten allerdings erstaunt die Hälse und können sich noch nicht ganz das Wunder dieser Umwandlung ihrer Gefährtin erklären. Und ich bin auf den ersten Regen gespannt. Vielleicht haben wir dann ein Zebra in der Batterie. Aber zunächst sind wir aus der Klemme raus. Und so erfindet Ondarza immer wieder etwas Neues, was uns in Spannung und Atem erhält. Gott sei Dank, daß im militärischen Leben so für Humor gesorgt wird.

Ansonsten ist es recht friedlich hier. Heute ziehen wir zu einer großen Nachtübung aus, bei der wir uns als Maulwürfe betätigen und über Nacht in der Erde verschwunden sein sollen. Am Freitag werde ich mal meine Manipel für die Rahmenübung besehen und im Gelände tummeln. Sonnabend steigt eine Geländebesprechung der Offiziere in der sächsischen Schweiz. Dienstag oder Mittwoch reisen wir nach Oberschlesien.

Schaumburg[2] hat mir begeisterte Schilderungen von ›Käggi‹[3] gemacht. Leider habe ich ihn nicht mehr sehen können, da er ihn gerade zu seiner Schwester nach Thüringen geschickt hat. Somit werden wir ihn wohl überhaupt nicht wiedersehen, da Schaumburg zum 1. Oktober ein anderes Regiment bekommt[4]. Seine Leidenszeit ist vorbei, wie er sich ausdrückt.

Stempel[5] läßt vielmals grüßen. Er hat sich vor einigen Tagen den rechten Mittelhandknochen durch Sturz vom Pferde gebrochen. Sonst geht es ihm aber gut. Des weiteren empfehlen sich Stammer, Kriegern, Westram, Bonin und Harhausen, ebenso Hillmer[6], der uns gestern besuchte. So, da hast Du einen großen Abriß der Geschehnisse. Abends wird fleißig gebudget mit wechselndem Erfolg. Besonders wild ist diese Angelegenheit mit Oberst Metz[7], den ich gestern schröpfte.

Ich habe mir für 4 [M] einen stolzen Füllfederhalter gekauft. Vorläufig funktioniert das Ding auch noch. Es ist aber doch sehr viel bequemer als die andern Schreibwerkzeuge.
Warum hat mein kleines Igelein so einen schweren Kopf? Sie wird mir doch nicht krank werden? Kleiner Liebling, auch ich sehne mich sehr nach Dir und wünsche sehnlichst den 20. September herbei. Solange kann [ich] jeden Fleck Deines lieben Körpers nur in Gedanken küssen.

Dein kleiner Mann

[Nachschrift:]
Selbstverständlich herzliche Grüße allen Insassen des Jesuitenhofes! An Heinz[8] geht heute das kleine Buch ›Volk und Wehrmacht‹ ab.

Nr. 26
7. September 1930
Klein-Mahlendorf: An seine Frau

Mein geliebtes Igelein!
Du bist sicher sehr böse, daß ich mich bisher ausgeschwiegen habe. Ich war aber sehr müde und sehr wenig in Stimmung. Mit der Batterieführung habe ich wirklich etwas Herzliches ans Bein gebunden bekommen. Die Batterie selbst funktioniert ganz gut, und damit bin ich auch zufrieden. Aber Ondarzas Führung ist geradezu hanebüchen. Ich habe noch nie soviel Anpfiffe bezogen wie in diesen zwei Tagen. Dabei bin ich mir keinerlei Schuld bewußt. Ondarza hat aber nicht das geringste Schätzungsvermögen für Raum und Zeit. Alles dauert ihm immer zu lange. Dabei sind meine Pferde schon so abgehetzt, daß ich mit größter Sorge in die Zukunft sehe. Ich habe doch auch kein Ersatzpferd in der Batterie und weiß nicht, was werden soll, wenn die ersten Ausfälle, die sich durch dicke Beine infolge des vielen Trabens bereits anmelden, eintreten.
Gestern geriet Fromm[1] mit ihm bei einer Batterieführerbesprechung, bei der er uns unerhört anpfiff, sehr hart aneinander und ließ ihn schließlich mit den Worten: »Da mache ich nicht mehr mit, dann reiche ich eben meinen Abschied ein« stehen und ging weg. Wenn das so weiter geht, melde ich mich krank. Ich bin in diesen paar Tagen gänzlich mit den Nerven runtergekommen und die andern auch. Es ist wirklich ein Skandal, daß dieser gänzlich verbrauchte Mensch noch gehalten wird und andere gesunde Menschen mit seinen Wahnideen verrückt macht. Die Manövertage sind uns jedenfalls von ihm restlos verekelt. Die Stimmung trübe. Dazu bekam ich eben die Meldung, daß der eine Kraftfahrer der Batterie, Schikorra, der mich auch nach Salzbrunn fuhr, heute mittag auf einer Dienstfahrt tödlich verunglückt ist. Er ist in einer

Kurve auf der richtigen Straßenseite ausgerutscht, weil er den hinter ihm fahrenden andern Kradfahrer auf einen entgegenkommenden Lkw aufmerksam machen wollte. Dabei fiel er so unglücklich, daß er von dem Lkw überfahren wurde und auf der Stelle tot war. Es tut mir um ihn ganz besonders leid, denn er war ein netter, anständiger Kerl. Ich bin noch gestern mit ihm gefahren, um eine Batteriestellung zu erkunden.
Es ist mal wieder Duplizität der Fälle. Vor 2 Tagen ist unserm ›Adler‹, als ihn Ondarza steuerte und Harhausen[2] daneben saß, ein Zivilmotorrad von rechts mit hoher Geschwindigkeit in den rechten Kotflügel reingefahren, so daß die beiden Insassen des Rades in hohem Bogen über die Motorhaube flogen und schwer verletzt liegen blieben. Dabei hatten Harhausen und Ondarza noch Glück, denn erfolgte der Zusammenstoß den Bruchteil einer Sekunde später, so hatten sie das Motorrad auf dem Schoß. Ondarza ist an dem Unfall unschuldig, da er vor der Ecke Signal gegeben hat und knapp 20 km drauf hatte.
Die andere Sache, die Du in Bernsdorf noch erlebt hast, ist von mir sehr diplomatisch erledigt worden. Es gelang mir, den andern Teil sich auch ins Unrecht setzen zu lassen, und die ganze Chose endete mit einer halbstündigen Philippika meinerseits an die versammelten Herren Unteroffiziere. Nun herrscht wieder Friede. Doch davon mündlich.
Das heutige Quartier ist sehr nett. Mit besonderem Interesse habe ich heute nachmittag eingehend die sehr gute und in der Leistung hochstehende schwarzbunte Herde hier besichtigt. Sie ist auch von Dr. Rieritz angekört. Du glaubst gar nicht, wie landwirtschaftlich ich schon gebildet bin und was für dicke Töne ich zum Erstaunen der diversen Herren Besitzer anschlage! Leider regnet es heute fortgesetzt. Reizende Aussichten für morgen, wo es die Nacht durchgeht. Übermorgen mehr.
Herzliche Grüße den Eltern. Es küßt Dich voller Liebe

Dein armer, kleiner Mann

Nr. 27
14. September 1930
Benshausen: An seine Frau

Mein geliebtes, kleines Igelein!
Der Rest der Fahrt hierher verlief schnell und schlafenderweise. Der Thüringer Wald begrüßte uns leider in tiefem Nebel, so daß man von der landschaftlichen Schönheit Oberhofs u.s.w. leider nur mehr ahnte als sah. Von Zella-Mehlis hatten wir noch einen einstündigen Marsch ins Quartier. Die Bevölkerung ist hier größtenteils rot und ultrarot, hat uns aber ganz nett aufgenommen.
Der gestrige Manöverball war sogar überaus stark besucht. Zu Reibe-

reien ist es Gott sei Dank nicht gekommen und vom heutigen Wahltag[1] merkt man außer den Plakaten, die besonders häufig für die S.P.D. und die K.P.D. plaidieren, so gut wie nichts. Die ganze Gegend steht augenblicklich überhaupt unter dem Eindruck der Manöver. Auf der Bahn folgten sich die Transporte stündlich und zur Zeit in noch geringeren Abständen, denn allein für Blau[2] wurden 110 Transporte gefahren. Der Clou wird wohl die Parade bei Römhild vor Hindenburg sein. Man erwartet viele 1000 Autos und hat die wildesten Verkehrsvorbereitungen getroffen. Die Tribünenplätze, deren offizieller Preis 9,- beträgt, werden hier bereits mit 40,- gehandelt. Und da sage man, daß Deutschland nicht militärfromm sei!
Ich liege hier mit dem Adjutanten, Oberleutnant Schwarz[3] aus Frankfurt/Oder, bei einem Baron Heßberg[4], einem reizenden, alten Ehepaar, sehr gut aufgehoben. Gestern war sehr viel zu tun, um diese von 3 Abteilungen aufgestellte Manipel unter einem Hut zusammenzufassen. Ich bin jetzt stolzer Führer dieser Stabsbatterie, die ca. 110 Mann und 100 Pferde umschließt. 2/3 von dieser Gesellschaft kenne ich überhaupt noch nicht. Kommandeur ist der sehr nette Major von Rosenberg-Lipinsky[5] aus Frankfurt/Oder, Adjutant Schwarz, Ordonnanzoffiziere zwei Herren aus Sprottau, eine Batterie führt Fitzlaff[6].
Morgen mittag beginnt der Orlog. Hoffentlich hält sich nur das Wetter. Dann kann die Sache ganz nett werden. Also drücke den Daumen.
Die Postordonnanz ist leider noch nicht aus Suhl zurück. Ich hoffe aber zuversichtlich, daß dann ein Brief von Dir dabei ist.
Lebe wohl, mein kleiner Hasenaffe. In einer Woche sind wir, Gott sei Dank, wieder vereinigt. Ich habe immer weiter sehr, sehr große Sehnsucht nach Dir und küsse und beiße in Gedanken jedes Fleckchen Deiner Sammethaut.

Dein kleiner Mann

Nr. 28
15. September 1930. O.U.
Benshausen: An seine Frau

Geliebtes Hasenkind!
Heute nachmittag geht die Reise nun los mit einem endlosen Nachtmarsch. Unser Marschziel liegt ca. 70 km weit weg, und ich hoffe, daß der böse Feind uns recht bald Aufenthalt bereitet. Aber 50 km Marsch heute nacht stehen uns sicher bevor.
Wann und ob ich in den nächsten Tagen zum Schreiben komme, weiß ich noch nicht, da wir dauernd auf der Walze sein werden. Mein kleiner Liebling darf mir darum dann auch nicht böse sein und muß mit diesem Brief für die nächsten Tage vorlieb nehmen. Das Wetter sieht vorerst reichlich trübe aus, das Barometer soll aber steigen.

Was sagst Du zu *dem* Wahlausgang? Eine derartige Zunahme der Nazi hätte ich keinesfalls für möglich gehalten[1]. Und ebenso beunruhigend ist das Anschwellen der Kommunisten[2]. Arbeitsfähig kann dieser Reichstag doch auch nicht sein. Und was soll dann werden? Neue Wahlen werden das Ergebnis keinesfalls ändern. Die Mitte schmilzt immer mehr zusammen. Ich bin reichlich pessimistisch gestimmt, denn diese Zusammensetzung zeigt, daß es ohne ernste Auseinandersetzungen gar nicht enden kann. Der Parlamentarismus führt sich wirklich ganz ad absurdum. Brünings Zeit wird jedenfalls abgelaufen sein[3] und nun fragt es sich, wer in diesem Kampf stärker ist, Nazi plus Hugenberg[4] oder Sozi plus K.P.D. Die Mitte (einschließlich Centrum) wird wenig mehr zu sagen haben. Und jeder Flügel wird die Herrschaft der andern Seite gewaltsam bekämpfen. Reizende Aussichten jedenfalls. Hier, in unserm Quartier, hat über die Hälfte kommunistisch gewählt.
Ich will jetzt noch etwas Vorrat schlafen. Leider habe ich von Dir noch keine Post erhalten. Ich hoffe auf heute abend. Grüße die Eltern recht herzlich.
Es küßt Dich sehnsüchtig wild

Dein kleiner Mann

Nr. 29
25. September 1930
Jüterbog: An seine Frau

Geliebtes, kleines Igelein!
Nach endlos scheinender Fahrt sind wir glücklich hier gelandet. Auch unser Gepäck ist unsern verschlungenen Wegen unbehelligt gefolgt. Ich war baß erstaunt, daß es trotz 3maligen Umsteigens mit knappen Anschlüssen uns immer treulich begleitete.
Hier in Jüterbog gefällt es mir gar nicht. Einmal sind so viele Artilleristen auf einem Haufen immer was Schreckliches. Es riecht förmlich nach Pulver. Und dann ist der Kursus schrecklich kommissig aufgezogen. Viel Dienst, nichts Neues, non valeurs als Lehrer. Wenn es nicht so traurig wäre, könnte man dauernd lachen. Diese Theoretiker, die alles besser wissen wollen und von der Praxis keine Ahnung haben.
›Cassandra‹ ist gut übergekommen, muß aber hier abgesondert stehen. Schicke mir doch umgehend eine Seuchenfreiheitsbescheinigung des amtlichen Kreistierarztes. Ich habe sie heute geritten. Sie hatte anfangs derartigen Stallmut, daß ich fast unten gelegen hätte. Nachher im Gelände ging sie ganz entzückend. Ich mag sie doch sehr gerne. Sie galoppierte prachtvoll ruhig hinter anderen Pferden her am langen Zügel, ohne irgendein zu pullen. Bequemer kann ich mir kaum ein Pferd vorstellen. Man darf ihr vorne nur nicht zu viel tun.

Verfolge bitte eifrig den Ulmer Offizierprozeß vor dem Reichsgericht[1]. Ich lese ihn in allen Parteischattierungen. Die beiden, Ludin[2] und Scheringer[3], machen ihrem Herzen wirklich Luft, da sie ja wissen, was ihnen blüht[4]. Was sie so aussagen, kann man leider meistens nur unterschreiben, und Du wirst viele Dinge lesen, über die auch ich mich oft empört habe. Das ist vielleicht das Gute an der ganzen Sache, daß den Leutchen oben mal die Augen über die riesige Unzufriedenheit im Offizierkorps geöffnet werden. Die Folgerungen, die die beiden daraus abgeleitet haben, sind dabei natürlich beklagens- und verdammenswert. Aber anscheinend blieb kein anderer Weg offen, um mal die Bombe zum Platzen zu bringen.
Gute Nacht, mein kleiner, süßer Liebling. An die Stunden vor einem Jahr[5] (jetzt waren wir kurz vor Wien) muß ich sehr, sehr oft denken und küsse Dich in Erinnerung hieran ganz besonders innig.

Dein kleiner Mann

Anschrift:
Oberleutnant Stieff
Schießlehrgang für Artillerieoffiziere
Wirtschaftsstab
Neues Lager
Jüterbog

Nr. 30
7. Oktober 1930
Jüterbog: An seine Frau

Mein geliebtes Igelein!
Ich muß Dir heute mit Blei schreiben, weil ich meinen Füllhalter bei meiner Mutter liegen ließ. Über Deine letzten beiden Briefe habe ich mich sehr gefreut. Einem muß ich aber widersprechen, das ist Dein »glimpflich« über das Leipziger Urteil[1]. Im Ausschnitt füge ich Dir die Stellungnahme der wirklich gemäßigten D.A.Z.[2] bei, die man leider nur in allen Punkten unterschreiben kann.
Der Prozeß hat eins jedenfalls evident erwiesen, daß das Reichswehrministerium mit seinem in diesen Fragen tonangebenden General von Schleicher[3] das Heer in eine schwere Vertrauenskrise gebracht hat. Das beginnt mit der geradezu verlogenen Darstellung im Frühjahr, durch die das Reichswehrministerium auf unsaubere Weise im Offizierkorps eine vorgefaßte Meinung gegen die Angeklagten hervorgerufen hat. Wesentliche Entlastungsmomente im Handeln der Angeklagten, wie die Beschwerde Scheringers in dieser Angelegenheit ein Jahr vorher, sind einfach unterschlagen worden. Eine vorangegangene militärische

Untersuchung des ganzen Falles hat die Sache auf den disziplinaren Weg verwiesen, da wirklich, wie aus dem Prozeß hervorgeht, der Tatbestand des Hochverrats nicht zu konstruieren war, sondern es sich um rein militärische Delikte (Ungehorsam gegen den Befehl [d.h. Verbot] der politischen Betätigung) handelte. Eine Indiskretion im Reichswehrministerium hat diese Untersuchung zur Kenntnis von Zivilbehörden (Reichsinnenministerium, damals Severing[4]) gebracht, und nun konnte sich das Reichswehrministerium in Kotaus vor diesem Gesindel nicht überbieten.

Die Verhaftung aus einer Besichtigung vor der versammelten Truppe heraus soll nach Angaben von Augenzeugen, die hier auf dem Kursus sind, unglaublich gewesen sein[5].

Zweifelsohne haben die Angeklagten falsch gehandelt und gegen das Gebot der Unterordnung verstoßen. Aber sind nicht ihre Nöte auch die unseren? All dasselbe habe ich Dir doch oft genug gesagt und so denkt mindestens 90 % des Offizierkorps. Und die Berechtigung dieser Nöte ist doch, weiß Gott, anzuerkennen. Wenn man es nicht tut, stellt man uns seelenlosen Landsknechten gleich. Das sind wir aber nicht und wolles es nicht sein. Unsere höchste Führung aber glaubt, es tun zu können, weil auch sie parlamentarisch verseucht ist und gar nicht mehr mit dem Herz, sondern nur noch mit der Zahl und dem »Verstand« jonglieren kann. Und als Gipfel der ganzen Sache tritt Groener[6] noch vor 2 Tagen in einer Rede an die Offiziere des Reichswehrministeriums mit hämischen Worten von den »Utopien dieser beiden jungen Burschen in Leipzig« auf uns herum[7]. Wenn man nicht hoffte, daß diese ganze Blase Schleicher pp., für die wir bloß Schachbrettfiguren in ihrem eigenen Fortkommen sein sollen, eines Tages von der doch nicht aufzuhaltenden wahren nationalen Bewegung weggefegt werden, dann könnte man sich gleich einen Zylinder kaufen. Jedenfalls ist die Erbitterung hier riesengroß.

Anbei als ersten Abschlag 10,-. Ich schicke Dir später noch etwas. Inzwischen laß Dich recht innig küssen

von Deinem kleinen Mann

Nr. 31
10. Oktober 1930
Jüterbog: An seine Frau

Geliebtes, kleines Mistvieh!

Du bist wirklich ein Schweinchen! Seit 4 Tagen höre ich nicht ein Lebenszeichen von Dir. Sind die Franzosen so anstrengend für Dich, oder sind sie so nett, daß Du über sie vollkommen Deinen kleinen Mann hier in der Jüterboger Einsamkeit vergißt? Dabei hat dieser besagte Mann so sehr große Sehnsucht nach Dir. Aber er verschwendet seine Gedanken scheinbar einer Eintagsfliege, die »aus den Augen, aus dem Sinn« denkt und inzwischen andere Flirts bevorzugt. Ich hoffe sehr stark, noch bevor ich morgen nach Berlin fahre, einen lieben, netten Brief von Dir zu bekommen. Sonst kann ich nicht garantieren und werde mich in Berlin nach einer andern Seelentrösterin umsehen müssen.

11. Oktober 1930
Ich hab's also nicht nötig, denn eben kommt Dein lieber Brief von gestern an, den ich gleich beantworten will.
Zunächst, was Du über das Geschimpfe und das Mißtrauen der sogenannten republikanischen Parteien (nicht nur der Sozi!) schreibst. Du mußt doch verstehen, daß die Angriffe gegen die Industriellen auf einer ganz anderen Basis stehen als die gegen das Heer, weil die Einstellung der ersteren zum Staat, ich möchte mal sagen, eine privatrechtliche ist, während die unsere öffentlich-rechtlich ist. Kein Arbeitgeber wird öffentlich seine Arbeitnehmer als Lumpen und Gauner bezeichnen. Aber der Arbeitgeber Staat läßt es zu, daß die ihn stützenden Parteien ihren wichtigsten Arbeitnehmer, das Heer, ihr eigenes Machtinstrument, durch die törichtsten Hinterstellungen herabsetzt. Wir alle sind wirklich guten Willens, das weißt Du. Aber auf diese Weise wirbt man nicht für das jetzige System und daß es zu so bedauerlichen Auswüchsen kommen mußte, ist allein Schuld der Parteien, die dies System der Verärgerung stützen.
Unsere obere Führung aber trifft der harte Vorwurf, daß *sie aus Bequemlichkeit nicht für Abhilfe* Sorge trug (warum gilt zum Beispiel das Republikschutzgesetz[1] nicht für den wahren Träger der Staatsgewalt, das Heer, ebenso wie für die Herren Minister?) und daß sie sich den Standpunkt der Novemberlinge, die einen Ehrenstandpunkt wie wir nicht kennen, zu eigen machte (wahrscheinlich aus parlamentarischen taktischen Erwägungen heraus) und die ganze Sache vor ein öffentliches Tribunal zog[2]. Diese Angelegenheit gehörte vor einen Ehrenrat wegen nachgewiesener Unglaubwürdigkeit der betreffenden Offiziere, und die Sache wäre auf kaltem Wege, das heißt Verabschiedung, erledigt worden. Denn wir selbst legen auf Reinlichkeit in unsern Reihen Wert. Da war der Schaden ohne großes Aufsehen erledigt. So aber ist die ganze schmutzige Wäsche vor der Öffentlichkeit gewaschen worden und hat uns nach allen Himmelsrichtungen in ein schiefes Licht gerückt. Von Hochverrat kann aber schließlich keine Spur sein. Die N.S.D.A.P. hat doch jeden illegalen Weg auch Scheringer und Ludin gegenüber abgelehnt.
Daß wir mit dem Reichsbanner[3] zusammen einen Grenzschutz nicht organisieren können, weil diese Schufte doch alles verraten würden, ist

doch auch Dir klar[4]. Wir selbst sind zu schwach und müssen den Anschluß an wehrwillige Kreise haben. Denn eine Kriegsgefahr ist im Osten bestimmt als gegeben anzusehen, weil die innere polnische Krise einen Ausbruch nach außen in absehbarer Zeit suchen muß, wenn durch sie nicht Polen so zugrunde gehen soll[5]. Darum brauchen wir uns nicht diesen Kreisen in die Arme zu werfen. Das wäre falsch, sondern diese Bewegung muß, wie Seeckt 1923 zu uns sagte, von uns getragen werden.
Also müssen auch wir, jeder einzelne von uns, vaterländisch und national eingestellt sein. Und Gott sei Dank ist das noch in der Masse der Fall. Wenn dann der eine oder andere über das Maß hinausschießt und das Ziel, daß *wir* die Träger sind, gefährdet, so muß er natürlich stillschweigend entfernt werden. Da gibt es keinen Zweifel auch bei uns. Diese Entgleisung aus *zu* gutem Willen heraus aber zum Anlaß zu nehmen, unser aller guten Willen dem Hohn und Gespött der Menge auszusetzen, im Grunde genommen vaterländische Begeisterung zum Hochverrat zu erklären, ist infam und distanziert von selbst die Leute von uns, die zu diesen Mitteln greifen. Da mag man mir mit Einwendungen diplomatischer und taktischer Natur kommen, wie man will. Jeder Rationalismus, jede kühle Berechnung hat einmal ein Ende und wird leblos. Das lehrt uns die Geschichte doch eindringlich genug. Ausschlaggebend bleibt immer das pulsierende Leben, das Herz. Und da darf man nicht daran rühren. Du wirst verstehen, was ich meine. Ratio, Vernunft ist gut, so lange das Leben dabei sein Recht behält, so lange sie nur Mittel zum Zweck ist. Wird sie Selbstzweck, wirkt sie lebenstötend. Und so muß auch eine politische und Heeresführung Rücksicht nehmen auf das *Lebenselixier des Soldaten, seine uneigennützige Vaterlandsliebe.* Sieht er die angetastet, so bäumt er sich dagegen auf, wenn er noch Lebensgeist genug in sich hat. Oder er erliegt, hat keine Vaterlandsliebe mehr – dann ist er halt Landsknecht um des Soldes willen. Was willst Du haben? Das letztere lehnen wir vorläufig noch ab. Und bleiben hoffentlich auch für die Folge noch stark genug dazu.
Da hast Du kurz einen Niederschlag dessen, wie verheerend bei uns dies alles wirkt. Es ist wahr, darüber müssen wir noch mündlich sprechen. Man kann nicht alles zu Papier bringen. Bereite Dich recht darauf vor, dadurch, daß Du mal Deinen privatrechtlichen Standpunkt verläßt und Dich noch mehr in unsere Lage hineinversetzt. Ich weiß, wie schwer das ist, und auch daraus ist das Leipziger Urteil zu erklären.
Für heute genug. Ich freue mich, daß Du soviel Interessantes erlebt hast. Berichte bitte auch schriftlich schon. Es interessiert mich doch sehr. Und, Liebling, komme doch Ende Oktober hierher oder nach Berlin. Das Reisegeld für Dich erspare ich mir hier.
1000 Küsse

Dein kleiner Mann

Nr. 32
1. Mai 1932
Schweidnitz: An die Mutter

Meine liebe Mutter!
Eben habe ich die amtliche Bestätigung erhalten, daß ich die Wehrkreisprüfung als Bester im Reich bestanden habe und in die Führergehilfenausbildung[1] einberufen bin. Da die gesamte Ausbildung ab 1. Oktober beim Reichswehrministerium stattfindet, komme ich also im Herbst nach Berlin. Jetzt, im Sommer, werde ich 1/4 Jahr zur Infanterie kommandiert und werde mir dazu Konstanz[2] aussuchen. Du kannst Dir gar nicht vorstellen, wie glücklich wir beide sind. Die Eltern[3] waren heute vormittag hier und konnten somit Zeugen der Glücksbotschaft werden. Ganz stolz bin ich, daß ich wieder als 1. das Ziel passiert habe.
In einer Woche fahren wir mit den Eltern im Auto nach Karlsbad und von dort weiter nach Thalgau. Ursprünglich sollte ich in Karlsbad während der Zeit bleiben, wo Ili und die Eltern in Thalgau sind. Ganz spontan erklärte vorhin der Vater auf die Nachricht der Einberufung hin, daß ich zur Belohnung nach Thalgau mitfahren dürfe.
Sehr, sehr habe ich heute an unsern guten Vater denken müssen. Er hätte sicher sehr viel Freude an dieser Nachricht.
Seid beide, Du und Ursel, tausendmal gegrüßt und geküßt von

Eurem überglücklichen Hellmuth

[Nachschrift Ili Stieffs:]

Liebe Mutter und liebe Ursel,
Wir alle sind heute miteinander glücklich und stolz auf meinen lieben, kleinen Mann, Sohn, Bruder und Schwiegersohn. Heute früh habe ich es zuerst kaum glauben können, und wir sind beide noch ganz aufgeregt. Der liebe Gott war wirklich uns gnädig, und wir sind ihm von Herzen dankbar, daß er es so gut gelingen ließ. Ich bin besonders stolz, daß er, der Kleine, so überragend durchs Ziel ging. Und ich freue mich, daß wir im Herbst nun so nahe bei Euch wohnen werden. Also auf frohes Wiedersehen. Erzählt es auch Onkel Arno.
1000 herzliche Grüße und Küsse

Eure glückliche und dankbare Ili

Nr. 33
17. Juni 1932
Berlin: An seine Frau

Geliebtes Igelhaselein!
Nun sind die Döberitzer Tage auch zu Ende und morgen abend 22^{08} fahre ich über Friedrichshafen nach Konstanz, wo ich am Nachmittag eintreffen werde. Der Abschied von der Abteilung[1] fällt mir doch sehr schwer. Kaulbach[2] ist wirklich zu nett. Ich schrieb Dir ja, daß er am Mittwoch abend die Chefs und die Offiziere des Stabes[3] nach ›Marquardt‹[4] mir zu Ehren eingeladen hatte. Es war ein reizender Abend. Wir haben dort gut gegessen - kalte Bouillon, Mayonnaise von frischem Hummer, junge Enten, Käse, Eis, Kaffee - und eine herrliche Erdbeerbowle getrunken. Die Anlage in ›Marquardt‹ ist entzückend am Wasser inmitten eines prachtvollen Parkes.
Gestern vormittag habe ich meinen Kadaver bei schönem, aber böigen Wetter in die Wolken gehängt. Es war einfach unbeschreiblich schön. Der betreffende Knabe (Petersen) hat mich nach allen Regeln der Kunst durchgedreht. Rolling, Looping, Rückenflug und 500 m Trudeln. Man macht sich keinen Begriff, wie wunderbar das Gefühl bei allem ist. Im ersten Moment war ich etwas erstaunt, weil ich nicht darauf vorbereitet war und dachte, ich falle aus der Kiste raus (zur Beruhigung, ich war festgeschnallt und hatte einen Fallschirm bei mir). Dann habe ich aber einen Bombenspaß dran gehabt. Man hat nicht das geringste Gefühl der Unsicherheit. Es ist einem zumute, als ob man Hohe Schule reitet. Es war ein ganz großes Erlebnis.
Gestern abend war Schleicher in Döberitz und hielt eine längere programmatische Ansprache. Im Mittelpunkt stand seine Erklärung, daß er die Wehrmacht auf keinen Fall einer Partei ausliefern wolle. Der Umschwung wäre nötig gewesen, um das Heer nicht in die Lage bringen zu müssen, auf eine Mehrheit von Volksgenossen zu schießen, die sich ganz besonders durch die Förderung des Wehrwillens auszeichneten[5], uns daher im Ziel naheständen. Er betonte, daß unser heutiges Heer viel zu teuer sei und daß man mit denselben Mitteln viel mehr in zweckmäßiger Form leisten könne. Die Aufstellung eines modernen Heeres würde in allernächster Zeit erfolgen. Die außenpolitischen Beschränkungen in dieser Beziehung wögen jetzt nicht mehr so schwer[6] und ein ängstliches Schielen nach den Bestimmungen des Versailler Vertrages wäre bei der gegenwärtigen Konstellation nicht mehr nötig[7].
Schleicher ist kein guter Redner, er sieht aber sehr klug aus. Er schien aber sehr abgearbeitet zu sein, und Noeldechen[8] erzählte mir, daß sie eine rasende Arbeitslast zu bewältigen hätten.
Ich bin sehr froh, noch die 10 Tage hier gewesen zu sein. Es war hochin-

teressant, und ich habe viel gelernt. Das Ministeramt[9] hat übrigens nicht Kühlenthal[10], sondern der Oberst von Bredow[11] bekommen.
Das nächste Lebenszeichen erhältst Du von mir nun aus Konstanz. Komme ja recht bald nach. Ich habe große Sehnsucht nach Dir. Herzliche Grüße an die Eltern.
Dich selbst küßt innig und voll Sehnsucht

Dein kleiner Mann

Nr. 34
24. Juni 1932
Konstanz: An seine Frau

Geliebtes, kleines Haselein!
Du Frechdachs behauptest, ich hätte Dir in der vorigen Woche nur zwei Brief*lein* geschrieben. Meiner Erinnerung nach habe ich am Freitag aber noch recht ausführlich über den vorhergehenden Tag in Döberitz berichtet[1]. Hast Du diesen etwa nicht erhalten?
Seit ich in Konstanz bin, regnet es eigentlich dauernd und zwar so, wie es sonst nur in Salzburg zu regnen pflegt. Von Mittwoch zu Donnerstag hatten wir eine 1 1/2tägige Bataillonsübung, bei der man natürlich auch mehrmals bis auf die Haut naß wurde. Was ich bisher von dem Regiment[2] gesehen habe, ist man nicht sehr doll! Die Vorgesetzten loben zwar alle immer, aber die scheinen sehr wenig gewohnt zu sein. Auf der andern Seite ist der ganze Ton furchtbar kommissig. Sie geben es allerdings selber zu, daß sie uns Preußen darin weit übertreffen.
Eine Rolle spielt der Soldat hier überhaupt nicht. Die Bevölkerung betrachtet einen hier mehr oder weniger als unvermeidbares Übel. Von irgendeinem Wehrwillen ist hier nichts zu spüren. Es ist die typisch servile Grenzbevölkerung mit schweizerischem Einschlag. Im übrigen ist hier in den süddeutschen, badischen und bayrischen Zeitungen eine Hetze und Animosität gegen das Reich im Gange, die schamlos ist. Die ›Schlesische Volkszeitung‹ ist in ihrer Sprache ein Stümper dagegen. Solange das Zentrum im Reich an der Spitze war, war Unitarismus wohlgesehen. Jetzt wird der Föderalismus mal wieder rausgekehrt, daß einen als Deutschen die Wut packen kann. Man darf hier eigentlich gar keine Zeitung lesen, sonst verärgert man sich den ganzen Aufenthalt.
In Konstanz selbst ist wenig los. Es ist leider auch keine anständige Badeanstalt außer dem Militärbad da. Von Familienbad schon gar nicht zu reden! Das verträgt sich hier mit den Moralanschauungen nicht. Du lachst Dich tot!
Ausflüge in die Umgebung habe ich bei dem Sauwetter auch noch nicht machen können. Die größeren will ich mir auch aufsparen, wenn Du da bist. Man kann sehr nette 2tägige Touren im Autobus nach Zürich –

Luzern - Klausenpaß und Sankt Gotthard für annehmbares Geld machen. Ich erwarte Dich *dringend* Anfang Juli. Ein möbliertes Zimmer habe ich schon in Aussicht für 30,- [Mark] für uns beide. Ich suche aber noch nach etwas Besserem, wenn es auch 10,- mehr kostet. Essen können wir billig im Kasino, so daß wir für Wohnung und Essen zusammen nicht mehr als 150,- brauchen. Da bleiben immer noch 200,- über. Meine Tagegelder sind erfreulicherweise etwas höher, da Konstanz Ortsklasse A und [ein] besonders teurer Ort ist. Also, Du bist herzlich eingeladen und brauchst nur Deine Reise zu bezahlen. Du darfst mich nicht enttäuschen und mußt bald kommen. Ich verzweifle sonst in diesem Kaff, das sicher in der Umgebung herrlich ist, aber allein und bei Regenwetter ungenießbar.
Ich führe augenblicklich 14 Tage die Kompanie, vom 5. - 19. Juli ist der Chef wieder da, und dann habe ich wieder die Kompanieführung bis 1. August. Also, komme bald, damit man die 14 Tage im Juli gut ausnutzen kann. Ob meine Pferde nachkommen, ist immer noch nicht entschieden. ›Bonzo‹[3] ist in Döberitz bei der 2. Batterie. Mutter kann sie leider auch nicht nehmen, da ihre Hauswirtin nicht einverstanden ist. Sie hätte es sonst gerne getan.
Gestern erhielt ich berichtigte Prüfungsergebnisse der Wehrkreisprüfung. Man hatte bei mir vergessen, Leibesübungen mit 2 zu multiplizieren. Ich habe jetzt 238 Punkte. Eben kam der Koffer an. Ich bin sehr froh. Anbei ein Brief von Knauer an Dich. An Kiewe[4] schreibe ich noch. Ich werde ihm kündigen, obwohl die Versetzung noch nicht ausgesprochen ist. Ich erhielt aber ein Schreiben betreffend Wohnung von der Kommandantur Berlin. Morgen mehr.
Es küßt Dich innigst voller Erwartung

Dein kleiner Mann

Nr. 35
2. Juli 1932
Konstanz: An seine Frau

Geliebtes Hasenkind!
Es gießt mal wieder in Strömen. So wird aus meiner Motorradfahrt nach Donaueschingen und in den Schwarzwald nichts. Außerdem hat sich heute Meyer-Detring[1] mit Bruder[2] für morgen angesagt. Ich freue mich schon sehr, ein Stück Heimat wiederzusehen.
Anliegend ein Brief von Kiewe. Der gute Treichel[3] muß sich da irgendwie ungewandt benommen haben. Am besten gehst Du mal zu Kiewe und sprichst mit ihm. Mein Kündigungsschreiben kennst Du ja. Du kannst ihm ruhig sagen, daß es *rein sachlich* abgefaßt wäre und klare Verhältnisse schaffen solle. Dem Pinsel ist offenes Deutsch scheinbar

unsympathisch. Und daß diese Sprache berechtigt ist, dürfte nach den Schwierigkeiten betreffend Treichel erwiesen sein. Viele Schreibereien machen die Sache aber jetzt nicht besser und vielleicht kann man die Chose noch mündlich reparieren.
Mein Antrag auf Mitnahme der Pferde ist nun abgelehnt worden[4]. Ich bin darüber recht betrübt, denn die Zossen, die einem hier präsentiert werden, sind schaurig. Die Pferde kommen mit Frenzel dann nach dem 10. Juli von Döberitz zurück. Da muß sie halt Radke arbeiten. ›Excellenz‹ hoffe ich, an Schlemm[5] auf Pferdegeld zu verkaufen. Gehlen hat von mir entsprechende Anweisung. Pferdegeld gibt es in diesem Jahr wieder, und Schlemm gefällt er sehr gut, besonders, als er ihn so vernünftig im Gelände sah.
Heute ist hier ein weiterer Führergehilfe, Oberleutnant Vollhase von der Nachrichtenabteilung 6 aus Hannover, einpassiert.
Deine Sorgen betreffend der innenpolitischen Lage sind nicht unberechtigt. Ob es aber zu Unruhen größeren Stils kommen wird, möchte ich doch bezweifeln. Die Verantwortungslosigkeit aller Leute in der gegenseitigen Aufhetzung überschreitet aber bald alle Grenzen. Besonders wild gebärden sich die hiesigen Zentrumsblätter. Da kannst Du wirklich staunen. Sie übertreffen jedenfalls die von mir stets gerügte Haltung der Rechten gegenüber Brüning noch erheblich. Auch das Benehmen des letzteren, besonders in seiner ausgesprochen demagogischen Erklärung[6] nach seinem Rücktritt[7], ist mir unverständlich und raubt mir alle Sympathie für ihn.
Ein tolles Stück leistete sich vorgestern die ›Bodenseezeitung‹ (Zentrum). Sie schrieb zu dem Passus der Notverordnung über Umzüge, daß Beerdigungen, Wallfahrten und Prozessionen jederzeit gestattet seien, »das geht die Regierung gar nichts an, der katholische Volksteil läßt sich von der Regierung der ostpreußischen Junker und Großagrarier nicht in seine religiösen Gewohnheiten hereinreden und braucht sich die verfassungsmäßig garantierte Freiheit der kirchlichen Betätigung von *dieser* Regierung nicht zum Geschenk bringen lassen.« Das ist der Gipfel der Frechheit. Derselbe Passus über diese Sachen hat wortwörtlich im vorigen Herbst in einer von Brüning unterzeichneten Notverordnung gestanden[8]. Da war das aber natürlich alles in bester Ordnung. Am liebsten wäre ich auf die Redaktion gegangen und hätte dem Kerl ein paar hinter die Ohren gehauen – so wütend war ich.
Aus dem Kommentar der Reichsregierung zur letzten Notverordnung ließ dieselbe Zeitung einfach den entscheidenden Satz, daß ja auch das SA-Verbot von Reichs wegen gegen den Willen mehrerer Länder ausgegangen sei[9] und somit jetzt kein Grund zu lamentieren vorhanden sei, einfach weg. Ein Saupack! Daß in der übelsten Weise über Norddeutschland losgezogen wird, ist schon selbstverständlich. Der Süden wäre das kulturelle Zentrum Deutschlands und nach seinen Wünschen

hätte sich die Reichspolitik zu richten. Dazu muß man hier dieses Volk der Kretins erst mal gesehen haben. Von den Badenern habe ich jedenfalls die Nase voll. Horizont wie ein Nachttopf!
Außenpolitisch ist es sehr schwer, irgendeine Besserung abzusehen. Der Kuhhandel in Lausanne ist absolut indiskutabel[10]. Geht die Regierung Papen[11] etwa darauf ein, so wird sie in Deutschland weggefegt[12]. Dann kann es allerdings sehr trübe werden.
Ob sich Polen noch wehren wird, weiß man nicht[13]. Ich glaube es kaum, aber die Kerle sind ja unberechenbar. Sehr einfach wird unser Stand dann nicht in Hinblick auf sicher zu erwartende kommunistische Umtriebe im Hinterland.
Sehr zu denken hat mir die Konferenz der Generalstäbe der Kleinen Entente in Prag[14] unter Leitung des französischen Generalstabschefs Weygand[15] gegeben. Da kommt meist nichts Gutes bei heraus.
Hier hört und sieht man leider sehr wenig von allem, was vorgeht. In der Öffentlichkeit ist auch das Interesse an der Politik relativ gering, da hier alle Betriebe gut beschäftigt sind und die widerlichen Pisangs hier nur an Fressen, Saufen und Schlafen denken. Wirklich ein charakterloses Volk wie die noch viel gräßlicheren Schwyzer, die hier in Massen rumlaufen.
So - ich habe mich mal wieder ausgeschimpft. Es war nötig.
Komm bald - noch vor dem 20. Juli. Sonst haben wir zu wenig. Am 14. August gehe ich ja schon wieder fort von hier. Deine Schneiderin ist doch bis zum 15. [Juli] fertig. Da *mußt* Du gleich fahren.
Komm, komm, komm! Ich bin schon ganz ungeduldig.

Dein kleiner Mann

Nr. 36
21. August 1932
Truppenübungsplatz Ohrdruf: An seine Frau

Geliebtes, kleines Igelkind!
Jetzt, abends um 1/2 10 Uhr, hat es sich auf nur noch 30° abgekühlt. Der Mensch wird wirklich bescheiden und man merkt, daß doch alles relativ ist. Die Hitze am Tage war aber auch geradezu unerträglich -42° im Schatten! [...] Eine Woche der Trennung ist nun, Gott sei Dank, vorüber und in 4 Wochen hoffe ich, endlich wieder bei Dir sein zu können. Welterschütterndes hat sich hier nicht ereignet. Abgesehen von den Darbietungen der Kraftfahrer, von denen ich ja schon berichtete, ist diese Übungsplatzzeit bei der Infanterie denkbar stumpfsinnig. Ich bin froh, daß ich Artillerist bin und möchte niemals tauschen. Außerdem kommt es mir auch noch langweiliger vor, weil ich bei meiner Abteilung ja immer ganz beträchtlich beschäftigt wurde.

Der Oberst Blaskowitz[1] war Freitag[2] zum Wehrkreiskommando V nach Stuttgart[3] befohlen. Er brachte sehr viel Interessantes mit. Im einzelnen kann ich mich nicht über alles schriftlich äußern, wie Du Dir denken kannst. Jedenfalls zeichnen sich betreffend den Umbau des Heeres sehr erfreuliche Perspektiven ab. In bezug auf die innerpolitische Lage sieht es leider etwas anders aus. Man hofft, daß die Nazi vernünftig bleiben. Ob sie es aber tun werden, ist zweifelhaft und das Verhältnis zwischen Regierung und Nazi ist sehr gespannt. Falls die Nazi aber Dummheiten machen, wird ihnen mit aller Gewalt entgegengetreten werden und man wird selbst vor blutigen Auseinandersetzungen nicht zurückschrecken. Insbesondere glaubt man, daß Polizei und Reichswehr absolut in der Lage sein werden, allein mit den Brüdern fertig zu werden. Der Sinn der Politik des Reichswehrministeriums bzw. Schleichers geht einem immer mehr auf und wurde folgendermaßen zum Ausdruck gebracht: Die Parteien sind das Unglück Deutschlands. Sie verhindern durch ihre Eigenbrödelei jegliche stabile und nützliche Regierungsarbeit, die heute mehr denn je erforderlich ist, um uns aus dem Elend herauszuführen. Deswegen muß die Regierung von den Fesseln des Parlamentarismus befreit werden, um unabhängig arbeiten zu können, gestützt auf das Vertrauen des Reichspräsidenten und die Macht der Reichswehr. Beide Machtfaktoren verkörpern in sinnbildlichster Weise den Gedanken der Reichseinheit und sind infolge ihrer überparteilichen Stellung besonders geeignet, allein für das Staatswohl arbeitend, ausgleichend zu wirken und somit die einzige Basis für eine Regierung, wie wir sie jetzt brauchen, abzugeben. Brüning hat dem Reichspräsidenten auf diesem von ihm schon lange beabsichtigten Wege nicht in vollem Maße folgen können, und er hat sich schließlich mehr oder weniger wieder von den Parteien abhängig gemacht. Deshalb mußte er gehen[4].
Die N.S.D.A.P. hat zweifellos der Schleicherschen Politik durch vieles die Wege geebnet. Ihre Forderung nach einseitiger Macht ihrerseits steht aber dem Erfordernis nach einer überparteilichen Regierungsgewalt entgegen. Deswegen wird man nun die N.S.D.A.P. genauso als Parteiübel behandeln wie die andern. Ich glaube, daß wir noch mit der Zeit überraschende Dinge erleben werden, und daß wir in bezug auf die Struktur des Reiches an einem ebenso entscheidenden Wendepunkt stehen, wie es der 18. Januar [18]71 und der 9. November [19]18 waren. Ich habe die unbedingte Zuversicht, daß sich der 12jährige Ausbau der Reichswehr zu einem überparteilichen Instrument jetzt bald zum Wohle unseres Vaterlandes auswirken wird. Und ich bin stolz und glücklich, daß ich diesem Instrument, von dem unser ganzes Wohl und Wehe der Zukunft abhängen wird, angehören darf.
Bis wir uns wiedersehen, wird sich ja schon einiges geklärt haben. Das jetzige Kabinett[5] bleibt jedenfalls am Ruder, ob der Reichstag will oder nicht. Und diese Regierungsverhandlungen in Preußen sind ein

Unglück, weil sie ein Störungsversuch sind, den jetzigen Parlamentarismus zu beseitigen und die vernünftige Reichsreform erschweren. Wir müssen uns von manchen überholten Vorstellungen frei machen.
Gute Nacht, mein Liebling! Ich habe leider noch kein Lebenszeichen von Dir aus Mittelsteine. Hat Wittel[6] sein Examen bestanden?
Herzliche Grüße den Eltern.
Dich küßt voller Sehnsucht

Dein kleiner Mann

Nr. 37
3. Mai 1933
Königsberg: An seine Frau

Vielgeliebter Igelhase!
Nun haben wir die erste Etappe Königsberg[1] hinter uns und fahren morgen nach Heilsberg weiter. Unsere Fahrt verlief planmäßig und recht rasch. Am ersten Abend habe ich nichts mehr unternommen, sondern bin bald ins Bett gegangen.
Am 1. Mai hörten wir zunächst einen Vortrag des I a[2] über Landesverteidigung. Doch von diesen Sachen mündlich. Anschließend stand uns der Tag zur freien Verfügung, und ich benutzte ihn, um Feist's[3] zu besuchen. Sie lassen herzlich grüßen. Ich verlebte von mittags bis zum Abendessen sehr nette Stunden bei ihnen. Sie freuen sich schon sehr auf Berlin.
Am Abend war der Lehrgang geschlossen in Uniform im Haus der Technik in einer Kundgebung der N.S.B.O.[4], bei der durch Lautsprecher die Hitlerrede übertragen wurde[5]. Wir wurden sehr anständig behandelt und waren Ehrengäste der Stabsleitung der S.A. Ostpreußen. Hinterher waren wir noch zu fünft (Bayerlein[6], Siebert[7], Schmoeger[8], Brücker[9] und ich) mit 2 S.A. Führern, dem Adjutanten der S.A. Ostpreußen sowie dem I c der Stabsleitung[10], in allen möglichen Lokalen unterwegs. Zwischendurch besichtigten wir noch nachts beim Lokalwechsel das ›Braune Haus‹, die ehemalige Redaktion der sozialdemokratischen Zeitung, ein fabelhaftes Palais.
Es war ein sehr interessanter Abend und hat mir einen guten Einblick in die Mentalität dieser Leute gegeben. Es sind wirklich große Idealisten. Man kann in mancher Hinsicht sagen, Gott sei Dank wird die krasse Wirklichkeit da vieles von selbst abschleifen. Im übrigen waren sie ganz verständig und auch belehrbar.
Der 1. Mai war wirklich eine ganz große Angelegenheit auch hier in der Provinz. Böse Gesichter habe ich hier nirgends gesehen, im Gegenteil. Gestern waren wir in Pillau und Ranochen, abends Herrenabend im Kasino Rothenstein mit den Führergehilfen der 1. Division[11]. Heute

wieder zunächst Vortrag über die Heilsberg-Stellung[12], anschließend Geländebesprechung im Samland mit Kaffee in Cranz und Fahrt auf der Kurischen Nehrung. Wetter ist herrlich, aber fast gar kein Grün. Das fängt erst ganz langsam an.
Schluß für heute. Ich bin sehr müde. Es küßt Dich voller Liebe

Dein kleiner Mann

[Nachschrift:]
Herzliche Grüße den Eltern

Nr. 38
7. Mai 1933
Lötzen: An seine Frau

Vielgeliebtes Hasenkind!
Über Deinen ersten Brief aus Mittelsteine, der mich hier am Sonnabend [5. Mai], zusammen mit dem Geld, erwartete, habe ich mich sehr gefreut, und ich danke Dir sehr herzlich.
Deine Ermahnungen betreffend des Geldes will ich gerne befolgen. In dieser ersten Woche habe ich rund 70 RM einschließlich Gepäck (7.60) ausgegeben. Mir will das bescheiden erscheinen.
Wir haben am Sonnabend eine sehr schöne, aber anstrengende Tour von Insterburg über das Schlachtfeld von Gumbinnen[1], Hauptstützpunkt Trakehnen, Goldap, Angerburg nach Lötzen gemacht. Besonders neu war die Besichtigung von Trakehnen. Dort wurden uns die Hauptbeschäler, die Fuchsherde, die Absatzfohlen und noch ein Teil der Auktionspferde sowie die Meute vorgeführt. Von allem kann man aber besser mündlich berichten. Am Sonnabend abend haben wir im Kasino Lötzen ein großes Krebsessen veranstaltet. Es war prachtvoll, und ich habe lebhaft an Dich denken müssen und dabei bedauert, daß Dir dieses Schlemmeressen entgangen ist. Selbstredend blieb man hinterher noch im Kasino kleben und es wurde sehr früh, besonders, da hier ja die Sonne 1/2 Stunde früher aufgeht.
Hotelverhältnisse sind ungewöhnlich günstig, bisher überall fließendes Wasser! Viel besser als in Schweidnitz. Ganz eigentümlich berührt das vollkommene Fehlen jeglicher Industrie, kaum mal ein Fabrikschornstein. Wenn man so viele Jahre nicht mehr hier war und dauernd in andern Gegenden des Reiches lebte, berührt einen das richtig fremd. Dann trifft man auch furchtbar wenig Kraftfahrzeuge. Es ist alles noch auf das Pferd eingestellt. Auf dem Acker ‹werden› die Lastfahrzeuge fast stets einspännig vom Sattel des Stangensattelpferdes aus gefahren. Auch etwas, was ich gar nicht mehr gewöhnt bin und was mir auch ganz aus der Erinnerung entschwunden war.

Heute, am Montag, war ein verhältnismäßig friedlicher Tag mit einer Geländebesprechung zwischen Goldap und Treuburg (früher Marggrabora). Das letztere hat eine der schönsten Heldengedächtnisstätten, die ich kenne. Eine Riesenanlage aus Granitsteinen, die die einzelnen Mitglieder des Kreiskriegerverbandes liefern mußten. Auch dies kann ich nur mündlich schildern.
Augenblicklich gewittert es draußen. Ein Segen, denn hier lechzt alles nach Regen und die Staubplage ist unheimlich, da die meisten sonst recht guten Straßen noch nicht geteert sind. Hoffentlich regnet es sich aber nicht fest ein. Denn morgen machen wir eine Dampferfahrt von hier über Nikolaiken bis Rudzanny. Und es wäre schade, wenn sie ins Wasser fiele. Morgen sind wir dann in Ortelsburg.
Gott sei Dank neigt sich die Sache jetzt dem Ende zu. Man sieht zwar sehr viel schönes. Aber kein Mensch ist mehr mit einer solchen Begeisterung dabei wie bei der Einweisungsreise. Ich sehne mich sehr nach Dir, geliebtes Schweinlein, und ich hoffe stark, daß Du mich in Berlin nicht zu lange warten läßt.
Falls Du mir nach Danzig noch Nachricht geben willst, so bis Sonnabend unter Danzig-Zoppot, Charlottenstraße 17 b/Dr. Koßmann.
Schluß, geliebter Hase. Ich schließe Dich voll Sehnsucht in meine Arme und küsse Dich heiß und liebevoll.

Dein kleiner Mann

[Nachschrift:]
Am Sonntag[2] habe ich zunächst einmal lange geschlafen. Man ist von der vielen Fahrerei doch reichlich gerädert. Zum Mittagessen war ich bei Reuß[3] eingeladen. Beide lassen Dich und die Eltern herzlich grüßen. Sie haben eine ganz nette Wohnung am Kanal zwischen dem Mauer- und Löwenthin-See. Mit ihrem Schicksal sind sie voll ausgesöhnt. Dienstlich muß die Stellung recht angenehm sein, da er ganz selbständig ist. Und sie freut sich besonders über die Ruhe, die gesunde Luft und die viele Freiheit für ihre Kinder. Die letzteren sind unheimlich groß geworden.
Am Nachmittag machten Reuß und ich einen größeren Spaziergang. Die Lage von Lötzen ist wirklich sehr schön mit dem vielen Wasser und Wald. In allem macht die Landschaft aber doch einen schwermütigen Eindruck, auch wenn jetzt das junge Grün überall hervorsprießt. Ich möchte doch nicht mehr hierher zurück. Man hat hier wirklich noch viel mehr als in Schlesien das Gefühl, auf verlorenem Posten zu stehen - leider nicht ganz unbegründet, doch davon mündlich. Die Bevölkerung macht einen viel besseren Eindruck als in Schlesien, ebenso auch die meisten Städte. Bei den letzteren liegt das hauptsächlich wohl daran, daß sie das Glück hatten, von den Russen angesteckt zu werden. Da sind die ollen Mistkaten abgebrannt und ganze Straßenzüge vor 15 - 18 Jahren neu aufgebaut worden. Auch die[a]

[a] Weitere Blätter dieses Briefes sind nicht überliefert.

Nr. 39
11. Mai 1933
Hohenstein/Ostpreußen. [Karte:] An seine Frau

Geliebter Igelhase!
Heute fahren wir von Allenstein aus über das Schlachtfeld von Tannenberg[1]. Mich stimmen die Erinnerungen besonders ernst, da ich hier an den Gräbern vieler Bekannten stehe und das Land mir noch in seinem zerstörten Zustand und dem Gegensatz zu jetzt besonders in der Erinnerung steht. Das Tannenbergdenkmal[2] hat einen großen Eindruck auf mich gemacht. Schade, daß Du nicht hier bist.
Herzlichen Gruß und Kuß

Dein kleiner Mann

[Anschrift:]
Frau Ili Stieff
b/Dr. Gaertner
Mittelsteine
Kreis Glatz (Schlesien)

Nr. 40
4. September 1933
München: An seine Frau

Mein vielgeliebter Igelhase!
Nun mache ich die Reise nach Grafenwöhr doch nicht im Auto, sondern werde heute abend mit den pferdebespannten Teilen der Nachrichten[abteilung] 7 verladen. Auf diese Weise sitze ich heute noch den ganzen Tag in München und zwar in Uniform, da mein Gepäck bereits heute früh im Kraftwagen abgegondelt ist.
Wie ist Dir armer Hase nun die Reise nach Mittelsteine bekommen? Ich habe sehr oft bedauernd an Dich denken müssen. Denn als ich am Sonnabend beim Mittagessen saß, konnte ich erst konstatieren, daß Du gerade in Glatz den Bahnhof verlassen hattest. Nach Deiner Abfahrt habe ich noch mit Natons[1] im ›Schottenhamel‹[2] bis 1^{0} gesessen.
Der Sonnabend vormittag war mit Reiten und allen möglichen Nachfragen ausgefüllt. Nachmittags habe ich etwas geschlafen, und abends war ich bei Natons. Dort hörte ich die Rede Hitlers vor den Amtswaltern[3] und eine Rede von Goebbels über Rassefragen. Du wirst sie wohl beide gelesen haben. Sie waren recht gut. Ganz fabelhaft finde ich aber die Rede Hitlers auf der Schlußsitzung[4], die ich gestern sowohl bei Natons hörte wie auch heute las. Sie gibt einem wirklich sehr überzeugend einen tiefen Einblick in seine Weltanschauung. Ich komme immer mehr

dahinter, daß der Nationalsozialismus sich dadurch wesentlich vom Faschismus unterscheidet, daß er die Probleme viel gründlicher und tiefer an der Wurzel anpackt, während der Faschismus sozusagen als Schrittmacher zu bezeichnen ist. Er hat als die frühere Erscheinung die Entwicklung instinktiv vorangetrieben, während der Nationalsozialismus bereits aus der Erkenntnis heraus handelt. Und so mag Mussolini der bessere Realpolitiker sein, weil sich in ihm noch stärker das Erbe der machtpolitischen Bestrebungen der vergangenen Zeit äußert. Als Begründer einer neuen unzweifelhaft epochalen Weltanschauung hat Hitler ihn weit in den Schatten gestellt.
Das soll nicht im Jargon des ›Völkischen Beobachters‹ klingen, sondern ist meine innerste Überzeugung. Die Gedankengänge über den Aufbau von Gesellschaft und Nation, wie sie Hitler in seiner Schlußrede entwikkelt, sind für meinen Begriff ausgezeichnet durchdacht und stellen etwas so Neues dar, daß man wirklich von einer ganz großen Wendung sprechen kann. Und wenn wir aus unserer uns beigebrachten Weltanschauung heraus fragen, ist in seiner Betrachtung nicht irgendein grundlegender Irrtum, so kann er mit Recht die Gegenfrage stellen, ob in unserer bisherigen Weltanschauung nicht dieser Irrtum liegt. Und da möchte man doch die Tatsachen für das letztere sprechen lassen. Was Wahrheit wirklich ist, werden wir Erdenmenschen nicht ergründen können. Und ich glaube, daß uns auch die Kirche, als von Menschen geleitet, darin nicht weiterhelfen kann. Sie kann uns nur anspornen, an der Lösung dieser von Gott geschickten Fragen mitzuarbeiten. Und deswegen glaube ich auch, daß auch diese neue Frage, die durch das Aufwerfen des Rasseproblems der Menschheit gestellt ist, zu vereinbaren ist mit den Grundsätzen des Christentums. Denn wenn auch diese unveränderlich sind, ihr Sinn ist jeweils beeinflußt worden von den einzelnen Epochen. Wie wäre es sonst zu erklären, daß man einst Handlungen wie zum Beispiel die Hexenverbrennung ausdrücklich als christlich gutheißen konnte, während man dasselbe unter dem Zeiteinfluß der Humanität als unchristlich brandmarkte. Und wenn man heute sagt, die Rasse soll zur Erhaltung des Ebenbildes Gottes reingehalten werden, so mutet uns dies wohl aus unserer bisherigen Weltanschauung fremd an und was Recht daran ist, werden wir an der Wende ebensowenig wissen, wie vielleicht unsere Vorfahren, als zu ihrem Entsetzen Hexen auf einmal keine Hexen mehr sein sollten. Und in 200 Jahren wird man über unsere Zweifel an der Richtigkeit des Neuen vielleicht ebenso lächeln, wie wir es über den Aberglauben der Hexenverbrennung tun.
Die Reden auf dem Parteitag, von denen ich auch noch die Ausführungen Rosenbergs hervorheben möchte, haben mir jedenfalls ein sehr klares und sympathisches Bild der Bewegung verschafft. Daß zwischen Wollen und Können noch mancherlei Reibungen liegen, ist menschlich und nicht verwunderlich. Man darf sich davon aber den Blick fürs Ganze

nicht trüben lassen. Und insofern hat mich der Parteitag, auch nur aus der Ferne erlebt, in meinen Auffassungen bestärkt, die Du ja in ihren Grundzügen aus meinen Verlobungsbriefen her kennst.
Das war ein langer Brief. Wenn Du die Reden nicht kennst, kaufe Dir den ›Völkischen Beobachter‹ vom 4. September. Darin sind alle angezogenen Reden voll enthalten[5].
1000 Küsse Dir und den Eltern

Dein kleiner Mann

Nr. 41
3. Oktober 1933
Berlin: An seine Frau

Vielgeliebter Igelhase!
Eigentlich habe ich Dir schon früher schreiben wollen. Aber am Montag hatte ich derartige Kopfschmerzen, daß selbst Neuramag versagte. Anscheinend die Vorboten einer dicken Erkältung – jedenfalls kein Kater!
Meine Reise verlief ohne besondere Vorkommnisse. Zu Hause fand ich alles wohl gerichtet und blitzsauber vor. Leider ist Frieda[1] krank! Sie leidet an akuter Herzneurose und darf keinerlei schwere Arbeiten verrichten. Die unglaubliche Person hat mir das gar nicht erzählt, sondern ich erfuhr davon zuerst durch Woedtke[2], bei denen sie eines Nachts mit einer Herzattacke landete. Sie ist in Behandlung bei Dr. Leopold, den ich noch aufsuchen werde.
Der Hörsaalabend war sehr nett. Es war tatsächlich alles wieder beieinander. Siebert ist zum Infanterieregiment 7 nach Carlowitz versetzt worden. Stattdessen haben wir als Neuzuwachs einen Hauptmann Römstedt[3], früher Nachrichten 3, Potsdam, bekommen. Ich kenne ihn sehr gut, da wir 1921 auf Artillerieschule zusammen waren. Er hat bisher an der 7. G.[4] studiert. Das hat ihm aber aus den bekannten Gründen – weder Offizier noch Ingenieur – nicht behagt, und da hat er nun umgesattelt.
Außerdem beglückt uns in diesem Jahr ein Schweizer Hauptmann Berli[5], den wir heute zum ersten Mal genossen haben. Von unsern Kavalieren sind jetzt am 1. Oktober Schmoeger und Hanstein[6] Hauptleute geworden. Ich habe jetzt nur noch einige 20 Vorderleute!
Am Eröffnungstag[7] herrschte in den Lehrgängen ein unbeschreibliches Tohuwabohu! Es sind jetzt wirklich schon zuviel Leute hier und man hat ausgesprochen Mühe, alle Bekannten zu finden. Mir ist es jedenfalls noch nicht gelungen.
Am ersten Tag hörten wir vom neuen Chef der Wehrmachtsabteilung[8], Oberst von Vietinghoff[9], bei dem ich im vorigen Jahr mal Adjutant war,

einen ausgezeichneten Vortrag über die innere Lage. Er brachte mit Ausnahme des mir zwar auch schon bekannten Berichtes über die Godesberger Tagung[10] nicht viel Neues. Aber hochinteressant ist es, wenn selbst so nüchterne Menschen wie er warm werden und *auch* in Superlativen sprechen (er sagt, man könnte gar nicht anders), wenn sie auf die fabelhafte »hypnotisierende« Wirkung des Führers kommen. Er mahnte gegenüber den berühmten »Fällen« zu Geduld, da ja eine mittlere und untere Führungsschicht noch ganz fehlt und erst allmählich herangezogen werden kann.
Die Gebrüder Weiß[11] sind in die Wohlsche Wohnung gezogen! Gestern habe ich Wittel vergeblich erwartet. Abends war ich bei Stempels, wo es sehr nett war. Die Wohnung ist entzückend!
Übermorgen früh geht's schon wieder fort - diesmal die ganze Zeit im Autobus - schrecklich! Meine Anschriften: 5. - 7. Oktober Sondershausen (Thüringen), Hotel ›Münch‹; 8. - 12. Oktober Goslar am Harz, Hotel ›Der Achtermann‹.
Herzliche Grüße an die Eltern. Dich umarmt voller Sehnsucht

Dein kleiner Mann

Nr. 42
4. Oktober 1933
Berlin: An seine Frau

Vielgeliebter Igelhase!
Herzlichen Dank für Deinen 2. Brief. Inzwischen wirst Du ja mein Geschreibsel erhalten haben. Deine Wünsche betreffend Geld sind erledigt worden. Ebenso vielen Dank für die 10 RM. Dem Caritasverband habe ich bei seiner Haussammlung einmalig 5,- gespendet. Sie haben's ja wohl jetzt besonders nötig, also sei nicht böse.
Wittel traf erst gestern um 2^0 nachts ein. Er hat den Wagen erst am Dienstag abend bekommen. Er fährt Freitag früh weiter. Ich leihe ihm noch 20,-. Laß sie Dir wiedergeben. Von der Bank hob ich nur 30 RM ab, da ich gut auskomme. Wir erhielten für September nämlich nochmals 25,- Aufwandsentschädigung. Modeste habe ich leider nicht angetroffen, trotzdem ich 2 x dort war.
Vor der morgen beginnenden Einweisungsreise graut mir fürchterlich[1]. Ich habe so gar keine Lust, schon wieder das unstete Leben zu beginnen. Außerdem habe ich große und dicke Sehnsucht nach meiner kleinen Frau. Ich möchte Dich zu gerne hier haben und so manches mit Dir besprechen.
Die außenpolitische Lage ist mal wieder finsterer denn je[2]. Sie wurde uns offiziell schlimmer als am 25. Juli [19]14 bezeichnet[3]. Bete zu Gott, daß es wenigstens noch bis zum Frühjahr sich hinzieht. Dann sind wir

etwas weiter. Unser Friedensengel ist Daladier[4]. Hoffentlich bleibt er gegen Weygand fest. Beunruhige bitte die Mutter[5] nicht!
Ich vermisse Dich sehr und küsse Dich voller Sehnsucht.

Dein armer, kleiner Mann

Nr. 43
15. Oktober 1933
Berlin: An seine Frau

Mein geliebtes Igelkind!
Gerade hatte ich gestern Deinen Brief in den Postkasten gesteckt, als ich unsern Austritt aus dem Völkerbund las[1]. Das ist ein Schritt von derart überragender Bedeutung und so unabsehbaren Folgen, daß ich mich doch mit Dir darüber aussprechen muß.
Der Austritt ist zweifellos allen, auch den fremden Mächten, gänzlich überraschend gekommen, nicht zuletzt dank unserer hervorragenden Pressedisziplin, die vorher diese Möglichkeit auch nie angedeutet hat. Wie die Dinge nach Überwindung der ersten Überraschung sich entwikkeln werden, ist vollkommen ungewiß. Du weißt, daß ich in außenpolitischen Fragen sehr optimistisch eingestellt bin. Und die Unkerei, die das Reichswehrministerium beliebte und die ich Dir mitteilte, habe ich registriert, aber nicht geteilt. Auch heute bin ich im Grunde genommen derselben Auffassung. Trotzdem ist es nützlich, sich unsere Lage mal restlos klar zu machen. Militärpolitisch ist es einfach nicht zu verstehen, daß Frankreich zusieht, wie ihm durch die ständig wachsende Stärkung Deutschlands die Früchte seines Sieges langsam aber sicher entgleiten. Das ist auch vom französischen Generalstab klar erkannt, und er versucht mit allen Mitteln, die französische Politik zu einer gewaltsamen Lösung zu treiben, ehe das Risiko zu groß ist.
Interessanterweise erscheint dem französischen Volk sowohl ein Daladier bereits jetzt dieses Risiko zu groß, da sie uns in unserer Widerstandskraft bereits 4 Jahre weiter wähnen, als es tatsächlich der Fall ist. Der berühmte Sicherheitsfimmel erweist sich als Bumerang! Das sind für uns positive Erfolge und Werte zur Einstellung in die außenpolitische Rechnung. Nun kommt aber die entscheidende Änderung der Lage. Die Zugehörigkeit Deutschlands zum Völkerbund erschwerte Frankreich juristisch außerordentlich ein gewaltsames Eingreifen gegen uns. Der Völkerbund konnte sich wohl in Sachen China-Japan[2], Südamerika, Wilna[3] über seine rechtlichen Grundlagen hinwegsetzen.
Das sind Dinge, die an der Peripherie außerhalb des eigentlichen Interessengebietes des Völkerbundes liegen. Machte man das aber im mitteleuropäischen Raum, so zerbrach sich Frankreich selbst das Instrument, das es sich zur Aufrechterhaltung seiner Hegemonie geschaffen hat.

Diese Hemmung ist nun fortgefallen und hat ein kriegerisches Einschreiten für Frankreich um so viel erleichtert. Darüber muß man sich ganz klar sein und man kann nur hoffen, daß das Risikogefühl in Frankreich überwiegt.
Nun zur Frage: War das nötig? Ich bejahe sie und zwar aus folgendem Grunde: Ein weiteres Verbleiben im Völkerbund hätte uns moralisch zur Unterzeichnung der unglaublichen Abrüstungskonvention verpflichtet. Taten wir es nicht, so konstruierte man auf dem Boden der Völkerbundsverfassung irgendeinen Verstoß, der dann zwangsläufig *alle* Völkerbundsmitglieder gegen uns führte. Der Unterschied ist zwar gering, aber insofern doch erheblich, als man mit dem Schein des Rechtes auf seiner Seite unter Umständen sogar ohne Gewaltanwendung unsere Niederhaltung durchführen konnte.
Daß die Abrüstungskonvention mit 4jähriger Kontrolle für uns unannehmbar ist, dürfte dem Einsichtigen klar sein. Sie bedeutet die Herabdrückung unserer Machtmittel *unter* den Stand von Versailles, die Zerstörung aller Aufbauarbeit auf wehrpolitischem Gebiet in den letzten Jahren, zeitlich unabsehbare Abhängigkeit vom Auslande und letztlich, da Innen- und Außenpolitik nicht zu trennen sind, die Zerstörung der nationalsozialistischen Bewegung, die allein noch vor dem Chaos steht! Man stand also vor der Frage, was zu wählen ist. Und da stecken in der von der Regierung gewählten Entscheidung doch noch mehr Hoffnungsblicke als in dem gegenteiligen Fall, der mit absoluter Sicherheit zu unserm Ende führen muß.
Ich will jetzt erst mal die Rede des Führers[4] lesen. Dann weiter. Sie redet natürlich um den Kernpunkt der Sache herum, ist aber zweifellos ehrlich, wenn sie sagt, daß ein chaotisches Deutschland eine Gefahr für Europa ist. Und wie das mit der außenpolitischen Lage zusammenhängt, habe ich oben gesagt. Wir müssen uns also darüber klar sein, daß unsere Lage zur Zeit sehr ernst ist. Die nächsten Tage werden ja zeigen, wohin der Hase läuft. Wenn eine Entscheidung fällt, fällt sie schnell, da der Winter vor der Tür steht und andererseits die Verschiebung über den Winter hinaus das Risiko für Frankreich nur unerträglicher macht. Ich bin aus den Dir bekannten Gründen in der Beurteilung, ob man Frankreich zum Kriege bekommt, auch weiterhin noch optimistisch. Trotzdem ist es mir zur Zeit sehr unangenehm, daß Du soweit von mir fort bist. In solchen Zeiten der Spannung, wie wir sie überhaupt seit 1914 nicht mehr erlebt haben, hat man wirklich das Bedürfnis, an seinem Liebsten, das man hat, Anlehnung zu nehmen und es bei sich zu haben. Es beunruhigt mich doch etwas der Gedanke, daß wir durch den Verlauf der Ereignisse auseinandergerissen werden, ohne miteinander gesprochen zu haben. Ich habe noch mit keinem Menschen über die Lage sprechen können – es sind dies alles nur Gedanken von mir selbst. Vielleicht mache ich mir unnütz Sorge. Sprich bitte auch mal mit Vater[5] darüber

und entscheide dann, wie lange Du Deinen Aufenthalt in Mittelsteine noch ausdehnen möchtest. Unter normalen Verhältnissen hätte ich nichts gegen Dein Verbleiben bis zum 25. [Oktober]. Augenblicklich möchte ich Dich aber *baldmöglichst*, das heißt *vor* dem 20. [Oktober], hier haben; selbt auf die Gefahr hin, daß es unnötig ist und Du dann nochmals runterfahren mußt.
Wie gesagt, die Ereignisse können sich jetzt über Nacht schnell zuspitzen. Es wird mir sehr schwer, Dir so schreiben zu müssen. Du wirst meine Gedanken aber wohl verstehen. Und Dir meine Besorgnisse, die nüchternem Denken entspringen, zu verbergen, wäre Frevel an Dir.
Der Koffer geht morgen ab. Man hat vergessen, ihn abzusenden.
Ich umarme Dich mit 1000 Küssen

Dein kleiner Mann

Nr. 44
22. Oktober 1933
Berlin: An seine Frau

Mein geliebtes Igelein!
Dies ist Gott sei Dank der letzte Brief, den ich Dir schreiben muß. Denn in 3 Tagen bist Du ja endlich wieder hier. Es war wirklich eine harte Probe sowohl für Dich wie für mich. Schließlich ist man ja verheiratet, um zusammenzuleben und nicht dauernd getrennt zu sein!
Die ganze Woche bin ich nicht in die Stadt gekommen. Heute nachmittag habe ich mich mal ins Großstadtgewühl gestürzt. Zunächst war ich ›Unter den Linden‹ und habe wohl 3 Stunden einen Teil des Festzuges der Handwerker an mir vorbeiziehen lassen. Man glaubt ja gar nicht, was es in so einer Großstadt für viele Gewerbe gibt. Und alle waren heute mit allen ihren Mitgliedern in ihrer Arbeitskleidung zu einem mindestens 7 Stunden dauernden Festzug zusammengetreten. Sie führten eine Anzahl Wagen mit, auf denen die einzelnen Gewerbe in ihrer Tätigkeit gezeigt wurden. Es waren ganz entzückende Sachen dabei. Selbstverständlich war ganz Berlin mal wieder auf den Beinen und säumte die Straßen, durch die der Zug ging. Es ist wirklich verblüffend, mit welch einer Begeisterung und Unermüdlichkeit die Leute bei solchen Angelegenheiten sind[1]. Es mag wohl an dem fabelhaften Geschick liegen, daß man den Menschen immer wieder etwas Neues bietet. Wiederholen tut sich äußerlich ja meistens nichts. Nur der innere Gedanke der Volksverbundenheit kehrt unmerklich immer wieder. Und soviel wird schließlich dem Dümmsten beigebracht, worum es geht. Und man mag aussetzen an der Feierei, was man will, Recht haben die Leute doch.
Anschließend war ich im Westen und habe bei ›Kranzler‹ Kaffee getrun-

ken. Um 7⁰ ging ich ins Kino. In der Wochenschau sah ich die Grundsteinlegung des ›Hauses der Kunst‹ in München[2] und den Festzug. Das muß geradezu phänomenal gewesen sein. Die Häuser der einzelnen Straßen waren einheitlich mit riesigen Stoffbahnen bedeckt und zwar Ludwigstraße, Briennerstraße u.s.w. je verschiedenfarbig. Dazu prachtvolle Kostüme im Festzug.
Nach der Wochenschau lief ein sehr geschickter Werbefilm für die Winterhilfe, auf dem zum Schluß auf der Leinwand der ›Hitlerjunge Quex‹[3] ganz groß mit einer Sammelbüchse erschien. Kaum war es hell, klapperten im ganzen Theater Sammelbüchsen und auf jede Reihe stürzte sich ein kleines Hitlermädchen. Alles lachte über diesen glänzenden Einfall und zückte vergnügt seinen Obolus.
Der nachfolgende Hauptfilm ›Walzerkrieg‹[4] ist ganz entzückend. Ich habe mich totgelacht. Wir müssen ihn uns unbedingt zusammen ansehen, wenn Du, altes Scheusal, endlich wieder hier bist.
Über Deinen letzten Brief habe ich mich sehr gefreut. Ich bin auch sehr entzückt zu hören, daß es Dir auch politisch dämmert, was man ja leider nicht von allen Gebildeten sagen kann.
Mehr schreibe ich Dir heute nicht, denn sonst kommst Du gar nicht. Wenn Du mehr von mir wissen willst, so mußt Du mich schon persönlich sprechen.
Es küßt Dich sehnsuchtsvoll

Dein kleiner Mann

[Nachschrift:]
Herzliche Grüße den Eltern!

Nr. 45
19. Juli [1934]
Braunschweig: An seine Frau

Mein geliebtes Igelein!
Gestern sind wir wohlbehalten hier eingetroffen. Zunächst einen Eindruck von hier. Die ganze Anlage ist modern[1] und sehr zweckmäßig. Unterbringung zwar immer 4 Herren zusammen, aber trotzdem nicht zu eng. Duschräume, Kasino (heißt hier Messe) mit sehr guter und billiger Verpflegung. Man wohnt mitten in dem Betrieb drin und das macht natürlich besonders viel Spaß. Außer uns ist noch ein Beobachterkurs von Fliegeroffizieren hier, unter denen ich schon manche Bekannte getroffen habe. So ist Gerndt[2], früher Infanterieregiment 7, Schweidnitz, und Haack von der Batterie Ilsemann (Du lerntest ihn auf der S-Bahn beim Berliner Turnier kennen) hier. Zum Lehrstab gehört unter anderem auch der Flugkapitän Sattler, unser vorjähriger Chef in Mün-

chen. Es ist geradezu verblüffend, was man schon für eine Organisation aufgezogen hat. Auch die Leute machen einen hervorragenden Eindruck. Doch von all dem kann man schriftlich nicht berichten. Jedenfalls übersteigt es alle unsere Erwartungen.
Heute haben wir lediglich allgemeine Vorträge gehabt, Sonderbekleidung und Fallschirme verpaßt. Der eigentliche Flugbetrieb beginnt erst am Montag. Ich war gestern einmal kurz in der Stadt. Sie liegt leider sehr weit ab.
Von sonstigen Ereignissen ist ja wohl das aktuellste Höfles[3] Abschied[4]. Ich schrieb Dir ja schon ganz kurz davon. Er hat ein ständiges Referat bei der Obersten S.A. Leitung gehabt und hierfür einen »Ehrensold« von 250 RM monatlich bezogen. Man kann eben nicht zweien Herren dienen. Sein Abschied, den er selbst auf Wink eingereicht hat, ist bereits ausgesprochen. Das Reichswehrministerium will sehen, ihn irgendwo im Ausland unterzubringen.
Der berühmte Herr v.A. [von Alvensleben][5] ist ein ehemaliger Königsulan[6], der infolge guter Beziehungen zum Ausland von Schleicher schon früher als Agent benutzt wurde[7]. Er ist infolge Spieles in alle möglichen Betrügereien verwickelt gewesen[8]. Ihn hat das übliche Schicksal getroffen[9]. Lossow[10] und Seißer[11] leben, dagegen ist K[ahr][12] einer selbstständigen Handlung zum Opfer gefallen[13]. Der betreffende SS Mann wurde erschossen[14]. Über den Tod Kl[ause]ners[15] habe ich durch Woedtke eine sehr sichere Version seines tatsächlichen Selbstmordes gehört. Ihm wurde gerade Gehalt gezahlt, als ihm gemeldet wurde, 3 SS Leute wünschten ihn zu sprechen. Er schickte den Gehalt zahlenden Beamten mit der Weisung heraus, die Betreffenden vorzulassen, und hat in dem Augenblick zur Waffe gegriffen[16].
Die standrechtlichen Erschießungen sind übrigens durchweg in Lichterfelde in der ehemaligen Kadettenanstalt durch SS vor Abordnungen der SA nach vorangegangener Verhandlung vor einem aus Polizeioffizieren bestehenden Standgericht durchgeführt worden[17]. Sehr kläglich soll Ernst[18] sich benommen haben[19], den man gefesselt mit seinem Adjutanten Kirchbaum[20] im Flugzeug von Bremen nach Berlin gebracht hat[21]. Weitere Erschossene: Obergruppenführer Ritter von Kraußer[22], Oberführer Sander[23], Berlin. General von Bredow[24], Rechtsanwalt Jung[25], München. Gregor Straßer[26]. Frau Ernst hat sich erhängt[27], als sie von ihrem Mann erfuhr, was das für ein Früchtchen war. Wenn ich noch weiteres höre, berichte ich.
Dir und den Eltern viele herzliche Grüße. Es umarmt und küßt Dich

Dein kleiner Mann

Nr. 46
25. Juli 1934
Braunschweig. [Karte:] An seine Frau

Geliebtes Igelein!
Vielen Dank für die Hemden und den inliegenden Brief, der mich besonders gefreut hat. Ich sehne jedes Lebenszeichen von Dir herbei. Heute hatte ich 2 Flüge, morgen segle ich zur Abwechslung mal mit der großen Junkers 52 (3motorig) durch die Gegend. Im übrigen ist die Tätigkeit in den offenen Kisten ein ziemlicher Schliff, da man alle Bewegungen stehend ausbalancieren muß. Ich habe heute einen regelrechten Muskelkater. Du kannst übrigens über das Stehen beruhigt sein. Man ist dabei an einem besonderen Stehgurt fest, während der Sitzgurt nur bei Start und Landung benutzt wird.
Eben hören wir im Radio die Alarmnachrichten aus Wien[1]. Ich bin sehr gespannt, was nun daraus wieder wird. Hoffentlich schlägt uns das nicht wieder außenpolitisch aufs Butterende. Wir können das unmöglich gebrauchen.
Ich stecke die Karte in ein Kuvert, denn das kann man in diesem Lauseland ja wohl nicht offen schreiben. Morgen folgt 1 Brief.
1000 liebe Küsse

Dein kleiner Mann

[Nachschrift:]
Der arme Dollfuß[2] tut mir leid.

[Anschrift:]
Frau Ili Stieff
b/Herrn Dr. Gaertner
Mittelsteine
Kreis Glatz

Nr. 47
26. Juli 1934
Braunschweig: An seine Frau

Mein geliebtes, kleines Igelein!
Wir stehen zur Zeit alle unter dem Eindruck der Geschehnisse in Österreich[1]. Sie können einem wirklich nur den größten Abscheu einflößen. Da man hier nur einmal Zeitungen erhält und die Morgenblätter nur wirres Zeug melden, ist es sehr schwer, sich aus den Radiomeldungen ein klares Bild der Zusammenhänge zu machen. Wer steckt eigentlich hinter der ganzen Sache? Mich macht es stutzig, daß Fey[2], der den

Nationalsozialisten verhaßteste Mann, am Leben geblieben ist, daß Rintelen[3], der kein Nazifreund war, zum Bundeskanzler ausgerufen wurde und nunmehr einen Selbstmordversuch machte und daß die Heimwehr[4] sich anscheinend so tatenlos verhielt. Das sieht alles so wie unser 30. Juni aus. Sehr geschickt war ja dann der Schachzug, durch das freie Geleit der Aufständischen die Sache uns in die Schuhe zu schieben. Unser Gesandter Rieth[5], der schon 5 - 6 Jahre in Wien ist, hat sich wie ein erstklassiges Kamel benommen. Welche außenpolitischen Folgen das für uns haben kann, ist noch vollkommen unergründlich. Der liebe Gott bewahre uns vor zu schweren Erschütterungen. Wir können einfach nichts machen.
So nett zum Beispiel hier alles ist, es ist aber noch vollkommen im Aufbau, und die mangelnden Erfahrungen von 15 Jahren sind vorerst gar nicht aufzuholen. Man gibt sich da bitteren Täuschungen hin. Am schlimmsten ist wirklich die Materialfrage. Je länger man hier hereinsieht, um so klarer wird es einem. Nicht in bezug auf die Zahl als auf die Güte der Konstruktionen, insbesondere der Motoren, mit denen alle Nase lang was los ist. Ein Ausfall von 10 % pro Tag-Betrieb ist etwas ganz selbstverständliches. Selbst die von uns in Lizenz nachgebauten besten ausländischen Motoren haben hier nur eine Betriebsdauer von 150 Stunden, während das Original 450 Stunden im Betrieb bleiben kann. Etwa 3/4 des Bestandes ist hier dauernd in der Überholung.
Heute hatte ich bei sehr bockigem Wetter nur einen 1stündigen Hörsaalflug in der Ju 52, die eine herrliche Maschine ist. Aber auch dies schwere Biest wurde heute geschüttelt, so daß etliche Kavaliere opferten. Das schönste sind aber doch die Flüge in der offenen He 45, die wirklich nur ein fliegender Motor ist (800 PS). Morgen, Freitag, bin ich leider flugfrei, da nicht genügend Maschinen zur Verfügung stehen. Am Sonnabend sind wir in Hannover zu einem Artillerieschießen.
Ich hoffe, daß ich in der nächsten Woche noch tüchtig rankomme. Es macht mir einen Mordsspaß, und ich habe festgestellt, daß ich eigentlich sehr wenig verlernt habe.
Leider wartete ich heute vergeblich auf Post. Ich sehne mich sehr nach Dir. Gestern abend war ich zum 2. Mal erst in der Stadt.
Viele herzliche Grüße den Eltern. Dich küßt und umarmt voll Sehnsucht

Dein kleiner Mann

[Nachschrift:]
Gerndt läßt sich empfehlen, ebenso Reinhardt[6] und Woedtke, die entsprechend Euern Wünschen sehr gerne am 12. [August] für 3 Tage kommen werden.

Nr. 48
29. Juli 1934
Braunschweig: An seine Frau

Mein geliebtes, süßes, kleines Igelhasilein!
Du hast recht. Wir haben immer das Pech, in Zeiten besonderer Spannung voneinander getrennt zu sein. Nachdem man jetzt etwas klarer sieht, stellt sich aber auch mein Optimismus wieder ein. Man kann ja nicht gerade behaupten, daß wir uns unser Leben selber sehr leicht machen. Aber Hitler scheint ein Mann zu sein, der nur unter einem gewissen Druck sich zum Handeln entschließen kann. Dann hat er allerdings eine ganz beträchtliche Geschicklichkeit. Ob das auf die Dauer immer ausreicht, den verfahrenen Karren aus dem Dreck zu ziehen, ist fraglich. Vorerst kann man es nur hoffen.
Moralisch tragen wir zweifelsohne unser gut Stück Schuld mit an den Vorgängen in Österreich. Das ist nicht aus der Welt zu schaffen. Aber ich glaube nicht, daß reichsdeutsche Stellen irgendwie an diesem verfehlten Unternehmen beteiligt sind[1]. Die Hintergründe sind doch reichlich undurchsichtig, und ich bleibe bei meiner schon geäußerten Auffassung, daß Fey und Rintelen eine mehr als merkwürdige Rolle dabei gespielt haben. Das große Wutgeschrei der Italiener klingt verdammt nach dem »Haltet den Dieb«! Ich halte es für sehr wahrscheinlich, daß Italien in Österreich einmarschiert[2]. Aber an kriegerische Unternehmungen gegen uns glaube ich nicht. Absehen kann man natürlich nichts. Und sicher gehen wir noch schweren Zeiten entgegen. Das falscheste wäre aber, nun den Mut zu verlieren und den Kopf sinken zu lassen. Ein Gutes werden all die Ereignisse seit dem 30. Juni haben, nämlich die schnellere Überwindung all der utopischen Unmöglichkeiten, die zur Zeit unserer Staatsführung noch anhaften. Also: Kopf hoch, Igelein!
Seitdem wir fliegen, herrscht hier im allgemeinen ein Sauwetter. Wolken und Sonne wechseln und dazu dauernd Südwest mit 10 m/sec. Mit Rückenwind kommt man auf Geschwindigkeiten bis 300 km über Grund. Der Heinkel 45 machen die Böen fast nichts aus, aber in den andern Vögeln wird man ganz hübsch geschaukelt. Mir bekommt es ja immer gut. Aber mancher Kavalier hat bereits geopfert. Sehr lustig ist die verschiedene Wolkenhöhe. Mitunter muß man sehr tief runter und dann läuft die Erde wie rasend fort. Einmal war ich in 2100 m über der Wolkendecke. Das war ein herrliches Bild. Dann im Sturzflug durch ein Loch wieder runter auf etwa 600 m. Mit Mühe hatte ich meine Orientierung wieder, da wir ganz woanders rauskamen, als wir dachten. Die Piloten sind grobe Klasse. Das Gefühl der Sicherheit in der schweren He 45 ist außerordentlich groß. Aber das Brot, das ein Beobachter essen muß, ist verdammt hart. Neben der körperlichen Anstrengung muß man dau-

ernd auf alles mögliche aufpassen. Die Kräfte, die im Sturzflug oder in den Kurven frei werden, sind wirklich ungeheuer und man fliegt in der Kiste rum, wenn man nicht genau mitaufpaßt auf das, was der Führer macht. Wenn man aber erst den Bogen spitz hat, macht es einen Höllenspaß. Beunruhige Dich nicht über den »Sturzflug«. Bei diesen fliegenden Motoren bekommt man die Höhe aber besser und sicherer weg mit Fahrt drauf als im gewöhnlichen Gleitflug. Da sackt sie nämlich ab und das ist viel unangenehmer als im Tempo 300 - 350 km/h runter. Mir macht erstaunlicherweise auch der schnelle Höhenwechsel keine Beschwerden.
Heute will ich mal nach Wolfenbüttel. Auf die Dauer ist der Aufenthalt hier natürlich stumpfsinnig - wie auf dem Übungsplatz. In den nächsten Tagen haben wir eine Führung durch Braunschweig, arrangiert vom Oberbürgermeister[3].
Ob aus unserm Breslau-Flug noch was wird, ist fraglich, nachdem die einzige hier befindliche Ju 52 zunächst ausgefallen ist. Ich hoffe es aber doch noch.
Herzliche Grüße den Eltern. Ich habe soooooo große Sehnsucht nach Dir.
Es küßt Dich innig

Dein kleiner Mann

Nr. 49
2. August 1934
Braunschweig: An seine Frau

Mein geliebtes Igelein!
Nun ist das so oft Befürchtete wirklich Tatsache geworden. Hindenburg wurde uns genommen[1]. Wir stehen alle tief unter dem Eindruck dieser Trauerbotschaft, obwohl man ja seit gestern stündlich mit seinem Hinscheiden rechnen mußte. Er ist wirklich einer der wenigen ganz Großen der Geschichte gewesen. Sein Leben war bereits Mythos geworden. Als wir heute früh die Trauerkundgebung von Goebbels am Radio hörten[2], kurz nachdem im Flughafen der Kommandant des Kriegsbeginns gedacht hatte, blieben bei den meisten von uns die Augen nicht trocken. Und man brauchte sich dessen nicht zu schämen. Aber le roi est mort, vive le roi! Wir Soldaten dürfen nicht stehenbleiben. Und wie wir im neuen Eid auf unsern neuen Oberbefehlshaber verpflichtet werden[3], können wir unsern Dank unserm großen Vorbild am besten dadurch abstatten, daß wir in festem Gottvertrauen und im Glauben an die Zukunft unseres Vaterlandes unsere Pflicht gegenüber dem neuen Führer ebenso erfüllen, wie wir es Hindenburg gegenüber getan haben. Und je enger wir dem Führer verpflichtet sind, um so mehr wird er sich auch

auf uns stützen zum Wohle der Weiterentwicklung. Davon bin ich bei der Lauterkeit des Charakters des Führers fest überzeugt und das gibt wieder die Kraft, mit neuer Hoffnung trotz aller Schicksalsschläge in die Zukunft zu sehen.
Gestern abend kam Hellmich[4] an. Da die Nachrichten von dem Befinden des alten Herrn bereits so bedrohlich lauteten, haben wir das ursprünglich auf heute festgesetzte Abschiedsfest bereits gestern abend nach seiner Ankunft gefeiert. Es war ziemlich bewegt und dauerte auch erheblich lange. Heute vormittag sprach Hellmich uns dann in der Angelegenheit Höfle[5]. Er hat in der Autogeschichte Hellmich vollkommen angelogen, indem er behauptete, das Auto sei ein Teil einer Erbschaft aus der Familie seiner Frau, und ebenso erhielte er die Unterhaltungskosten u.s.w. als Abzahlung der Erbschaft von seinem Schwager. Tatsächlich ist der Wagen, Betriebsstoff u.s.w. von Röhm[6] gestellt worden. Außerdem erhielt er einen »Ehrensold« von 250 RM. Aus diesen Gründen wurde er verabschiedet[7]. Es ist ihm aber nicht nachgewiesen worden, daß er als Zwischenträger zu Röhm fungiert hat. Im Gegenteil, als Röhm vor 1/4 Jahr derartige Ansinnen an ihn stellte, ist er nicht darauf eingegangen und es ist in dem Verhältnis eine wesentliche Entfremdung eingetreten. Infolgedessen hat Höfle auch die Uniform erhalten und geht nun auf Vermittlung des Reichswehrministeriums nach China[8].
Anschließend gab Hellmich uns einzeln unsere Steckbriefe[9] bekannt. »Unsere Unterredung kann ganz kurz sein. Sie gehören zu den Besten des Lehrgangs und sind einer von den dreien, die als ›besonders geeignet‹ für den Generalstabsdienst qualifiziert sind. Bleiben Sie so, dann werden Sie ein vorzüglicher Generalstabsoffizier werden!« So etwas hört man ja ganz gerne.
Mit den Wetters Mächten ist kein ewiger Bund zu flechten! Unser Hamburgflug fiel förmlich ins Wasser, da gestern früh ein Sauwetter mit 50 m Wolkenhöhe war. Startverbot, nachdem die ersten Heinkel-Maschinen zurück waren und kaum den Platz gefunden hatten. Heute, schönes Wetter, dienstfrei wegen [des] 2. August. Jetzt dickt es aber schon wieder ein, so daß ich für morgen schwarz sehe. Sehr schade, denn morgen soll ich Luftkampf fliegen. Das macht höllisch Spaß. Aber dazu kann man ja auch über die Wolken gehen, wenn es nicht dabei zu stürmisch ist. Übermorgen, Sonnabend früh, geht's zurück nach Berlin, und am Sonntag fahre ich nach Stuttgart-Cannstatt, 1./Kraftfahrabteilung 5, bei der ich mich am Montag melden muß.
Von meinen 240 RM Tagegeld habe ich folgendes nicht hier verbraucht: Bank 20,-; Frieda 20,-; Fernsprechrechnung 11.80; Brille 18,-; Strümpfe pp. 11,-; insgesamt rund 80,-, so daß ich für die 16 Tage hier nur pro Tag 10,- hatte. Davon wird nennenswertes nicht mehr übrig bleiben, weil ich auch Hörsaalkostenbeitrag, Schlußfest u.s.w. bezahlen mußte. Ich habe aber doch nicht schlecht gewirtschaftet. Nicht wahr?

Deine Wünsche in Berlin werde ich alle erfüllen. Über Frieda's Brief habe ich mich gründlich geärgert. Man soll Reisende nicht aufhalten. Ich schicke Dir den Brief von Berlin aus zu. Das Kostgeld beträgt 1.50 RM je Tag. Urlaub hat sie 14 Tage. W.[10] gibt Martha kein Kostgeld, bezahlt ihr aber die Hin- und Rückreise. Das macht dasselbe aus. Wenn sie in Berlin allein ist, gibt er ihr täglich 1,- einschließlich Persil etc. Ich habe Frieda außerdem gesagt, daß ich ihr weitere Auslagen am 5. August ersetzen würde. Es ist eine Frechheit von ihr zu behaupten, sie könnte sich nichts kochen. Dann hätte sie ja mir gegenüber den Mund auftun können.
Schluß für heute, damit der Brief noch zur Post kommt.
Herzliche Grüße den Eltern. Dich umarmt mit innigen Küssen in herzlicher Liebe

Dein kleiner Mann

Nr. 50
7. August 1934
Stuttgart: An seine Frau

Mein innig geliebtes, kleines Igelein!
Ich habe Dich in diesen Stunden der großen Trauer[1] unendlich vermißt. Man kann das, was man empfindet, wirklich kaum in Worten ausdrükken. Da ist es eigentlich der einzige Trost, daß man sich eng an den so innig geliebten Menschen anschmiegt, der dann ohne Worte all das von selbst mitempfindet. Und das konnte ich diesmal nicht und muß versuchen, mit armseligen Worten die fehlende Verbindung herzustellen.
Das Scheiden dieses großen Mannes ist geradezu erschütternd und stellt einem auf der andern Seite doch wieder unter Beweis, wie wenig wir vor Gott auszurichten imstande sind.
Gestern nacht hörte ich im Radio in irgendeinem kleinen Lokal, in das H[anstein] und ich hereintraten, wie der Feldmarschall seinen letzten Weg durch meine engere Heimat antrat[2]. Es erschien fast wie ein Gespensterzug, der einem da mit dem Zapfenstreich, dem Pferdegetrampel und dem Marschtritt der Ehrenkompanien aus dem Lautsprecher entgegenscholl. Es muß für alle Teilnehmer ein geradezu schauriger Eindruck gewesen sein. Denn mit dem toten Feldherrn zogen alle die vielen Gefallenen des Weltkrieges nochmals über die Stätten, wo sie gekämpft und gelitten hatten. Und trotzdem ist dieser Begräbniszug von geradezu überwältigender Erhabenheit, ebenso wie der Gedanke, den Feldmarschall mitten unter seinen Getreuen dort zur ewigen Ruhe zu betten, wo der Sieg von Tannenberg seinen Namen unsterblich gemacht hat. Einen würdigeren Platz konnte man wirklich nicht finden.
Außerordentlich hat mich auch die heutige Beisetzung gepackt[3]. Die

Worte des Feldbischofs[4] haben mich bis ins tiefste gerührt. Es ist wirklich wahr, nur reinster Gottesglauben konnte ein solches Leben formen. Und wenn auch der Verlust unendlich groß ist, der uns durch Hindenburgs Tod beschieden wurde, dieses Leben wird fruchtbringend und beispielweisend vielleicht gerade durch seinen Tod sein. Einem Verstorbenen die Treue zu halten, der selbst stets treu war, ist verpflichtender als die Treue einem Lebenden gegenüber. Und in diesem Sinne hat der Führer mit Recht gesagt, Hindenburg ist nicht tot, Hindenburg lebt in und über unserm Volke. Und so glaube ich - und das ist ein gewisser Trost -, daß Hindenburgs Vermächtnis in der Zukunft sich stärker auswirken wird, als wenn er noch im Leben stände. Denn Treue ist auch eine der hervorstechendsten Eigenschaften des Führers. Und daß er in bedingungsloser Treue an Hindenburg hängt, haben seine von wirklicher Ergriffenheit getragenen Worte gestern und heute mir unzweifelhaft erwiesen. Er hat, glaube ich, den allergrößten Verlust erlitten. Und jetzt, wo er nun ungeteilt und allein die ungeheure Last der Verantwortung für Deutschlands Zukunft tragen muß, wird er sich sicher viel mehr als zuvor an Hindenburgs Erbe gebunden fühlen.
Ich bin heute nicht in der Stimmung, Dir über Stuttgart u.s.w. zu schreiben. Ich tue das morgen. Nachher treffe ich mich mit Gehlen, der bei der Nachrichtenabteilung 5 ist, aber übermorgen bereits fortgeht. Von Dir habe ich leider noch keine Nachricht.
Herzliche Grüße den Eltern.
Dich schließt voll anteilnehmender Liebe innig in die Arme

Dein Dich so sehr vermissender kleiner Mann

Nr. 51
12. August 1934
Stuttgart: An seine Frau

Mein geliebter, süßer, kleiner Igelhase!
Heute sollst Du auf drei Briefe endlich eine ausführliche Antwort erhalten. Denn, obwohl meine Gedanken fast ständig bei Dir weilen, war ich etwas schreibmüde geworden. Ich will jetzt Deine lieben Zeilen mal hintereinander vornehmen.
In bezug auf Hindenburgs Heimgang und seine Beisetzung haben wir beide das gleiche zur selben Stunde empfunden. Es ist ein ganz unersetzlicher Verlust. Und Du hast recht, wir Zurückgebliebenen sind an sein Schicksal gekettet, von dem man nicht weiß, wohin es führen wird. Auch ich denke viel über all das Kommende nach, und Du kannst Dir denken, daß mir dabei als verantwortungsbewußten und gläubigen Menschen oft schwer ums Herz wird. Und da war Dir wie mir, wie ich schon schrieb, die Ansprache[1] des Feldbischofs ein großer Trost.

Liebling, es ist ja alles so schwer! Aber sollen wir da nun verzagen und den Kopf hängen lassen? Schließlich hat Gott uns ja auf unsern Platz gestellt, damit wir, so gut es immer geht, unsere Pflicht erfüllen. Und um dies zu können, muß man wirklich nach jedem Fünkchen Hoffnung greifen. Leicht wird es einem bei Gott nicht gemacht. Und mein Vertrauen in die heutige Führung ist schwer erschüttert. Aber ohne Hoffnung im Herzen könnte man ja vollends verzweifeln. Und nur aus diesem Grunde heiße ich die sofortige Vereidigung von uns gut. Ich klammere mich dabei an den einen Hoffnungsstrohhalm, daß damit ein sehr verpflichtendes Gegengewicht gegen den Wahnsinn der Einpartei-Herrschaft geschaffen wird. Meine großen Bedenken in bezug auf die Herauslassung der Begriffe »Volk und Vaterland« sind damit aber nicht herausgelassen. Es ist, wie gesagt, nur eine Hoffnung, ohne die man überhaupt nicht weiterkäme. Vielleicht ist es auch ein Selbstbetrug. Aber schließlich sind wir, die Wehrmacht, seit 15 Jahren unsern Weg so gerade gegangen, begleitet oft von Enttäuschungen und fehlgeschlagenen Hoffnungen, die wir uns eingeredet hatten, daß ich nicht daran zweifeln möchte, daß wir auch weiterhin unsern Weg finden werden. Die sofortige Regelung der Nachfolge halte ich aus staatspolitischen Gründen für absolut zwingend notwendig. Es durfte keine Minute zweifelhaft bleiben, wer das neue Staatsoberhaupt ist[2]. Unser gesamtes Staatswesen steht zur Zeit auf so schwachen Füßen, daß jede Unklarheit und jedes Interregnum von gefährlichster Bedeutung hätte werden können. Dazu lag der 30. Juni noch viel zu dicht heran. Wie ich überhaupt glaube, daß die endgültige Auseinandersetzung im Innern mit dem 30. Juni noch keineswegs abgeschlossen ist. Da brodelt noch vieles im Untergrunde und das bricht auch noch mal heraus[3]. Wohl ist jetzt die Entwaffnung der S.A. gelungen. Aber die starke Verminderung derselben um 2/3 wird noch mancherlei Kopfzerbrechen machen und Unzufriedenheit schaffen. Der liebe Gott möge uns bei all dem wenigstens noch vor außenpolitischen Abenteuern bewahren.
Militärisch befinden wir uns augenblicklich im Zustande völliger Desorganisation, die günstigstenfalls im Frühjahr überwunden ist[4]. Damit mußte man ja rechnen. Aber hier tritt jetzt erschwerend hinzu, daß der 30. Juni dem Ausland eine ungeheure innere Schwäche offenbart hat, die geradezu den Anreiz zum Handeln bietet. Als erste Folge ist ja da der Umfall der Engländer und Italiener zu buchen[5]. Und in diesem Zusammenhang bleibt einem manchmal der Verstand glatt stehen, wenn man den deutschen Rundfunk hört bzw. die N.S. Presse liest in ihrer uns nur die gefährlichsten Schwierigkeiten bringenden Polemik außenpolitischer Vorgänge – siehe Österreich. Wir sind in genau denselben oft geschwächten Fehler der Vorkriegszeit gefallen, mit großen Worten Ansprüche anzumelden, die durchzufechten uns jegliche Mittel fehlen. Im Gegenteil, es ist eigentlich noch viel schlimmer. Vor dem Krieg

waren wir ein militärisch und wirtschaftlich beachtlicher Machtkörper, bei dem nur den führenden Männern die Stärke, zu ihren Worten zu stehen, fehlte. Heute ist es umgekehrt. Die Männer möchten schon zu ihren starken Worten stehen. Dann kommt aber das Schicksal, das uns klein, schwach und arm werden ließ, so daß sie nicht zu ihren Worten stehen können. Es ist, weiß Gott, eine Tragik für uns Deutsche, daß unsern Führern immer das Maß des Möglichen verloren geht. Wie töricht, als man im Vorjahr das Wort Bismarcks »Politik ist die Kunst des Möglichen« lästern zu können glaubte. Doch nun genug von diesen garstigen Dingen. Man mag schon gar nicht mehr darüber nachdenken.

Ich bin ja sehr betrübt, daß ich Dich erst in 14 Tagen in Ansbach erwarten darf. Aber ich will mich der Einsicht nicht verschließen, daß Du am 25. [August] nach Breslau gehörst. Im Gegenteil, es hatte mich eigentlich etwas gewundert, daß Du nicht von Anfang an dies ins Auge gefaßt hattest. Du weißt, wie schmerzlich ich Dich entbehre. Aber ich habe volles Verständnis und muß da wohl oder übel zurückstehen.

Am Mittwoch fahren Hanstein, Christ[6], Bayerlein und ich in einem Wagen der Kompanie für 4 Tage in den Schwarzwald und an den Bodensee. Marschroute: Pforzheim, Baden-Baden, Freiburg, Breisach, Istein, Titisee, Konstanz, Überlingen, Meersburg, Lindau, Ulm. Ich freue mich schon sehr und werde den Bodensee von Dir vielmals grüßen.

Ich will jetzt schließen, da ich nach Eßlingen fahren will. Am Sonnabend erwarte ich von Dir bei meiner Rückkehr einen langen Brief. Wie waren die Tage mit R. und W.? Schreib' mir mal, für wen die Zgl.[7] alles arbeitet? Es interessiert mich sehr! Die Kasernenbauten dauern bestimmt längere Zeit an, da innerhalb 2 Jahren nochmalige starke Aufstockung erfolgt.

Herzliche Grüße den Eltern!

Dich küßt voller Sehnsucht, die kaum noch zu bewältigen ist, herzinnig

Dein kleiner Mann

[Nachschrift:]

Das Kriegsehrenkreuz[8] ist beim Landrat zu beantragen, sobald dies bekanntgegeben wird. Vorläufig nicht.

Kriegsranglistenauszug anfordern bei der Reichsarchiv-Zweigstelle Spandau, aber nicht mit der Begründung, daß er für die Beantragung des Kriegsehrenkreuzes gebraucht wird, da derartige Anträge unberücksichtigt bleiben.

Nr. 52
19. August 1934
Stuttgart: An seine Frau

Mein süßes, geliebtes, kleines Igelein!
Eine Woche trennt uns nun noch. Eine kurze, aber für die Ungeduld doch auch wieder viel zu lange Zeit! Ich kann es wirklich kaum noch erwarten. Man hat sich doch vieles zu sagen. Und es tat mir so leid, daß ich Dich in Deinen Zweifeln betreffs des heutigen Tages[1] nicht mehr beraten konnte.
Was Du aber auch getan hast, Du wirst zweifellos das Richtige erwählt haben. Mein Standpunkt geht dahin, daß ein Zusammenstehen des deutschen Volkes nach außen hin in unserer irrsinnigen Lage natürlich sehr notwendig ist. Ob man das allerdings mit solchen Taschenspielertrickstücken erreicht, erscheint mir sehr fraglich. Meiner Ansicht nach ist dieser ganze Goebbelsche Rummel[2] überflüssig und wenn man ihn schon herausfordert, muß man nach den Vorgängen des letzten halben Jahres mit einem Rückschlag rechnen. Ich halte weder einen Sieg noch eine Niederlage, die ja unwahrscheinlich ist, für unsere außenpolitische Lage von irgendwelchem Einfluß. Wenn man sich daher zu der Ansicht durchgerungen hat, daß ohne eine wesentliche Änderung des Kurses die Sache nicht geht, dann soll man aufrecht diese Ansicht vertreten und »Nein« sagen. Das hätte ich getan. Ein »Ja« entspringt einer hoch anzuerkennenden Pflicht und dem Glauben, dem deutschen Volk in seinen außenpolitischen Schwierigkeiten zu helfen. Es bedeutet sicher viel mehr Überwindung. Bei meiner Beurteilung der Lage ist sie aber nicht erforderlich. Inzwischen ist Deine Entscheidung gefallen und es ist wirklich gut, daß sie ganz unbeeinflußt von mir zustande gekommen ist. Wie ich sie beurteilen werde, ersiehst Du aus den vorhergehenden Zeilen.
Gestern abend gegen 18^0 sind wir wieder wohlbehalten hier angekommen. Über die einzelnen Etappen bist Du ja durch meine Kartengrüße unterrichtet[3]. Es war eine herrliche Fahrt. Einen tiefen Eindruck hat auf mich die Oberrheingrenze gemacht. Insbesondere kam mir wieder unsere Ohnmacht zum Bewußtsein, als wir, wie die Diebe, verbotenerweise in der neutralen Zone auf den Trümmern unserer gesprengten Befestigungswerke in Breisach und auf dem Isteiner Klotz (dicht nördlich Basel) standen und auf dem restlichen Rheinufer die Kette der französischen Oberrheinbefestigungen erblickten und poilus da drüben die Wache am Rhein hielten, während wir in Uniform uns vorsichtig ihren Blicken entziehen mußten[4]! Und das auf eigenem Boden. Von allem andern mündlich. Mit besonderer Andacht stand ich vor dem herrlichen Rosenkranzaltar in Überlingen[5] im Gedenken an meine geliebte, kleine Frau!

Nun noch etwas Geschäftliches. Ich habe von jetzt bis Ende August noch außer der bezahlten Wohnung etwa 120 RM zur Verfügung. Kannst Du es nicht möglich machen, etwa 50,- mitzubringen? Und wie wird es am 1. September? Soll ich mir mein Gehalt bzw. die 1. Rate hierher schicken lassen? Ich bekomme hier am 1. September nichts. Oder bringst Du Deinen Wechsel gleich mit? Das wäre natürlich das praktischste. Ich habe auch keinen Scheck bei mir, mit dem ich bei der Zweigstelle der D.D. Bank[6] Geld abheben könnte. Das dauert außerdem auch dann einige Tage. Teile mir bitte bald mit, wie wir die Sache machen wollen, oder schicke mir einen Blankoscheck. Ich werde noch einen Antrag auf Bewilligung der hohen Tagegelder für die 2. Woche einreichen. Das ist zulässig. Ob es aber von Erfolg ist, ist fraglich.
Daß Tante Heddi[7] wieder erkrankt ist, tut mir von Herzen leid. Du hattest mir von Eurem Zusammentreffen noch nicht geschrieben. Was macht der Prozeß[8]? Geht er in die 2. Instanz?
Ich zähle die Stunden bis zu Deiner Ankunft in Ansbach! Viele herzliche Grüße den Eltern und Brüdern[9].
Ich küsse Dich überall voll grenzenloser Sehnsucht!

Dein kleiner Mann

Nr. 53
28. April 1935
Königsberg: An seine Frau

Mein geliebtes, süßes, kleines Igelein!
Ich bin zum Wochenende nach Königsberg gefahren, da es ja doch ganz gleichgültig ist, wo ich mein Geld aufesse. In Elbing hätte ich allein rumsitzen müssen, und dann wäre ich verrückt geworden. Ich bin immer noch so niedergepfeffert, wie Du das gar nicht empfinden kannst. Das schrecklichste ist ja die Unmöglichkeit, in absehbarer Zeit eine Wohnung zu bekommen. Und wie das mit den Neubauten wird, das steht noch alles dahin. Ich hörte gerade jetzt, daß alle möglichen Bauvorhaben zurückgestellt seien aus Geldmangel. Andererseits soll auch die Beschaffung von Baumaterialien in Ostpreußen Schwierigkeiten machen.
Kleiner Liebling, für mich ist das Dasein zur Zeit scheußlich. Man sitzt immer so allein rum, hat außer Dienst kaum eine Ansprache und die Bucht, in der ich hause, ist grauenhaft. Man kann ja schließlich nicht dauernd in Lokalen rumsitzen. Ich habe schreckliche Sehnsucht nach Dir. Denn wenn Du da bist, dann ist alles halb so schlimm.
Wie ist es nun mit Deiner Operation? Wann findet sie statt? Ich möchte nämlich gern dazu ein paar Tage rüberkommen. Urlaub bekomme ich. Ich muß nur am 13. [Mai] wieder zurück sein, da dann der 0 1[1] auf Urlaub

geht. Wenn es also bei dem 8. Mai bleibt, dann könnte ich Dir wenigstens etwas Gesellschaft leisten. Anschließend empfehle ich Dir, zur Erholung wieder zu den Eltern zu gehen[2] und dann im Juni nach Elbing zu kommen. Aber sehen muß ich Dich vorher auf jeden Fall, sonst gehe ich ganz aus den Fugen.
Gestern abend war ich mit Hannes[3] zusammen. Er schimpfte auch Stein und Bein, daß er wieder nach Ostpreußen gekommen ist. Wir haben im ›Parkhotel‹ gesessen und unserm bedrängten Herzen Luft gemacht. Später kam dann noch ein Hauptmann Fabiunke[4] mit seiner Frau dazu, der früher auch 3. Artillerist[5] in Frankfurt [Oder] war und jetzt hier eine Schallbatterie hat.
Königsberg ist wenigstens eine richtige Stadt und man sieht hier anständige Leute, während man in Elbing dauernd feststellen muß, daß die pauverté von der Armut kommt. Eines ist in Ostpreußen ganz schlimm, das ist, daß die Leute hier schlimmer als 150 % sind. Da kann man dann ganz rabiat werden. Das bezieht sich allerdings nicht auf unsere Kouleur, jedenfalls innerhalb der Kommandantur[6].
Heute habe ich lange geschlafen und die Segnungen der Zivilisation (namens Wasser, Bad) ausgekostet. Jetzt will ich noch versuchen, Reinhertz[7] aufzutun und werde heute abend nach Hause gondeln. Mir graut's schon!
Kleiner, süßer Liebling, ich vergehe fast vor Sehnsucht nach Dir. Wenn Du hier wärst, und ich könnte nur Deine Stimme wieder hören, wäre schon vieles besser. Aber so ist es furchtbar.
Herzliche Grüße in Mittelsteine.
Ich schließe Dich voll Sehnsucht in meine Arme und küsse Dich mit der größten Innigkeit

Dein kleiner, unglücklicher Mann

Nr. 54
23. Mai 1935
Elbing: An seine Frau

Mein geliebtes, süßes, jetzt sitzendes Igelein!
Jetzt kommt die versprochene Fortsetzung des Briefes von heute früh. Gleichzeitig ist sie die Antwort auf Deine lieben Zeilen von gestern. Ich kann mir sehr wohl vorstellen, daß das erste Aufstehen merkwürdig war. Aber das gibt sich von Tag zu Tag. Sei nur recht vorsichtig und übertreibe es nicht. Einen Tag länger in der Klinik ist besser, als dann nochmal wochenlang ins Bett.
Es ist sehr schade, daß Du die Rede des Führers nicht selbst gehört hast[1]. Sie war rhetorisch ein Meisterstück, ungeheuer klar und ernst, von nicht zu überbietender Deutlichkeit und Offenheit, nie verletzend

im Tonfall, aber bis ins äußerste männlich. Ich war vom Hören weitaus beeindruckter als vom Lesen der Rede. Man muß es ihm schon lassen, daß er in den Aufbau seiner Reden und in die Art des Vortrages eine ungeheure Überzeugungskraft zu legen vermag. Geradezu klassisch hörten sich die Worte »Die deutsche Reichsregierung denkt nicht daran ...« an, die ja öfters wiederkehrten. Er hat in vielen Dingen aus seinem Herzen keine Mördergrube gemacht und die Dinge so genannt, wie sie, von uns aus gesehen, liegen. Die Art aber, wie er es im Tonfall tat, war turmhoch verschieden von früher gehörten Worten von ihm. Es war eigentlich immer vornehme Zurückhaltung bei aller Entschiedenheit vorhanden. Der Eindruck, besonders in England, scheint ja nicht ungünstig zu sein. Und ich glaube, daß diese Rede, wie die vor 2 Jahren[2], mal wieder die sehr dunklen Wolken am Horizont vertrieben hat. Aus den Baldwin'schen[3] Worten im Unterhaus ist jedenfalls nach dieser Seite hin eine wesentliche Entspannung festzustellen.
Nun ist ja auch das Wehrgesetz erlassen[4] und mit der gleichzeitigen Außerkraftsetzung des Wehrgesetzes vom 23. März 1921 ist nun eine Epoche abgeschlossen, die auch äußerlich ihren Ausdruck findet. Das Reichswehrministerium heißt jetzt Reichskriegsministerium, an die Stelle Chef Heeresleitung[5] und Marineleitung[6] treten die Oberbefehlshaber Heer, Kriegsmarine und Luftwaffe[7]. Aus Reichsheer und Reichsmarine ist Heer und Kriegsmarine geworden. Äußerlichkeiten - und doch für jemand, der der Reichswehr angehörte, von großer innerer Anteilnahme. Aber es ist gut so, daß zwischen diesen zwar wesensverwandten, aber doch so unterschiedlichen Dingen ein solch scharfer Trennungsstrich gezogen wurde. Wir, die wir alle drei Entwicklungsphasen erlebt und durchlaufen haben - altes Heer, Reichswehr und neue Wehrmacht -, werden trotz der mit dem Versailler Vertrag verbundenen Bitterkeiten stets mit besonderem Stolz auf die Zeit unserer Zugehörigkeit zur nunmehr verschwundenen Reichswehr zurückdenken. Und da befriedigt es einen fast, daß diese Bezeichnung nun der Geschichte und zwar einer für uns Soldaten höchst ehrenvollen Geschichtsepoche angehört.
Das Wehrgesetz wirst Du ja im einzelnen bereits gründlich studiert haben. Es enthält ja bereits einen ganz neuartigen Vorläufer für ein Kriegsdienstgesetz, indem es bereits im Frieden die Dienstpflicht für alle Männer und Frauen im Kriege andeutet[8]. So ähnlich es in manchem der Vorkriegsgesetzgebung in Gliederung und Wortlaut ist, hier liegt einer der weitgehendsten Unterschiede. Wir treten nun wirklich in allen Konsequenzen aus der Zeit der Kriege der gegenseitigen bewaffneten Mächte in die Epoche des Kampfes von Volk gegen Volk ohne Ausnahme. Es ist dies ein gesetzgeberischer Schritt von ungeheurem Ausmaß. Gebe Gott, daß uns die Kostprobe erspart bleibe. Die Folgen dereinst wären nicht zu übersehen. Aber das Rad der Weltgeschichte

und der Entwicklung vermag kein Mensch aufzuhalten. Und wer nicht mitgeht, wird von ihm unerbittlich zermalmt. Davor darf man die Augen nicht schließen, so schwer das auch alle die Menschen trifft – und zu denen rechne ich mich auch –, die auf der Grenzscheide von Entwicklungsepochen geboren sind.
Für meinen Begriff ist sehr mau, dünn, pflaumenweich und teilweise unwürdig der Arierparagraph behandelt[9]! Aber man will sich wohl alle Möglichkeiten offenhalten. Und insofern kann man vielleicht für diese komische Fassung Verständnis finden. Ich war jedenfalls ziemlich berührt.
Morgen fahre ich mit dem General[10] zusammen ins Gelände zu einer Erkundung. Auch heute war ich mit einigen Herren aus Königsberg vom Wehrkreiskommando I 2 Stunden in der Gegend unterwegs. Ich bin heil froh, wenn ich bei dem herrlichen Wetter mal dem Tintenladen entfleuchen kann. Leider muß man dann abends meist die verlorene Zeit nachholen. Das ist aber besser als den ganzen Tag Stubenluft. Am 3. Juni beehrt uns der Herr Reichskriegsminister[11] in Elbing mit einem Besuch.
Weiterhin recht gute Besserung, mein kleiner, humpelnder Lazarus.
Es küßt Dich in Liebe

Dein kleiner Mann

Nr. 55
29. Mai 1935
Elbing: An seine Frau

Lieber kleiner, süßer Igelhase!
Zunächst »Briefe, die Sie nicht erreichten«. Der hier in der Anlage befindliche war noch nach Potsdam adressiert und kam wieder zurück. Mein großer Geist hatte wohl seine Anschrift nicht hinterlassen. Er ist ja nun in einigem schon überholt. Aber Du sollst doch sehen, daß ich an Dich gedacht hatte.
Heute kommen zu meiner riesigen Freude zwei Briefe von Dir an, einer vom Montag und einer von gestern. Mit großem Vergnügen entnehme ich ihnen, daß Du die Reise in jeder Beziehung gut überstanden hast und daß Du auch vernünftig bist. Das letztere ja aber wohl mehr aus dem Zwang der Verhältnisse und des Befindens heraus, wie ich meinen kleinen Unruhegeist kenne!
Daß der Vater Dir 100,- zur Operation geschenkt hat, ist rührend. Danke ihm und der Mutter auch von mir aus. Das macht natürlich vieles leichter.
Da wir gerade von Geld sprechen, eine andere Sache. Ich habe vom Steueramt Berlin trotz inzwischen von mir schon eingelegten Protestes

den Bescheid bekommen, daß die Hundesteuer für April/Juni [19]35 noch in Berlin zu zahlen ist. Ich werde das also erledigen. Sorge Du aber dann bitte für die Anmeldung zum 1. Juli in Mittelsteine. Ich werde Dir den Zahlkartenabschnitt einsenden. Weiterhin werde ich am 31. Mai Grandegger[1] und die Höfl-Alm mit 10,- + 42 RM erledigen. Bekommt Grandegger dann noch etwas? Dann mußt Du mir eine Ausland-Postanweisung schicken, damit ich das nach dem 1. Juni einzahlen kann. Die Miete erledige ich vielleicht in 2 Raten zum 1. Juni und 10. Juni. Ich will das los sein. Meine Handschuhgröße ist 7 1/2; ich hoffe, daß das stimmt. Über die Devisenschieberei der Klöster habe ich mich ja schon genug ausgelassen[2]. Auch der 2. Prozeß warf auf die Dinge ein mehr als merkwürdiges Licht. Schade, was die Leute dem Christentum und der Kirche damit angetan haben, ist in der heutigen Zeit gar nicht gut zu machen[3]. Die neuesten Manipulationen von Herrn Starhemberg[4] habe ich gelesen. Es bedeutet die vollkommene Parteipolitisierung der österreichischen Wehrmacht. Das ist für die Entwicklung eines Heeres vernichtend und nach dem gelungenen Vaugoin'schen Versuch[5], sie eben von solchen Parteibindungen zu befreien, ein ausgesprochener Rückschlag. Genau das Gegenteil von dem, was bei uns erreicht wurde. In Österreich ist das Heer »korporativ« und zur Zeit »persönlich« Mitglied der Vaterländischen Front[6]. Bei uns die bewußte Herausnahme und das Ruhen der Parteizugehörigkeit während des Wehrdienstes[7]. In Österreich hat der Ausstoß aus der Vaterländischen Front das Ausscheiden aus dem Heeresdienst zur Folge. Bei uns verliert man die Parteizugehörigkeit bzw. kommt gar nicht rein, wenn man nicht ehrenhaft aus dem Heer ausscheidet. Mir ist unsere Lösung schon sympathischer. Im übrigen ist das alles in Österreich ein Zeichen großer Unsicherheit und innerer Schwäche, ohne daß das gleich seine Folgen haben müßte.
Die Antwort Mussolinis habe ich nicht gelesen. Sie wird italisch-überheblich und unverschämt gewesen sein. Ebensowenig habe ich die Rede Lutze[8] gelesen. Das ist aber alles ungefährlich und Platzpatronenfeuerwerk. Der Mann ist ganz harmlos, wie überhaupt die S.A. Hier merkt man nicht die geringsten Schwierigkeiten.
Für heute verabschiede ich mich. Sei weiterhin recht brav und vorsichtig. Herzliche Grüße den Eltern und Wittel. Dir viele innige Küsse von

Deinem kleinen Mann

[Nachschrift:]

Meiner Mutter schreibe ich morgen zum 15jährigen Todestag meines Vaters und werde ihr gleich für die viele Mühe um Dich danken. Von Ursel bekam ich 2 glückliche Karten aus Meersburg und Schaffhausen.

Nr. 56
16. Juni 1935
Elbing: An die Mutter und Schwester

Meine liebe Mutter und liebe Ursel!
Dieser Brief sollte eigentlich schon lange geschrieben sein. Denn ich habe die verschiedensten Anlässe gehabt, Eurer zu gedenken. Da war zunächst der 15. Todestag von Vater[1]. Weil ich ja nun so nah der Stätte bin, wo er viele Jahre gewirkt hat[2], war die Erinnerung an ihn an diesem Tag besonders eindringlich. Und im Zusammenhang damit weilten meine Gedanken natürlich eindringlich bei unserer kleinen Familie Stieff. Es ist fast unbegreiflich, daß nun schon ein halbes Menschenalter verflossen ist, daß uns drei dieser stets unvergeßliche Verlust traf. Man sieht aber auch daraus, daß selbst lange Zeiträume die Erinnerung an einen guten und liebenswerten Menschen nicht zu löschen vermögen. Und das ist gleicherweise ein Trost wie ein Ansporn, sein Tun und Lassen stets unter den Gesichtspunkt zu stellen, daß auch das Leben und das Urteil eines Dahingeschiedenen verpflichtend für die eigenen Handlungen ist. Und in dieser Beziehung, hoffe ich, können wir vor ihm bestehen.
Ganz besonders zu Dank bin ich Euch, liebe Mutter und liebe Ursel, verpflichtet für die rührende Sorgfalt, mit der Ihr Euch meiner kleinen kranken Igelfrau angenommen habt. Es ist mir dies, so fern vom Schuß, eine außerordentliche Beruhigung gewesen. Ich weiß, daß diesen lieben, guten Menschen ein jeder, der sie näher kennenlernt, in sein Herz schließen muß. Die Liebe aber, die Ihr dem Igelein in seinen schweren Stunden entgegengebracht habt, übersteigt weit alle verwandtschaftlichen Verpflichtungen. Ich danke Euch dafür von Herzen.
Und schließlich, meine letzte Dankesschuld gilt Euern Wünschen zu meinem Geburtstag. Nicht nur das Konfekt, von dem ich mit Vergnügen lange gezehrt habe, noch mehr waren es die wirklich reizenden Zeilen, mit denen Du mir, liebe Mutter, eine große Geburtstagsfreude bereitet hast.
Daß Ursels Urlaubsreise ihr das Herz für das schöne Bodenseegebiet erschlossen hat, freut mich ganz besonders. Um so mehr bedaure ich ihre Erkrankung und wünsche von Herzen gute und baldige Besserung. Ich habe nach wie vor rasend viel zu tun und kenne weder Sonn- noch Feiertage. Morgen fahre ich für die kommende Woche zu einer Kommandeurreise nach Mohrungen und Allenstein. Es reißt mich sehr unerwünscht aus den Manövervorarbeiten heraus. Um so schneller vergeht allerdings die Zeit bis zur sehnsüchtig erwarteten Ankunft von Ili. Nochmals herzlichen Dank für alles Liebe und Gute. Euch grüßt und küßt herzlich

Euer getreuer Hellmuth

Nr. 57
O.D. [etwa 25. September 1935]
[Elbing:] An seine Frau

Mein geliebtes kleines, süßes Igelein!
Ich bin ja so beschämt und habe ein ganz schlechtes Gewissen. Da habe ich doch beide Tage aber auch nicht mit einer Spur an unsern Hochzeitstag[1] gedacht, geschweige denn, Dir dazu geschrieben, wie ich es mir ausdrücklich vorgenommen hatte. Ich bin wirklich schlecht und da hilft auch keine Entschuldigung etwas. Denn das ist gar nicht zu entschuldigen. Und zu allem hast Du mich noch mit Deinen beiden lieben Briefen so tief beschämt. Du sagst da wirklich wieder viel zu viel über mich. Und dabei vergißt Du zu sagen, daß Du mit Deiner großen inneren Güte entscheidend viel an meiner Entwicklung und an unserm glücklichen Zusammenleben beigetragen hast. Ich messe Deinem ausgleichenden Einfluß jedenfalls eine höhere Bedeutung an unserm Eheglück bei als meinen Anlagen. In jedem Menschen wohnt das Gute und das Böse beisammen. Und der Einfluß der Umgebung, insbesondere des zweiten Ichs, des Ehepartners, ist in den Entwicklungsjahren um die 30 herum von ausschlaggebender Bedeutung dafür, welche Anlagen vorherrschend sein sollen. Das ist Dein Verdienst! Denn damals, als ich Dich kennenlernte, stand ich innerlich auf der Kippe. Und Du bist der Mensch gewesen, von dem ich sofort ahnend empfand, daß er mich auf den richtigen Weg leiten würde. Dir für dieses Werk meinen Dank abzustatten, liegt in meiner Lebensaufgabe. Um so mehr wurmt es mich, daß ich nun tatsächlich unsern Hochzeitstag verschusselt habe. Zürne mir nicht zu sehr!
Die letzten Tage waren mal wieder recht lebhaft. Am Sonntag habe ich den ganzen Nachmittag auf dem Büro gesessen und während der Berliner Zeit liegengebliebene Sachen aufgearbeitet. Der Reserveoffizier-Kursus Arys[2] bringt eine Unmenge zu klärender Fragen mit sich. Die Herbstaufstellungen melden sich jetzt an. Der Standortwechsel macht Schwierigkeiten über Schwierigkeiten, da überall Lieferungsverzögerungen der Firmen für die nötigsten Dinge eintreten.
Die Besichtigung durch den Führer setzt alles in Bewegung. Am 30. September nachmittag tagt unser Grenzschutzzauber in Stablack. Dafür muß von allen Grenadierregimentern ein Bataillon zusammengestellt werden. Die Männer müssen eingekleidet werden, aber mit der pauverté des Grenzschutzes, nicht aus aktiven Beständen. Die Transporte müssen angemeldet werden. Waffen wollen sie auch haben. Es ist unsagbar, was so eine kleine Improvisation bereits für Arbeit macht. Ist man dann Gott sei Dank soweit, dann kommt ein Kreisleiter der N.S.D.A.P. weinend an und beklagt sich, daß man ihm von seinem Sonntag stattfindenden Kreisparteitag die wichtigsten Stützen eingezo-

gen hat. Ich danke dem Himmel, wenn die Brüder übermorgen alle in Stablack beisammen sind. Am Sonnabend fahre ich mal rüber, um mir das Programm anzusehen, das vorgeführt werden soll. Sogar Scharfschießen. Wenn das blos grade geht.
Am Montag, 30. [September] vormittag, muß ich mit dem General[3] zu einer Übung gegen die Heilsberg-Stellung, die der Artillerieführer mit Teilen seiner und unserer Division zur Belustigung der höchsten Herren anlegen und durchführen muß. Mittags wird in Stablack gefrühstückt.
Am 2. Oktober ist großer Zauber in Tannenberg, der vom Infanterieführer Allenstein arrangiert wird. 16 künftige Oberleutnante exerzieren bereits dort seit gestern mit einem Sandkasten, um den 8 Centner schweren Sarg auch richtig handhaben zu können[4]. Von uns ist 1 Bataillon aus Deutsch-Eylau beteiligt. Ich werde wahrscheinlich nicht hinfahren, obwohl sich Wolf[5] seines Umzugs wegen gerne drücken möchte. Das geht meiner Ansicht nach aber nicht. Im übrigen ist der Blick hinter die Kulissen aber nicht sehr schön. Der Preis der Kränze ist säuberlich abgestuft: 80,-; Wehrmacht 60,-; ostpreußische Truppen 40,-! Zu all dem ist ein entzückender Befehl über Verhaltungsmaßnahmen erschienen: Nicht Photographieren, keine Autogramme erbitten (worauf manche Leute so kommen!), nicht im Kasino oder der näheren Umgebung rauchen etc.
Meine gestrige Fahrt nach Braunsberg und Preußisch-Eylau ist natürlich ins Wasser gefallen. Dieser Zauber und die Aufgabe der Korpsgeneralstabsreise hielt mich hier fest. Heute habe ich mit Wolf lange über den Winterausbildungsbefehl konferiert, der ja auch endlich raus muß. Neue Personalveränderungen sind noch nicht eingegangen.
Ich lege Dir einen Brief von der Elly Stöckl[6] bei, da er sicher allgemeines Interesse erregen wird. Anscheinend wird er Ergänzungsoffizier[7] und leistet zur Zeit sein Probehalbjahr ab.
Grüße die Eltern und Wittel herzlich von mir. Dich küßt mit hochzeitlichen Gefühlen

Dein kleiner Mann

Nr. 58
15. April 1936
Elbing: An die Mutter

Meine liebe Mutter!
Ich will Dir auch persönlich noch die Mitteilung machen, daß ich mit dem heutigen Tage das seit langem gewünschte Ziel erreicht habe und in der »Pracht« der Generalstabsuniform[1] einherwandle. Damit habe ich auch rein äußerlich eine entscheidende Etappe meines militärischen

Lebens erreicht. Und hierbei ist es mir eine selbstverständliche Sohnespflicht, Dir für alles zu danken, was Du und der gute Vater mir durch Eure Erziehung ausschlaggebendes für meinen Lebensweg mitgegeben habt.
Mit herzlichsten Grüßen und Küssen bin ich stets

Dein treuer, dankbarer Hellmuth

Nr. 59
31. Oktober 1936
Elbing: An seine Frau

Mein geliebtes, süßes Igelfräulein!
Jetzt bin ich wieder aus Berlin zurück. Die Ausbeute war leider gering. Insbesondere ist für die Geschichtsschreibung das Jahr 1918 ein heißes Eisen, an dem man vorerst absichtlich nicht rührt. Foerster[1] sagte mir, ihre Studien wären zwar abgeschlossen. Bis zur Veröffentlichung[2] müßten aber noch manche Leute sterben[3]. Da sitze ich nun mehr oder weniger schlau da und muß um die Hauptdinge herumgehen wie die Katze um den heißen Brei. Eine wenig dankbare Aufgabe. Unter diesen Umständen kommt auch eine Veröffentlichung meiner Ausarbeitung[4] nicht in Frage. Denn mit meinem Namen kann ich nur Wahrheiten und keine Schönfärbungen decken. Wie Du Dir denken kannst, macht mir die ganze Sache nun noch viel weniger Freude als je vorher. Es ist zu unglücklich, daß ich mich mit niemandem mal richtig aussprechen kann. Du fehlst sehr!! Zu Papier gebracht ist übrigens noch nichts. Damit will ich jetzt beginnen, nachdem ich die Literatur verdaut habe. Leider muß ich ja nun vom 4. – 7. November nach Königsberg. Ein Versuch, mich davon zu befreien, weil auch Bischoffshausen[5] jetzt fort ist, ist an der »Großzügigkeit« des Chefs[6] fehlgeschlagen.
Am 7. November abends ist noch in Königsberg ein gemeinsames Abendessen befohlen. Ich komme also erst in der Nacht 7./8. oder am 8. November vormittag (Sonntag) nach Hause. Unter diesen Umständen schlage ich Dir vor, die Nacht 7./8. [November] in Berlin zu bleiben und am Sonntag nachmittag mit dem Zug ab Zoo 8^{49} Uhr, an Elbing 15^{32}, anzukommen. Nach Deiner langen (!! über 3 Wochen!!) Abwesenheit möchte ich Dich in Empfang nehmen und nicht umgekehrt.
Viel Neues kann ich nicht berichten. Ich traf im Ministerium viele Bekannte, es gab auch einiges zu erzählen, aber nichts von Bedeutung. Daß Ursel nicht in Paris war, liegt an den Franzosen. Sie haben bis heute das Visum nicht bewilligt.
Mein neuer Wintermantel ist in Arbeit. Ich habe ihn bereits anprobiert. Er wird Deinen Beifall finden. Er kommt in der übernächsten Woche, so daß Du ihn also auspacken kannst.

Dies ist mein letzter Brief nach Thalgau - Gott sei Dank! Die viele Trennung in diesem Jahr ist bitter, und ich vermisse Dich sehr, sehr! Herzliche Grüße den Eltern.
Dich küßt in großer Sehnsucht

Dein unglücklicher kleiner Mann

Nr. 60
1. April 1937
Königsberg: An seine Frau

Mein geliebtes, armes, kleines Igelein!
Bevor ich mich auf den Weg mache, um die Ananas zu kaufen, sollst Du schnell einen Bericht über die Tagesereignisse bis jetzt haben. Zunächst aber muß ich Dir sagen, wie unglücklich ich bin, daß ich heute und morgen Dich im Krankenhaus allein weiß, und daß ich nicht, wenn auch mitunter gähnend, wie Du ja meinst, neben Deinem Bett sitzen kann. Ich glaube aber, daß Du weiter brav Gehübungen machst und Dich trotzdem ordentlich schonst! Ich bitte Dich ganz, ganz herzlich, sei vernünftig und laß Dich bei erwachenden Kräften nicht zur Unvorsichtigkeit verleiten.
An dem Abschiedsabend Brauchitsch[1] war alles vertreten - einschließlich Gauleiter[2]. Brauchitsch hielt eine längere, nette Ansprache, verbat sich aber alle weiteren Worte von anderer Seite. Um 10 Uhr war auf dem Paradeplatz vor dem ›Offizierheim Ostpreußen‹ ein großer Zapfenstreich des Standortes Königsberg. Und um 1 Uhr, als er nach Hause fuhr, wurde sein Wagen von einer fackelbeleuchteten bespannten Batterie mit Trompeterkorps eskortiert. Es war ein wirklich würdiger Abschied.
Heute vormittag begrüßte uns der neue Herr[3] in einer kurzen Ansprache. Zu sagen ist über ihn natürlich noch nichts. Anschließend bin ich heute dann mit Scherff[4] bei allen einschlägigen Leuten im Generalkommando[5] rumgegangen, um ihn vorzustellen. Zum Mittagessen waren wir zwischendurch bei Allmendinger[6] eingeladen. Nunmehr, nach Beendigung unserer Besuchstour, ist es mittlerweile 1/2 5 Uhr geworden. Und jetzt will ich mich umziehen, um die Besorgungen zu erledigen.
Laß es Dir recht gut gehen, mein kleiner Liebling, und laß Dir die Zeit nicht zu lang werden.
Es gibt seiner Barockputte viele vorsichtige und behutsame Küsse

Dein kleiner Mann

Nr. 61
11. Juli 1938
Thalgau bei Salzburg: An die Mutter

Meine liebe Mutter!
Heute besuchte ich in Salzburg Noeldechen, den früheren Adjutanten von Schleicher, der jetzt Adjutant vom XVIII. Armeekorps in Salzburg ist[1]. Bei ihm war gerade die Herbststellenbesetzung für die Generalstabsoffiziere eingegangen. Ich bin mit dem 3. November in die 1. (Operations-)Abteilung des Generalstabes des Heeres nach Berlin versetzt. So ungern ich an sich nach Berlin gehe, so versöhnt mich immerhin die Abteilung, in die ich gekommen bin. Dort ist man frei von allem kleinen Dreck, der in den andren Abteilungen das Leben sauer macht und kann an den ganz großen entscheidenden Fragen mitschaffen. Es ist mir auch eine persönliche Befriedigung, weil ich aus dieser Versetzung ersehe, daß man mir einiges zutraut. –
Meine Batterie gebe ich ungern ab, und ich bin froh, daß ich sie nun wenigstens noch einen Monat länger behalte als ursprünglich abzusehen war. Meine Batteriebesichtigung in Walen, bespanntes Formalexerzieren, anschließend Gefechtsübung mit scharfem Schuß vor dem Divisionskommandeur[2] übertraf alle meine Erwartungen und hat meiner Batterie viel Lob eingebracht. Wie mir Oberst Lentze, der Kommandeur der Panzerabwehrabteilung 33[3], später erzählte, hat einige Tage darauf der Divisionskommandeur noch in anderm Kreise dem Kommandierenden General[4] gegenüber von meiner schönen Batterie gesprochen, die er gerade in Walen gesehen habe. Es ist wirklich überraschend, wie vorzüglich sich dieser im Herbst [1937] neu zusammengestellte Haufe gefunden hat. Ich glaube, des Rätsels Lösung ist die, daß ich allen Organen viel Freiheit gelassen und immer erst dann eingegriffen habe, wenn sie durch ihre eigene Dummheit selbst belehrt waren. Das hebt die Dienstfreudigkeit und im entscheidenden Moment hat man die Leute hinter sich. Für meine Pfälzer hat sich dies Rezept jedenfalls als durchschlagend erwiesen.
Märchenhaft sind meine Pferde. Fabelhaft in Pflege und Futter, dabei bombenzugfest, wie ich es in den 20 Jahren meiner Dienstzeit noch nicht erlebt habe und wie die Automaten beim Bespanntexerzieren. Die fehlende Reitausbildung durch die lange Seuche war einfach nicht mehr zu merken. Und im scharfen Schuß arbeitete alles mit einer derart sagenhaften schnellen und genauen Feuerdisziplin, daß es ein Vergnügen war, mit der Batterie zu schießen und mich der Divisionskommandeur darüber noch am nächsten Tag ansprach.
Über unsere Urlaubsreise wird Ili demnächst berichten. Das Wetter ist leider meist scheußlich. Auf der Herreise hatten wir hinter Innsbruck durch Verschulden eines Lastkraftwagens des Reichsarbeitsdienstes lei-

der einen erheblichen Autounfall, der für uns persönlich ohne Schaden, für den kleinen Steyr aber Abschleppen und umfangreiche Reparatur (neue Stoßstange, neue Vorderfeder, neue Spurstange, ganzes Vorderrad u.s.w.) mit 11/2tägigem Zwangsaufenthalt in Innsbruck zur Folge hatte. Jetzt ist aber alles wieder in Butter.
Herzliche Grüße an Grundmanns[5]. Dich grüßt und küßt herzlich

Dein getreuer Hellmuth

Nr. 62
27. Oktober 1939
Hauptquartier [OKH in Zossen bei Berlin:] An die Schwester

Mein liebes, kleines Schwesterlein!
Zu Deinem Geburtstag[1] sende ich Dir meine allerherzlichsten Glückwünsche. Möge das neue Lebensjahr Dir und uns allen in erster Linie bald den Frieden und Dir insbesondere ein gesundes Wiedersehen mit Hasso bescheren. Ich bin sehr stolz auf Dich, daß Du so tapfer diese ersten schweren Wochen des Krieges getragen hast. Und ich hoffe, daß Du weiterhin Deine Stärke beweist. –
Über Deine lieben Briefe habe ich mich sehr gefreut. Mit Vergnügen hatte ich schon vor Deinem letzten Brief verfolgt, daß Hasso für einige Zeit nach Heiligenbeil zurückgekehrt war. Es war sicher sehr schön für Euch beide. Diese kurzen Tage sind ja nun wieder vorüber. Hasso sitzt, wie ich einer gestrigen Meldung entnahm, etwa 15 km südostwärts von Münster[2], also in sicherer Hut. Vorhin rief mich Redlich von der In 7[3] an und kündigte mir Hassos Besuch Anfang November an. Ich freue mich herzlich darauf, ihn wiederzusehen. Was hat er wohl in Berlin zu tun?
Bei uns ist jetzt einige Ruhe eingetreten, nachdem wir viel Mühe hatten, den ganzen Verein aus dem Osten wieder auseinander zu klauben und in Richtung Westen auf den Marsch zu bringen[4]. Was die Zukunft uns bringt, ist schwer vorauszusagen. Zunächst werden wir uns auf eine weitere Kriegführung, sei es passiver, sei es auch aktiver Natur, einrichten müssen. Und ebenso müssen wir uns mit dem Gedanken befreunden, daß wir Weihnachten nicht zu Hause sind. Hoffentlich bleiben uns zu große Blutopfer erspart.
Auch wir werden über kurz oder lang einen Standortwechsel vornehmen[5]. Ich bin nicht sehr traurig darüber, denn unser gegenwärtiger Aufenthalt[6] gleicht einem Konzentrationslager[7].
Ili ist seit 1 Woche wieder in Berlin. Ich habe sie schon mal besucht und will mir in der kommenden Woche mal 11/2 Tage Urlaub nehmen.
Was macht Ute[8]? Sei mir nicht böse, daß ich nicht zu ihrem Geburtstag schrieb. In diesen Tagen vor dem Fall Warschaus[9] war viel zu tun. Von Mutti bekam ich vor wenigen Tagen einen Brief. Empfehlung Deiner Schwiegermutter[10].
Herzliche Grüße von

Deinem Brüderlein

Nr. 63
21. November 1939
Hauptquartier [OKH in Zossen bei Berlin:] An seine Frau

Mein geliebter, kleiner Lebenskamerad!
Zu Deinem Namenstag[1] sende ich Dir meine allerherzlichsten Wünsche. Leider werden sie zu spät kommen, da ich von unterwegs keine Gelegenheit zum Schreiben hatte. Sie sind nicht weniger herzlich, wenn sie erst heute auf den Weg kommen. Gleichzeitig erhältst Du ein Päckchen mit 2 Stück Roger- und Gallet-Seife aus Lodz und 1 Paar echten Seidenstrümpfe aus Warschau. Letztere waren recht teuer. Ich mochte aber in den Trümmern eines Geschäftes mit wirklich netten Besitzern nicht feilschen. Vielleicht leben sie mit den paar Pfennigen mehr, mit denen sie mich sicher übervorteilt haben, einige Tage länger.
Und somit komme ich gleich auf meine Reise. Sie verlief äußerlich reibungslos bei leidlichem Wetter, brachte mich mit sehr viel Bekannten zusammen und hat viel tiefere Eindrücke hinterlassen, als ich es mir in der Theorie gedacht hatte.
Von hier[2] hatte ich Bonin[3], Götze[4] und Gottheiner[5] mitgenommen. Wir flogen am Samstag[6] 10^{30} Uhr mit Zwischenlandung in Posen und Lodz nach Warschau durch, wo wir um 15^{0} eintrafen. Allein der Blick aus der Luft ist aufschlußreich. Die Provinz Posen trägt noch alle Merkmale eines kultivierten Landes und unterscheidet sich aus der Luft in nichts vom Reich. Hinter der Warthe beginnt urplötzlich ein anderes Land. Kein Fluß- und Bachlauf reguliert, keine Dränage. Von oben sieht Kongreßpolen[7] jetzt, im November, wie eine Wasserwüste aus. Die Niederungen der Flüsse kilometerweit überschwemmt; in den Ackerfurchen auch der höher gelegenen Felder steht das Wasser, die Dörfer furchtbare Katen, entweder Einzelgehöfte oder ewiglange Straßendörfer. Unter dem Krieg haben sie wenig gelitten. Nur in den Kampfzonen an der Bzura[8] findet man größere Zerstörungen. Sonst sieht man nur vereinzelt mal abgebrannte Häuser.
Sehenswert ist der »Flugplatz« von Lodz, immerhin der zweitgrößten Stadt Polens. 2 kümmerliche Holzhallen, 1 Bretterbude als »Fluggastraum, Abfertigung und Flugleitung« und ein Rollfeld, das man als solches kaum ansprechen kann. Infolge dieses sagenhaften Zustandes ist der Platz von unserer Luftwaffe wohl auch nicht als solcher erkannt und demnach nicht angegriffen worden. Anders der Flugplatz Okecie bei Warschau, ihr »Tempelhof«. Große, moderne Bauten, von denen ein Teil in Trümmern liegt, während das Empfangsgebäude außer den Fensterscheiben heil geblieben ist.
Warschau selbst macht einen trostlosen Anblick. Kaum ein Haus, das unberührt geblieben ist. Ganze Stadtviertel liegen in Trümmern oder sind ausgebrannt. Die bewohnbaren Häuser (etwa 50 %) tragen mehr

oder weniger alle Spuren der Beschießung in Gestalt von mit Brettern oder Pappe vernagelten Fensterhöhlen, Splitterwirkung von Bomben oder Artillerieeinschlägen.
Ich wohnte am Pilsudski[9]-Platz im Hotel ›Euröpieski‹, das ebenso wie das gegenüberliegende Hotel ›Bristol‹ für uns beschlagnahmt und wiederhergerichtet ist. Das heißt, Licht, Zentralheizung, Warmwasser und der Restaurantbetrieb funktionieren wieder. Beide Hotel[s] haben aber eine Reihe von Bomben- oder Artillerietreffern, so daß ganze Teile zwischendurch unbewohnbar sind und Mauern und Decken starke Risse aufweisen. In der Trennungswand zwischen meinem Schlafzimmer und meinem Badezimmer war durchs Fenster anscheinend ein Sprengstück durchgeschlagen, das ein Loch reingerissen hatte, [so] daß ich von meinem Bett in die Badewanne sehen konnte. Diese aber bereits wieder benutzbar. Es ist das vielleicht das eigentümlichste Gefühl, daß man in Ruinen mit allen Schikanen der Neuzeit lebt und zwar natürlich nur die Besatzung.
Die Masse der Millionenbevölkerung der Stadt vegetiert irgendwo und irgendwie; man kann nicht sagen wovon. Es ist eine unsagbare Tragödie, die sich dort abspielt. Man sieht auch gar nicht, wie das weiter werden soll. Selbst ein reiches Volk und ein reicher Staat würden Mühe haben, all das wieder aufzubauen, was jahrelanger Arbeit doch eines ganzen Volkes bedurft hat, um es entstehen zu lassen. Der Staat dieser Hauptstadt ist vernichtet, Verdienstmöglichkeiten bestehen nicht mehr, weil die Erzeugungsstätten zerstört sind. Das noch vorhandene Geld und Kapital reicht gerade noch dazu, daß die Bewohner es jetzt aufessen. Kreditgeber zum Aufbau sind nicht vorhanden, denn auch bei gutem Willen würde das unsere Kraft übersteigen. Eine öffentliche Fürsorge fehlt, denn wer soll die Mittel dafür aufbringen? Wer hat das Geld, um neue Fensterscheiben einzusetzen, die Lichtleitungen in den Häusern zu reparieren, die Dächer instandzusetzen? Niemand! Es ist eine Stadt und eine Bevölkerung, die dem Untergang geweiht ist. Es ist so grausam, daß man keinen Augenblick seines Lebens froh ist, wenn man in dieser Stadt weilt, weil es einen bedrückt, wenn man in einem prächtigen Hotelsaal Gänsebraten futtert und zugleich danach sieht, wie die, die vielleicht noch vor 3 Monaten eine glänzende Rolle spielten, sich für ein Kommißbrot an unsere Landser verkaufen, um noch etwas länger vegetieren zu können. Der Krieg in dieser Auswirkung ist etwas Furchtbares, und auch der letzte Krieg hat solche Auswirkungen nicht zur Folge gehabt. Damals wußte man, daß nachher irgendwie eine Aufbauarbeit einsetzt, weil irgendwer, neuer oder alter Staat, am Aufbau ein Interesse hat oder über die Mittel dazu verfügt. Dies Gefühl fehlt vollkommen, wenn man die Ruine Warschau erlebt hat. Man bewegt sich dort nicht als Sieger, sondern als Schuldbewußter! Mir geht es nicht allein so – die Herren, die dort leben müssen, empfinden dasselbe.

Dazu kommt noch all das Unglaubliche, was dort am Rande passiert, und wo wir mit verschränkten Armen zusehen *müssen*! Die blühendste Phantasie einer Greuelpropaganda ist arm gegen die Dinge, die eine organisierte Mörder-, Räuber- und Plündererbande unter angeblich höchster Duldung dort verbricht. Da kann man nicht mehr von »berechtigter Empörung über an Volksdeutschen begangenen Verbrechen« sprechen. Diese Ausrottung ganzer Geschlechter mit Frauen und Kindern ist nur von einem Untermenschentum möglich, das den Namen Deutsch nicht mehr verdient[10]. *Ich schäme mich, ein Deutscher zu sein!* Diese Minderheit, die durch Morden, Plündern und Sengen den deutschen Namen besudelt, wird das Unglück des ganzen deutschen Volkes werden, wenn wir ihnen nicht bald das Handwerk legen. Denn solche Dinge, wie sie mir von kompetentester Seite an Ort und Stelle geschildert und bewiesen wurden, müssen die rächende Nemesis wachrufen. Oder dies Gesindel geht gegen uns Anständige eines Tages ebenso vor und terrorisiert mit seinen pathologischen Leidenschaften auch das eigene Volk.

In Warschau traf ich viele Bekannte. Zunächst auf der Kommandantur einen Oberleutnant d.R. von Auerswald[11] (Faulen, Kreis Rosenberg), der uns auch am nächsten Tag führte. Abends im ›Bristol‹ beim Abendessen dann den Fürsten Dohna-Schlobitten[12], der als Leutnant d.R. Adjutant einer Aufklärungsabteilung ist, und mit dem ich lange zusammensaß. Er läßt sich Dir empfehlen. Sein Kommandeur ist ein Major d.R. von Kuehnheim-Spanden[13], bei dem ich mal im Manöver [19]37 war. Kuehnheim ist ein angeheirateter Onkel[14] von Bonin, und wir frühstückten Sonntag früh beim Stab der Aufklärungsabteilung 228. Ferner traf ich den I a der 228. Infanteriedivision, Hauptmann Markert[15], Jahrgang Blottnitz[16], und Rekrut von mir. Ferner einen Zahlmeister vom Stab 21. Infanteriedivision, jetzt 228. Infanteriedivision; einen früheren Feuerwerker, jetzt Hauptmann (W)[17], aus meiner Potsdamer Abteilung[18], den Führer der RAD Elbing (Du hast ihn mal auf einem Ball erlebt. Namen weiß ich nicht) und – Herrn NSKK-Obergruppenführer Höfle[19] – mit letzterem höfliche, aber beiderseits reservierte Begrüßung.

Der Abend in Warschau war kurz, da um 23^{0} Uhr sehr energisch von Feldgendarmen Polizeistunde geboten wurde, sehr zum Mißvergnügen einer am Nachbartisch sitzenden, in der Erscheinung recht dürftigen Theatergruppe eines sogenannten Fronttheaters. Die übrige Bevölkerung muß übrigens schon um 19^{0} Uhr von der Straße runter sein, weil sonst die Stehlerei u.s.w. kein Ende nehmen würde.

Am Sonntag vormittag fuhren wir nach Modlin und sahen uns das Kampfgelände der 228. Infanteriedivision an. Modlin selbst besteht eigentlich nur aus der Zitadelle (etwa wie Ehrenbreitstein)[20]. Sie ist restlos von Stukas und schwerer Artillerie zusammengeschossen und

macht einen schlimmen Eindruck. Es wird eine malerische Ruine werden. Von dort aus auf dem Westufer der Weichsel an der Puska Kampinoska vorbei (Kampfgelände der 29. motorisierten Infanteriedivision und 2. und 3. leichten Division) und über Fort I und II von Warschau (Angriff der 18. Infanteriedivision, Liegnitz) in die Stadt zurück.
Am Nachmittag von Warschau über Sochaczew - Lowicz nach Lodz. Die Straße dicht hinter Warschau gleicht einem Autofriedhof. Eigene und polnische Kampfwagen und Kraftfahrzeuge liegen zusammengeschossen und restlos ausgeschlachtet neben der Straße. Es ist die Stelle, wo die 4. Panzerdivision in Warschau eindrang.
In Sochaczew, einem kleinen Landstädtchen, steht nicht ein Stein auf dem andern. Wo die vielen Menschen, die man dort auf der Straße sieht, eigentlich hausen, ist rätselhaft. Aber eine solche Stadt, Verkehrsmittelpunkt auf dem flachen Land, hilft sich schon. Das ist etwas ganz anderes als eine Millionenhauptstadt eines abgedankten Staates! Auch Lowicz sieht böse aus. Allerdings nicht so schlimm wie Sochaczew.
Lodz ist eine ganz scheußlich häßliche Stadt. Ungezählte Juden, die alle eine gelbe Armbinde am rechten Oberarm tragen müssen. Mindestens die Hälfte aller Menschen in Lodz tragen gelbe Armbinden[21]. Und was für Typen sieht man da! Es ist einfach unfaßbar, daß so etwas vorhanden ist!
In Lodz war ich abends im kleinsten Kreis beim Oberbefehlshaber Ost (Generaloberst Blaskowitz[22]) eingeladen. Er läßt Dich sehr grüßen. Außerdem waren noch da General Hollidt[23] (Chef Generalstab Oberost), General Jaenicke[24] (Oberquartiermeister Oberost), 2 Herren des Stabes Oberost, Oberlandstallmeister Gustav Rau, Lito Stein (der große Fahrkünstler), Oberstleutnant Hamann[25] (Inspektion für Reit- und Fahrwesen, alter Turnierkünstler), letztere 3 mit der Einrichtung von Gestüten bei Oberost beschäftigt, und 1 blondgelockter Jüngling in prächtiger Uniform vom Generalgouverneur Frank[26], Fraunhofer[27] mit Namen. Es war ein sehr anregender Abend bis 1/2 2 Uhr nachts. Erst erzählte Blaskowitz interessante Einzelheiten aus der Schlacht an der Bzura, dann wurde ich ausgequetscht wie eine Zitrone über [die] militärische und politische Lage, soweit dies mit Rücksicht auf bestimmte Leute ging. Blaskowitz war jedenfalls reizend.
Am nächsten Morgen war ich noch fast 3/4 Stunden allein bei ihm, wo er mir alle möglichen kleinen Sorgen mit auf den Weg gab und dann sein Herz über die Zustände im Bereich Oberost ausschüttete mit der Weisung, hier davon Gebrauch zu machen, was geschieht. Anschließend war ich dann noch zu einer Besprechung bei Hollidt, der herzlicher denn je zu mir war.
Von Lodz habe ich nicht viel gesehen, da der Vormittag auf diese Weise ausgefüllt war. Ich hatte nur noch Zeit, Dir schnell die schöne Seife zu erstehen.

Leider saßen wir dann auf dem »Flughafen« eine ganze Zeitlang rum, da unsere Maschine einen Motorschaden hatte und nicht starten konnte. Wir warteten die Berliner Kuriermaschine nach Warschau ab, ließen sie nicht weiterfliegen und flogen mit ihr nach Berlin zurück, wo wir um 17^0 Uhr eintrafen.
Die Entscheidung ist nun mal wieder vertagt[28]. Diesmal gleich um eine ganze Woche, also bis kommenden Montag.
Heute sind Oberbefehlshaber des Heeres[29] und Chef Generalstab[30], dabei Greiffenberg[31], zu einer Besprechung mit den Armeeführern nach dem Westen gefahren[32]. Was dabei nun herauskommt, ist nicht ganz klar[33]. Übermorgen hat der Führer alle Kommandierenden Generale nach Berlin bestellt[34]. Meine Hand erlahmt langsam. Ich werde schließen. Von Dir habe ich noch gar keine Nachricht. Wie geht es zu Hause?
Kleiner Ling, ich habe größtes seelische[s] und körperliches Anlehnungsbedürfnis nach Dir.
Alles Gute, geliebtes Kerlchen! Herzliche Grüße den Eltern. Dich küßt innig

Dein kleiner Mann

Nr. 64
19. Dezember 1939
Hauptquartier [OKH in Zossen bei Berlin:] An die Mutter und Schwester

Meine liebe Mutter!
Liebes Schwesterlein!
Trotz Kriegszeiten wünsche ich Euch beiden ein recht frohes Weihnachtsfest und ein glückliches Neues Jahr. Ob wohl Hasso die Feiertage bei Euch verbringen kann? Ich hoffe es, da ja diesmal die fortgesetzte Verschieberei[1] wenigstens bis über das Fest gegangen ist. Auch ich habe 5 Tage Urlaub und kann damit über die Feiertage nach Mittelsteine[2]. Unser Weihnachtsfest wird ja insofern sehr still werden, da am vergangenen Sonntag die Enkeltochter meiner Schwiegereltern, Alfreds Tochter Kuni[3], im Alter von 4 1/2 Jahren an Diphtherie gestorben ist. Ili ist noch am Sonntag nach Siegburg gefahren, und wir wollen am Donnerstag zusammen von Berlin nach Mittelsteine reisen.
Von mir kann ich Euch Neues nicht berichten. Infolge der dauernden Verschiebungen sitzen wir mit halbgepackten Koffern seit Wochen auf Abruf immer noch am alten Fleck[4]. Es ist ein grandioser Stumpfsinn und das Ende auch gar nicht abzusehen, wann die Ungewißheit einmal beendigt ist. Der Krieg selbst wird zweifellos nicht so bald zu Ende sein. Wohl oder übel können wir uns auf einige Jahre einstellen.

Ende November war ich mal einige Tage in Polen - Warschau, Modlin, Lodz und an der Bzura, um wenigstens die Stätten, die ich ja vom Papier her so genau kenne, auch mal in Natur gesehen zu haben.
Mein Schwager Wittel ist zur Zeit zu seiner Ersatzabteilung nach Schweidnitz kommandiert und wird demnächst wohl eine neuaufgestellte Batterie bekommen.
Nochmals alles Gute und frohe Feiertage. Herzliche Grüße an Hasso und Ute

Euer Hellmuth

Nr. 65
25. Oktober 1940
Hauptquartier OKH [Fontainebleau:] An die Schwester

Mein liebes Schwesterlein!
Zu Deinem Geburtstag sende ich Dir meine allerherzlichsten Glückwünsche. Du wirst ihn wohl mit Hasso und Ute zusammen im Frieden Ostpreußens festlich begehen. Ich freue mich für Dich, daß Hasso an diesem Tag dabeisein kann. Das beiliegende Cachenez[1], aus dem Salimentaire de Luxe am Boulevard des Capucines stammend, wird Dir hoffentlich etwas Freude machen und Dich an Deine Pariser Zeit erinnern[2].
Ich bin in den letzten Wochen viel in Frankreich herumgekommen. Außer meiner Autofahrt zum und vom Urlaub an die Reichsgrenze, durch die ich Toul, Epinal, Metz, Verdun und Nancy kennenlernte, habe ich noch 2 größere Fahrten gemacht. Eine kombinierte Eisenbahn- und Kraftwagenreise, bei der wir die Pkw im Sonderzug mitführten, brachte mich über Orléans nach La Rochelle, Rochefort, Bordeaux, Biarritz bis halbwegs Bilbao und San Sebastian in Spanien[3]. Und vor 2 Wochen habe ich mit dem Marineverbindungsoffizier zusammen die bretonische und normannische Küste von Nantes über La Baule, Lorient, Brest, St. Brieuc, St. Malo, Mont St. Michel bis Cherbourg bereist. In einem der Stützpunkte sah ich das U-Boot von Prien unmittelbar vor dem Auslaufen zu seiner jetzt so erfolgreichen Unternehmung[4].
Der Gesamteindruck von Frankreich in fast allen seinen Landstrichen ist der, daß es kaum ohne Volk ist und die in diesem Land schlummernden Möglichkeiten keineswegs auch nur annähernd ausgenützt sind. Das ganze Land ist im Vergleich zu uns in den letzten Jahrzehnten nicht nur stehengeblieben, sondern rückwärts gegangen. Paris hat alles an sich gesogen auf Kosten des übrigen Landes.
Paris selbst ist zweifellos eine schöne Stadt. Von hier aus[5] kommt man ja in 3/4 Stunden Autofahrt häufig hin. Zu Beginn, das heißt Ende Juni, machte es einen trostlosen Eindruck, weil die Masse der Bevölkerung

fehlte. Das ist in den letzten Wochen ganz anders geworden. Es zählt schon wieder über 3 Millionen Einwohner und hat, mit Ausnahme der Verdunkelung, sein Friedensgesicht, auch was den Verkehr betrifft, fast wieder angenommen. Die meisten Theater haben wieder eröffnet. Die Lokale sind stoppenvoll, und sogar Rennen werden wieder in Auteuil gelaufen. Das habe ich mir natürlich nicht entgehen lassen. Es ist ein zu eigenartiges Gefühl, mit welcher Selbtverständlichkeit man sich in Uniform überall in der französischen Metropole bewegt. Manchmal hat man das Gefühl, daß man träumt. Denn vor 2 Jahren hätte man jeden Menschen für verrückt erklärt, der einem ähnliches vorausgesagt hätte. Auf die Dauer gesehen, habe ich Frankreich aber jetzt satt. Ich bin froh, daß wir nach 1/2jähriger Abwesenheit demnächst diesem Lande den Rücken kehren werden. »Heim ins Reich!« Trotz Fliegerangriffen und manchen andern Unbequemlichkeiten, die mit dem Tausch von luxuriösen Villen gegen ein Lager verbunden sind. Aber die besten Zeiten sind auch hier vorüber - die Lebensmittel sind rationiert (allerdings nicht die Austern!), und die Preise haben Gipfelhöhe erreicht. Da wir außer dem Wehrsold nur 50 RM uns schicken lassen dürfen, darbt man fast, weil jeder Devisennot hat.
Meine Arbeit reißt nicht ab. Dieser Krieg hat Dimensionen dem Flächenmaß nach, daß man Mühe hat, seine Schäflein zwischen Nordkap bzw. Eismeer, Schwarzem Meer und Biscaya zusammenzuhalten. Und auf der Karte ist man auf fast allen Gebieten der arktischen, gemäßigten und tropischen Zonen der östlichen Hälfte des Erdballs zu Hause.
In der Abteilung hat es einige Veränderungen gegeben. Greiffenberg ist Armeechef[6] geworden, Heusinger[7] wurde Abteilungschef, und ich bin mit ihm der Rest der Besetzung vom Kriegsbeginn. Alle anderen Herren sind im Laufe des Sommers oder Herbstes in Truppengeneralstabsstellen gekommen. Ich werde wohl das kommende Frühjahr auch noch hier erleben. Zum 1. November hoffe ich, Oberstleutnant zu werden[8]. Ich habe nur noch wenige Vorderleute.
Von Hasso nehme ich an, daß er wohl bald ein Bataillon bei unseren zahlreichen Neuaufstellungen erhält[9]. Jedenfalls gönne ich ihm eine befriedigende Tätigkeit nach dem langen Herumsitzen.
Mit den herzlichsten Grüßen für Dich, Hasso und Ute bleibe ich stets

Dein Brüderlein

Nr. 66
Samstag, 2. August 1941
[Hauptquartier OKH im Mauerwald bei Angerburg in Ostpreußen:]
An seine Frau

Mein liebes, kleines Linglein!
Für Deinen ersten Brief aus Thalgau habe vielen herzlichen Dank. Ich bedauere es ganz besonders für Dich, daß das Zusammensein mit Ursel von so kurzer Dauer war. Es ist sicher nicht gut für Dich, daß Du nun so ganz allein in Thalgau rumsitzt, keine Ansprache und keine Ablenkung hast. Da wird auch der Besuch von Fräulein Johannes und der 8tägige Besuch der Mutter nicht viel dran ändern. Ich möchte Dir daher dringend raten, Deinen Plan wahrzumachen und Ende August oder im September noch irgendwo hinzugehen, wo Du Dir etwas Freude und Abwechslung verschaffen kannst. Denn, wann ich wieder zurück sein werde[1], steht in den Sternen - sicherlich nicht vor Oktober. Ich nehme allerdings nicht an, daß wir von hier aus[2] noch weiter ostwärts ziehen werden, denn die Verbindungen werden dadurch nicht besser, sondern höchstens schlechter. Sie sind aber die Hauptsache. Die persönliche Verbindung ist sowieso nur mit dem Flugzeug zu halten. Und da spielt es keine ausschlaggebende Rolle, ob man eine Flugstunde mehr hat oder nicht.
Über die Entwicklung im großen kann man im allgemeinen sagen, daß sich nicht alle Erwartungen in vollem Umfange erfüllt haben, die man meiner Ansicht nach in zum Teil ungerechtfertigtem Umfange gehegt hatte. Meine Auffassung, daß es sich eben diesmal um einen Kampf zweier Weltanschauungen und junger Ideen handeln würde, wobei die Härte der Kämpfe ein ganz anderes Maß erreichen würde, ist in vollem Umfange bestätigt. Darüber hinaus haben wir uns aber nicht nur über die militärische Stärke unseres Gegners getäuscht[3], sondern auch sein Führungsvermögen unterschätzt. Die Kräfte, die dieser Kampf auf Leben und Tod auf der Gegenseite auch in dieser Beziehung ausgelöst hat, sind jedenfalls ganz beachtlich. Mit Ausnahme der Doppelschlacht von Bialystock-Minsk[4], wo die Einkreisung und Vernichtung namhafter russischer Kräfte in Ausnutzung der Anfangsüberraschung voll zum Ziel geführt hat, haben die übrigen Kämpfe, von örtlichen Erfolgen abgesehen, nur zu einem frontalen Abringen geführt. Wir haben hierbei zwar überall die Oberhand behalten, und der Feind hat sehr erhebliche Einbußen dabei erlitten[5]. Die zum Ziel gesetzte große operative Auswirkung ist jedoch ausgeblieben - darüber darf man sich keinen Täuschungen hingeben.
Bei Süd[6] lassen sich die Dinge in den letzten Tagen wieder hoffnungsfreudiger an. Es scheint, daß wir nördlich Perwomaisk doch noch stärkere Feindkräfte eingeschlossen haben. Aber ebenso sicher ist, daß der

Gegner mehr Kräfte auf das Ostufer des Dnjepr zurückführen konnte, als für den weiteren Ablauf der Operationen wünschenswert ist.
In der Mitte[7] hat sich unsere Operation festgefahren, vielleicht weniger auf der feindlichen Gegenwirkung beruhend als auf der natürlichen Abnutzung unserer schnellen Verbände, die immerhin 4 Wochen ununterbrochen im Gefecht und in der Vorwärtsbewegung gestanden haben und nunmehr unbedingt eine Ruhepause zur Instandsetzung ihrer Kraftfahrzeuge und zur Auffüllung der bis zu 30 % betragenden personellen Verluste brauchen. Hierzu ist ihre Ablösung am Feinde, der mit dauernden Gegenangriffen keine Ruhe gibt, durch die Infanteriedivisionen erforderlich, die zum Teil bereits eingeleitet ist, zum Teil aber erst nach Aufräumung des Smolensker Kessels möglich ist, in dem der Gegner so zähe hält, daß er praktisch erst einzeln totgeschlagen werden muß, da die Angst vor den Kommissaren immer noch größer ist als vor uns. Denn wenn Kommissare nicht mehr vorhanden sind, wirkt unsere Flugblattpropaganda sehr stark, und die Leute laufen mit ihren Offizieren in Scharen über. Leider ist das aber immer nur die Ausnahme. Im Norden[8] sehen die Verhältnisse ähnlich aus wie in der Mitte.
Die Nervosität an oberster Stelle[9] kannst Du Dir vorstellen. Wenn es nicht so traurig wäre, könnte man über die Blüten, die das dann treibt, hellauf lachen! Unsere alle paar Tage geänderten Weisungen, die gar nicht mehr zur Ausführung kommen, weil man eben mit Gewalt die Dinge nicht erzwingen kann, führen jetzt die oberste Willensmeinung nur noch in »Anführungsstrichen« auf. Denn in einem autoritären Staat haben vernünftige Menschen ja nur noch ein Amt und keine Meinung mehr. Ich hoffe aber, daß eben durch die Härte der Tatsachen unsere Auffassung der Geduld und der Nichtüberstürzung obsiegt, und wir dann Mitte des Monats die Karre wieder in Gang bekommen, so daß wir dann endlich das Ziel erreichen, die russische Front wirklich auseinanderzureißen und in nicht mehr operationsfähige Gruppen zu zerlegen. Ob dann allerdings die weitgesteckten Ziele noch in diesem Jahr zu erreichen sind, mag füglich dahingestellt bleiben. Ich befürchte, daß es nicht der Fall sein wird, so daß wir im kommenden Jahr mit Teilen nochmals antreten müssen. Dadurch wird unsere Lage natürlich entscheidend verschlechtert, und das gibt den USA allen Auftrieb, trotz aller Sorgen wegen der Japaner entweder in den Krieg zu treten oder uns noch weitere ähnliche Schweinereien zu machen wie mit Island[10], das sich für unsere Atlantikkriegführung bereits verhängnisvoll bemerkbar macht.
Das erste Mal während dieses Krieges kommen mir Zweifel, ob wir mit der Aufgabe fertig werden. Wenn nicht unser zweiter Schlag im Osten[11] die Entwicklung dort ruckartig vorwärtstreibt – und hierzu ist immerhin noch einige Hoffnung vorhanden, da der Russe sich anscheinend weiter mit seinen letzten Kräften zur Entscheidung stellen will, so daß wir der

Sorge um einen effektiven Zweifrontenkrieg enthoben sind – wenn also sich diese Hoffnung nicht erfüllt, werden wir auf den andern Kriegsschauplätzen soviel von unserm Vorsprung verlieren, daß der Ausgang dieses Krieges recht zweifelhaft zu werden beginnt. Es hat aber keinen Zweck, den Kopf in den Sand zu stecken und die Dinge nicht so zu sehen, wie sie nun leider mal liegen. Wesentlich ist nur, daß man durch falsche Eingriffe nicht noch das Erreichbare künstlich verzögert oder gar in das Gegenteil umkehrt. Denn eine Weiterführung der Operationen mit unzureichenden Mitteln bringt die Gefahr ihres Scheiterns mit sich. Dann könnte uns ein Zweifrontenkrieg im mittleren Rußland in der Form des Stellungskrieges beschert werden, dem wir einfach nicht gewachsen sein können.

Ein Ausfluß dieser Nervosität an oberster Stelle ist auch unsere Art der Berichterstattung. Sie ist für meinen Begriff schlimm. Die Wehrmachtsberichte sind nichts weiter mehr als Mittel der politischen Propaganda[12], werden von ihm nur noch persönlich abgefaßt ohne Rücksicht auf die ihm oft vorgetragene Rückwirkung auf die Stimmung und die Erwartungen der kämpfenden Truppe, für die sie das einzige Unterrichtungsmittel über den großen Verlauf der Kämpfe darstellen. Außerdem bauschen sie angebliche Erfolge in einer geradezu abstoßenden Form auf und sind alles andere als nüchterne Tatsachenberichte. Mit Fug und Recht kann man ihren Wahrheitsgehalt anzweifeln. Es ist schade, daß nunmehr auch das letzte Bollwerk des Anstandes in diesem Staat auf dem Altar eines von korrupten oder irrsinnigen Menschen geleiteten Systems geopfert wird. Ich bin sehr verbittert wie noch nie in diesem Kriege und bestimmt noch wie nie im Verlauf eines Feldzuges.

Daß die Umbauten des Herrn v[on] R[ibbentrop][13] in dieser Zeit vordringlich sind, ist mir neulich auch zur Kenntnis gekommen, indem ich vom Auswärtigen Amt einen Uk-Stellungsantrag für einen bei mir beschäftigten Zeichner erhielt mit der Begründung, daß der Führer den sofortigen Umbau der Villa des Herrn v[on] R[ibbentrop] in Dahlem befohlen habe. Meine Antwort war unmißverständlich, das wirst Du Dir vorstellen können – und selbstverständlich bleibt der Mann hier. Was dieser Kerl aber für ein Parvenu ist, dafür folgendes Beispiel: Herr v[on] R[ibbentrop] ist hier in unserer Nähe auf dem Schloß Steinort des Grafen L[ehndorff][14] untergebracht, der selbst als Ordonnanzoffizier des Feldmarschall von Bock[15] im Felde steht, eine der besten Familien von ganz Ostpreußen. Da ist diesem hergelaufenen Weinreisenden die Unterbringung anscheinend nicht fein genug, und so läßt er zur Freude der Gräfin[16] die für ihn bestimmten 7 Zimmer völlig neu einrichten, tapezieren, Badezimmer und Küche einbauen pp. Sie war ganz fassungslos und er ebenfalls, wie er neulich mal hier war. Man versteht einfach nicht, wie sich ein Mensch aus angeblich guter Familie als Gast einfach so aufführen kann. Aber unter diesen Umständen wundert es mich nicht, wenn auch das Schloß Fuschl nicht mehr standesgemäß ist und der Spitzhacke anheimfallen muß! Wenn man bedenkt, daß man diesen Kerlen ein Leben lang ausgeliefert ist, wünschte man fast, daß dieser Orlog entsprechend ausgeht. Nur um des so rührend dumm-anständigen deutschen Volkes kann man beten, daß wir vor einer erneuten Niederlage bewahrt bleiben mögen. Aber die Überzeugung hat sich in mir immer tiefer festgesetzt, daß die Völker am besten regiert und geführt werden, wo die Regierungsgewalt alte traditionsgebundene Schichten in den Händen haben und nicht Emporkömmlinge und hemmungslose Autokraten.

Linglein, ich habe meinem Herzen mal Luft machen müssen. Zeige diesen Brief aber um Gottes willen keinem Menschen. Er ist nur für Dich bestimmt.

Von meiner Frontreise hatte ich Dir bisher nur den ersten Abschnitt geschildert. Der Rest verlief mit einigen Komplikationen. Am Freitag früh fuhr ich von Schmidt[17] im Wagen zu Hoth[18], um dort noch einiges zu besprechen. Von einem Feldflugplatz einer Panzeraufklärungsstaffel der 20. Panzerdivision bei Pretschyskaja (etwa 30 km vom Stabsquartier entfernt) sollte mich eine Weihe (2motoriges Kurierflugzeug) zur Heeresgruppe zurückbringen. Ich schickte Unger[19] in einem [Fieseler] Storch[20] voraus, und derselbe Storch sollte mich auch vom Stabsquartier abholen und auf den Flugplatz bringen. Wer nicht wieder kam, war der Storch. Schließlich griff ich mir einen andern und flog ab. Weit und breit bei Pretschyskaja aber fanden der Flugzeugführer und ich keinen Flugplatz, so daß wir etwa 10 km weiter südlich auf einem Stukaplatz von Richthofen[21] in Wjerdana zwischenlandeten, um uns zu erkundigen. Aber auch dort war von der Existenz eines Flugplatzes bei Pretschyskaja nichts bekannt. Daraufhin flog ich zum Stabsquartier der Panzergruppe[22] zurück, um mir nochmals die genaue Lage des Platzes angeben zu lassen. Zunächst erfuhr ich dort, daß auch Unger den Platz nicht gefunden hatte und bei einer Landung dicht bei Pretschyskaja dicken Bruch gemacht hatte, ausgerechnet auch noch mit einem fast fabrikneuen Storch! Ihm war aber nichts passiert. Der richtige Platz sollte genau 300 m südlich von Pretschyskaja liegen, und so flogen wir wieder los. Um ein Haar hätten wir den Platz wieder nicht gefunden (aus 50 m Höhe!), weil er so hervorragend getarnt war. Das erwies sich auch als sehr heilsam, weil wir auf diese Weise vor mindestens 4 russischen Tiefangriffen verschont blieben, während das nur 10 km südlich gelegene Wjerdana dauernd, leider auch mit Erfolg und Verlusten, beharkt wurde. Bei meiner Storchfliegerei da vorne – die Plätze lagen knapp 15–20 km hinter der Front – hatte ich noch insofern viel Glück, daß ich nicht russischen Jägern in die Finger fiel, die jeweils knapp 10 Minuten vor und hinter mir im Tiefangriff die Straße zwischen Pretschyskaja und Wjerdana unsicher machten. In Pretschyskaja war nun insofern große

Pleite, als die Weihe nicht da war. Sie war zwar von einem weiter rückwärts gelegenen Flugplatz gekommen, hatte über der Gegend einige Male gekreist und anscheinend auch den Platz nicht gefunden und war dann wieder zurückgeflogen. Nach viel Telefoniererei und Funkerei wurde sie dann am Nachmittag wieder in Marsch gesetzt, erschien auch wirklich über dem Platz, fand ihn und setzte dreimal vergeblich zur Landung an. Dem Flugzeugführer erschien dann aber der Platz wohl zu klein, so daß er wieder abdrehte. So standen wir denn wie die Dummen da und sahen alle Hoffnungen entschwinden, noch an diesem Tage fortzukommen. Wir bestellten dann die Weihe durch Funk für den nächsten Morgen auf den größeren Platz nach Wjerdana, nachdem ein weiterer Versuch Ungers, mit einem Storch auf einem Platz bei Duchowschtschina einer Weihe habhaft zu werden, gescheitert war. So blieben wir dann als Gäste der Panzerstaffel auf deren Befehlsstelle in einer Hanfscheune dicht südlich Pretschyskaja. Es war dort sehr nett und es hat mich sehr interessiert, mal in das Getriebe einer Aufklärungsstaffel hineinzusehen und mich mit den netten, jungen Offizieren (alle Heeresoffiziere in Luftwaffenuniform) zu unterhalten, die aufs engste mit unsern schnellen Verbänden und besonders mit der Artillerie zusammenarbeiten. Die Nacht verging wieder unter einigen Fliegeralarmen, die uns aber verschont ließen, dagegen Wjerdana sechsmal heimsuchten. Um 7 Uhr fuhren Unger und ich dann nach Wjerdana im Auto, wo inzwischen die Weihe einpassiert war. Dann standen wir dort fast eine Stunde rum, da die warmen Motore[n] der Weihe nicht wieder anspringen wollten und Preßluft nicht vorhanden war. Ich hatte dabei immer die Sorge, daß in dieser Zeit wieder ein russischer Fliegerangriff auf Wjerdana losgehen und unsere mitten auf dem Platz ungetarnt stehende Weihe kaputtschmeißen würde. Aber wir hatten Glück, der Russe kam nicht, und die Motoren taten es endlich, nachdem sich einige Monteure daran in Schweiß gekurbelt hatten. Gegen 10^{30} Uhr waren wir dann in Borissow und sprachen bei der Heeresgruppe [Mitte] vor und aßen mit Greiffenberg zu Mittag.
Beim Rückflug mußte ich Unger in Borissow zurücklassen, da als planmäßige Kuriermaschine nur eine Caudron (2motorige, sehr schnelle französische Reisemaschine) nach Schippenbeil zur Verfügung stand und sie infolge des durch einen Wolkenbruch völlig aufgeweichten Platzes außer der Post nur noch einen Passagier mitnehmen konnte. Das war auch dringend nötig. 3 Minuten vor uns startete eine Me 110, kam infolge des weichen Bodens nicht vom Platz weg, brauste in voller Fahrt in einen Acker und brannte aus. Was aus der Besatzung wurde, weiß ich nicht. Uns ging es um ein Haar so. Denn die Maschine löste sich erst dicht hinter der Platzbefeuerung vom Boden, und die brennende Maschine lag so ungefähr 50 m vor uns! Es war kein sehr schönes Gefühl, und ich habe niemals glücklicher als in diesem Augenblick den letzten Sprung vom Boden im Flugzeug empfunden.

Der Rückflug war insofern sehr interessant, als das ehemalige Polen gegenüber Rußland bereits den Eindruck eines hochkultivierten Landes macht, ganz zu schweigen von Masuren, das einem dann aus der Luft als das reinste Paradies mit seinen gepflegten Feldern und seinen Steinbauten und roten Ziegeldächern erscheint.
Wir landeten auf dem Rückflug in Baranowitschi zwischen, um dort aufzutanken, da in Baranowitschi aus Gewichtsersparnis nur soviel Schnaps an Bord genommen wurde, daß wir gerade bis zum nächsten Platz kamen. Unger kam dann am nächsten Tage nach.
So, das wäre alles, was ich Dir zur Zeit von mir berichten kann. Wegen meiner Verpflegung mache Dir bitte keine Sorge mehr. Mein Bursche hat inzwischen eine Eierquelle aufgetan, so daß ich von diesen von mir so geliebten Gegenständen genug zu futtern habe. Auch das Kasino strengt sich an und beschafft öfter sehr schöne Fische (Schleie und Hechte). Dreimal haben wir auch schon Krebse gefuttert, das letzte Mal sogar ganz besonders schöne große. Ich hatte es auf 22 Stück gebracht. Ich habe dabei lebhaft an Dich denken müssen. Auch etwas roten Kaviar hatte uns neulich eine mildtätige Seele aus Riga geschickt. Sonst ist es mit der Beutemacherei absolut dünn. Es gibt einfach gar nichts drüben. Die Pelzaussichten sehe ich unter diesen Umständen sehr dunkel. Soweit die Städte, die ich heil sah, für das übrige Rußland maßgebend sind, so gibt es dort überhaupt gar keine Geschäfte, in denen man etwas kaufen könnte. Vielleicht mag das in der Ukraine anders sein, ich glaube es aber nicht. Jedenfalls ist der Mangel an allen Gebrauchsgegenständen dort drüben unvorstellbar und das wenige, was in den Lagern überhaupt vorhanden ist, wird meist von den Russen entweder vernichtet oder von der Bevölkerung geplündert, bevor es von uns sichergestellt werden kann.
Grüße alle Bekannten in Thalgau herzlich von mir. Lasse Dir die Stunden nicht zu lang werden und hänge nicht gar zu trüben Gedanken nach. Ich kann Dir vieles nachempfinden und, obwohl ich die Ursache bin, Dir doch kein tröstendes Wort in dieser Beziehung senden, denn ich möchte Dir gegenüber wenigstens immer aufrichtig bleiben, auch wenn es jetzt schmerzt - Dich sowohl wie mich.
Alles Gute, kleiner, lieber Ling. Vielleicht wird einmal wieder alles gut. Denn ich habe auch Dich noch immer sehr lieb.
Viele liebe Küsse!

Dein kleiner Mann

Nr. 67
Montag, 11. August 1941
[Hauptquartier OKH im Mauerwald bei Angerburg in Ostpreußen:]
An seine Frau

Mein liebes, kleines Haschen!
Für Deinen lieben, fetten Gruß und Deine Zeilen vom 4. August habe herzlichen Dank.

Dienstag, 12. August 1941
Gestern abend wurde ich unterbrochen und kam dann nicht mehr dazu, den Brief fortzusetzen. Haschen, Du beklagst Dich - und wohl mit Recht -, daß ich so wenig schreibe. Ich bin aber einfach nicht zum Schreiben aufgelegt. Dieser Feldzug ist so ganz *anders* als alle vorhergehenden. Über uns allen liegt eine vorher nie gekannte Gereiztheit und Nervosität, die einen am liebsten allem aus dem Wege gehen läßt. Zum Teil mag das mit der Länge des Krieges zusammenhängen, den *jeder* mehr als satt hat. Die Hauptsache ist aber wohl das drückende Gefühl, daß wir trotz aller schönen Augenerfolge in einer sehr schweren Krise stehen, die dem Außenstehenden natürlich nicht gewahr wird. Die Zeit brennt bis zum Beginn des Winters (Anfang Oktober) tatsächlich auf den Nägeln, und wir haben noch nicht die Hälfte von dem geschafft, was wir brauchen, um keinen Zweifrontenkrieg zu bekommen[1]. Die schweren Kämpfe und Anstrengungen der ersten 6 Wochen haben aber nicht nur zu einer schweren physischen Ermüdung und Schwächung der Truppe geführt[2], die eben unbedingt eine Operationspause notwendig macht, die dem Feinde wieder zugute kommt, sondern als weitere gefährliche Folge ist auch eine bedenkliche Abspannung bei allen Kommandobehörden bis zu den Heeresgruppen herauf eingetreten. Sie hat einmal zur Folge, daß gute Gelegenheiten verpaßt und viele Sachen nur mit halbem Herzen angefaßt werden.
Als weitere unangenehme Folgeerscheinung ist eine gegenseitige Empfindlichkeit der Führerpersönlichkeiten untereinander bis zu den Divisionen und Regimentern herab eingetreten, die langsam zum Kampf aller gegen alle wird und dadurch, daß oft Weisungen und Befehle einfach nicht mehr ausgeführt werden, weil sich jeder klüger als der andere dünkt, der Sache sehr zum Schaden gereichen. Es ist geradezu zum Kotzen.
Alle diese Verhältnisse, die man Tag für Tag sieht und erlebt - es fängt ja hier oben an[3]! - bringen einen langsam in ein Stadium der Verbitterung, daß man sich am liebsten in sich selbst zurückzieht. Wenn nicht in Kürze ein Wandel in all dem eintritt, muß es eine Katastrophe geben. Es ist schrecklich, das mitansehen zu müssen. In einer solchen Stimmung - und die herrscht bei mir besonders seit meiner Frontreise[4] - wirst Du

meine Abneigung gegen das Schreiben verstehen. Denn viele andere Gedanken kann ich sonst nicht aufbringen.
Ich lege Dir einen von einem Offizier der Heeresgruppe Mitte abgefaßten Bericht bei über die Eröffnung einer Kirche in Borissow[5]. Als »ihm«[6] neulich in Borissow der Oberbefehlshaber der Heeresgruppe[7] davon erzählte, hat er sehr unwirsch erklärt, er wünsche die Eröffnung von Kirchen nicht - »wir sollen froh sein, daß wir dort die Pfaffen und Popen los wären!« Das freut einen denn ja auch. Und Heusinger hat streng verboten, daß dieser Bericht außerhalb der Abteilung bekannt würde, weil es jenem Willen eben zuwiderliefe! Was sind wir doch für Charaktere!
Sei nicht böse, Linglein! Ich bin zu verbittert. Vielleicht kann ich Dir nächstens hoffnungsfreudiger schreiben.
Wittel ist jetzt vor Kiew - der Angriff ist abgeblitzt und eingestellt[8].
Viele liebe Küsse von

Deinem kleinen Mann

Nr. 68
Sonntag, 17. August 1941
[Hauptquartier OKH im Mauerwald bei Angerburg in Ostpreußen:]
An seine Frau

Mein liebes, kleines Linglein!
Die Feldpost geht oft krumme Wege. Nach Monatsfrist brachte sie mir Deinen Brief vom 17. Juli aus Mittelsteine mit der Bitte um eine 2,5 Millionen Karte. Selbstverständlich sollst Du sie haben. Ich werde sie in den nächsten Tagen mit einigen Vergrößerungen (30 x 30 cm!) von Aufnahmen von mir aus der Gegend Jarzewo, die ich von meinem Photographen für einen Vortrag bei Halder[1] machen ließ, auf den Weg bringen. Dann lege ich auch die Filme und Abzüge von den andern Aufnahmen bei. Beim Vergleich wirst Du feststellen, was doch die Vergrößerungen für ein plastisches Bild geben und wieviel mehr sie vermitteln als die Originale. Allerdings darf man nicht zu hochempfindliche Filme (etwa 17° Din) verwenden. Um Deine Frage zu beantworten - ich brauche Holzspulen 6 x 6 (12 Aufnahmen).
Gleichzeitig mit dem verspäteten Brief kamen Deine lieben Zeilen vom 13. [Juli] mit den Zigaretten. Auch für den vorhergehenden langen Brief habe ich noch nicht gedankt. Ich hole das hiermit alles nach.
In welcher Saustimmung ich mich befand und zum Teil noch befinde, sagte ich Dir ja schon. Denn viel hat sich an den Gründen dienstlicher Natur nicht geändert. Die Eingriffe von oberster Stelle werden, wie vor Dünkirchen[2], immer toller. Man kann nur beten, daß sie uns nicht, ebenso wie im Vorjahr, um die Früchte des Feldzuges bringen. Auf dem

besten Wege sind wir jedenfalls wieder dazu. Sowie irgendwo ein kleines Risiko durchzustehen ist, versagen die Nerven und man gibt die besten Chancen aus der Hand. Es ist niederziehend, das alles mit offenen Augen ansehen zu müssen.
Ich werde mich aber bestimmt in den nächsten Tagen aufraffen und Dir mal wieder länger in die Maschine einiges davon hereinschreiben. Aus meinem »zweiten« Leben könnte ich Dir einiges Interessante berichten. Es eignet sich aber weniger zur schriftlichen Festlage, außerdem ist da eine Sache im Werden oder Ausreifen, deren ganzen Umfang ich noch nicht übersehe, so daß ich im einzelnen erst darüber sprechen möchte, wenn ich klar sehe, welchen Weg die Dinge laufen[3]. Ich scheine da jedenfalls was Schönes angerichtet zu haben - mehr als ich je geglaubt habe! Na, irgendwie wird sich das alles wieder in Reih und Glied bringen lassen. Wenn es soweit ist, werde ich Dir alles erzählen, Haschen. Du hast schon einen tollen Hecht zum Mann - aber unbewußt! Das möchte ich doch für mich in Anspruch nehmen. Außerdem macht es *so* viel Spaß!
Daß Fräulein Johannes[4] aufgetreten ist, freut mich herzlich. Was zaubert Ihr denn zusammen? Und welch schöne Geschichten willst Du mir vorenthalten? Ich bedaure es sehr!
Grüße beide von mir sehr, ebenso die Mutter, wenn sie auftritt. Ich gratuliere Dir, daß Du Deinen Adjunkt los bist. Ich wünsche Dir für die Zukunft einen angenehmeren Begleiter! Was hast Du denn sonst noch für Pläne? Vor Ende Oktober sehe ich hier kein Ende - wenn überhaupt! Mit vielen lieben Küssen bleibe ich

Dein kleiner Mann

Nr. 69
Samstag, 23. August 1941
[Hauptquartier OKH im Mauerwald bei Angerburg in Ostpreußen:]
An seine Frau

Mein liebes, kleines Haschen!
Für Deine lieben beiden Briefe vom 16. und 17. [August] habe vielen herzlichen Dank, ebenso für das Päckchen mit dem schönen Kuchen. Letzterer hat allen Herren der Gruppe beim üblichen Nachmittagstee besonders gut geschmeckt. Das Päckchen mit den Zigaretten ist noch nicht angekommen. Das Kuchenpäckchen war übrigens ganz kaputt in Berlin angekommen. Schöne[1] hatte es neu verpackt.
Deine Worte haben mir sehr wohlgetan, und ich gebe Dir recht. Ich bin bloß nicht mehr so hoffnungsfreudig wie Du. Das bezieht sich allerdings weniger auf die Entwicklung der kriegerischen Lage als auf die Verhältnisse im allgemeinen. Ich bin manchmal ganz verzweifelt über

alles und trage in mir einen gesunden Haß gegen vielerlei, was man brieflich nicht in Worten ausdrücken kann. Man ist so hilflos einem Geschick ausgeliefert, von dem man übersieht, daß es entwicklungsmäßig unbedingt ein Absinken aller Werte zur Folge haben muß!
Was Du mir sagtest, daß es für mich gut wäre, alles mal von einer anderen Stelle aus anzusehen, hatte ich mir selbst schon vorgenommen. Ich werde daher Anfang September für einige Zeit - 2-3 Wochen - zu einem Panzerkorps gehen. Heusingers Einverständnis habe ich schon. Ob es wirklich etwas nutzt, erscheint mir zweifelhaft, nämlich der Glaube an die Sache und die bedingungslose Einsatzbereitschaft bis zum letzten für diese Sache sind mir geschwunden, so traurig das klingen mag. Aber es vergeht ja jetzt hier kein Tag, an dem man nicht in der Ablehnung dieses größenwahnsinnig gewordenen Proleten bestärkt wird. Gerade gestern erst wieder haben wir eine schriftliche Kostprobe davon bekommen, die *so* unerhört in ihrem Ton vorbeigegriffen war, daß man nur sagen kann, wer sich das gefallen läßt, der verdient es nicht anders. Und die andere Seite *muß* ja davon mit der Zeit überzeugt werden, daß sie sich alles erlauben kann, wenn alle sich alles widerspruchslos einstecken. Meine Achtung vor bestimmten Leuten ist jedenfalls tief gesunken. Haschen - es ist einfach ekelhaft und unwürdig!!
Die große Lage hat sich in den letzten Wochen gar nicht dumm entwickelt[2]. Im Süden hält im Dnjeprbogen nur noch ein kleiner Brückenkopf bei Dnjepropetrowsk, der aber trotz starken russischen Widerstandes bald beseitigt sein wird. Südlich davon haben wir bei Saporoshje sogar über die für Fußgänger noch passierbare Eisenbahnbrücke einen kleinen Brückenkopf auf dem Ostufer des Dnjepr bilden können. Der große Staudamm dort ist allerdings leider gesprengt. Aber immerhin wird dieser Brückenkopf für das weitere Vorgehen in Richtung auf die Krim und das Donezgebiet eine ausschlaggebende Rolle spielen. Nordwestlich Kiew geht der Russe nun endlich freiwillig fort. Er mußte es ja mal tun, wenn er diese Kräfte überhaupt noch für die Dnjeprverteidigung retten wollte, da er da unten nun bald überhaupt nichts mehr hat. Unser Nachstoß jetzt aber kommt natürlich zu spät, um diese Kräfte zu vernichten. Als es Zeit war, fiel man uns in den Arm! So ist das nämlich dauernd - viel, viel schlimmer als bei Dünkirchen!
Bei Mitte[3] ist die Gomeloperation zur Beseitigung der südlichen Flankenbedrohung der Heeresgruppe Bock schnell und glücklich beendet. Aber die wieder durch einen Eingriff erzwungene Schlußfolgerung nutzt diesen Erfolg nicht gegen den gefährlichsten Gegner aus, um ihn wegzuräumen und damit den Feldzug wirklich noch vor Einbruch des Winters beenden zu können. In vollkommener Verkennung von Zeit und Raum gehen diese Kräfte nun in einer unwirksamen Richtung vor, um irgendwo wieder einem kleinen Erfolg nachzujagen, der uns durch die Verfolgung nördlich Kiew sowieso zufällt.

Im Norden erfolgte südlich des Ilmensees ein von uns als gänzlich belanglos angesprochener russischer, allerdings ziemlich tiefer Einbruch. Daraufhin wurden wieder auf höhere Weisung zwei schnelle Divisionen aus der gerade in Gang gekommenen Offensive auf Leningrad herausgezogen[4], die jetzt natürlich im entscheidenden Augenblick fehlen, so daß wir 35 km vor der Stadt wie angemalt stehen[5]! Und außerdem zog man noch von Mitte[6] ein ganzes Panzerkorps im Landmarsch von 600 km dort hinauf[7], als ob wir uns es noch leisten könnten, nach der fast restlosen Überanstrengung des Materials uns auch noch die schnellen Verbände auf unnützen Märschen gänzlich bewegungsunfähig zu marschieren. Der Erfolg ist natürlich auch durchschlagend. Der Fahrzeugausfall ist unheimlich, und der Spuk südlich des Ilmensees hat sich bereits in Wohlgefallen aufgelöst, bevor die Marschtrümmer des nunmehr bald ganz ausfallenden Panzerkorps überhaupt dort eingetroffen sind.
Dieser blutige Dilettantismus, der von solch glorreichen Vertretern wie K[eitel][8] und J[odl][9] auch noch unterstützt wird, kann uns, weiß Gott, diesen Krieg kosten. Denn für uns kommt es jetzt darauf an, keine Zeit mehr zu verlieren und insbesondere die bereits stark mitgenommenen Kräfte zusammenzuhalten und nicht noch mutwillig zu dezimieren. Unsere blutigen Verluste betragen immerhin schon über 300 000 Mann, und die Gefechtsstärken sind auf die Hälfte und mehr herabgesunken. Ersatz ist aber nur in Wochen herauszubringen, da die noch wenig leistungsfähigen Bahnen voll mit dem Betriebsstoff-, Munition- und Verpflegungsnachschub ausgelastet sind. Damit hast Du einen Begriff, welch sorgenvolle Gedanken einen gar nicht mehr loslassen können! Laß Dir die Tage nicht zu einsam werden und mache Du Dir wenigstens etwas Freude, soweit das möglich ist. Grüße alle Bekannten von mir. Dir selbst sendet viele liebe Grüße und Küsse

Dein kleiner Mann

Nr. 70
29. August 1941
Hauptquartier OKH [im Mauerwald bei Angerburg in Ostpreußen:]
An die Schwester

Meine liebe Ursel!
Sei mir nicht zu böse, daß ich Dir Deinen lieben Brief erst so spät beantworte. Du weißt aber ja selbst, wie das so mit dem Briefschreiben bei mir ist. Ich will da gar kein Hehl draus machen.
Die Verwundung von Hasso hat mir sehr leid getan. Hoffentlich hat sich die Gehörgeschichte inzwischen soweit gebessert, daß er wieder felddienstfähig geworden ist. Ob er wohl noch bei Dir ist, oder ob er schon

wieder bei seiner Division[1] ist? Letztere ist im Verband des XXXXVII. - Armeekorps im Angriff über die Desna etwa 100 km südwestlich Brjansk in südostwärtiger Richtung und hat gestern über den Fluß Brückenköpfe gebildet. Hoffentlich ist die Tour mit seinem Bataillon wieder in Ordnung gekommen. Derartige Dinge sind ja jetzt an der Tagesordnung. Bei einem längeren Besuch, den ich Ende Juli der Panzergruppe 3 und ihren Divisionen abstattete, konnte ich auch diesen Krieg aller gegen alle feststellen, der aus der außerordentlich hohen Nervenanspannung infolge der Härte der Kämpfe, der großen Strapazen und der niederziehenden Wirkung dieses trostlosen Landes zu erklären ist.
Der Ostfeldzug ist eine harte Nuß geworden. Und wenn wir auch von Anfang an die Schwere dieses Kampfes nicht unterschätzt hatten, da es sich um einen Krieg der Weltanschauungen handelt[2], der natürlich in einer ganz andern Schärfe ausgetragen wird als jede andere Auseinandersetzung, so sind doch auch wir überrascht worden durch die Zahl und Güte der materiellen Mittel, die dem Gegner zur Verfügung standen und auch wohl noch stehen. Ebenso muß man der höheren Führung auf der andern Seite zubilligen, daß sie jedenfalls in ganz anderer Form als unsere bisherigen Gegner den Willen zum Kampf bis zur Entscheidung zeigt. All das verlangsamt natürlich das Zeitmaß, weil praktisch jeder Russe einzeln totgeschlagen werden muß. Im großen gesehen, kommt es aber insofern unsern Wünschen entgegen, als wir damit die russische Wehrmacht wirklich vernichtend schlagen können[3] - wenn auch unter nicht unerheblichen eigenen Opfern - der auf seiner Seite liegende Vorteil der Tiefe des Raumes aber nicht von ihm ausgenutzt werden kann. Der Verlauf des Feldzuges lehrt aber, daß es die höchste Zeit war, diese ganz Europa bedrohende Gefahr auszuräumen. Ob das einem geschwächten Europa später möglich gewesen wäre, ist durchaus anzuzweifeln. Nicht aber anzuzweifeln ist die Absicht der Sowjets, zu ihnen gegeben erscheinender Zeit die Weltrevolution mit Waffengewalt über das Abendland herüberzutragen. Damit dürfte es nunmehr gute Weile haben. Es wäre unvorstellbar grausam und entsetzlich gewesen, wenn dieses hätte Wirklichkeit werden können.
Ich nehme an, daß Hasso Dir bereits genügend Schilderungen von diesem verkommenen Paradies gemacht hat, so daß ich mir das sparen kann. Ich habe noch die Hoffnung, daß wir vor Einbruch des Winters den Feldzug entgültig zum Abschluß bringen. Sehr wesentlich wird das aber von der Witterungsgestaltung abhängen. Auf den beiden Flügeln werden wir jedenfalls die gesteckten Ziele erreichen. Und ich hoffe, daß uns in der Mitte[4] das Glück hold ist und uns vor einem Winterfeldzug verschont. Denn allein für die Besatzungstruppen wird der Winteraufenthalt keine reine Freude sein. Auf einen dritten Kriegswinter werden wir uns aber auf jeden Fall einstellen müssen, so hart das auch ankommen mag.

Im September werde ich mich für einige Zeit, ich schätze für 2 - 3 Wochen, zu einem Panzerkorps begeben, um als Gast zu meiner eigenen Belehrung etwas vom Einsatz schneller Verbände im Bewegungskrieg zu profitieren. Ich muß ja damit rechnen, daß im Herbst meine Tage hier gezählt sind, und ich vielleicht irgendwo Chef eines Panzerkorps werde. Der Chef des Panzerkorps Afrika ist mir leider entgangen. Bayerlein[5] wurde es vor wenigen Tagen. Ich wäre sehr gerne dorthin gegangen.
Vor wenigen Tagen hatte ich den Vorzug, Mussolini und dem Führer bei einem Besuch der beiden im Hauptquartier OKH[6] einen Vortrag über mein Arbeitsgebiet zu halten und sie anschließend eine Viertelstunde durch meinen technischen Laden[7] [zu] führen. Es war immerhin ein einmaliges Erlebnis. Natürlich habe ich selbst als vortragender Rat und Führender wenig davon gehabt, etwa um Beobachtungen zu machen. Aber ich habe doch eine Reihe von Fragen an beide beantworten müssen und dadurch doch einen ganz interessanten Eindruck von diesen beiden Männern nebeneinander bekommen.
Wenn Du wieder nach Heiligenbeil zurückkehrst, wie Du ja beabsichtigst, so lasse es mich bitte wissen. Ich bin gar nicht so weit von Dir fort[8], daß ich Dich nicht einmal mit dem Wagen kurz besuchen kommen könnte. Gib mir, bitte, auch Deine Fernsprechnummer an, damit ich Dich dann vorher anrufen kann.
Die Verluste, die der Krieg in die Reihen der Bekannten gerissen hat, sind nun doch recht fühlbar. Von den alten Schweidnitzern[9] sind Tinzmann, Steinkopff, ferner der älteste Sohn Hohmeyer gefallen - vor wenigen Tagen auch nun der zweite Sohn Hellmich[10], nachdem der andere schon im Westfeldzug geblieben war. Auch Euer altes Bataillon hat ja eine ganze Menge Opfer bringen müssen.
Es war auch für Ili sehr schade, daß Euer gemeinsamer Aufenthalt in Thalgau ein so plötzliches Ende fand. Sie hatte sich schon lange so auf das Zusammensein mit Dir gefreut[11]. Aber die Verhältnisse sind nun manchmal stärker.
Grüße bitte Deine Frau Schwiegermutter herzlich von mir, ebenso Hasso, wenn Du ihm schreibst oder er noch bei Dir sein sollte. Ihm wünsche ich Hals- und Beinbruch!
Dir selbst und Ute alles Gute und einen herzlichen Kuß von

Deinem Brüderlein

Nr. 71
Freitag, 5. September 1941
[Hauptquartier OKH im Mauerwald bei Angerburg in Ostpreußen:]
An seine Frau

Mein liebes Linglein!
Entschuldige den Bleistift, ich vergaß aber, meinen Füllhalter aufzufüllen. Ich war wirklich überrascht heute über den feinen Brief aus dem ›Imperial‹ in Wien, nicht wegen des ›Imperial‹, sondern deswegen, weil Du schon auf der Fahrt nach Mittelsteine warst. Am Sonntag schickte ich noch einen kurzen Brief mit Deinen Einsendungen nach Thalgau[1]. Der wird Dich nun dort nicht mehr erreicht haben. Warst Du in Wien alleine oder in Breslau, daß Du dort auch noch Station gemacht hast? So andeutungsweise würde ich es ja ganz gerne wissen, bzw. was Du sonst so etwa in Salzburg erlebt hast!
In Pistyan willst Du also Pyrmont wiederholen? Hoffentlich gefällt es Dir dann aber dort besser, denn ich stelle mir vor, daß es dort jetzt relativ tot ist. Und über die Ausnutzung des Erfolges bin ich mir insofern recht unklar, als wir uns wohl längere Zeit nicht sehen werden.
Daß der Ostfeldzug in diesem Jahr zu einem einigermaßen befriedigenden Ende zu bekommen ist, erscheint ausgeschlossen. Wir werden wohl leider teilweise zu einer Erstarrung der Front kommen und im kommenden Jahr nochmals antreten müssen[2]. Wir haben uns alle gründlich militärisch, politisch und wirtschaftlich mit den Russen verrechnet[3]. Wenn dieser Fall eintritt - und 99 % sprechen dafür - kehren wir nicht nach Zossen zurück! Unser Oberster Herr hat erklärt, daß er mit seinen Soldaten dann frieren will - also müssen wir auch bleiben! Das sind reizende Aussichten! Ich muß Dir das sagen, damit Du nicht enttäuscht bist. Außerdem aber ist die Zukunft *so* dunkel, daß man sich es sehr überlegen sollte, Kinder in die Welt zu setzen.
Unsere Gesamtlage hat sich, nicht nur meiner Auffassung nach, so entscheidend zu unsern Ungunsten verändert, daß wir zwar nicht den Krieg verlieren, ihn aber auch nicht mehr gewinnen können. Da an einem friedlichen Ausgleich fifty/fifty nicht zu denken ist, so lange die jetzigen Machthaber auf beiden Seiten an der Spitze stehen und auch dieser Zustand sich nicht ändern wird, werden wir zu einem unter Umständen jahrelangen Abringen kommen, das uns schwere Entbehrungen auferlegt. Erst aus einer allgemeinen Erschöpfung heraus werden beide Teile den Irrsinn dieses Krieges einsehen und zum Einlenken bereit sein. Bis dahin sind aber ungeheure Werte vernichtet und unser Lebensstandard wird erheblich abgesunken sein. Die wirtschaftliche Entlastung, die wir aus einer siegreichen Beendigung des Ostfeldzuges in diesem Herbst erhofften, wird nicht eintreten, da wir an eine großzügige Verminderung des Heeres nunmehr nicht herangehen können. Allein unsere Verluste

im Ostfeldzug (monatlich 180 000 Mann, davon 1/3 - 1/4 tot) mit rund 600 - 800 000 Mann[4] erfordern die Auflösung von rund 15 Divisionen, um die andern wieder auf Normalstärke zu bringen, ohne daß uns dann im Frühjahr wesentliche personelle Reserven zur Verfügung stehen. Um diese zu schaffen, müssen also weitere Auflösungen erfolgen. Damit sinkt die Heeresstärke auf das äußerst tragbare Maß ab, wenn man rechnet, daß der Russe im kommenden Frühjahr über 80 - 100 intakte Divisionen mit Panzern und rund 2500 Flugzeugen verfügt. Und diese Kräfte kann er aus seiner Ural-Industrie erhalten.
Unbedingt aber müssen wir noch Arbeitskräfte für die Luftrüstungsindustrie freimachen, da wir sonst im Westen hoffnungslos in die Luftunterlegenheit kommen und uns alles zerschlagen wird. Denn auch an der Luftwaffe hat der Ostfeldzug bereits so gezehrt, daß wir augenblicklich im Osten nirgends mehr die Luftüberlegenheit haben[5], diese dagegen zum Teil auch an entscheidenden Stellen durchaus in den Händen der Russen liegt. Also wird *alles* im Reich diesem Ziel untergeordnet werden und damit eine weitere, fast kaum noch denkbare Drosselung der übrigen Wirtschaftszweige einsetzen, die diesem Zweck nicht unmittelbar oder mittelbar dienen. Sonst *müssen* wir unterliegen.
Es ist *kein* Vergnügen, solche Entwicklungen mitübersehen zu müssen. Manchmal ist es mir fast *zu* viel, das wirst Du verstehen, denn ich schätze auch noch anderes, als *nur* für »kommende Generationen« als heroisches Geschlecht zu gelten! Und wenn dann noch Belastungen dazu kommen, die in dem System begründet sind, so daß man sich seines anständigen Deutschtums schämen muß (Polen war *gar nichts* dagegen, für Leningrad hat man trotz aller Vorstellungen die Aushungerung ohne Rücksicht auf Kapitulationsangebote - das wären ja doch nur Finten - mit allen Einwohnern befohlen, auf ausbrechende Frauen und Kinder ist zu schießen!!) - wenn ein wahrer Teufel in Menschengestalt so etwas erfindet, wovor ein Dschinghis Khan vor Neid erblassen würde, dann allerdings verliert man den Glauben und die Zuversicht an der Gerechtigkeit der Sache, für die man kämpfen und arbeiten soll!
Dies ist aber bitte alles nur für Dich bestimmt. Und nimm den Brief bloß nicht in die Slowakei mit! Wie wir während Deines Aufenthaltes dort überhaupt korrespondieren können, ist mir unklar. *Ich* kann direkt nicht hinschreiben, ich will es über den mir bekannten Militärattaché in Preßburg, Oberstleutnant Becker, versuchen.
Die militärische Lage sieht zur Zeit wie folgt aus: Der rumänische Angriff vor Odessa liegt fest[6]. Jetzt sollen wir helfen, aber woher jetzt die anderwärts festgelegten Kräfte nehmen. Als Antonescu[7] und wir[8] es wollten, wollte der Oberste nicht, weil das ein Prestigesieg der Rumänen allein werden sollte!
Bei Berislawl ist der Übergang über den Dnjepr erzwungen und die Operation Richtung Krim eingeleitet[9]. Der Brückenkopf Dnjepropetrowsk

ist erweitert, so daß Kleist[10] ihn in etwa 5 Tagen ausnutzen kann. Ebenfalls ist der Übergang ostwärts Krementschug in der erforderlichen Breite und Tiefe erzwungen (dort auch Wittel), so daß Stülpnagel[11] nach Norden antreten kann. Nördlich Kiew kämpft Reichenau[12] um den Desna-Übergang bei und nördlich Oster. Südflügel Mitte im Angriff nach Süden mit Weichs[13], nordwestlich, hart nördlich und ostwärts Tschernigow mit einem kleinen Brückenkopf ostwärts Tschernigow auf dem Südufer der Desna. Weiter ostwärts Guderian[14] bei Koropetz festgefahren, da er befehlswidrig zu weit nach Osten ausgeholt hat und schwer in seiner Ostflanke angepackt wurde. Die Ostfront von Mitte steht seit Tagen, ja Wochen, in schwersten Abwehrkämpfen von Weltkriegsausmaß (bis zu 300 Feindbatterien in einem Korpsabschnitt), bei denen es täglich zu schweren Einbrüchen kommt und in denen die Kampfkraft unserer Divisionen wie Schnee an der Sonne schmilzt. Das Tragische ist dabei, daß unsere Truppe an chronischem Munitionsmangel aus Transportgründen leidet. Die Lage ist dort auf des Messers Schneide, da wir keine Reserven mehr haben. Hoffentlich geht dem Russen die Puste früher aus, sonst besteht die Gefahr des Verlustes von Smolensk[15]! Zwischen Toropetz und Ilmensee ist der Gegner angeschlagen, das Vorgehen in Richtung auf die Seen südlich Waldai steckt jedoch in Schlamm und Regen fest, so daß er natürlich wieder Zeit gewinnt. Die nach Leningrad führenden Bahnen sind alle in unserer Hand, nördlich Mga haben wir die Newa erreicht. Der Ring um Leningrad schließt sich sehr langsam in schweren Kämpfen enger[16]. Estland ist gesäubert, die Vorbereitungen für die Fortnahme der Inseln sind im Gange[17]. Es ist zu hoffen, daß wir noch die Krim nehmen, im Raum Krementschug - Kiew - Koropetz Budjonny[18] vernichten und dann das Donez-Gebiet in Besitz bekommen und im Norden durch die enge Einschließung Leningrads Kräfte freibekommen. Inwieweit man dann in der Mitte noch zu einem Schlag gegen Timoschenko[19] kommt, wird von der Jahreszeit abhängen. Petrus ist uns jedenfalls seit 4 Wochen restlos untreu.

Wann ich zu einem Panzerkorps rausgehe, weiß ich noch nicht. Wahrscheinlich erst in der 2. Hälfte September. In der nächsten Woche habe ich wieder Besuch - diesmal Horthy[20]! Ich werde noch unter den Ordenslasten zusammenbrechen. Nimbus war neulich keiner mehr! Die Handgranate lag mir bei meiner Stimmung mehr! Man wird sehr respektlos[21].

Morgen geht ein Päckchen mit 1 Pfund Butter aus Litauen an Dich ab. Auch meiner Mutter schicke ich 1/2 Pfund. Die restlichen Sachen schicke ich auch umgehend, dabei Kernseife aus der Ukraine.

Von Bekannten ist Feist gefallen und Brücker verwundet! Den Eltern und Peter[22] herzliche Grüße.

Dich küßt innig

Dein kleiner Mann

Nr. 72
Montag, 13. Oktober 1941
[Armeehauptquartier:] An seine Frau

Mein liebes Haschen!
Ich nehme an, daß Du Dich heute auf den Heimweg gemacht hast, und wähne Dich zur Zeit in Wien. Wenn Du nach Mittelsteine kommst, wirst Du vielleicht enttäuscht sein, daß von mir nur ein Brief mit einer kurzen Schilderung meiner Erlebnisse[1] vorliegt[2]. Ich bin aber so stark beschäftigt, daß - sei mir nicht böse - das Briefeschreiben als eine Belastung erscheint, und ich eigentlich ganz froh war, daß ich davon gerade in der ersten schwierigen Zeit der Einarbeit entbunden war[3].
Meine Arbeitszeit jetzt während der Operation[4] geht von 6^0 Uhr früh ohne Unterbrechung bis etwa 1^0 Uhr nachts. Und auch dann wird man mindestens 1 - 3mal durch den Fernsprecher gestört, abgesehen von der zur Gewohnheit gewordenen Störung der Nachtruhe durch feindliche Bombenangriffe in unmittelbarer Nähe. Unser temperamentvoller Oberbefehlshaber[5] springt mit dem Gefechtsstand mindestens alle 3 Tage und dann immer an den Hauptstraßen (der Fernsprechverbindungen wegen) ganz nach vorne, so daß wir stets die russischen Flieger auf dem Pelz haben, die nur noch gegen unsere Angriffsspitzen an den Hauptstraßen tätig sind.
Die Armee hat zur Zeit 2 Aufgaben verschiedener Art. Mit einer Angriffsgruppe segeln wir auf Moskau los[6] und haben heute neben der Fortnahme von Kaluga bereits bei Borowsk die Moskauer Schutzstellung tief durchbrochen[7]. 100 km weiter im Rücken erledigen wir mit der andern Hälfte der Armee den Kessel von Wjasma, das heißt, praktisch ist er bereits erledigt[8]. Sein Ergebnis ist über alle Erwartungen groß[9]. Meine Armee hat in 10 Tagen (2. - 12. Oktober abends) allein 328 000 Gefangene gemacht und diese Zahl wächst noch stündlich an. In dem Kessel sieht es grausig aus. Ich bin heute nachmittag mit dem Storch in 5 - 10 m Höhe darüber rumgeflogen. Zum Teil wurde noch gekämpft. Ich habe entsetzliche Bilder gesehen. Teilweise türmten sich die gefallenen Russen übereinander. In den Artilleriestellungen von unsern Panzern niedergerollte Geschütze mit ihrer Bedienung, zusammengeschossene Gespanne, dazwischen frei herumlaufende Pferde, Sättel unter dem Bauch, brennende Kraftfahrzeuge, brennende Dörfer, entwickelte Infanterie im Vorgehen - kurz ein Kaleidoskop eindrucksvollster Art, das ich sicher nie vergessen werde, so schnell es auch im Fluge an einem vorbeizog. Und doch verliert das Grauen seine Schrecken, denn der toten Kreatur ist es sicher gleichgültig, wie sie nach dem Tode zugerichtet ist. Viel mehr leid können einem die unabsehbaren Kolonnen von Gefangenen tun, die zusammengepfercht bis zu 80 000 auf

einem Fleck hungernd und frierend zusammengetrieben werden, ohne daß man in der Lage ist, sie irgendwie zu verpflegen und gegen die Witterung zu schützen[10]. Eben wurde ich zum 5.! Mal vom Telefon gestört während dieses Briefes.
Wir hausen in den typischen Holzhäusern, die, kümmerlich genug, durch ihren großen Lehmofen eine Gemütlichkeit verbreiten, die fast anheimelnd wirkt. Eigenes elektrisches Licht, das allerdings oft genug versagt, und Radiomusik bringen einen Abglanz europäischer Kultur in diese Steppen- und Waldlandschaft, die grotesk wirkt. Man wird ja *so* bescheiden! Die Sehnsucht nach einer Änderung dieser Verhältnisse wächst allerdings im Quadrat zur Entfernung von der Heimat. Aber das bleibt ein schöner Traum. Wir haben die Aufgabe, Moskau eng einzuschließen und auszuhungern[11], eine Aufgabe, die uns den Winter hier über binden wird. Was mit dieser Aufgabe an seelischer Belastung verbunden ist, brauche ich Dir bei meinem Urteil über satanische Methoden wohl nicht weiter auseinanderzusetzen!
Viele Grüße den Eltern und Peter.
Dir schickt liebe Küsse

Dein kleiner Mann

Nr. 73
Freitag, 17. Oktober 1941
[Armeehauptquartier:] An die Schwester

Meine liebe Ursel!
Aus meinem geplanten Besuch bei Dir ist nun leider nichts geworden[1] und auch meine Glückwünsche zu Deinem Geburtstag mit den besten Wünschen für Dein neues Lebensjahr kann ich Dir nur brieflich übermitteln. Seit dem 24. September habe ich den lange genug gedrückten Schreibtischplatz in der Operationsabteilung verlassen und bin seitdem wohlbestallter I a der Armee von Kluge geworden. Die Versetzung kam gänzlich unerwartet infolge Ausfalls meines Vorgängers[2].
Ich bin in jeder Beziehung mit meiner neuen Verwendung glücklich und zufrieden. Meine Armee steht im Schwerpunkt der Entscheidungskämpfe der Mitte[3]. In der inzwischen durchgeschlagenen Vernichtungsschlacht von Wjasma hatten wir die Hauptarbeit, aber auch den Löwenanteil an der Beute mit über 370 000 Gefangenen. Die Kämpfe südlich Wjasma waren außerordentlich hart. Am letzten Nachmittag der Schlacht bin ich mit einem Storch in 10 - 20 m Höhe über das Gefechtsfeld geflogen. Es waren unvorstellbar grausige Bilder. Jetzt kämpfen wir uns durch die Moskauer Schutzstellung durch, in die der Russe das letzte geworfen hat, was ihm noch zur Verfügung steht, um dann Moskau einzuschließen. Der schlimmste Feind zur Zeit ist aber das Wetter.

Seit 4 Tagen schneit und regnet und friert es abwechselnd. Die Wege sind meist derart unvorstellbar schmierig und verschlammt, daß praktisch jede Bewegung zu Fuß, mit Pferdefahrzeugen, mit Kraftfahrzeugen, sogar mit Gleiskettenfahrzeugen, einfach erstickt. Jeder Frosttag wie heute ist dann ein Gewinn! Was unsere Truppe, besonders die Infanterie, aber wieder leistet, ist mit Worten nicht zu beschreiben. Man muß sich vorstellen, wie sie im Schlamm, Schnee und Regen marschiert und kämpft, Tag und Nacht draußen liegt und bald keinen trockenen Faden bei durchdringender Kälte mehr am Leibe hat. Ich bin natürlich auch oft unterwegs - meist der Schnelligkeit wegen im Flugzeug, was mit Rücksicht auf die russischen Jäger nicht immer ganz angenehm ist. Aber ich komme ja immer wieder in eine warme Behausung zurück. Sie ist zwar meist primitiv in einer russischen Holzpanjebude mit Wanzen, die mich bisher aber liebenswürdigerweise nicht mögen.
Meine Zeit ist natürlich jetzt während der Operationen verdammt knapp. Der Mitarbeiterkreis, den ich gefunden habe, ist sehr nett und kameradschaftlich zusammengesetzt; der Chef, Oberst Blumentritt, den ich noch vom Frieden aus dem OKH her kenne[4], läßt mir volle Freiheit in der Leitung der Operationen der Armee, der OB [Oberbefehlshaber][5] ist zwar nicht ganz einfach zu nehmen, aber ich finde mich mit ihm gut zusammen. Zusammengefaßt - ich bin froh über meine neue Verwendung. Das einzige, wovor einem grauen kann, ist die Aussicht, diesen Winter in diesem entsetzlichen Land verbringen zu müssen.
Wie geht es Dir, Hasso und Ute? Ich hoffe, daß Hasso an Deinem Geburtstag bei Dir sein kann.
Mit den besten Wünschen für eine vergnügte Geburtstagsfeier und herzlichen Grüßen für Hasso und Ute bleibe ich mit einem herzlichen Kuß

Dein Brüderlein

neue Feldpostnummer: 22 444

Nr. 74
Mittwoch, 5. November 1941
[Armeehauptquartier:] An seine Frau

Mein liebes Haschen!
Heute brachte mir die Post zunächst Deinen Brief vom 9. Oktober aus Pistyan mit den Bildern anscheinend Deiner Favoriten - wer ist denn der rundliche, ältere Herr im gefährlichen Alter? - und etwas später Deinen Brief vom 22. Oktober aus Mittelsteine. Da sie beide so etwas zusammenhanglos sind, nehme ich an, daß noch einiges fehlt. Die Tour

mit der Postverbindung ist keineswegs in Ordnung. Wer weiß, wo die Briefe alle rumlungern mögen. Die Kurierverbindung hat man uns nun auch abgeschnitten, ich schrieb es Dir wohl schon in einem Brief, den ich nach Berlin adressiert hatte.
Falls Du es noch nicht getan hast, wäre ich Dir für eine *eingehende* Schilderung Deines Kuraufenthaltes dankbar. Aus Pistyan bekam ich nur Deinen 1. Brief und dann den vom 9. [Oktober] heute. Der Mutter[1] danke ich vielmals für ihre Zeilen vom 12. Oktober mit den Zigaretten, die ich vorgestern bekam.
Von mir kann ich nichts Neues berichten. Seit gestern hat - Gott sei Dank - Frost (4° - 5° C) eingesetzt, so daß der schlimmste Schlamm aufgehört hat. Aber ehe nicht eine *Dauer*frostperiode eingesetzt hat, ist an ein Weitertragen des Angriffs nicht zu denken[2]. Zunächst müssen wir unsere überall liegengebliebenen Fahrzeuge nachholen und die Versorgung auf vernünftige Beine stellen. Es ist ja zu niederträchtig, daß man so kurz - kaum 60 km - vor Moskau im Dreck steckenbleiben mußte. Aber im Grunde genommen ändert auch das schließlich nichts an der Tatsache, daß wir, einem Irrsinnigen ausgeliefert, eben in diesem Lauseland noch jahrlang sitzen müssen, bis wir schwarz werden. Ich habe es restlos satt! Ich kann Dir nur raten, genieße wenigstens Du von Deinem Leben noch das, was Du mitnehmen kannst. Viel ist es ja sowieso nicht, was einem noch geboten wird. Aber um so weniger hat es Zweck, daß Du dann noch bei dem Verbleibenden große Rücksichten auf mich nimmst. Es reicht wirklich hin, wenn einer von uns beiden auf alles verzichten muß, was einigermaßen Freude am Leben macht. Und da unsereins dazu verdammt ist, eines Phantoms wegen noch jahrelang in den unwirtlichsten Landstrichen als »Kulturbringer« mit Feuer und Schwert herumzuziehen, hat es ja gar keinen Zweck, eine Bindung aufrechtzuerhalten, die dann nur eine Last wird. Alle anders gearteten Hoffnungen auf ein baldiges Ende sind trügerisch, solange ein ganzer Erdteil dem verbrecherischen Willen und krankhaften Ehrgeiz eines Wahnsinnigen ausgeliefert ist. Mir tut es nur immer um diese anständigen Menschen leid, die hier vorne so Unsägliches deswegen erleiden müssen. Gerade aber ihretwegen kann man das Ende dieser Tyrannei gar nicht früh genug herbeisehnen. Denn es wird uns sonst zu demselben Elend bringen, das wir hier täglich vor Augen sehen.
Ich bin von einem abgrundtiefen Haß erfüllt! Meine Kenntnis aus meiner bisherigen Verwendung[3] in Verbindung mit dem seit 6 Wochen Erlebten hat ihn tief fundiert! Denn hier ist man hilflos einem unmenschlichen Schicksal preisgegeben. Seit dem 2. Oktober haben sich unsere Divisionen fast mehr verblutet als in den Monaten vorher[4], weil man dauernd von falschen Voraussetzungen des Gegners ausgegangen ist. Aber das führt keineswegs zu irgendeiner Einsicht - im Gegenteil, die Anforderungen werden immer maßloser. Sie werden in

der Wirkung zur Selbstvernichtung führen! Es ist entsetzlich, das mit wachen Sinnen ansehen zu müssen, denn an Wunder glaube ich nicht mehr.
Herzliche Grüße den Eltern und Peter.
Dich küßt vielmals

Dein kleiner Mann

[Nachschrift:]
Bitte Zigaretten, Briefmarken und Lokuspapier.

Nr. 75
Dienstag, 11. November 1941
[Armeehauptquartier:] An seine Frau

Mein liebes Haschen!
Unser Fliegerverbindungsoffizier ist als Lehrer zur Luftkriegsakademie[1] versetzt und fliegt morgen ins Reich. Ich gebe ihm diesen Brief an Dich mit. Auf diese Weise wirst Du schneller etwas von mir hören. Sonst sind die Verbindungen furchtbar. Dein letzter Brief ist schon 3 Wochen alt und von den ausstehenden Briefen aus Wien und Pistyan hat sich nichts gerührt.
Von mir kann ich Dir nichts Besonderes berichten. Man wird apathisch und stumpfsinnig wie ein Russe. Inzwischen ist der Frost mit - 10° bis 15° C eingetreten. Wann wir nun aber antreten werden, steht in den Sternen. An sich sind wir für das kleine, vor uns liegende Ziel fertig[2]. Aber ganz oben kann man mal wieder in der Zielsetzung keine Grenzen finden. Dafür reicht aber die Bevorratung und insbesondere der Bahnnachbau noch nicht aus. Für uns ist das alles unverständlich. Man treibt Geometrie auf der Karte da hinten, als ob es keinen russischen Winter gäbe und als ob unsere Divisionen noch wie am 21. Juni wären[3]. Der Winter aber steht vor der Tür (ich muß immer an Caulaincourt[4] »Mit Napoleon in Rußland«[5] denken, das mir Heusinger zum Abschied schenkte[6]), so daß jeder Tag Verzögerung uns dem großen Schneefall näher bringt, so daß dadurch dann auch die Erreichung des kleinen Ziels gefährdet wird. Unsere Einheiten aber sind ausgebrannt, daß einem das Herz bluten kann. *Einmal begrenzt* können wir noch angreifen - das will auch die Truppe noch. Darüber hinaus traut sie sich selbst nichts mehr zu. Die Grenze der physischen Leistungsfähigkeit ist bald erreicht, die Witterung (erst Nässe, jetzt Kälte) treibt sie noch schneller vorwärts. Dazu die unvollkommene Winterausstattung[7] dieses »bestausgerüsteten Heeres der Welt«, wie man hier nur noch mit Spott sagen kann, wenn man die andere Seite dagegenhält!
Wenn man ganz nüchtern die Bilanz dieses Feldzuges zieht, so hat er

das gesteckte Ziel nicht erreicht und kann es auch nicht mehr erreichen. Wir gehen einem Winterstellungskrieg mit durch die Partisanen unangenehm gefährdeten langen Verbindungen entgegen und müssen im kommenden Jahr erneut gegen einen inzwischen immerhin so stark restaurierten Feind antreten, daß damit weiterhin die Masse unserer Kräfte hier festgelegt ist. Dabei bleibt ganz außer acht, ob die andern Fronten uns dazu überhaupt die Möglichkeit lassen. Kurz – wir haben mit Hilfe einer großen Gewandtheit den Zweifrontenkrieg in Reinkultur.
Ich bin zwar auch der Überzeugung, daß die Auseinandersetzung mit dem Bolschewismus kommen mußte und zwar bald. Wenn man ihn aber richtig einschätzte und sich nicht von der eigenen Propaganda und Überheblichkeit betrunken machte, dann mußte man schon vor 1 1/2 Jahren vom hohen Roß runter und unter Preisgabe der überspannten Forderungen im Westen mit England auf alle Fälle Frieden schließen. Jetzt kommen wir zu einem jahrelangen Krieg mit unserer restlosen Auszehrung, wobei der Ausgang keineswegs sicher ist.
Im übrigen ist unsere vielgepriesene »Neuordnung« bereits zur »organisierten Unordnung« Europas geworden, denn die Aufstände sind überall Legion und auf dem Balkan steht einer gegen den andern[8] – schlimmer als es je der Fall war. Denn wir haben dort alle Begehrlichkeiten geweckt, *keiner* ist zufrieden und damit *alles* durcheinander. Manchmal kann man verzweifeln, wenn man hier so hilflos in der Tonne sitzt.
Beiliegend ein paar neue Bilder. Herzliche Grüße den Eltern und Peter.
Dir sendet viele Küsse

Dein kleiner Mann

Nr. 76
Mittwoch, 19. November 1941
[Armeehauptquartier:] An seine Frau

Mein liebes Haschen!
Der Generalquartiermeister[1] hat ein mitfühlendes Herz und alle Oberquartiermeister der Armeen zu einer Besprechung ins ferne Reich bestellt. So reist dieser Brief mit meinem Oberquartiermeister[2] und wird Dich daher schnell erreichen. Uns armen I a wird das Glück einer Dienstreise ins Reich ja wohl nicht blühen.
Ich habe jedenfalls alle Hoffnungen abgeschrieben, in absehbarer Zeit jemals dieses gastliche Land wieder zu verlassen. Als Hoffnungsköder kam ein Befehl über Urlaubsregelung an. Aber das wird Theorie bleiben, denn alles hängt von der Eisenbahnlage ab[3]. Die ist aber, besonders hinten im Reich und im Generalgouvernement[4], infolge Organisationsfehler und der restlosen Herunterwirtschaft unserer Lokomotiven *so*

katastrophal, daß seit Tagen nur 50 % der Züge über die Grenze hierherkommen, die mit Nachschubgut, besonders Verpflegung, Munition und Winterbekleidung, für uns bestimmt sind. Besonders fühlbar ist der Mangel an Mehl, so daß die Brotration oft tagelang fehlt oder ganz knapp ist. Getreide gibt es zwar hier, aber alle Mühlen sind zerstört[5]. Bis die wieder in Gang gesetzt sind, vergehen Wochen. Außerdem ist aber das Land in unserm Bereich bald kahl gefressen. So gibt es zum Beispiel keinen Hafer mehr. Die armen Tiere bekommen jetzt 2–4 Pfund Hafer je Tag, weil nicht mehr herankommt. Sie brechen vor Entkräftung zusammen.

Von der Winterbekleidung ist nur das Nötigste herangekommen, nämlich Handschuhe, Kopfschützer, Wollwesten. Wann der Rest kommt, wissen die Götter, bei *der* Bahnlage jedenfalls nicht vor Wochen! Es ist schamlos – diese »bestausgerüstete Wehrmacht der Welt«. Dabei ist die andere Bekleidung, besonders Stiefel und Hosen, auch so abgerissen, daß die Leute zum Teil nur noch in Schnürschuhen! rumlaufen und sich die Drillichhosen über die andern Fetzen ziehen, damit sie etwas Schutz haben. Von den Anforderungen wird aber nur 1/5 erfüllt, weil es angeblich eben nichts mehr gibt! Einem kann schon das Herz bluten, wenn man dagegen die tadellose Winterausrüstung der jetzt gegen uns neu ins Gefecht tretenden fernöstlichen Divisionen der Russen sieht (Pelzmützen, wattierte Röcke und Hosen, hohe Filzstiefel). Aber wir greifen jetzt einfach zur Selbsthilfe und nehmen den Panjes für unsere Leute die hier üblichen Filzstiefel und wattierten Bekleidungsstücke fort. Es ist schon besser, die Bevölkerung verhungert und erfriert als wir. Man wird entsetzlich roh, denn gut 95 % der Bevölkerung ist anständig und vertrauensselig. Aber es geht für uns hier um die nackte Existenz. Ein großer Teil unserer seit 5 Monaten im Kampf stehenden Truppe ist eben am Ende der physischen Leistungskraft angekommen. Die Masse der Offiziere und Unteroffiziere ist gefallen oder verwundet[6]. Dadurch haben wir Einheiten, die beim ersten Auftreten eines russischen Panzers einfach weglaufen. Man kann sich selbst auf aktive Divisionen nicht mehr verlassen!

Die letzten 3 Tage waren besonders schwer. Westlich Sserpuchow hat der Russe mit 5 frischen Divisionen gegen unsere Ostflanke angegriffen[7]. Es waren sorgenvolle Stunden, weil ein Durchbruch nicht nur uns selbst (keine 20 km entfernt war er schon durchgesickert), sondern unsere einzige Lebensader der Armee, die Straße Medyn-Moskau, bedroht hätte. Nur mit Hilfe einiger beherzter Führer, der Artillerie und der Stuka's ist es nochmal gerade so abgegangen. Aber wieder sind Kommandeure und Chefs ausgefallen (in einer Division 13 Kompaniechefs tot! das heißt fast die Hälfte, da kein Regiment noch mehr als 2 Bataillone zu je 150 Mann höchstens hat). Manchmal kann einem Angst und Bange werden. Reserven habe ich überhaupt nicht mehr, Ersatz

kommt vor dem Frühjahr nicht heran, da das Ersatzheer leer ist – und mit diesen schwachen fertigen Verbänden soll man bei mangelndem Nachschub jetzt einen Winterstellungskrieg gegen einen sehr tätigen Feind machen. Denn an Angriff ist im großen Stil, nachdem uns der Russe jetzt damit zuvorkam, vor dem kommenden Jahr nicht mehr zu denken. Unsere einzige Rettung ist bald und *viel* Schnee, damit überhaupt größere Kampfhandlungen aufhören und unsere Truppe etwas zur Ruhe kommt. Sonst muß es hier eine Katastrophe geben.
Wir haben uns durch diesen Feldzug in eine feine Situation reinmanövriert. Am meisten kann man sich ärgern, wenn man all diesen verlogenen Blech unserer Propaganda hört und liest. Es ist wahrhaft unerhört, was da für Märchen aufgetischt werden. Immer wieder wird dadurch die Leistungsfähigkeit der Russen verkleinert. *Wir* merken es ja, was es damit auf sich hat. Seinen immer mehr auftretenden Panzern modernster Art stehen wir fast machtlos gegenüber, weil sie eigentlich nur noch durch Zufallstreffer der 8,8 cm Flak zu erledigen sind. Die andern Abwehrwaffen einschließlich 10,5 cm Feldhaubitze schlagen einfach nicht durch. Daneben tritt jetzt massenweise ein Raketengeschütz bei ihm auf, das gleichzeitig 16 Schüsse vom Kaliber 13,7 cm abfeuert, rauchlos arbeitet und unser sonst ähnliches Do-Gerät (6 Schuß von 15 cm aber mit Rauchrakete[8]) erheblich an Schußweite übertrifft[9].
So, jetzt habe ich mich genügend ausgeschimpft. Es ist zum Kotzen, weil alle Zukunftsaussichten so trübe sind und eine Änderung nicht zu erwarten ist. Unser Leben ist verfehlt – in jeder Beziehung!
Gestern bekam ich einen Brief von Dir vom 2. Oktober aus Pistyan, vom 2. November aus Mittelsteine und heute Deinen Zigarettenbrief vom 3. November. Ich entnehme daraus, daß Du wohl ab morgen in Berlin bist. Dann willst Du also Deinen Namenstag, zu dem ich Dir meine herzlichsten Wünsche schicke, in Berlin begehen! Wenn Du in Berlin bist, dann deponiere doch meine Skisachen (Skianzug, Skistiefel, Skier mit Stöcken) bei irgendjemandem zusammengepackt, der sicher ständig in Berlin ist. Wir wollen Mitte Dezember eine Ju 52 heimschicken, die uns derartiges Winterzeug herschafft, das man hier gut brauchen kann. Schreibe mir aber, bei wem Du die Sachen deponierst.
Die Sache mit meiner Kleiderkarte kommt mir höchst verdächtig vor. Ich bin doch *Selbsteinkleider*, bekomme hier *nichts* und verreiße hier mehr als die Heimkrieger! Das wäre wirklich die Höhe, wenn das zutrifft. Ich kann es nicht nachprüfen, denn wir bekommen hier derartige Bestimmungen erst nach Wochen, außerdem hat man, weiß Gott, andere Sorgen, als sich mit solch idiotischen Verfügungen abzuplagen. Die Kerle, die so etwas aushecken, sollen mal gefälligst selbst hierherkommen! Stelle doch bitte mal fest, was da los ist. Sonst schreibe ich dieser Gesellschaft mal einen groben Brief. Man ist hier sowieso schon überreizt genug durch dieses Hundeleben, das man hier führt.

Ich wäre Dir dankbar, wenn Du mir Pulswärmer, Kopfschützer, Wollsocken und, wenn möglich, 2 wollene Unterhosen besorgen könntest. In der Kleiderkasse wird es das wohl geben. Man hält es sonst hier nicht aus.
Die Bahneinschränkungen haben mit uns nichts zu tun, sondern nur mit der jammervollen Bahnlage zuhause – siehe den Anfang dieses Briefes. Aber *dafür* reicht die Bahn noch aus, jeden 2. Tag einen Zug mit Juden aus dem Reich nach Minsk zu fahren und sie dann dort ihrem Schicksal preiszugeben. Das ist, ebenso wie der Judenstern in Berlin, wie ich ihn im September dort sah[10], eines angeblichen Kulturvolkes unwürdig! Es *muß* sich das alles mal an uns rächen – und mit *Recht*! Es ist schamlos, daß um einiger Halunken willen ein so braves Volk ins Unglück gestürzt wird. Es ist ja alles noch viel schlimmer geworden als vor 2 Jahren in Polen[11].
Auf die NSV[12] verzichte *ich* gerne. Ich will meine Liebesgaben und Geschenke nicht von einer Institution haben, die nur dem höheren Ruhm unserer herrlichen NS-Führerschicht dient, sondern wirklich von meinen Lieben. Eher verzichte ich ganz! *Ich* unterschreibe den Wisch jedenfalls *nicht*!
Grüße meine Mutter, Tante Carla[13] und To[14] vielmals von mir. Ich lasse allen für ihre diversen Briefe und Zigaretten danken.
Dir selbst wünsche ich recht glückliche Tage in Berlin. Es küßt Dich

Dein sehr unzufriedener Ling

Nr. 77
Montag, 24. November 1941
[Armeehauptquartier:] An seine Frau

Mein liebes, kleines Haschen!
Genau 2 Monate sitze ich heute hier in diesem verrückten Land. 5 Monate dauert nun schon der Feldzug und viele Monate werden sich noch anschließen. Du bist nun inzwischen nach Berlin heimgekehrt und hast hoffentlich die Wohnung wohl angetroffen. Hast Du vielleicht das Fläschchen »Chanel Nr. 5« in Deinem Kleiderschrank vorgefunden, das ich Dir noch zum Abschied am 20./21. September hineingestellt habe? Deine Briefe kommen so allmählich tropfenweise. Vorgestern erschien ein Brief vom 6. Oktober aus Pistyan (nun fehlt nur noch einer), ferner einer vom 29. Oktober mit dem Hundebild (es sagt wenig – etwas weicher Rücken) und der Hochzeitsanzeige Dühring[1] (von der Hochzeit selbst hatte ich schon auf anderm Wege gehört).
Dein eingehender Bericht aus Wien ist noch nicht in meine Hände geraten. Schade, denn ich hätte so gerne etwas Eingehenderes von dieser Zeit von Dir gehört. Ich freue mich überhaupt, wenn du mir *eingehend*

alle Deine Erlebnisse schilderst! Mich freut es, wenn Du Furore machst und die Ili Gaertner, die etwas leichtsinnige!, in Dir erwacht! Ich sagte Dir kürzlich schon, es reicht aus, wenn sich einer von uns kasteien muß! Aber lasse es mich miterleben, ich erlebe hier doch weiß Gott nichts, was mir Spaß macht. Denn den Spaß an meinem *Beruf* habe ich längst verloren. Und insofern möge Dir dies Antwort genug sein auf das, was Du hinsichtlich des Wechsels der Stellung bei mir voraussetztest. Ich tue meine *Pflicht* ohne jede Passion! Denn wenn man *die letztere* auch noch dabei empfindet, ist man kein Mensch mehr, sondern ein Stück Vieh! Ich fühle mich gezwungenermaßen, keineswegs freiwillig oder gar freudig, als Werkzeug eines despotischen Vernichtungswillens, der alle Regeln der Menschlichkeit und des einfachsten Anstandes außer acht läßt, sich aber gleichermaßen gegen Freunde wie gegen die eigenen Leute richtet. Ich bin so maßlos verbittert geworden! Daran ändert auch nichts, wenn die Lage sich zur Zeit entspannt hat, und wir auf dem Nordflügel zum erfolgreichen Angriff übergehen konnten[2]. Ob das nun hier zwei Wochen früher oder später 50 km weiter oder weniger weit zu Ende geht, ist ja *so* belanglos! Trotzdem haben wir das jahrelange »Vergnügen« eines Krieges gegen Gott und die ganze Welt eines Tollhäuslers wegen! Ich will nicht mehr davon sprechen!
Vorgestern besuchte mich Friedrichs[3]. Ich habe mich sehr über diesen Besuch gefreut. Wir haben viele alte Erinnerungen ausgetauscht. Sonst weiß ich nichts zu berichten!
Bon amusement à Berlin! Lasse mich teilnehmen, ich bin nicht böse – im Gegenteil.
Seine leichtsinnige Ili Gaertner küßt

Hellmuth

[Nachschrift:]
Ich will selbst so gerne bodenlos leichtsinnig sein und kann es nicht – gräßlich!

Nr. 78
Sonntag, 7. Dezember 1941
[Armeehauptquartier:] An seine Frau

nur -18°
Mein liebes Haschen!
Gänzlich überraschend bekam ich vorgestern auf dem Kurierweg Deinen langen Brief Nr. 7 vom 1. Dezember mit der Gardinenpredigt und Dein Päckchen für Weihnachten, das ich wunschgemäß erst am Heiligabend öffnen werde. Außerdem erhielt ich gleichzeitig Dein Päckchen von Allerheiligen, Deinen Brief Nr. 1 und einen Brief aus Pistyan vom 27. September!! Hab vielen herzlichen Dank für alles.

Daß ich Dir nicht sofort geantwortet habe, hat zwei Gründe. Erstens hatten wir 3 Tage lang einen grauenhaften Kälteeinbruch von unter -30 Grad. In meinem Hause nutzte kein Heizen. Wir saßen und bewegten uns selbst im Hause nur im Pelz und mit Postenschuhen (wie in der Reiterei!). Die russischen Häuser sind bodenlos fußkalt, das heißt, die Fußkälte geht im Sitzen bis zum Kopf! Es war eine Qual sondergleichen, schon an der Karte und an den notwendigen Schriftstücken zu arbeiten. An einem dieser Tage, das heißt am 5. Dezember, als ich nach meiner Rückkehr diesen Postsegen vorfand, war ich draußen. Allein die Fahrt war unvorstellbar. Die Scheiben dauernd zugefroren, *keine* Frostschutzscheibe (die liegen noch irgendwo rückwärts auf der Bahn zwischen Warschau und Smolensk!), alle 3 Minuten mußte man mit der nackten Hand ein Guckloch auftauen, damit der Fahrer etwas sah!
Das nebenbei - der zweite Grund, warum ich jetzt erst schreibe, ist der, daß es maßlos viel zu tun gibt. Ich schrieb Dir neulich, daß wir mit großem Optimismus den letzten Angriff auf Moskau eingeleitet haben[1]. Er ist gescheitert[2]! Am 3. Tag konnten wir die Armeemitte mit Mühe unter bitteren Verlusten in die Ausgangsstellung zurücknehmen. Ich habe mir entsetzliche Vorwürfe gemacht, daß ich *so* in Kluge drang, diesen letzten Versuch zu machen, obwohl er instinktiv nicht ran wollte. *Er* hat recht behalten! Aber darüber hinaus ist bei Hoepner[3] und besonders [bei] seinem nördlichen Nachbarn eine ganz schwere Krise eingetreten[4]. Ob sie überhaupt zu beheben ist, ist zur Zeit noch fraglich. Wir tun alles dafür und kratzen hier das letzte zusammen, um es dorthin zu bringen. Wird diese Krise nicht behoben, so ist das Schicksal der Armee besiegelt! Die Chancen sind gering - das solltest Du wissen. Das Schlimmste - aber voll verständlich für den die Verhältnisse kennenden - ist die an Apathie grenzende Stumpfheit der Truppe, die sich in dieser entsetzlichen Kälte völlig verlassen fühlt! Ihre Führer sind gefallen oder verwundet, das heißt bei *dieser* Kälte oft gleich den Tod, selbst bei Verwundungen leichter Art!
Ein Angriff eines Infanterieregiments, zu dem ich selbst geraten hatte (ich mache mir furchtbare Vorwürfe), kostete 7 von noch 9 Schützenkompaniechefs den Tod; danach konnten die Infanteristen nur noch durch die Maschinenpistolen der vorgeschobenen Artilleriebeobachter vorwärts getrieben werden (Infanterieregiment 88, Aschaffenburg, bisher eines unserer *besten* Regimenter!).
Im kleinsten Kreise haben wir heute Überlegungen über die Zurücknahme der *ganzen* Armee um 250-300 km angestellt. Wenn kein Wunder eintritt, wird sie notwendig werden. Sie ist aber unter den obwaltenden Umständen der Untergang! Denn der Russe führt fortgesetzt *neue* frische Kräfte, bestens für den Winterkrieg ausgerüstet, heran und hat jetzt den Schwung der Überlegenheit. Dagegen sollen unsere armen Kerle, fünffach unterlegen und seinen modernen Panzern hilflos preis-

gegeben (den Einsatz der einzigen dagegen wirksamen neu entwickelten Rotkopf-Munition der leichten Feldhaubitze hat der Führer zweimal ausdrücklich verboten und die Zurückziehung dieser Geschosse angeordnet, damit im *kommenden* Jahr eine Überraschung unsererseits möglich ist!) in ihren dünnen Fähnchen standhalten, wochenlang verlaust, ohne eine Spur von Wäsche auf dem Leib, mit zerrissenen Stiefeln und ohne ausreichende Ernährung.
Ich nehme Dir Deine Gardinenpredigt gar nicht übel, aber sie riecht verdammt nach Heimatpatriotismus. *Ich* habe, weiß Gott, Verantwortungsgefühl, und ich *beweise* es hier. Ich bin *stolz* darauf, hier vorne zu sein und gegebenenfalls meine Knochen hier bleichen zu lassen. *Wir* sind hier eine verschworene Schicksalsgemeinschaft, *wir* werden hier zusammen zu sterben verstehen. Da brauchst Du gar keine Angst zu haben! Ich bin in meinem Leben noch *nie feige* gewesen, wie Du es mir durch die Blume vorzuwerfen beliebst! Aber Ihr scheint *schimmerlos* zu sein, wie es hier tatsächlich aussieht. Das gelte Dir als Entschuldigung, *sonst* wäre ich über Deinen Brief vom 1. Dezember empört, denn er ist in *meiner* Lage gefühlsroh! Hier kommt es *nicht* darauf an, an eine eingestandenermaßen vorhandene Weichheit von mir zu appellieren; *die* ist *längst* geschwunden! Ich gebe heute *besinnungslos* den Befehl zum Erschießen von soundsoviel Politruks[5] oder Partisanen, er oder ich – das ist verdammt einfach. Ich überlege mir allerdings, ob ich *einen* deutschen Menschen und *Kameraden* in den Tod jage. Aber nicht um zauberhafte Worte von wegen Kreuzzug[6] usw. wegen, sondern um der Erhaltung anderer tausender Menschen wegen (meine Armee zählt 600 000 Mann!). Und *deren* Existenz ist heute auf's Spiel gestellt! Augenblicklich zum Beispiel beim Rückzug Hoepners 2000 Verwundete, deren Preisgabe sicherer Tod ist!
Verzeih mir, wenn ich bitter geworden bin! Aber Ihr *könnt* das einfach nicht verstehen. Es ist *ganz anders*, als es Euch die unglaubliche Propaganda schildert.
Wir stehen hier täglich auf des Messers Schneide. Deswegen fühlen wir uns auch *so* verraten. Aber irgendwie werden wir schon damit fertig werden – bloß keine hochtrabenden Worte! Dann muß man verzweifeln und irre werden. Das gilt auch für den reizenden Brief Deines Vaters, für den ich ihm sehr danke!
Sowie ich Zeit habe, werde ich ihm selbst antworten. Er hat mir viel mit ihm gegeben, aber in manchem geht er an unserer Lage vorbei! Sage ihm bitte das und meinen herzlichen Dank! *Uns* ist *jeder* Kreuzzug vollkommen schnuppe, wir kämpfen hier um unser eigenes nacktes Leben, täglich und stündlich, gegen einen auf *allen* Gebieten auf der Erde und in der Luft vielfach überlegenen Gegner. Man schickt uns von hinten nichts, im Gegenteil, 3 Divisionen (darunter Werner[7]) wurden vorzeitig fortgezogen, die Luftwaffe zieht praktisch alles weg, und unsere »Winterausrüstung« ist ein *Hohn* für die hiesigen Verhältnisse. Und die

Gegenseite führt in einer Woche *10* neue Divisionen aus Sibirien heran, jeder Mann in Filzstiefeln, mit wattierten Röcken und Hosen und Pelzmützen (das heißt, die Gefangenen laufen jetzt barfuß und kommen um und *unsere* Leute ziehen sich die Sachen an!), und die Luftüberlegenheit ist Legion (oft genug am Tage liegen Hobe[8] und ich platt auf dem Fußboden, wenn die Bomben heulen).
Ich will aufhören. Du verstehst mich doch nicht. Hier vor Moskau ist jedenfalls der Treffpunkt der feinen Welt.
Herzliche Grüße und Küsse

Dein Hellmuth

Nr. 79
Dienstag, 9. Dezember 1941
[Armeehauptquartier:] An seine Frau

Mein liebes, kleines Haschen!
Eben kam Dein Brief Nr. 3 vom 17. November, nachdem gestern eine Art Wagenladung von Feldpostpäckchen auf meinem Tisch landete – nämlich Dein Weihnachtspaket Nr. I, 1 Päckchen vom 4. November mit 10 Zigaretten und einen langen Brief, 1 Päckchen dringend notwendiges Lokuspapier und 1 Päckchen Deiner Mutter, das ich als Weihnachtspaket betrachtete und nicht weiter auspackte. Habt vielen Dank für alles!
Diesen Brief gebe ich meinem 0 1[1] nach Deutschland mit. Er ist als I a zu einem Gebirgskorps nach Finnland versetzt[2] und muß dazu über Deutschland reisen.
In unserer Lage ist eine Entspannung leider nicht eingetreten. »Jetzt beginnt mein Krieg« sagt Stalin zweifellos nach großen Vorbildern und in voller Kenntnis unserer inneren und äußeren Schwäche. Dies letztere ist uns aus einem Beutebefehl bekannt.
Besonders kritisch ist die Lage bei der Panzergruppe Hoepner[3], die auf Istra-Klin zurückgenommen werden muß, weil nördlich davon zwischen Klin und Wolgastaubecken bei der Panzergruppe Reinhardt[4] der Russe mit frischen Kräften tief eingebrochen ist. Zunächst hat man uns nun auch den Reinhardt mit seinen 2 Korps unterstellt. Es ist ein Danaergeschenk, denn er bringt nichts mit als geschlagene Trümmer, und ich kratze verzweifelt wieder woanders aus der Front etwas zusammen, um es dorthin zu schicken. Wir sind schon verdammt arme Leute, man stopft immer ein Loch mit dem andern, und die armen Divisionen kommen überhaupt nicht zur Ruhe. Der bittere Vorwurf, den man unserer obersten Führung machen muß, ist der, daß sie trotz dauernder ernster Hinweise, anscheinend von der eigenen Propaganda trunken, nur 3 Divisionen (darunter auch die von Werner) – aber nicht wegen starker Verluste, sondern aus Umorganisationsgründen für nächstjährige Fernziele! – fortholte, *bevor* tatsächlich die Entscheidung gefallen

war. Und ferner ist sie über die wahren Verhältnisse nie im Bilde, weil sie zu weit ab vom Schuß sitzt. Es wird Geometrie getrieben, die einen entsetzen läßt! Man macht seit Wochen einfach die Augen zu und tut so, als ob der andere nicht mehr vorhanden ist. Auf diese Weise mußten wir auch selbst die schwerwiegendsten Entscheidungen fällen, ohne aber die Gesamtzusammenhänge zu kennen. Kluge hat rechtzeitig den richtigen Riecher gehabt damit, daß wir unsern Angriff im letzten Moment einstellten[5]. Unsere Nachbarn, besonders südlich Guderian, sind nach vorne zu Tode gehetzt. Ihre Kampfkraft ist so gut wie erschöpft und jetzt weichen sie vor immer neuen russischen Kräften unter erheblicher Materialeinbuße zurück. *Wo* das aber zum Stehen kommt, wissen die Götter. In absehbarer Zeit werden wir aber davon unmittelbar berührt. Das sind dann reizende Auspizien, etwa mitten im Winter (heute schneit es ununterbrochen) mit 75 % kaputten Kraftfahrzeugen, ausgemergelten Menschen und Pferden eine größere Absetzbewegung machen zu müssen. Noch hoffe ich, daß wir die Lage halten können. Aber man muß ja an alles denken.
Neben allem aber diese wirklich entsetzlichen Sorgen um die Versorgung des Lebensnotwendigsten! Eben rief mich ein Kommandierender General deswegen an. Immer dieselben berechtigten Klagen und man kann nicht helfen, weil alles ein Transportproblem ist. Die Straßen sind zwar fahrbar, aber 75 % der Lastkraftwagen sind kaputt, Ersatzteile kommen nicht ran und die neuen Lastkraftwagen in der Heimat werden für Neuaufstellungen gesperrt. Wir sollen uns selbst behelfen durch Ausschlachtung der kaputten Fahrzeuge. Aber meist gehen ja immer dieselben Sachen kaputt. Da nutzt das Ausschlachten nichts. Es ist *unerhört*! Wir fühlen uns so entsetzlich verlassen. Jetzt stecken wir hier in dem tiefen verschneiten Rußland drin, haben unsere Pflicht bis zum Äußersten getan, sind ausgeblutet und müssen ohne ausreichende Ernährung und Bekleidung die Angriffe der zahlenmäßig weit überlegenen frischen, bestausgestatteten und wohlverpflegten Russen täglich woanders über uns ergehen lassen. Zur Zeit ist die ganze Ostfront von westlich Rostow (das war auch eine dicke Panne) bis Tichwin, das aufgegeben werden mußte[6], in der unterlegenen Abwehr! Und es handelt sich da keineswegs nur um »örtliche Kämpfe«, wie unser ach so aufrichtiger Wehrmachtbericht glauben machen möchte.
Ach, Haschen, es ist *sehr* schwer! Ich war und bin ja noch immer Optimist. Aber seit Wochen nichts als Schwierigkeiten, Sorgen, jetzt eine Hiobsbotschaft nach der andern, man weiß bald nicht mehr ein noch aus, denn wenn kein Wunder eintritt, steht uns hier ein 1812 bevor[7]. Wir können dem Schöpfer danken, wenn wir, wenn auch gerupft, aus dieser Lage wieder rauskommen.
Der Kriegseintritt Japans[8], so erfreulich er im großen gesehen ist – er verlängert zwar *wieder* den Krieg – bedeutet in unserer Lage natürlich keine Erleichterung. Im Gegenteil, ich habe jetzt das Gefühl, daß der

Russe nun alles auf eine Karte setzen wird, weil er ja in Zukunft von den USA keine Hilfe mehr bekommt[9] und für ihn zur Zeit die letzte Chance besteht, wenn er alles, was er noch hat, in das Geschäft reinsteckt. Und seine Chancen sind gut, wie man sieht. Denn wir sind fertig, und der Winter ist gegen uns!
Du fragtest in Deinem Brief Nr. 3, ob die Leute noch Heiligenbilder hätten. In Weißrußland nirgends - hier in der Gegend aber überall. In meinem Hause gibt es 3 Ikonenecken mit zum Teil sehr schönen, wertvollen Sachen. Die Besitzerin, die wir ausquartiert haben (sie hat 12 Kinder!), will aber um keinen Preis etwas verkaufen. Ebenso alle andern. Ein Dolmetscheroffizier von mir ist schon seit Wochen in meinem Auftrag nach so etwas aus.
Morgen fährst Du ja wohl nach Mittelsteine zurück! Grüße dort alle vielmals von mir.
Mit den herzlichen Grüßen und Küssen

Dein kleiner Mann

Nr. 80
Samstag, 13. Dezember 1941
[Armeehauptquartier:] An seine Frau

Mein liebes Haschen!
Habe besten Dank für Deine Briefe vom 4. und 7. Dezember mit den weiteren Paketen. Ich konnte nicht gleich antworten, weil ich 3 Tage mit hohem Fieber an Hand einer Grippe auf der Nase lag. Seit heute bin ich fieberfrei und das erste Mal wieder auf, allerdings noch nicht im Dienst. Aber morgen springe ich wieder voll in die Sielen.
Es ist höchste Zeit, denn die Lage ist *sehr* ernst. Drei tiefen Einbrüchen in der Front unserer Armee können wir nichts mehr entgegensetzen. Die Fronten unserer Nachbarn wanken, unsere rückwärtigen Verbindungen sind bedroht. Dahinter steht bei mir nichts, während der Russe immer *neue* Kräfte einsetzt, wenn auch nicht viel, aber bei unserm Zustand reicht es gerade. Einen Rückzug bei 1/2 m Schnee, täglichen Schneestürmen und bis zu -30 °C Kälte kann sich jeder selbst ausmalen. Die Katastrophe steht vor der Tür! Es war ja auch notwendig und ist wohl die gerechte göttliche Strafe für derart viel Vermessenheit eines undeutschen Systems von Rachgier und Mordlust.
Ich bin noch sehr runter und schreibe Dir demnächst mehr. Der eigentliche Weihnachtsbrief folgt noch[1].
Ich habe keinen Bedarf an Pelzstiefeln, denn ich trage ein Paar prima russische Filzstiefel.
Herzliche Grüße allerseits.
Viele herzliche Grüße und Küsse

Dein kleiner Mann

Nr. 81
17. Dezember 1941
[Armeehauptquartier: Malojaroslawez:] An die Mutter

Meine liebe Mutter!
Zu Weihnachten, zum neuen Jahre und zu Deinem Geburtstag[1] sende ich Dir meine herzlichsten Wünsche. Mögest Du alles unter glücklicheren Umständen feiern als ich.
Mir brummt der Kopf vor schweren Sorgen, denn die Gunst unserer Lage hat sich in den letzten Wochen ins Gegenteil verkehrt. Das Jahresende sieht jedenfalls ganz anders aus, als wir es uns vorgestellt hatten. Wir stehen seit Tagen in schweren Abwehrkämpfen, denen unsere ausgelaugte Truppe an manchen Stellen nicht mehr widerstehen konnte. Reserven haben wir nicht mehr, und der grausame russische Winter schneidet uns fast die Versorgung ab. Noch hält unmittelbar vor uns die Front, aber die Flügel meiner Armee und insbesondere unsere Nachbarn[2] sind ins Wanken gekommen. Es ist die schlimmste Lage, in der sich einschließlich Weltkrieg bisher eine deutsche Armee befunden hat[3]. Aber irgendwie werden und *müssen* wir der Situation Herr werden, denn es geht um unser aller Leben.
Unter diesen Umständen sind unsere Gedanken alles andere als weihnachtlich.
Mit den herzlichsten Grüßen und Küssen bleibe ich

Dein getreuer Hellmuth

[Umschlag:]
Feldpost
Frau Annie Stieff
Berlin-Schöneberg
Am Park 22

[Abgestempelt:] 19.12.[19]41
Abs.: Obstlt. i.G. H. Stieff
22 444

Nr. 82
22. Dezember 1941
[Armeehauptquartier: Malojaroslawez:] An seine Frau

Mein liebes, kleines Igelein!
Heute war wieder ein Tag, der sich gewaschen hatte! Die Armee hat zur Zeit keinen Oberbefehlshaber. Kluge führt die Heeresgruppe[1], einer der Kommandierenden Generale[2] (aber nicht hier) nominell die Armee, praktisch aber der Chef[3] bzw. ich bei seiner Abwesenheit.

Heute war der Chef vorne und kam spät, leider verletzt durch einen Autounfall zurück. Er ist zwar dienstfähig, hoffentlich recht lange. Denn *diese* Last etwa wie heute *alleine* zu tragen, ist unmenschlich. Die Armee ist in einer Lage, wie vielleicht sonst unsere Gegner es waren. Es brennt an allen Ecken, und ich mußte heute dreimal in allem Ernst dem Feldmarschall[4] melden, daß die Armee in 8 Tagen untergegangen ist, wenn der Führer den Wahnsinnsbefehl nicht aufhebt, daß ohne Rücksicht auf feindliche Einbrüche alles zu halten hat, wo es steht! Im einzelnen kann ich Dir das alles nicht schriftlich schildern. *Vielleicht* kann ich es später einmal mündlich tun. Aber wer weiß das?
Kaluga wird von Süden angegriffen, südlich davon klafft zu Guderian ein Loch von 70 km Breite. Aber viel schlimmer, zwischen unserm Südkorps bei und ostwärts Kaluga und dem Korps Felber[5] ist seit 2 Tagen wieder ein Loch von 20 km Breite entstanden, in das der Russe nach Nordwesten hereingestoßen ist. Heute mittag standen russische Panzer 22 km südlich Malojaroslawez[6] tief im Rücken der Front Felber. Nimmt er Malo, dann hört einmal jede Führung auf und zweitens sitzt er auf unserer einzigen Straße und Bahn nach vorn und rückwärts. Ich habe außer einigen Troßknechten und Flakgeschützen (das ist mit unsere *beste* Waffe) *nichts* mehr! Es ist zum Wänderaufkriechen. Gewiß gibt man sich *endlich* alle Mühe. Und *alle* Ehre den 90 Ju 52-Besatzungen, die uns heute in *wüstem* Schneetreiben 1200 Mann Ersatz hierher flogen. Wie die Leute das gemacht haben bei 50 m Sicht, ist mir schleierhaft. Aber das nutzt ja alles nichts - *kaum* deckt es die Ausfälle zweier Tage bei 2 Korps! Unsere Truppe ist so fertig in diesen unmenschlichen Umständen, daß ich weine, wenn ich daran denke.
Meine Nerven sind jetzt auch fertig, heute abend heule ich still in mich hinein. Zum Beispiel habe ich bei Erhalt des beiliegenden Briefes[7] von Schaeder[8] geweint. Ich kann kaum weiterschreiben, es hat mich *so* gepackt. Aber ich *muß* ja stark sein, nicht für mich, sondern für meine armen, armen Männer. Wenigstens für den Rest muß eine Führung bleiben. Der Chef *sucht* vorne den Tod, er ist nicht zu halten, denn seine Nerven sind völlig fertig, das ist jedenfalls mein Eindruck.
Ich kann heute einfach nicht mehr; ich bekomme einen Weinkrampf nach dem andern und muß mich immer verstecken, denn bei mir, dem I a, darf das keiner sehen.
Wir fangen an, unsere Weihnachtspakete auszupacken, gestern Ursels, heute Mutters und Schaeders, und teilen alles Eßbare und Trinkbare untereinander. Morgen wird wohl der Rest rankommen, denn was übermorgen ist, weiß kein Mensch.
Alles Gute Euch allen, kleiner Liebling, besonders zum neuen Jahr!

Dein kleiner Mann

[Nachschrift:]
Wastl[9] ging es vor 5 Tagen noch gut. Ich ließ bei der 2. Panzerarmee nachfragen.
Alles an Hilfe kommt 14 Tage zu spät. *Was* haben wir gedrängt. Am 8. Dezember bekamen wir vom Oberbefehlshaber des Heeres ein Telegramm mit tönenden Worten. Es ist nur recht, daß er gegangen wurde[10], weil er nicht den Mut fand, die Dinge *so* zu melden, wie sie sind!

Nr. 83
Heilig Abend! 17^{0} Uhr [24. Dezember 1941]
[Armeehauptquartier: Malojaroslawez:] An seine Frau

Mein liebes, kleines Igelhaschen!
Jetzt beschert Ihr zu Hause ein!
Mein Heilig Abend ist besonderer Art. *Was* auf mir lastet, kannst Du vielleicht daraus ermessen, daß praktisch seit 3 Tagen die Führung der Armee auf mir lastet. Mein Oberbefehlshaber hat die Heeresgruppe in Smolensk übernommen, der Chef ist seit 3 Tagen durch Autounfall ausgefallen und kommt ins Lazarett (er will nur noch heute bei uns sein), und der neue Oberbefehlshaber (Kübler[1]) kommt vielleicht morgen. Und das in einer Lage, die von einer unüberbietbaren Schwierigkeit ist, und in der ich der Heeresgruppe den schweren Entschluß zur Zurücknahme der Armee abfordern mußte[2]. Selbst Heusinger rief mich unmittelbar an und verlangte eine verantwortliche Beurteilung der Lage[3]. Aber es ist fast 5 Minuten nach 12^{0}Uhr, denn die Armee ist durchbrochen und die vordersten russischen Skitruppen stehen bereits 10 km südlich Malojaroslawez und bedrohen unmittelbar unsere letzte Bahn und Nachschubstraße. So wird heute 17^{0} Uhr als Weihnachtsgeschenk die Rücknahme angetreten. Ich hoffe, dadurch wenigstens 1 leidliche Panzerdivision freizubekommen (aus dem Radio tönt »Stille Nacht« – furchtbar); eben kommt mein Bursche mit allen Päckchen auf mein Büro!

Lange nach Mitternacht [25. Dezember 1941]
Vorhin hat es mich überwältigt – ich konnte nicht mehr! Ihr rührenden Menschen – Du und die Mutter und die Siegburger[4], was habt Ihr mich verwöhnt, wo Ihr doch selbst so wenig habt. Das Wort »Dank« ist zu wenig! Und mit mir danken Euch meine Kameraden, die meist wenig oder noch gar nichts bekommen hatten. Ich habe es mit allen, meinen Offizieren von I a und meinen Schreibern, redlich geteilt, die Kekse und Kuchen, die Schokolade, Nüsse und Zigaretten. Denn es sollte doch jeder in meinem Kreise wenigstens etwas Freude haben. Sie wissen

doch *alle*, wie es um uns steht. Und das ließ wenig Weihnachtsstimmung aufkommen.
Der Abend war von Telephonierei und Hiobsbotschaften ausgefüllt. Und wieder habe ich dem Feldmarschall und Greiffenberg[5] mehrfach die toternste immer mehr zugespitzte Lage der Armee in vollster Offenheit klarlegen müssen. Ich fand vollstes Verständnis bei beiden. Aber es ist ganz furchtbar. Die Oberste Stelle - schimmerlos und die Dinge aus der militärischen Froschperspektive betrachtend - kann sich nicht zu einem *ganzen* Entschluß durchringen. Wenn man *nur* mit dem Feinde zu ringen hätte, wäre es verdammt einfach! Dann würden wir die Sache schon meistern. Aber *so* geben wir eine Chance nach der andern aus der Hand und man muß wissend zusehen, wie die Armee stückweise nacheinander einem unter den Händen zerbröckelt! Obwohl es nicht notwendig wäre, wenn von oben richtig geführt würde.
Gestern hatte ich eine besonders häßliche Affaire durchzustehen, wie sie mir noch nie passiert ist. Ich mußte ausgerechnet Felber[6] wegen eigenmächtiger Handlung gegen einen strikten Armeebefehl, den ich nach Rücksprache mit Kluge für das Nichtausweichen seines Korps gegeben hatte, zur Meldung bringen, weil sich daraus schwerwiegende Folgen für die ganze Armee ergaben. Er hat sich dabei in denkbarer Form unanständig benommen, indem er nun den Feldmarschall gegen mich und umgekehrt auszuspielen versuchte. Du machst Dir keinen Begriff, was das noch eine Belastung nebenher bedeutete, insbesondere, da ich nunmehr den Auftrag des Oberbefehlshabers[7] erhielt, den Divisionen seines Korps unmittelbar zu befehlen. Felber ist abgelöst, ebenso sein Chef[8], und heute habe ich dem Oberbefehlshaber mit Mühe ausgeredet, Felber vor ein Kriegsgericht zu stellen.
Es sind schlimme Tage. Gott gebe, daß sie glimpflich vorübergehen. Man muß schon sehr stark sein, wenn man sich da nicht niederzwingen lassen will. Und manchmal geht es fast über meine Kraft. Aber ich muß ja um der Armee willen stark bleiben. Bete für uns, es ist *so* schwer! Brzeziny war ein Kinderspiel[9], denn wir müssen uns wohin durchschlagen. Sonst geht es nicht.
Innigst

Dein kleiner Mann

Nr. 84
Neujahr 1942
[Armeehauptquartier: Juchnow:] An seine Frau

Mein liebes, kleines Haschen!
Der 1. Tag des neuen Jahres! Möge es uns mehr Glück bringen als die letzte Woche des alten! Sie war verheerend. Seit Heilig Abend schrieb

ich nichts mehr. Denn noch 2 Tage blieb ich allein verantwortlich. Dann kam der neue Oberbefehlshaber Kübler (Bayer, früher 1. Gebirgsdivision, dann XXXXIX. Gebirgskorps) und als Vertreter für Blumentritt der Oberst von Bernuth (Chef der Ausbildungsabteilung OKH[1]). Ich bin froh ob der Entlastung, obwohl meine Verantwortung auch weiterhin dadurch sehr groß ist, als ich als einziger Kenner der hiesigen Verhältnisse mit meinem Rat und meinen Vorschlägen entscheidend - der Oberbefehlshaber sagte es selbst, er müsse sich da ganz allein auf mich verlassen - an allem beteiligt bin.

Wir haben Schweres hinter uns und noch viel Schwereres vor uns. Dank der von mir vorgeschlagenen und durchgeführten Maßnahmen haben wir das Korps Felber herausgeschlagen und, wenn auch gerupft, doch mit allen Divisionen zurückbekommen. Aber kaum war man diese Sorge los, da taten sich 2 neue auf. Zwischen Kaluga, das wir vorgestern aufgeben mußten, und Belew, dem Nordflügel der 2. Panzerarmee, klafft eine Lücke, in die der Russe mit Kavallerie und Schlittenverbänden in Richtung Juchnow auf unsere letzte Rollbahn vorstößt. Seit dem 25. Dezember sind wir wieder in Juchnow in den alten Löchern, da Malojaroslawez so gefährdet war, daß wir nicht mehr hätten führen können. Nur schweren Herzens bin ich im letztmöglichen Augenblick mit dem Armeeoberkommando fortgegangen.

Seit 2 Tagen sitzen wir hier auch schon im Druck, denn keine 10 km von hier entfernt wird mit der russischen 1. Gardekavalleriedivision gekämpft von Troßknechten, Fliegern, unbeweglicher Heeresartillerie und 2 kümmerlichen Bataillönchen einer Panzerdivision. Unter der »Gardekavallerie« darf man sich allerdings nur einen Räuberhaufen mit 50 % Gewehren, Kerlen, die noch nie auf Pferden gesessen haben, wenig schweren Waffen usw. vorstellen. Mit denen werden wir schon fertig. Aber dahinter quillt es an Schützendivisionen heran und unsere neuen Kräfte, zum Teil aus dem Westen, kommen nur ganz tropfenweise.

Als Sylvesterüberraschung brach gestern bei Malojaroslawez eine unserer Divisionen zusammen und nun strömt es dort wieder herein. Damit ist die Hauptfront zerrissen. Zum Stopfen haben wir *nichts* mehr und ein Ausweichen, um den überspannten Bogen nach hinten zu schließen, hat uns ein Führerbefehl heute nacht ausdrücklich untersagt[2]. Es ist zum Kotzen und immer wieder dasselbe. Ein dauerndes »Zu spät«, weil die höchste Stelle[3] jede Division selber führt, wir nichts ohne deren Zustimmung machen können und eigentlich völlig überflüssige Briefträger geworden sind. Es ist jedesmal so, nach 3 Tagen erzwingt der Feind das doch, was notwendig ist und dann geht es nur unter ungeheuren Schwierigkeiten und Verlusten ab. Es ist eine Wonne, unter solchen Umständen führen zu dürfen! Und ein Verbrechen der obersten Führung, die in völliger Verkennung der Verhältnisse stur an Grundsätzen festhält, die unter andern Umständen sicher richtig sind. Manchmal ist

es mir völlig rätselhaft, wie wir aus dieser Schweinerei überhaupt rauskommen sollen. Sie wird mir jedenfalls ewig unvergeßlich sein, wenn ich sie heil überstehen sollte. Geht meine Armee aber zu Grunde, dann weißt Du ja, wo mein Platz ist.
Es ist ein so gemeines Gefühl, daß ein solcher Schweinehaufen da drüben uns nur durch seine Masse zum Erliegen zu bringen droht, weil einfach unsere armen Leute fertig sind. Denn es ist bitterkalt (-20° [bis] -30°) und die Erfrierungsverluste halten den blutigen die Waage. Trotz allen Ersatzes kann man die Tage abzählen, wann es kaum noch Infanterie gibt. Dieser russische Winter ist fürchterlich. Wir sitzen im geheizten (!) Zimmer stets im Mantel und in Walinki (hohe Filzstiefel), sonst ist es nicht auszuhalten. Autofahrten im Kübel sind ein besonderes Vergnügen!
Heute werde ich Deine Bettschuhe anziehen - es will nicht warm werden und draußen sind -36° Grad. 2 Decken merkt man kaum.
Herzliche Grüße allen in Mittelsteine.
Dir viele herzliche Küsse

Dein kleiner Mann

Nr. 85
Samstag, 10. Januar 1942
[Armeehauptquartier: Spass Djemenskoje:] An seine Frau

Mein liebes, kleines Haschen!
Das Tempo der Tage vergeht so atemberaubend, weil man dauernd im Druck sitzt, daß es mir gar nicht recht bewußt ist, wie lange ich Dir nicht geschrieben habe. Es war wohl zuletzt aus Batischtschewo, als ich mit einer Angina auf der Nase lag. Die ist, Gott sei Dank, schnell vergangen. Am 2. Tag mußten wir dort Hals über Kopf fort, weil uns in unserer tiefen Armeeflanke die russische Kavallerie fast ausgehoben hätte. Die Autofahrt hat mich fieberfrei und gesund gemacht.
Seit mehreren Tagen sitzen wir wieder in Spass Djemenskoje, unserm 1. Sprung nach dem Durchbruch der Desna-Stellung[1]. Es ist niederziehend, wie man den Weg des Sieges unter diesen Umständen wiedererleben muß. Und wie ein Magnet ziehen wir die russische Kavallerie immer hinter uns her. Seit gestern wimmelt die Gesellschaft wieder ostwärts von uns rum. Der operative Durchbruch ist jetzt so tief geworden, daß nun auch mein Latein restlos zu Ende ist. Wie das noch enden soll, ist mir restlos schleierhaft. Mit dem Nachäffen des geistlosen Stalinschen Rezeptes (ist diese Übereinstimmung der Geistlosigkeit ein Wunder?) »Stehen bleiben, ganz gleichgültig, was rechts, links oder hinter Dir passiert«, geht es jedenfalls nicht. Aber auch für Bewegungen ist es jetzt zu spät, denn die unbeschreiblichen Schneestürme der letzten

Tage haben alle Wege außer der Rollbahn völlig unpassierbar gemacht. Nur der Russe mit seiner Winterbeweglichkeit auf Skiern und Schlitten kommt von der Stelle. Wenn kein Wunder passiert, muß sich langsam, aber sicher, unser Schicksal vollziehen. Unsere Haupteisenbahn - die letzte - bei Kirow ist seit heute abend in russischer Hand, die Rollbahn hier hinten bei Spass bedroht. Die Masse der Armee zwischen Medyn und Kaluga wird demnächst nicht mehr zu versorgen sein. Es kommt alles so - oder noch viel schlimmer, wie wir es seit 4 Wochen vorausgesehen haben[2]. Damals war durch einen richtigen Entschluß noch was zu retten - heute ist es mal wieder »Zu spät«. Man selbst wird langsam mürbe und resigniert.
Hoepner ist jetzt auch abgesägt[3], weil er selbständig einen Entschluß gefaßt hat, um das früher uns gehörige XX. Armeekorps von der sicheren Vernichtung zu retten.
Wen Gott strafen will, den schlägt er mit Blindheit! Wir alle haben so viele Schuld auf uns geladen - denn wir sind ja *mit*verantwortlich, daß ich in diesem einbrechenden Strafgericht nur eine gerechte Sühne für alle die Schandtaten sehe, die wir Deutschen in den letzten Jahren begangen bzw. geduldet haben. Im Grunde genommen befriedigt es mich zu sehen, daß es doch eine ausgleichende Gerechtigkeit auf der Welt gibt! Und wenn ich ihr selbst zum Opfer fallen sollte. Ich bin dieses Schreckens ohne Ende müde.
Auf Deine lieben Briefe vom 28., 31. [Dezember 1941] und 1. [Januar] gehe ich noch besonders ein. Ich bin zur Zeit schwer herunter.
Viele herzliche Grüße an die Eltern. Dich küßt vielmals

Dein kleiner Mann

[Nachschrift:]
An Schoen habe ich *nie* ein Wort geschrieben, schon lange nicht wegen der Pelzstiefel, die ich *nicht* brauche!

Nr. 86
Freitag, 6. Februar 1942[1]
[Armeehauptquartier: Spass Djemenskoje:] An seine Frau

Mein liebes, kleines Haschen![2]
Ich habe Dir, glaube ich, lange nicht geschrieben. Die letzte Woche hatte es mal wieder in sich. Vor etwas über einer Woche war die Einschließung der Armee vollzogen[3]. Im letzten Augenblick, bevor die Rollbahn für mehrere Tage dicht war, fuhren der Oberbefehlshaber[4] und ich nach Juchnow hinein in den Kessel, um die 4 Korps dort unmittelbar zu führen. Es waren heitere Tage. In Juchnow selbst jede Nacht pausenlos russische Fliegerangriffe mit Bomben und Bordwaffen und

leider recht erheblichen Opfern (in einer Nacht allein 82 Tote). Es war schon ein Kunststück, dabei zu schlafen. Aber was soll man machen? Ich habe den Krach nur im Halbschlaf gehört und wurde nur wach, wenn bei einem Bombeneinschlag in der Nähe die Bude so wackelte, daß man glauben konnte, sie fällt ein. Aber die Holzhäuser sind recht bombenfest. Wenn sie nicht einen Volltreffer bekommen, sind sie zuverlässig, auch wenn so ein Biest nur wenige Meter daneben einhaut. Das Gefühl der Abgeschlossenheit war schon recht eigentümlich. Aber wir haben es geschafft, den Ring zu sprengen. Sowohl nach Norden haben wir unter unsäglichen Mühen den Anschluß an unseren Nachbarn wiedergefunden und damit die seit 5 Wochen bestehende Lücke[5] geschlossen als auch die Rollbahn wieder notdürftig freigekämpft. Allerdings liegt auf ihr noch an einer Stelle Granatwerfer- und Artilleriefeuer, so daß man vor der betreffenden Stelle tief Luft holen und ordentlich auf den Gashebel treten muß. Aber auch das wird in einigen Tagen erledigt werden. Durch Zurücknahme unseres Balkons auf Juchnow haben wir endlich Kräfte freibekommen.
Dicht westlich Juchnow haben wir eine vorgeschobene Befehlsstelle eingerichtet, die der Chef und ich abwechselnd immer 2 Tage besetzen. Morgen früh fliege ich im Storch wieder vor, um dort an Ort und Stelle zu regieren und Bernuth abzulösen[6].
Der Russe macht uns doch zu schaffen. Und das wird ja noch bis Ende März so anhalten. Aber kriegen tut er uns jetzt nicht mehr. Und unsere Truppe hat nun endlich auch den Winterkrieg gelernt. Wir machen es jetzt so wie er und damit geht es. Außerdem hat die Truppe den ersten Schock der Rückschläge überwunden und sich wieder gefangen. Das war anfangs teilweise schlimm.
Vielen Dank für das Päckchen vom 25. [Januar] mit den Füßlingen. Die Pelzhose hat mir fabelhafte Dienste geleistet!
Wie geht es Dir denn jetzt? Ist die dumme Geschichte endlich erledigt? Entschuldige die Kürze - ich bin scheußlich müde. Den Eltern viele Grüße.
Dir viele liebe Küsse von

Deinem kleinen Mann

Nr. 87
19. Februar 1942[1]
[Armeehauptquartier: Spass Djemenskoje:] An seine Frau

Mein liebes Haschen!
Habe herzlichen Dank für die Pelzhaube, die mir sehr zupasse kommt beim Fahren im Kübel. Sie ist praktisch - Du hast mich wirklich gut »eingepelzt«!

Ebenso danke ich Dir für Deine Briefe vom 6. und 11. [Februar]. Meine Schreiberei ist recht knapp. Das gebe ich gerne zu. Aber es gibt ja keine Ruhepausen - mit allen Mitteln versucht der Hund, uns immer wieder ans Leder zu gehen.
So ist man immer wieder durch neue Krisen in Atem gehalten. Ich merke es jetzt auch an mir, so fest sind die Nerven bei der monatelangen Anspannung nicht mehr wie früher.
Vor einigen Tagen hatten wir bei Juchnow den im Wehrmachtsbericht erwähnten großen Erfolg mit über 5000 gezählten toten Russen und 1800 Gefangenen[2]. Wir haben in 10tägigen sehr harten Kämpfen 4 1/2 russische Divisionen vernichtet, die uns den Todesstoß geben sollten. Leider sind auch unsere Ausfälle recht hoch (2000) und bei uns ist ja jeder Mensch unersetzlich. Man wird so müde, ich habe diesen Zustand satt, besonders, weil man gar kein Ende absieht.
Vor einigen Tagen kam ein langer Brief von Vater von Anfang Januar an. Danke ihm dafür in meinem Namen.
Ihr irrt übrigens, wenn Ihr der SS nichts zutraut. Das in meiner Armee eingesetzte SS-Infanterieregiment 4 ist unsere Elite, die sich weitaus am besten schlägt und *alle* schwierigen Aufgaben lösen muß und auch löst. Dasselbe Zeugnis kann ich der SS-Division »Reich« ausstellen, die uns bis Ende Dezember gehörte. Das muß man gerade ihnen lassen, sie sind von einer Idee und einem Glauben getragen, die ihnen eine unwahrscheinliche Einsatzbereitschaft verleiht.
Grüße die Eltern und Margot[3] vielmals von mir.
Dir selbst viele herzliche Küsse

Dein kleiner Mann

Nr. 88
Freitag, 20. Februar 1942
[Armeehauptquartier: Spass Djemenskoje:] An seine Frau

Mein liebes, kleines Igelein!
Mit einer geradezu beschämenden Ansprache meines Oberbefehlshabers, des Generals Heinrici, überreichte er mir heute abend coram publico der versammelten Offiziere des Armeeoberkommandos das Deutsche Kreuz in Gold[2]. Es ist der Lohn für die Weihnachtstage, in denen ich verantwortlich die Geschicke der 4. Armee geleitet habe. In der Armee bin ich der erste Generalstabsoffizier, der diese Auszeichnung trägt. In »Gold« kann sie überhaupt nur für hervorragende Tapferkeitstaten oder für selbständige Führungsentschlüsse verliehen werden. Es hat also immerhin einen gewissen Seltenheitswert - in der 4. Armee mit fast 300 000 Köpfen zur Zeit gibt es knapp 70 Deutsche Kreuze in Gold.

Das Ordenszeichen selbst ist leider für meinen Begriff nicht von Schönheit geplagt. Es ist ein dunkler, außen mit silbernem Rand versehener 2-zackiger Ordensstern, in dessen Mitte unproportioniert groß ein schwarz emailliertes Hakenkreuz auf silbernem Grunde, umschlossen von einem goldenen Lorbeerkranz, prangt. Getragen wird es auf der *rechten* Brustseite. Aber sei dem, wie dem sei! Gefreut habe ich mich darüber doch sehr - am allermeisten aber über die entzückenden Worte meines Oberbefehlshabers, mit dem ich ganz vorzüglich kann. Er wirft mir zwar manchmal vor, ich sei ein geradezu unverbesserlicher und zu großer Optimist - er ist es nämlich nicht immer gerade, und dann biete ich ihm »contra«, aber er ist ein vorzüglicher Mensch und Soldat und Führer.
Morgen früh fliege ich mit dem Oberbefehlshaber zu einer zweitägigen Besprechung zur Heeresgruppe [Mitte] nach Smolensk[3]. Die Probleme der Übergangszeit (Schneeschmelze und Schlammperiode) stehen zur Debatte. Ich befürchte, daß uns der Russe auch *da* noch mit Überraschungen kommt und keine Ruhe läßt. Zur Zeit ist bei uns an der Front eine gefährliche Ruhe - nur im Rücken landet er in unheimlichen Massen durch die Luft wieder Truppen (letzte Nacht etwa 145 Maschinen gezählt), ohne daß man dagegen etwas machen kann[4]. Diese Sache wird mittlerweile beängstigend. Denn es sind nicht nur die Luftlandetruppen, sondern er zieht mit ihrer Hilfe in dem weiten Land einfach alle Bewohner zum Wehrdienst ein. Hinter uns steht aber nichts, daß das verhindern kann. Während der Zeit der Weglosigkeit setzt sich der Russ' dann wahrscheinlich auf unseren wenigen festen Straßen und Bahnen und versucht, uns so den Gashahn abzudrehen. Es ist schon ein toller Krieg ohne jedes Erbarmen von beiden Seiten.
Beiliegende Briefe hebe mir bitte auf[5]. Sie sind mir eine Erinnerung an meine hiesige Tätigkeit - außer den Todesanzeigen von Hessenthals[6] Eltern[7]. Schreibe ihm bitte - ich komme nicht dazu.
Herzliche Grüße den Eltern, Margot und Peter.
Dir viele herzliche Küsse von

Deinem kleinen Mann

Nr. 89
Freitag, 14. August 1942
[Armeehauptquartier:] An seine Frau

Mein liebes, kleines Igelgattchen!
Unser Gespräch vorgestern, dessen Zustandekommen immerhin schon ein Wunder war[1], war leider nur sehr kurz. Aber es war schön, Deine Stimme mal wieder gehört zu haben.
Über die Dinge, die Dich interessieren, kann man aber auf diesen Lei-

tungen nicht sprechen, da sie alle hier vorne nicht abhörsicher sind. Im Gegenteil, man kann eigentlich mit ziemlicher Sicherheit rechnen, daß fast alles vom Russen mitgehört wird. Wir haben damit schon böse Erfahrungen gemacht und sind entsprechend zurückhaltend in unsern Gesprächen. Wundere Dich also nicht, daß ich es in diesem Fall ebenso war.

Auch schriftlich kann ich Dir Deine Fragen nur andeutungsweise beantworten. Rings um uns sieht es beinahe so scheußlich aus wie im Winter! Das sagt wohl alles. Wir selbst sind noch unberührt, aber wir sind ausgeplündert bis auf's Hemd, haben eine Abgabe nach der andern machen müssen und sind so arm wie noch nie! Innerhalb einer Woche fast 40 %! Im großen gesehen ist die Kaffeemühle eingetreten, die wir hier immer befürchtet haben. Er hat die unheimliche Masse seiner Kräfte hier zurückgehalten[2], während die unsern fern im Süden einem Phantom nachjagen. Die Gefangenenzahlen, die gestern veröffentlicht worden sind, sprechen Bände. Denn von der 1 Million bleiben für die Südoperation[3] nur 400 000 übrig! Dafür dieser Aufwand. Gewiß ist der Gewinn des brennenden Gebiets von Maikop auf längere Sicht ein Vorteil für uns[4], und der andere hat scheußliche Schwierigkeiten. Aber von all diesem tönernen Erfolg hat man sich mal an gewisser Stelle in der üblichen dilettantenhaften Art völlig benebeln lassen.

Trotzdem bei Rshew und auch jetzt südostwärts Wjasma[5] eine Katastrophe im Einbrechen ist, wurde gegen alle Einreden meines alten Oberbefehlshabers[6] und gegen jede Vernunft südlich von uns eine Offensive vom Stapel gelassen[7], die nur bei unserer Mitwirkung Erfolg und Sinn haben konnte. Da wir aber ausgefallen sind, hat sie sich jetzt prompt festgelaufen und sinnlose Opfer gefordert, die uns bitter fehlen werden.

Ich sehe dunkel in die Zukunft, denn wir stehen hier einer 4-5fachen Überlegenheit gegenüber. Und in der schwerpunktmäßigen Zusammenfassung von Artillerie, Panzern und besonders der Luftwaffe hat er unheimlich gelernt! Und unsere Truppe ist nicht mehr die des Vorjahres und des Winters. Es fehlt überall an Offizieren, das ist das schlimmste. Es sind ja bisher auch 25 % des aktiven Offizierkorps *gefallen* – stell Dir das mal vor – und 7,5 % des Reserveoffizierkorps. Die leichtfertige Manier (»die Heeresgruppe ... wird wohl imstande sein, den morschen Haufen zusammenzuschlagen!«), mit der einfach über bestehende Tatsachen hinweggegangen wird, ist das erbitternste. Als ob wir alle Idioten und unmündige Kinder wären und kein Urteilsvermögen und keine Erfahrung besäßen. Oh – manchmal *hasse* ich! Genug davon heute abend, sonst werde ich zu bitter.

Ich beneide Dich um Deine Reise. Ich sehne mich oft so sehr nach den Bergen. Grüße alle Thalgauer Bekannten und sage ihnen, was ich darum gäbe, nur 3 Tage mal dort zu sein.

Von Wittel hatte ich einen Brief vom 3. August. Er ist auf dem Abtransport in unsere Gegend und lernt jetzt das richtige Rußland kennen – den wirklichen A ... der Welt! Er schrieb ganz konsterniert über die ersten Eindrücke dieses herrlichen Landes, in dem es nicht ein Stück Obst gibt. Ich bemühe mich zur Zeit herauszubekommen, wo seine Abteilung[8] gelandet ist.
Ich wünsche Dir viele schöne Tage in Thalgau und Umgebung. Mache sie Dir recht sorgenlos, man braucht das in dieser verrückten Zeit. Viele Grüße an Dora[9].
Dir sendet tausend liebe Küsse

Dein kleiner Mann

Nr. 90
Freitag, 28. August 1942
[Armeehauptquartier:] An seine Frau

Mein liebstes, kleines Linglein!
Habe vielen herzlichen Dank für Deinen Luftpostbrief aus Thalgau. Ich werde auf all Deine Erlebnisse eingehen, wenn ich den Kopf freier habe. Augenblicklich überwiegen die Sorgen.
Um uns herum brennt die Welt. Wir selbst sind tatenlose Zuschauer, geschwächt wie noch nie. Die Hoffnung, von der ich im letzten Brief sprach, ist auch zuschanden geworden. Hobe für seine Person war 4 Stunden bei uns – jetzt ist sein Verein[1] schon an anderer Stelle wieder hereingebuttert[2]. Wir haben selbst noch was hergeben müssen, in der Nachbarschaft bricht es an allen Ecken und Kanten. Und wir selbst harren nur der Stunde, wo wir drankommen und es ein Fiasko geben *muß*! Im Süden liegen die Dinge keinesweges so rosig, wie sie unsere augenpulvernde Propaganda darstellt[3]. Insgesamt ist die Lage, besonders hier in der Mitte, viel schwieriger als im Winter. Denn wir hatten ja einen neuen Winter vor der Tür, ohne daß im jetzigen Sommer auch nur annähernd das gesteckte operative Ziel erreicht wurde[4]. Dabei werden wir immer blutärmer hier ohne die Aussicht, daß diese Blutarmut gesteuert werden kann. Ich fange ernstlich an, am Ausgang zu zweifeln!
Aber das ist alles kein Wunder, denn wenn jemand größenwahnsinnig wird und auf *keinen* Rat mehr hört, dann muß er eben verdorben werden. Nur schade, daß so viele unschuldige, anständige Menschen darunter leiden müssen. Und um dieser Menschen wegen muß man seine Pflicht erfüllen – auch *gegen* einen Wahnsinn! Denn jeder Gehorsam hat bestimmte Grenzen. Und ich habe durchaus die Absicht, auf der Seite der Vernunft zu bleiben. *Soweit* sind wir schon gekommen – Du wirst verstehen, was ich meine. Schließlich hat man ja auch vor Gott Pflichten, der einen auf seinen Platz gestellt hat und einem die Gaben mitge-

geben hat, über die man verfügt. Mit dem tatenlosen Zusehen bzw. blind vertrauenden Ausführen irrsinniger Weisungen muß nun mal Schluß sein – es geht um mehr als um den Starrsinn! Denn so nenne ich das (und andere sehr »kluge« Leute auch[5]) und nicht »Charakterstärke«, wie das Teppichrollern und Oberkellnern vorkommen mag. Oh, Linglein, ich bin *so* verbittert wie noch nie!
Herzlichen Gruß an Dora und viele Grüße an Frau Kendlbacher[6] und die übrigen Thalgauer.
Dir viele liebe Küsse

Dein kleiner Mann

Nr. 91
Freitag, 11. September 1942
[Armeehauptquartier: Spass Djemenskoje:] An seine Frau

Mein liebes, kleines Igelgattchen!
Über Deinen langen, inhaltsreichen Brief vom 1. September habe ich mich riesig gefreut. Ich habe Dein ganzes weekend in Salzburg voll mit Dir genossen – bis auf den Sonntag abend, über den er [sie] sich – wohl nicht ohne Vorbedacht – in Schweigen hüllt. Wenn er aber auch ereignisreich und nett war, so darf meine Phantasie sich daran entzünden! (Oder habe ich Unrecht?) Auf alle Fälle beruhigt es mich aber zu wissen, daß man in der Heimat noch Plätzchen findet, wo man an diesen ganzen Spuk, der über uns niedergeht, mal nicht zu denken braucht und sich noch Freude machen kann.
Ich bin in den letzten Tagen dauernd unterwegs gewesen. Ich habe mir die verschiedensten Frontabschnitte angesehen und bin durch Gräben und Waldstellungen durchgestrichen, an Stellen, wo der Russe knapp 30 m gegenübersitzt und nur im Flüsterton gesprochen wird, wo die Schilder »Achtung Scharfschütze« vor dem Rausstrecken des Kopfes warnen, durch Gräben, in denen von einem Gewitterguß des Vortages das Wasser knietief stand, durch Kriechgräben, durch die man sich schnellstens durchschlängeln mußte, wenn man nicht Artilleriefeuer herauslocken wollte – kurz durch all die kleinen Scherze des Stellungskrieges. Man muß sich immer wieder selbst an Ort und Stelle ein Bild von den Verhältnissen machen, sonst redet man wie der Blinde von der Farbe – was man an bestimmter Stelle ja gerne tut. Und ich traue dem Frieden bei uns durchaus nicht. Gestern hat er an 5 Stellen der R 1-Front[1] auf ziemlicher Breite je in Bataillonsstärke angegriffen. Er ist zwar überall abgeschmiert, weil er ohne Panzer angriff und seine Infanterie ja noch schlechter denn je ist. Aber das sieht verdammt nach einem Abtasten und Suchen der schwachen Stelle aus. Denn seinen Schwerpunkt rechts von uns löst er zur Zeit auf und es ist aus der Gesamtlage von ihm durch-

aus verständlich, wenn er mit den dort freigewordenen Kräften rechts um macht und sich auf uns stürzt.
Ich sehe der nächsten Zeit etwas mit Sorge entgegen, denn *so* blank war ich noch nie! Wie überhaupt so manches verdammt anders gekommen ist, als es sich eine vorgefaßte Meinung gedacht hat. Aber das steht ja wohl alles in den Sternen drin und die haben mehr Gültigkeit als reale Tatsachen und nüchterne Berechnungen so inferiorer und unbequemer Leute, wie es meine Branche darstellt. Es wird zum Beispiel befohlen, daß es kein Trommelfeuer gibt; der Feind *kann* das eben nicht; und wer das in Wirklichkeit ebenso empfindet, der hat sich getäuscht (befiehlt man!). Man könnte lachen, wenn nicht dabei so viel zu Bruch ginge. Aber wen Gott verderben will, den schlägt er mit Blindheit, und das ist gut so! Ich rede mich schon wieder in Zorn - man darf gar nicht daran denken.
Du fragst nach Urlaub! Vielleicht in der Herbstschlammperiode Ende Oktober/Anfang November - ich strebe es mit allen Mitteln an.
Wie sind nun Deine Pläne? Ich nehme an, daß Du noch bis Ende September in Thalgau bleibst. Ich rate Dir jedenfalls, das möglichst lange auszunutzen.
Die Bilder und Bezugsscheine schicke ich im nächsten Brief. Ich muß schließen, weil ich mich für Helmdachs[2] Abschiedsessen umziehen muß.
Ist Dora noch da? Dann viele Grüße an sie. Ebenso an alle bekannten Thalgauer.
Dir noch viel Freude und 1000 liebe Küsse

Dein kleiner Mann

Nr. 92
Freitag, 2. Oktober 1942
[Armeehauptquartier: Spass Djemenskoje:] An die Schwiegereltern

Meine lieben Eltern!
Erst heute komme ich dazu, Euch dieses Blatt mit Wittels Unterschrift zu schicken. Es war ein unverhofftes, freudiges Wiedersehen. Vor einer Woche erfuhr ich, daß seine Abteilung zu unserm rechten Nachbarn gekommen ist. Kaum hatte ich das festgestellt, da rief er auch selbst schon bei mir an. Ich habe dann eine Hin- und Rückflugmöglichkeit für ihn sichergestellt, und so besuchte er mich von Sonntag mittag bis Montag früh. Ich holte ihn selbst im Wagen von unserm Ju-Flugplatz, etwa 10 km entfernt von meiner Unterkunft, ab. Und wir haben dann ganz reizend nette Stunden bei uns verbracht.
Der Höhepunkt für ihn war wohl ein Ferngespräch, das er am Sonntag abend von meiner Wohnung aus mit seiner Braut[1] führen konnte. Am

Montag früh habe ich ihm dann für einen Teil seines Rückfluges meinen Storch gegeben, damit er sich auch mal aus so einem Ding die Welt ansieht. Für den ganzen Weg war es zu langsam und weit für einen Storch, mit dessen Betriebsstunden man geizen muß. Von einem andern rückwärtigen Flugplatz flog er dann mit einer Ju 52 zurück.
Ich habe nun bei der Heeresgruppe[2] gebohrt, daß seine Abteilung[3] in unsern Befehlsbereich kommt. Und da wir sowieso eine neue Abteilung bekommen sollten, ist mir das tatsächlich gelungen. Ab morgen rollt sie mit der Bahn zu uns ab. Wittel wird dann etwa 12 km westlich von mir seine Winterunterkunft als Armeereserve beziehen. Ich freue mich ganz schrecklich, daß ich nun oft Gelegenheit haben werde, mit ihm zusammenzusein. Für ihn bedeutete ja der Wechsel aus den gesegneten Gefilden, in denen er bisher war, in diesen Landstrich, wo wirklich die Welt zu Ende ist, eine erhebliche Verschlechterung. Aber wenn er so in meiner Nähe ist, kann ich ihm und seiner Truppe ja mit meinen Mitteln den Übergang etwas erträglicher machen. Wittel ging es im übrigen sonst sehr gut.
Von mir selbst ist nicht viel zu berichten. Der Sommer und Herbst war in meinem Abschnitt durchaus erträglich. Die starken russischen Angriffe bei unserm Nachbarn haben leider manche Pläne bei uns zunichte gemacht, so daß wir dort in den Winter eintreten, wo wir im Frühjahr standen - mit Ausnahme des Rückens, den wir uns frei kämpften.
Ein Gutes hat die Ruhe aber gehabt, unsere Verbände haben sich wieder voll erholen können und sind gegenüber dem Mai nicht wiederzuerkennen. Und so kann man mit ganz anderer Beruhigung an den kommenden Winter denken als vor einem Jahr. So schlecht kann es uns nicht wieder gehen.
Ob ich selbst noch lange in meiner jetzigen Stelle bleibe, ist recht fraglich. Mir war vor einiger Zeit mitgeteilt worden, daß ich wahrscheinlich zu Kluge als I a komme[4]. Aber da in diesem Herbst sehr tiefgreifende Veränderungen auch in den höheren Führerstellen bevorstehen, ist das alles wieder ganz unsicher geworden. Mehr denn je muß man das Schicksal an sich herantreten lassen, so schwer die Prüfungen auch sind, die es uns allen auferlegt. Trotz allem habe ich das Vertrauen, daß alles gut ausgeht, wenn der Weg auch lang und dornenvoll ist.
Mit den herzlichsten Grüßen bleibe ich

Euer dankbarer Sohn Hellmuth

[Nachschrift Adrian Gaertners:]

Liebe Eltern! Da mir Hellmuth so wenig Platz gelassen hat - nun 1000 liebe Grüße und Küsse. Ich habe mich riesig gefreut, ihn hier zu treffen. Es ist sehr, sehr schön bei ihm.

Euer dankbarer Sohn Adrian

Nr. 93
[Freitag, 18. Dezember 1942]
[Hauptquartier OKH im Mauerwald bei Angerburg in Ostpreußen:]
An seine Frau

Mein liebes, kleines, gutes Igelgattchen!
Nun rücken die Weihnachtstage schon greifbar nahe, und doch empfinde ich so wenig wie selten etwas von Weihnachtsstimmung.
Oft gehen meine Gedanken vergleichend zu den schweren Tagen vor einem Jahr zurück. Und dabei muß ich feststellen, daß da draußen das Band der gemeinsamen Not jener Tage eine größere Weihnachtsstimmung trotz allem schuf als hier unter doch recht friedlichen Verhältnissen[1]. Man war da draußen eben in einer großen gemeinsamen Familie, die völlig aufeinander angewiesen war und eng zusammenrückte. Das gab den Vorweihnachtstagen ihr unsichtbares Gepräge und schuf eine echte Weihnachtsstimmung, so ärmlich das Fest selbst auch für uns alle verlief.
Hier, in dieser abgehetzten, widerlichen, nur auf sachlich-nüchterne Papierarbeit abgestellte Atmosphäre, in der die Menschen nur wie die Dinge behandelt werden und das menschliche Fühlen künstlich ausgeschaltet wird, kann eine Weihnachtsstimmung überhaupt nicht aufkommen. Was gäbe ich darum, meinetwegen in Stalingrad[2] miteingeschlossen, aber unter Menschen und Kameraden zu sitzen - und nicht in dieser gräßlichen unpersönlichen Knochenmühle[3], die angetrieben wird von der Hypernervosität eines starrsinnigen Eiferers. Ich fühle mich hier so selten unglücklich wie in meinem Leben und habe nur eine einzige Sehnsucht - und die heißt Ruhe und fort von hier! Doppelt und dreifach empfindet man das natürlich in *den* Tagen und Vortagen, die wie das schöne Weihnachtsfest so ganz besonders der inneren Sammlung dienen. Und da wird einem bewußt, wie arm man gerade hier dasteht. Der Schoß der eigenen Familie ist einem gerade an diesem Familienfest verschlossen - und das einzige, was es einem ersetzen könnte, die Gemeinschaft der Kameradschaft da draußen in Not und Gefahr, ist einem genommen. Selbstverständlich werde ich mit meinen Offizieren und Männern auch das Weihnachtsfest feiern, aber es ist eben doch etwas ganz anderes - so wie etwa der Strohtod zum Hingerissenwerden aus dem Leben im Kampf steht.
Merkwürdige Weihnachtsbetrachtungen - wirst Du vielleicht sagen. Aber ich glaube doch, Du verstehst mich ebenso klar, wie Du als Kind im Teich die Wellenkringel sahest, wenn Du einen Stein hineinwarfst. Jetzt, zu Weihnachten, brauchst Du nicht in die dunkle Grotte hineinzuhören!
Gute Nacht für heute, mein Linglein! Es ist schon wieder spät geworden und mir fallen die Augen zu!
Viele liebe Küsse von

Deinem Ling

Nr. 94
Samstag, 19. Dezember 1942
[Hauptquartier OKH im Mauerwald bei Angerburg in Ostpreußen:]
An seine Frau

Liebes, kleines Igelgattchen!
Ich muß mich beeilen, diesen Brief zum Abschluß zu bringen, damit Du ihn noch pünktlich zum Fest hast. Dabei sind meine Stunden am Tage derart gezählt, daß ich wirklich nur die Nachtstunden für mich habe. Das macht mürbe und müde!
Heute habe ich mich sogar mal *vor* Mitternacht weggestohlen, habe mir eine wundervolle ›Scharzhofberger‹ Spätlese, Wachstum pp. auf meine Bude mitgenommen und will mit Dir etwas plaudern. Allerdings verlernt man diese Kunst beinahe. Im Augenblick kämpfe ich noch gegen meine Müdigkeit, die mich à tempo befällt, wenn ich mein Bett sehe, die mich aber fast immer verläßt, wenn ich in ihm liege! Das oft stundenlange Nichteinschlafenkönnen ist hier geradezu ein Kreuz für mich geworden. Aber es arbeitet alles in einem weiter, wenn man so ruhig lang liegt, daß darüber der Schlaf oft nicht kommen will.
Dich interessiert natürlich, was sich so im allgemeinen tut. Es ist mit einem Wort gesagt, genau so scheußlich wie vor einem Jahr. Nur, daß diesmal meine geliebte Mitte[1] nicht der Leidtragende ist (sie haben sich fabelhaft geschlagen und der Russe hat dort außer *sehr* starken Panzer- und Menschenverlusten fast nichts erreicht), sondern Don und B[2]. Um das Schicksal von Paulus[3] kann man sich nur ganz, ganz ernste Sorgen machen, zumal der Entsatzangriff nicht von der Stelle kommt[4]. Und seit 3 Tagen läuft nun weiter nordwestlich die nächste verbündete Armee fort[5] und als traurige Inseln stehen unsere Korsettstangen mitten in dieser Brandung. Der dritte Verbündete anschließend wird dann wohl zu Neujahr fällig sein[6]! Es ist schon ein Skandal! Am besten hätte man von Anfang an statt dieser Kerle nur Flaggen hingestellt, dann wäre den Russen wenigstens nicht noch das Gerät in die Hände gefallen. Aber das ist der Fluch von Koalitionskriegen und es ist nur merkwürdig, daß selbst die siebenmal Weisen trotz aller schöner Kritik an der Vergangenheit nichts, aber auch gar nichts selbst seit dem Vorjahr gelernt haben!!
Ich habe heute vormittag bei Zeitzler[7] bei einem Telefongespräch von ihm mit dem Führer eine Situation des solange Zögerns bis zum »Zu spät« miterlebt, wie ich es genau vor einem Jahr (»4. Armee geht keinen Schritt zurück«) bis zum Erbrechen vorne auskosten mußte. Dieser Starrsinn ist *so* verbrecherisch, daß man manchmal ein schiefes Ende herbeisehnen könnte, wenn es nicht so viele anständige Menschen träfe. *Nur* um *deretwillen*, nicht um den zweifelhaften Ruhm eines Pathologen zu halten, muß man sich anstrengen, das Schlimmste abzuwenden. Ich bin so voller Empörung und Haß geladen, daß mir die

Erfüllung meiner Pflicht oft verdammt schwer fällt. Zu all dem kommt die Intrigenwirtschaft einer Kamarilla, die einen nur anekeln kann. Der Ehrgeiz dieser Leute besteht im Katzbuckeln, statt darin, eine Division oder ein Korps an der Front zu haben. Scheißkerle! Man kann nur machen, daß man schleunigst aus dieser Sphäre wieder fortkommt – gleichgültig, ob man deswegen Karriere macht oder nicht. *Ich* habe jedenfalls keinen Ehrgeiz mehr, ich will nur ein anständiger Kerl als Soldat bleiben. Sold*aaat*, nicht Sold*attt*!
So, mein kleiner Liebling, jetzt habe ich ganz unweihnachtlich meinem Herzen Luft gemacht. Verzeih es mir. Und jetzt will ich mich wieder friedlicheren Gefilden zuwenden. Ich hoffe, daß Du diesen Brief gerade zum Heiligabend aufmachst und dann auf Deinem Tischchen in Mutters Zimmer unter dem Christbaum meine kleinen Überraschungen vorfindest. Sie stammen aus Paris, und ich habe sie dort besorgen lassen – leider nicht selbst besorgt. Sonst wären sie in der Qualität sicher besser ausgefallen. Aber man wird wohl mit allem etwas anfangen können, n'est-ce pas??
Und nun wünsche ich Dir mit den Eltern zusammen einige frohe, beschauliche Weihnachtstage. Meine Gedanken werden unablässlich dort sein, wie mich in den letzten Tagen oft ein schreckliches Heimweh in die Glatzer Landschaft gepackt hat. Diese Landschaft aber ist mit Dir, mein kleines, liebes Igelfräulein, und mit unserem gemeinsamen Lebensweg untrennbar verbunden.
Den Eltern und Dir herzliche Grüße und ein frohes Fest! Dir allein aber sendet viele 1000 liebe Küsse in Sehnsucht

Dein kleiner Mann

Nr. 95
25. Dezember 1942. 1. Weihnachtsfeiertag
Hauptquartier OKH [im Mauerwald bei Angerburg in Ostpreußen:]
An seine Frau

Mein geliebtes, kleines Igelgattchen!
Nun ist wieder einmal Weihnachten angebrochen, und wieder mußten wir es getrennt feiern. Über dem meinen Fest liegt der Druck, der eine natürliche Folge der Schwierigkeiten an allen Fronten ist. Wenn man selbst die Not solcher Tage erlebt hat, läßt die Not anderer einen natürlich nicht los und verhindert das Aufkommen einer richtigen Feiertagsstimmung. Trotzdem habe ich aber den Heiligen Abend so feierlich, wie es möglich war, begangen.
Nachmittags um 1/2 4 Uhr habe ich Deine lieben Päckchen in meiner Wohnung ausgepackt. Von den angekündigten Mittelsteiner Paketen war allerdings nur ein Riesenholzkreuz erschienen. Ich habe mir aber

ein winzig kleines Weihnachtsbäumchen hier aus dem Wald in die kleine Thalgauer Vase gepflanzt und es mit Deinen 4 Kerzen geschmückt. Dann habe ich Deine lieben Gaben und die meiner Mutter und andere Dinge, die ich geschenkt bekommen habe, auf meinem runden Tisch aufgebaut und habe eine halbe Stunde für mich Bescherung allein gemacht. Dann band mich allerdings wieder für Stunden die Arbeit und verscheuchte die Anflüge der Weihnachtsstimmung, die die besinnliche kleine Bescherung in mir erzeugt hatte.
Um 20⁰ Uhr stieg die Weihnachtsfeier mit den Offizieren und Männern meiner Abteilung im Kasino. Wir sangen die schönen, alten Weihnachtslieder, ich hielt eine kurze Ansprache, dann aßen wir gemeinsam und blieben bei Bier und einigen Gläsern Sekt bis weit nach Mitternacht ohne jede laute Fröhlichkeit beisammen. Einige Ferngespräche, die dazwischen kamen, ließen einen immer wieder daran erinnern, daß da draußen der Kampf mit unverminderter Heftigkeit weitergeht und seine Opfer fordert. So ist zum Beispiel am 23. [Dezember] unser Schweidnitzer Reuß als Divisionskommandeur im Donezgebiet gefallen[1]. Die Zahl der noch lebenden alten Schweidnitzer wird wirklich immer weniger.
Heute, der erste Feiertag, unterscheidet sich im Ablauf nur wenig vom Alltag. Telephon, Vorträge, Post pp., alles läuft wie sonst, und heute abend bin ich auf 22⁰ zu einer dienstlichen Besprechung zu Buhle[2] bestellt. Aber mittags gab es ein Festessen - Gans! Aus der Ukraine. Und wenn Du wieder in Berlin bist, habe ich für Dich auch noch einige Lebensmittelüberraschungen, die uns die Ukraine zu Weihnachten beschert hat.
Über Deine schönen Geschenke, besonders über den Becher, habe ich mich herzlich gefreut. Es ist wirklich so nett, auch mal etwas Überflüssiges zu haben. Wo stammt er her?
Dir konnte ich ja nur mit nützlichen Dingen kommen; ich hoffe, daß sie Deinen Beifall gefunden haben. Die Hutstumpen sind doch sicher brauchbar - von den Strümpfen brauche ich ja erst gar nicht zu reden.

2. Feiertag, 26. Dezember 1942

Gestern wurde ich unterbrochen und kam erst gegen 2⁰ Uhr nachts völlig verärgert von einer stundenlangen Besprechung wieder. Es war ein wenig angenehmer Abschluß des 1. Feiertages. Ich habe mich mit Buhle wahnsinnig gekracht, weil er es scheinbar als seine Aufgabe ansieht, das Heer für seinen Ehrgeiz zu verkaufen und zu verraten[3]. Mir gingen regelrecht die Nerven durch, und ich habe ihn angebrüllt, daß es ihm die Sprache verschlug. Hinterher floß er über vor Liebenswürdigkeit und Bereitwilligkeit. Das ist wohl die einzige Art, wie man mit diesen Nickeseln dort umgehen kann und die sie auch verstehen. Weihnachten, ein Fest des Friedens! Bei mir war es ebenso ein Hohn wie in der ganzen Welt.

Es kocht noch alles in mir hoch, wenn ich an gestern abend denke. Und natürlich hat einen das so erregt, daß ich Stunden nachher noch nicht einschlafen konnte. Es ist schon ein Kreuz, das man mir mit dieser Stellung aufgepackt hat.
Heute war auch der Teufel los. »Er« da drüben[4] hatte nachmittags mal wieder einen seiner Tobsuchtsanfälle, wirbelte alles durcheinander und wollte die kleinsten Kleinigkeiten wissen. Und dann soll meine Abteilung immer alles wissen und über alles Auskunft geben können. Auch meine Offiziere sind schon langsam durchgedreht. Na - Schluß davon!
Heute kam das Paket aus Mittelsteine, wenn auch post festum, so doch nicht weniger herzlich von mir begrüßt. Sage der Mutter meinen allerherzlichsten Dank, besonders für die wunderschönen Äpfel. Ich habe mich richtig mit Heißhunger auf sie gestürzt.
Bis Du diesen Brief hast, ist fast schon das neue Jahr angebrochen. Möge es uns allen mehr Gutes bringen als das vergangene! Ich weiß nicht, ob ich vorher nochmal zum Schreiben komme. Und so begleiten Dich, mein Linglein, und die Eltern meine innigsten Wünsche ins neue Jahr. Für mich wünsche ich nur, daß ich das Ende des kommenden Jahres nicht mehr in diesem Narrenhaus erlebe.
Grüße die Eltern herzlich von mir. Viele liebe Küsse

Dein kleiner Mann

Nr. 96
Donnerstag, 14. Januar 1943
[Hauptquartier OKH im Mauerwald bei Angerburg in Ostpreußen:]
An seine Frau

Mein liebes, kleines Igelgattchen!
Diesmal bin ich anscheinend der fleißigere Schreiber. Denn von Dir habe ich noch gar nichts gehört. Auch Dein Weihnachtsbrief scheint verlorengegangen zu sein. Bisher ist er jedenfalls noch nicht aufgekreuzt.
Von mir ist nicht viel zu berichten. Der arme Paulus und seine Leute kommen einem nicht aus dem Sinn[1]. Es geht bei ihnen mit Riesenschritten dem Ende entgegen[2]. Es ist dort eine unvorstellbare Tragödie. Man kennt so viele Menschen dort, die unausweichlich dem sicheren Tode ausgesetzt sind, ohne daß man auch nur im geringsten helfen kann. Es ist scheußlich, das alles so mit sehendem Auge ansehen zu müssen. Und der Groll wurzelt natürlich immer tiefer, wenn man sich sagt, daß das alles nicht notwendig gewesen wäre - jedenfalls nie in dem Umfange.
Inzwischen ist der Angriff gegen unsere dritten Bundesgenossen[3] losgegangen - mit genau demselben Erfolg, wie wir es erwartet hatten.

Aber auch hier hat man gegen allen guten Rat wieder nichts aus den doch so kurz zurückliegenden Erfahrungen an anderer Stelle gelernt. Wieder stehen alle deutschen Reserven falsch! Am Abend vor dem russischen Angriff[4] sprach ich noch Winter[5] (I a der betreffenden Heeresgruppe[6]), der genau voraussagte und meine Auffassung bestätigte, was passieren muß, wenn so irrsinnig von oben geführt wird. Auch Zeitzler und Heusinger waren unglücklich über diesen neuen blödsinnigen Eingriff. Es ist schon wahr: »Wen Gott verderben will, den schlägt er mit Blindheit!« Nur in einer Sache bin ich heute froh. Ich habe einen Reorganisationsplan mit sehr scharfen Eingriffen auf materiellem Gebiet für die andern Wehrmachtsteile und die Wirtschaft zugunsten eines ganz ausgesprochenen Schwerpunktes vor wenigen Tagen aufgestellt und heute abend durch Führerunterschrift weit über meine Erwartungen heraus bestätigt bekommen[7]. Und auch das Menschenproblem wird auf weite Sicht und mit vernünftigen Vorzeichen in die richtige Bahn gelenkt. Das gibt mir wieder die Hoffnung und auch die Möglichkeiten, der Führung ein, wenn auch bescheidenes, aber immerhin bisher überhaupt fehlendes Instrument für die Kriegführung in den nächsten Monaten an die Hand zu geben. Ich brauche jetzt nicht mehr rumzuwursteln, sondern jetzt kann ich wirklich schaffen! Und dann wird auch was draus. Wir müssen ja handeln und diesen Krieg gewinnen, und ich bin richtig glücklich, daß ich wieder irgendwo festen Boden vor mir sehe, auf dem man aufbauen kann, klein und bescheiden in der Zielsetzung, aber nicht auf tönernen Füßen stehend. Mir ist heute abend richtig ein zentnerschwerer Stein vom Herzen gefallen, und ich bin eine Riesensorge los. Und das muß ich sagen: Buhle hat mich diesmal voll unterstützt. Ihm gebührt ein großes Verdienst daran, daß sich der Führer diese Sache vom Herzen gerissen hat. Ich habe auch vorgestern eine halbe Nacht wieder bei Buhle gesessen. Der Krach von Weihnachten hat sich durchaus bezahlt gemacht. Er frißt aus der Hand.
So, das wollte ich Dir doch noch schnell erzählen. Die nächsten Tage werde ich wenig Zeit für Dich haben.
Herzliche Grüße den Eltern. Seinem Gattchen sendet liebe Küsse

Dein kleiner Mann

Nr. 97
11. Februar 1943
Hauptquartier OKH [im Mauerwald bei Angerburg in Ostpreußen:]
An die Schwester

Meine liebe Ursel!
Den zweiten Brief an Hasso habe ich eben weitergeschickt. Seine Feldpostnummer lautet 07 444. Die Postverbindung wird aber weiterhin

schlecht bleiben, da die wenigen Bahnen dorthin mit wichtigeren Dingen voll ausgelastet sind. Außerdem befindet sich Hasso zur Zeit in der Bewegung nach Westen[1]. Bei ihm drängt zur Zeit der Russe aber nicht stark nach.
Maschinengewehr[-bataillon] 9[2] ist leider in Stalingrad vernichtet. Das Herausziehen des Bataillons und Umstellung in Granatwerferbataillon ist nicht mehr möglich gewesen. Welche Splitterteile des Bataillons außerhalb der Festung[3] waren, wird zur Zeit nachgeprüft. Die Ergebnisse werden allerdings noch einige Zeit auf sich warten lassen. Große Hoffnungen sind darauf nicht zu setzen. Wer gefangen oder gefallen ist, wird sich für die Zeit nach Neujahr wohl kaum mehr feststellen lassen – ebensowenig, wieviele der völlig entkräfteten Menschen die Gefangenschaft überstehen[4]. Es ist schon eine große Tragödie!
Dir und den Kindern[5] alles Gute und Dir viele herzliche Grüße und Küsse

Dein Hellmuth

wenden!
Eben lese ich die Meldung, daß das Restpersonal des Maschinengewehrbataillons 9 aus 2 Offizieren, 31 Unteroffizieren und 97 Mann besteht. Es wird zum Ersatztruppenteil in Marsch gesetzt.

Nr. 98
Dienstag, 16. März 1943
[Hauptquartier OKH im Mauerwald bei Angerburg in Ostpreußen:]
An seine Frau

Mein liebes, kleines Igelhaschen!
Nun ist es schon bald eine Woche her, daß Du abgereist bist, und Du nennst mich sicher schon einen schrecklichen Faulpelz, daß ich noch nicht geschrieben habe. Es war in den letzten Wochen so schön bequem mit dem abendlichen Anruf, und auch ich vermisse diese gewohnte Unterhaltung.
Sehr habe ich mich über Deinen ersten Bericht aus Thalgau gefreut, den ich heute erhielt. Die friedliche Idylle, die Du mir da beschreibst, macht mich richtig neidisch! Denn bei mir hält die Hatz in unverminderter Form an. Seit 3 Tagen sind die hohen Herren[1] nach einem Abstecher zur Mitte[2] wieder hier[3] – geladen voll neuer Ideen und Tatendrang und geschwollen vom Erfolg. Der letztere ist ja nicht zu leugnen. Es ist geradezu wie ein »Donezwunder« – wie das »Wunder an der Marne und an der Weichsel«! Wir sind aus diesem Winterfeldzug mit einem erstaunlich blauen Auge davongekommen[4]. Das Hauptverdienst daran trägt aber die wirklich fabelhafte Führungskunst von Manstein[5]! Wenn einer

das Großkreuz zum Eisernen Kreuz verdient hat, dann ist *er* es! Aber das wird er wohl nie kriegen[6]. Vielleicht wird er zur Belohnung Gauleiter ehrenhalber.
Du - mir fallen heute die Augen vor Müdigkeit zu. Morgen mehr.
Gute Nacht mit lieben Küssen

Dein kleiner Mann

Nr. 99
Mittwoch, 17. März 1943
[Hauptquartier OKH im Mauerwald bei Angerburg in Ostpreußen:]
An seine Frau

Lieber, kleiner Liebling!
Ich habe es mal wieder restlos dicke und satt. Es ist gar nichts besonderes los gewesen, aber dieses ewige Ersticktsein in Papier, Besprechungen, Anrufen, neuen Fragen und Problemen verleidet mir restlos das Leben. Herrgott, ich möchte mal für mich leben und nicht nur für irgendeine imaginäre Größe und einen Ruhm, die ja doch nur eine schlechte Tarnung des uferlosen Ehrgeizes eines Verrückten sind oder einiger einzelner Verrückter auf diesem Erdenrund. Und die deswegen Millionen von Menschen in ein Wirrwarr sondergleichen stürzen. Und warum muß *ich* gerade in so eine blöde Stellung geraten sein? Ich wäre froh, wenn ich sie los wäre und ganz kleiner Mann irgendwo, blos nicht diesen ganzen Dreck. Er macht mir gar keine Freude und ekelt mich blos an. Schluß davon - ich habe die Nase voll.
Die Bilder von Rama[1] habe ich bekommen und meine Bestellungen vermerkt. Ganz war ich mit Deiner Auswahl nicht einverstanden - das Brustbild von mir mit Blickrichtung rechts (von mir gesehen) gefällt mir nicht so. Schaurig ist der »Filmheld« (Halbbild), gut dagegen alle anderen von mir (einschließlich des en face). In unsern gemeinsamen Aufnahmen gehen wir in der Beurteilung konform.
Wann wirst Du wieder in Berlin sein?? Ich möchte meinen nächsten Aufenthalt entsprechend einrichten. Daß wir unsere schöne Wohnung[2] aufgeben, tut mir in der Seele weh. Aber es ist wohl doch das vernünftigste, obwohl das innere Gefühl dagegen spricht - aus tausenderlei Gründen.
Hoffentlich hast Du schöne und auch friedliche Tage in Thalgau gehabt. Daß der alte Hans[3] nun nicht mehr ist, tut auch mir sehr leid. Er war so ein Stück lebendes Inventar dazu, ohne das man sich Thalgau gar nicht recht vorstellen kann.
Viele herzliche Grüße den Eltern und Frau Kendlbacher.
Sein kleines Gattchen küßt sehnsüchtig

Dein kleiner Mann

Nr. 100
Dienstag, 8. Juni 1943
[Hauptquartier OKH im Mauerwald bei Angerburg in Ostpreußen:]
An den Schwiegervater, Adrian Gaertner[1]

Mein lieber Vater!
Zu Deinem morgigen Geburtstag[2] sende ich Dir die allerherzlichsten Glückwünsche. Die Wünsche selbst für Dein neues Lebensjahr decken sich mit denen, die Du und die Mutter mir zum Geburtstag ausgesprochen habt, nämlich endliche und glückliche Beendigung dieses langsam überreif werdenden Krieges und damit für Dich die Entlastung von Deiner vielen Arbeit durch die Rückkehr von Wittel.
Morgen, an Deinem Geburtstag, werde ich auf dem Glockner zu einer Vorführung von winterbeweglichen Zugmitteln und Schneeräumgeräten sein. Ich werde dabei lebhaft an Euch alle denken, denn ich erinnere mich gut, wie sehr Du und die Mutter von Eurer ersten Glocknerautofahrt beeindruckt wart.
Im übrigen ist mein Leben voller Hetze, Sorgen und einen nervenaufreibenden Kampf gegen Unverstand, Unvernunft und Dilettantismus. Es gehört viel Unverzagtheit dazu, dabei den Humor und den Glauben nicht zu verlieren. Aber das bin ich allein schon meinem Herren Zeitzler schuldig, der immer wieder und wieder den Kampf aufnimmt und sich damit ein gar nicht zu beschreibendes Verdienst erworben hat.
In herzlichstem Gedenken und mit vielen herzlichen Grüßen für Dich, die Mutter und Ili bleibe ich

Dein getreuer Hellmuth

Nr. 101
Donnerstag, 18. Juni 1943. 11^{30} Uhr
[Im Flugzeug:] An seine Frau

Mein liebes, kleines Linglein!
Ich sitze schon wieder in meiner vertrauten He 111 auf dem Flug nach Berchtesgaden. Da wir diesmal in Breslau kurz zwischenlanden (eben überqueren wir die Weichsel bei Plock), schicke ich Dir schnell einen Gruß, der Dich dann spätestens morgen erreicht. Ich bleibe diesmal nur kurz unten[1] und hoffe, Samstag, spätestens Sonntag, zurückzufliegen. Heute früh, kurz vor der Abfahrt, bekam ich noch deinen lieben Brief vom 10. Juni und den Brief von Vater. Ich danke Euch beiden herzlich. Wann und wie ich einen Besuch in Mittelsteine mal einrichten kann, ist gegenwärtig schwer zu übersehen. In der kommenden Woche geht es sicher nicht, weil Zeitzler sich da an einem Tag sämtliche Heeresgruppen- und Armeechefs bestellt hat. Dann muß ich nochmal auf den

Glockner, etwa Monatsende, um mir *alle* einführungsreifen Wintersachen anzusehen. Am 7./8. Juli bin ich sicher in Berlin zu einer Kraftfahrzeug- und Waffensitzung. Du siehst also, meine Zeit ist mal wieder dicke ausgefüllt. Denn zwischendurch möchte ich auch noch mal an die Ostfront. Rom habe ich mir vorläufig versagen müssen, da ich Berger[2] dort gleich für 2 Wochen hingesetzt habe[3].
Es ist alles schon ein sehr lästiger Krampf, besonders diese dauernde Trennung der Hauptquartiere[4]. Für uns kostet es mehr als unnötig Zeit und Arbeitskraft.
Zeitzler hat übrigens in der entscheidenden Frage nichts erreicht[5]. Er wurde mit bezaubernder Liebenswürdigkeit abgespeist und meiner Ansicht nach völlig eingewickelt. Es ist dort[1] eine gräßliche Atmosphäre von Leichtfertigkeit, Lethargie (Treibenlassen der Dinge und Vogelstraußpolitik), Überheblichkeit und Schimmerlosigkeit. Alles andere und meine Gesamtstimmung kannst Du Dir daraus zusammenreimen! Mit einem Wort: die Zustände sind zum Kotzen!
Daß Dir das Angebundensein nicht leicht fällt, habe ich mir gedacht[6]. So siehst Du, wie es uns armen Männern ergeht!! Aber Du läßt Dich ja auch nicht unterkriegen - also weiter Hals- und Beinbruch.
Mit den Wohnungsbeschlagnahmungen muß man sich abfinden. Hunderttausende (!) von Obdachlosen sind unterzubringen, die vielfache Zahl wird folgen[7]. Die jetzigen Angriffe stellen wirklich alles Gewesene in den Schatten. Und *soviel* Baracken kann man eben gar nicht schaffen! Also Einsicht, das ist wie eine Naturkatastrophe und Nächstenliebe da zu üben, ist Pflicht!
In Kürze werden wir zur Landung ansetzen!
Schluß, mein Ling. Den Eltern viele herzliche Grüße und Dir liebe, innige Küsse

Dein kleiner Mann

Nr. 102
Donnerstag, 29. Juli 1943
[Hauptquartier OKH im Mauerwald bei Angerburg in Ostpreußen:]
An seine Frau

Mein liebes, kleines Igelein!
Seit Tagen versuche ich schon, Dir endlich mal wieder ausführlicher zu schreiben. Es geht aber einfach nicht, denn ich bin derart in Anspruch genommen, daß ich nachts totmüde ins Bett falle. Es geht sowieso schon immer bis 2^0 Uhr morgens durch - manchmal sogar noch länger. Die einzige Pause, die ich habe, ist nachmittags von 1/3 3 - 4^0 Uhr, und die benutze ich, um mich bei dem endlich schönen Sommerwetter in die Sonne zu legen. So verrückt wie in den letzten 8 Tagen war es schon lange nicht.

Ich habe mich eben eine halbe Stunde vom Dienst fortgestohlen, um diesen Brief noch heute nach Berlin fortzubekommen. Eben habe ich Deinen lieben, langen Brief vom 25. [Juli] erhalten, nachdem der vorhergehende erst vorgestern kam.

Meine Sorgen sind sehr groß und halten mich wirklich Tag und Nacht gefangen. Das betrifft allerdings weniger den Osten. Dort hat sich die Lage doch gefangen, obwohl die Kämpfe äußerst schwer sind und reine Materialschlachten werden[1]. Operativ braucht man da nichts zu fürchten, auch wenn der eine oder andere Erker aufgegeben werden muß. Ein völliges Rätsel ist mir aber die weitere Entwicklung im Süden und Südosten[2] sowie der Luftkrieg[3]. Italien ist unzweifelhaft innerlich gebrochen. Die faschistische Partei ist weggefegt und wie lange das jetzige Regime willens oder fähig ist, bei der Stange zu bleiben, steht in den Sternen[4]. Ich glaube jedenfalls nicht mehr lange[5]. Die Auswirkungen auf den für uns lebenswichtigen Balkanraum kannst Du Dir denken. Die ganze Sache Mussolini ist in unserer Nachbarschaft[6] verschiedenen Herren doch gewaltig in die Hose gebraust! Das »Hosianna« und das »Kreuzige ihn« wohnen doch verdammt dicht beieinander. Ich erfuhr Sonntag abend [25. Juli] um 22^{0} Uhr durch ein Gespräch mit Rom von der Sache und wurde noch nachts um 1^{0} Uhr zu Buhle geholt, so daß ich erst um 4^{0} ins Bett kam. Seitdem ist es wie zum Verrücktwerden. Jeden Tag kann man alles wieder von vorne anfangen, weil derart planlos geführt und rumorganisiert wird, daß es einem schlecht werden kann. Und jetzt ist natürlich erst recht nicht mit einer Kräftezusammenführung in der Spitze zu rechnen, bloß keinen zu stark werden lassen - das ist gefährlicher, als wenn alles zu Bruch geht. Trotzdem lasse ich mich nicht unterkriegen, denn wir müssen alles tun, um das Schlimmste abzuwenden. Tritt es dann doch ein, so hat man wenigstens seine Pflicht getan.

Die Äußerungen der vox populi, die Du mir schriebst, enthalten leider viel Wahrheit. Und leider alles durch die eigene Schuld, das ist das, was mich so maßlos erbittert. Aber es muß das wohl alles seinen vorbestimmten Weg gehen.

Schlimm sind die Auswirkungen des Luftkrieges, besonders Hamburg muß furchtbar gelitten haben[7]. Von der Stadt steht kaum noch etwas. Ich merke die Auswirkungen auf meinem Gebiet[8] natürlich auch und komme aus dem Rechnen nicht raus.

Sind die Ukrainer gekommen?

Herzliche Grüße den Eltern. Dir viele liebe Küsse von

Deinem etwas downen kleinen Mann

Nr. 103
Freitag, 6. August 1943
Berlin: An seine Frau

Mein liebes, kleines Igelfräulein!
Ich bin heute kurzfristig und überraschend für einen Tag in Berlin. Der Tag war von 9^{30} Uhr ab ausgefüllt mit ernsten Besprechungen. Jetzt sitze ich um 18^{0} Uhr in der Wohnung, habe mir einen Tee gebraut und mache geistig Inventur über alles, was mich in den letzten Tagen und heute erfüllt hat. Und ich stelle fest, daß meine Auffassung, zu der ich mich in den letzten Tagen durchgerungen habe, die richtige ist, nämlich, daß man sich keiner Verantwortung, die einem das Schicksal abfordert, entziehen darf. Diese Feststellung wird Dir genügen[1]. Und ich müßte mich meines eigenen Werdegangs vor mir schämen, wenn ich nicht in dem Augenblick, wo es not tut, meine wahre Pflicht erfülle. Ich werde mich dabei nicht beflecken - darüber kannst Du beruhigt sein.
Im übrigen ist in mir alles klar und ruhig - wie nach dem Aufsitzen vor dem Start auf ein ausgezeichnetes Pferd. Du hast diesen Vergleich ja oft von mir gehört.
Dein lieber, langer Brief vom 30. [Juli] hat mich mit den Stimmungsschilderungen sehr interessiert. Sie ergänzen gut das Bild, das sich mir bietet. Und auch Deine Haltung ist richtig. Wir dürfen um Gottes willen nicht einer Stimmung zutreiben, die völlig sinnlos und in restloser Verkennung der Dinge einer Friedenssehnsucht um jeden Preis nachhängt. Die Gefahr des Ostens ist sonst nicht zu bannen.
Völlig verrückt gemacht ist ja Berlin durch den »zackigen«, wohldurchdachten und geplanten Aufruf zur Evakuierung Berlins. Es ist so ungefähr das schönste Stück von Organisationskunst, das ich bisher erlebt habe. Typisch kleines Karlchen!
So, Linglein. Meine nächsten Tage werden mit einigen Reisen ausgefüllt sein, insbesondere will ich zur Mitte[2]. An einen demnächstigen Besuch in Mittelsteine ist unter den obwaltenden Umständen natürlich nicht zu denken, so leid mir das selbst tut.
Halte Dich weiter so tapfer, kleiner Ling, wie Du das bisher getan hast und halte Dein fremdes Gemüse[3] gut in Zucht. Das ist dringend erforderlich.
Viele herzliche Grüße den Eltern.
Dich schließt in Liebe fest in die Arme

Dein kleiner Mann

Nr. 104
Sonntag, 15. August 1943
[Berlin:] An seine Frau

Mein liebes, armes, kleines Linglein!
Du kommst jetzt wirklich dauernd zu kurz, obwohl Du selbst mir immer so lang und ausführlich schreibst.
Was ich zur Zeit treibe, kann ich Dir erst später mal erzählen[1]. Heute bin ich schon wieder mal in Berlin und bereits wieder in der größten Hetze. Denn ich war fast ununterbrochen in Anspruch genommen, habe jetzt nur einen Sprung in die Wohnung getan und muß in 10 Minuten wieder zum Essen und dann zum Zuge fort.
Freitag[2] war ich bei meiner alten Armee[3], das heißt 7^{30} Start in einer He 111, 9^{30} in Schumjatschi, mittags im Storch nach vorn zu 2 Korps, dabei westlich der Desna Rencontre mit russischem Tiefflieger und 10 Minuten wilde Kurbelei, 2 Meter über der Erde, bis er vor 2 Jägern abzog. Es war nicht ganz angenehm, und ich war froh, wie die Jäger auftauchten. Vorne bei dem einen Korps-Gefechtsstand laufende Bombenangriffe. Zwischen zwei Wellen habe ich mich mit tiefem Luftholen dann durch die Luft unbemerkt zum nächsten Gefechtsstand empfohlen. 17^{30} Uhr zum Kaffee wieder bei der Armee, 18^{45} nach Smolensk, abends über 2 Stunden unter 4 Augen bei Kluge; anschließend bis 1^{0}Uhr Besprechungen; nächsten Morgen 7^{30} Uhr Start, 11^{0} Uhr wieder im Hauptquartier an, durchgearbeitet und Vortrag gehalten; abends hierher, heute weiter irgendwohin, Dienstag zurück. Du siehst - es reicht hin! Die Tage vorher hatten es auch in sich.
Im Osten erhebliche Krise bei Süd[4] (Charkow[5]) und bei meiner alten Armee[3], Spass Demensk[6] ist bereits aufgegeben. Die Haltung der Truppe ist bewundernswert, aber sie sind bald fertig gegen diese wahnsinnige Materialüberlegenheit.
Sowie ich Zeit habe, schreibe ich ausführlicher.
Herzliche Grüße den Eltern und gute Besserung für Vater.
Dir 1000 liebe, innige Küsse

Dein kleiner Mann

Nr. 105
Samstag, 21. August 1943
[Hauptquartier OKH im Mauerwald bei Angerburg in Ostpreußen:] An seine Frau

Mein liebes, kleines Linglein!
Seit 3 Tagen mache ich schon immer wieder vergebliche Ansätze, Dir zu schreiben. Aber dann kam stets wieder etwas dazwischen und dann wurde es so spät, daß ich totmüde ins Bett fiel.

Zunächst wollte ich Dir etwas ausführlicher als neulich im Telegrammstil von meinem Besuch bei der 4. Armee erzählen. Es liegt nun auch schon wieder eine Woche zurück. Als ich am Vortag meines Fluges auf den Kalender sah, bekam ich zunächst einen Schreck: der Starttag war Freitag, der 13. [August]!
Als ich an diesem Morgen auf dem Platz in Lötzen erschien, meldete sich der Oberfeldwebel Panzer als Flugzeugführer einer Kampf-He 111, derselbe, der mich in Ainring auf die Nase gelegt hatte. Zu seiner Ehre muß ich aber sagen, er flog, startete und landete diesmal vorzüglich. Auf dem Flugplatz Poniatowka (südwestlich Rosslawl) erwartete mich der alte II b Stricker[1] und brachte mich nach Schumjatschi, wo jetzt das Armeeoberkommando sehr hübsch haust. Ich wurde zunächst ins Kasino geführt, wo ein Mordsfrühstückstisch mit echtem Kaffee, Eiern, Toast, Butter in beliebiger Menge und kaltem Aufschnitt für mich aufgebaut war. Daran anschließend Besprechung beim Chef (Dawans[2], früher I a 19. Panzerdivision und dann Chef XIII. Armeekorps, Röttiger[3] ist fort und jetzt Chef der Heeresgruppe A) und I a (Trotha[4]) sowie beim Oberbefehlshaber[5].
Da die Zeit sehr drängte, startete ich ungegessen um 12^{15} Uhr mit meinem guten, dicken Müller im Storch zum LVI. Panzerkorps, dem es bei und nördlich Kirow recht schlecht ging. Westlich der Desna bei Jekimowitschi flogen wir fast einem russischen Tiefflieger in die Arme, der die Rollbahn attackierte. Vor und mit ihm kurbelten wir 10 Minuten dicht über dem Erdboden zwischen den Bäumen rum, bis er vor 2 zufällig des Wegs erscheinenden eigenen Jägern Fersengeld gab. Es war so richtig zum Blut und Wasser schwitzen! Hecken- und bäumespringend erreichten wir dann gegen 13^{15} Shelilowo am Snopot, wo das LVI. Panzerkorps gerade hingezogen war. 10 Minuten nach der Landung gab es dort rollende Luftangriffe im Hoch- und Tiefflug anderthalb Stunden lang, die allerdings keinen Schaden anrichteten, weil die Flak sie immer wieder abdrängte.
In dieser Zeit habe ich eingehende Aussprache mit dem gerade neu eingetroffenen Kommandierenden General Hoßbach[6] (früher Kommandeur Infanterieregiment 82 der 31. Infanteriedivision und dann Kommandeur 31. Infanteriedivision Juchnow, ganz früher Adjutant des Führers) gepflogen. Schaal, sein Vorgänger, war abgesägt, und ich traf ihn abfahrenderweise an[7]. Als gegen 15^{0} Uhr die Luftangriffe aufhörten, empfahl ich mich schnell durch die Luft nach Kochany (15 km nordwestlich davon) zum XII. Armeekorps. Ich hatte es genau abgepaßt, denn als ich dort landete (auf einem scheußlichen Platz zwischen hohen Bäumen, ein Hubschrauberlandeplatz, kein Storchlandeplatz!), ging es hinter mir wieder los. Nach einer einstündigen Besprechung beim XII. Armeekorps verdrückte ich mich dann wie ein scheues Kaninchen, fast auf dem Erdboden lang huschend, ohne weitere Zwischenfälle wieder

nach Schumjatschi, wo ich um 17^{0} Uhr eintraf. Anschließend war ich beim Oberbefehlshaber[5] zum Kaffee, der vor seiner Wohnung zum Empfang den braven Schimmel ›Tilly‹ aufgebaut hatte.
Als weiteres Kuriosum gab es dort in einem Zwinger zwei junge, leider stark stinkende Wolfstiere zu sehen, die zutraulich und verspielt wie junge Hunde waren. Um 18^{45} startete ich von Poniatowka mit meiner He nach Smolensk Nord und war um 20^{0} Uhr bei der Heeresgruppe [Mitte]. Zu Abend aß ich bei Krebs[8] (dem jetzigen Chef); ab 21^{30} Uhr war ich 2 Stunden allein bei Kluge. Er ist vor 14 Tagen mit seinem Storch von den Russen abgeschossen worden und trug seinen linken Arm geschient (in einem Beiwagen!). Trotzdem war er außerordentlich frisch. Auf ihn kann man jedenfalls zählen. Diese Stunden waren für mich ein Hoffnungsstrahl.
Ansonsten war das Bild keineswegs so begeisternd. Unsere Truppe leistet wieder einmal bewundernswertes. Aber die Grenze der psychischen und physischen Kraft ist bei der irrsinnigen Materialüberlegenheit der andern Seite fast erreicht. Es ist wie ein Wunder Gottes, daß das noch immer hält. Die Verbände schmelzen in unvorstellbarer Form dahin. Und organisatorisch kämpfe ich jetzt hier mit Zeitzler gegen die Unvernunft und den Dilettantismus einen fast hoffnungslosen Kampf um die Auflösung der vielen Torso-Divisionen, die 300 - 800 Mann Infanterie in den Kampf bringen und einen überflüssigen, Verpflegung und Betriebsstoff fressenden nichtsnutzigen Ballast von wenigstens 6000 Mann Nichtkämpfer hinter sich herschleppen, die ich aber nicht auflösen *darf*!![9] Die Verrücktheit hat *keine* Grenzen mehr - es ist erschütternd. Es ist aber nicht nur so bei uns!
Der Freitod von Jeschonnek[10], der heute begraben wurde und an dessen Bahre jener bekannte Herr[11] auch noch die Grabrede zu halten wagte, der ihn selbst in den Tod getrieben hat, hat Zeitzler und mich maßlos erregt. Wir beide sprachen heute abend bei meinem jour fix fast über nichts anderes[12]. Die Wendung von Zeitzler ist die eines Saulus zum Paulus! Wir wollen uns jedenfalls nicht so zerbrechen lassen wie dieser an sich starke Mann.
Oh, Linglein, es ist verdammt schwer, augenblicklich in meiner Haut zu stecken, aber ich habe das bombenfeste Vertrauen, daß mir alles gelingt, was ich anfasse. Meine Minderwertigkeitskomplexe in der Beziehung sind verschwunden. Der liebe Gott hat mich nun einmal dahingestellt, wo ich stehe, und da muß ich den Weg gehen, den mir mein Gewissen und mein Verstand vorgeschrieben hat.
Nun noch von anderen Dingen: vor 8 Tagen ist bei Leningrad unser guter Hannes Christ[13] gefallen - wenige Tage, bevor er herausgelöst werden sollte, um Chef des Kriegskarten- und Vermessungswesens zu werden. Und zur gleichen Zeit ist Unger[14] (früher bei mir in der Operationsabteilung mit der hübschen Frau[15]) als I a der 14. Panzerdivision ver-

mißt. Er fuhr mit seinem Divisionsstab nach Graiworon (nordwestlich Charkow) wohl mitten in die Russen rein, als hinter ihnen die Bude dicht war.

Du fragst nach der großen Lage! Im Osten hält sie immer noch wie ein Wunder, obwohl wir selbstverständlich viel Raum verloren haben. Charkow ist gerade noch in unserm Besitz (es geht aber nächstens verloren[16]) und die sagenhaften Kämpfe südlich und südwestlich Bjelgorod spielen sich in Tatsache nordwestlich und westlich Charkow ab! Aber das wird sich alles irgendwie arrangieren. Da kommt es wirklich nicht auf einige 10 oder 50 oder auch 100 km an. Wenn bloß kräftesparend operiert wird!

Auch um den Stiefel Italiens bzw. seine Abriegelung brauchst Du Dir keine Sorge zu machen. Dafür ist vorgesorgt. Die wesentlichste Sorge ist der Luftkrieg! Dem ist nichts entgegenzusetzen - auch nicht die Lüge von der Vergeltung. Denn *deren* Wirksamkeit kenne ich ja gut genug. »Zu spät«!!! Und wenn sich die Dinge in der Produktion auch nicht so schwer bemerkbar machen, wie man vielleicht glaubt, in der Moral sind sie gefährlich - und *später* auch in der Produktion! Aber irgendwie *müssen* wir mit allem fertig werden. Ich *lasse* mich nicht unterkriegen! Allerdings anders gedacht als manche Phantasten.

Nun zum Schluß noch unsere persönlichen Angelegenheiten:

1. Hole aus Berlin heraus, was möglich ist. Mir tut manches leid, was noch dort steht.
2. Was ist mit unserm Postscheckkonto (siehe Anlage!)? Mir war es *sehr* peinlich, daß ein Soldat meiner 2. Staffel *dies* Papier zurückbrachte. Ich brauche die 200 RM! Denn ich habe hier Kasinoschulden.
3. Die 30 kg Eisenmarken kann ich unmöglich beschaffen. Ich bin nicht korrupt! Sei nicht böse; das *geht* aber nicht.

Armes, kleines Linglein! Die Worte von Dora erschließen mir Dein ganzes Martyrium. Ich wünsche Dir von Herzen 4 - 8 Wochen *allein* in Mittelsteine! Dann kannst Du ja nach Thalgau gehen. *So* würde ich mir das in Deiner Stelle einrichten. Am 7./8. September bin ich sicher in Berlin. Sehen wir uns da? Ich habe das *dringendste* Bedürfnis in jeder Beziehung danach!

Dem Vater gute Besserung und allen herzliche Grüße.

In Liebe und mit innigen Küssen bin ich

Dein kleiner Mann

Nr. 106
Dienstag, 31. August 1943
[Hauptquartier OKH im Mauerwald bei Angerburg in Ostpreußen:]
An seine Frau

Mein liebes, kleines Igelein!
Habe vielen herzlichen Dank für Deinen Brief vom 25. [August], den ich erst heute bekam. Ich glaube, Du schreibst mir in Zukunft besser über meine Feldpostnummer 21490, weil der Weg über Berlin jetzt sicher manchmal gestört sein wird.
Damit wird es wohl auch zusammenhängen, daß Du meinen längeren Brief - ich glaube vom 20. oder 21. [August][1] - vor einer Woche noch nicht hattest. Ich schrieb Dir dann noch nach dem Berliner Angriff, daß unsere Wohnung heil geblieben ist, ferner, daß ich am 7. und 8. September mit Sicherheit in Berlin bin, und ich mich schrecklich auf ein Wiedersehen mit Dir freue.
Daß Dich alle Dinge sehr bewegen, kann ich mir wohl vorstellen. Und ich bin Dir dankbar, daß Du Deine Gedanken und Eindrücke zu Papier bringst. Du mußt aber einsehen, daß es für mich sehr schwierig ist, in einen Gedankenaustausch mit Dir darüber einzutreten. Ich laufe sonst zu leicht Gefahr, Dinge anzuschneiden, deren Erörterung meinen Pflichten zuwiderläuft.
Ihr dürft Euch nicht über einigen Bodenverlust im Osten erschrecken. Das ist falsch! Auf ein paar Landstriche und Städte kommt es dort wirklich nicht an, wenn dadurch im großen die zusammenhängende Abwehrkraft unserer Front wenigstens einigermaßen erhalten wird, und der Russe keinen operativ auswertbaren Durchbruchserfolg erzielt. Bei seiner drückenden Materialüberlegenheit nutzt sich natürlich auch unsere Kampfkraft steigend ab. Diesen Gefahrenmoment zu überstehen, muß unser ganzes Bestreben bleiben. Daß es dabei schon oft haarscharf an gefährlichsten Klippen vorbeigeht und noch vorbeigehen wird, kannst Du Dir denken. Augenblicklich ist die Armee von Onkel Weiß[2] und mein alter Laden[3] dran. Bei letzterem ging heute früh Jelnja[4] verloren und es sieht dort mal wieder ganz feierlich aus.
In Berlin hat in erster Linie Lankwitz und Südende sowie Steglitz, Friedenau, Wilmersdorf und Schöneberg dranglauben müssen. Die ersteren beiden sind nach allen Schilderungen »coventriert«. Auch unsere Gegend, insbesondere Fehrbelliner Platz und Bahnhof Charlottenburg, haben einiges abbekommen. Schlimm ist wieder das Bayrische Viertel, insonderheit Innsbrucker Platz, Innsbrucker Straße und Bayrischer Platz, mitgenommen[5]. Die Abschußzahl entsprach etwa 10 % der Angreifer.
Vor einigen Tagen besuchte mich Stückler[6], der vielmals grüßen läßt. Er war auf der Durchreise von Dänemark, wo er bisher war, zur Heeres-

gruppe Süd, wo er I b bei einer Infanteriedivision geworden ist[7]. Er war vergnügt und sah wohl aus. Wir haben abends lange zusammengesessen.
Gute Nacht, Linglein. Ich bin jetzt so müde, daß mir fast die Augen zufallen. Morgen mehr!
Einen lieben Kuß von

Deinem kleinen Mann

Nr. 107
Mittwoch, 1. September 1943
[Hauptquartier OKH im Mauerwald bei Angerburg in Ostpreußen:]
An seine Frau

[Anrede fehlt]
Ich will diesen Brief schnell abschließen, damit er noch heute nachmittag nach Berlin mitgeht. Wir sehen uns dann ja in einigen Tagen am 7. [September] früh.
Der heutige Nachtangriff von 300 Maschinen auf Berlin hat ebenfalls wieder den Südwesten getroffen - allerdings anscheinend weniger schlimm. Unsere Gegend[1] blieb verschont.
Gestern abend telefonierte ich mit Wittel, der nachmittags angerufen hatte, ohne mich anzutreffen. Er sagte mir, daß das Arbeitsurlaubsgesuch bei der Sturmgeschützschule vorläge[2]. Er selbst ist jetzt II a[3] des Lehrstabes. Er glaubte, nur 14 Tage abkommen zu können. Ich habe ihm aber zu mehr zugeredet.
Daß es dem armen Vater so schlecht geht, tut mir herzlich leid. Hoffentlich kann er bald nach Thalgau. In dem Alter ist sein Zustand ja nicht auf die leichte Schulter zu nehmen. Grüße ihn und die Mutter sehr von mir. Ich bedaure es, daß ich nicht mal hinkommen kann, aber es geht zur Zeit einfach nicht.
Also auf ein vergnügtes Wiedersehen am 7. [September] früh.
1000 liebe Küsse

Dein kleiner Mann

Nr. 108
Sonntag nachmittag, 10. Oktober 1943
[Hauptquartier OKH im Mauerwald bei Angerburg in Ostpreußen:]
An seine Frau

Liebes Linglein!
Gestern erhielt ich gleichzeitig Deine handschriftlichen Ausführungen vom 30. September und Deinen Brief vom 4. Oktober mit der Beschreibung von Pias Wurf.

Auf die ersteren Zeilen möchte ich heute nicht eingehen. Ich weiß überhaupt nicht, ob es gut ist, von diesen Dingen in einer Zeit zu sprechen, in der sowieso alles im Fluß ist und niemand auch nur mit einiger Sicherheit sagen kann, was die Zukunft birgt. Warum soll man sich da auch mit *diesen* Dingen noch zusätzlich eine Sorge aufpacken, von der man gar nicht weiß, ob sie überhaupt je in Erscheinung treten werden. Von einem »Dämon« spüre ich allerdings nichts. Ich halte aber eine Erörterung darüber für unzeitgemäß und insbesondere ungeeignet, schriftlich behandelt zu werden.

Inzwischen, hoffe ich, bist Du gut mit Peter in Thalgau gelandet. Meine Hoffnung, daß man Ende des Monats dort unten hin[1] übersiedeln würde - und wäre es auch nur zeitweise - ist anscheinend trügerisch. Trotzdem möchte ich Dich dort einige Tage gerne heimsuchen. Das wird aber erst Mitte November möglich sein, wenn die Verhältnisse es überhaupt zulassen.

In der kommenden Woche will ich mal 3 Tage zu [den Heeresgruppen] A und Süd fliegen. Ich kenne die Verhältnisse dort nicht und möchte das alles mal gesehen haben, bevor wir da auch wieder rausgeflogen sind. Denn damit muß man ja leider rechnen, auch wenn man es nicht sehen und glauben will.

Übrigens fallen mir da zwei wunderbare Aussprüche ein, die zur Zeit hier kursieren und uns viel Freude machen:

1. infolge zu großer Intelligenz als Glaubensträger nicht verwendbar! (das sind die reaktionären Generale und Generalstabsoffiziere).
2. Wir stehen an des Thrones Stufen
   In Liebe und in Treue fest
   Und sind bereit, Hurra zu rufen,
   Wenn es sich irgend machen läßt!
   (Die Nickesel und Verwandte!)

Ist das nicht sehr schön? Spaß muß sein!

Dann habe ich mich entschlossen, Giese[2] ablösen zu lassen. Er hat dauernd illoyal gehandelt und das ist mir zu dumm geworden. Zeitzler ist voll einverstanden und hat mir gesagt, daß Giese in meiner Abwesenheit immer erheblich Reklame für sich zu meinen Lasten gemacht hätte. Das ist ja nun wirklich allerhand.

Grüße die Eltern, Peter und alle Bekannten herzlich von mir.

Mit vielen lieben Küssen bin ich

Dein kleiner Mann

Nr. 109
30. Januar 1944
Mittelsteine, Kreis Glatz: Ili Stieff an ihre Schwiegermutter

Meine liebe Mutter,
Du wirst es ja nun auch schon wissen! Gestern nacht um 1/3 3 Uhr rief Hellmuth an, daß er General geworden sei!![1] Du kannst Dir meine große Freude gar nicht vorstellen, aber Du hast sicher ebenso bei der Nachricht empfunden. Du kannst auf Deinen Sohn stolz sein, und ich möchte Dir als seiner Mutter auch herzlich gratulieren, auch im Namen der Eltern[2], denn auf *Dich* fällt doch auch ein Strahl unseres gemeinsamen lieben, kleinen Generalmajors! Wie gut ist er doch dem Vorbilde seines Vaters gefolgt, der auch auf seinen Sohn stolz sein wird.
Wir haben uns alle so gefreut, der ganze Tag war heute direkt festlich und die ganze Familie wird sich freuen, besonders auch Urselchen über den Bruder.
Viele liebe, innige Küsse Dir und Ursulinchen

Deine treue Ili

Nr. 110
8. August 1944
Berlin: An seine Frau[1]

Meine liebe, liebe, gute, arme Igelfrau!
Mein geliebtes, einziges Gattchen!
Mein Leben ist zerstört. Gestern und heute hat die Hauptverhandlung stattgefunden. Der Antrag lautet auf Tod, und er kann auch nicht anders ausfallen. Er ist gerecht[2].
Du lieber, armer Kerl - was habe ich für Leid und Schande über Dich gebracht. Das ist der schlimmste Gedanke, der mich peinigt. Ich bitte Gott, daß er Dich behütet und beschützt.
Eins aber sollst Du wissen. Du bist und bleibst meine einzige liebste Frau, und ich sühne mit meinem Tod auch alles, was ich Dir in den letzten Jahren angetan hatte. In den schweren letzten 2 1/2 Wochen ist mir nichts klarer als das geworden.
Du hast mein Leben sehr, sehr reich gemacht und warst mein Sonnenschein, auch wenn ab und zu mal Wolken drüber waren - ohne Deine Schuld. Ein Dank ist viel zu wenig, was ich dazu sagen kann. Ich stehe tief in Deiner Schuld!
Ich gehe ruhig und gefaßt in den Tod, den ich mir schuldbeladen zugezogen habe. Ich weiß, daß Du mich nicht verlassen wirst. Und ich hoffe auf die Gnade Gottes, daß er uns dereinst in seiner Herrlichkeit wieder zusammenführen wird. Ich werde in Deinem Glauben sterben und mir

als Beistand einen Geistlichen Deiner Kirche geben lassen[3]. Geht das nicht, so gilt dies als mein letzter Wille, zur katholischen Kirche überzutreten, und ich werde in die Ewigkeit so eingehen, wie wir vor bald 15 Jahren in Ludwigsdorf vor den Altar traten. Der Tod ist kein Ende, sondern nur eine Wandlung. Ich bin von der Unsterblichkeit unserer Seelen fest und gläubig überzeugt. Und so werde ich auch Dich, meine wunderbare Lebensgefährtin, durch Gottes Güte wiederfinden, wenn ich alles abgebüßt habe, was ich in diesem Leben gefehlt.
Wann die Todesstunde kommt, weiß ich nicht. Sie wird nicht lange auf sich warten lassen. Ob ich noch einmal die Möglichkeit zum Schreiben habe, weiß ich auch nicht. Grüße Deine lieben Eltern und Geschwister ganz innig von mir und danke ihnen in meinem Namen für alles Gute, was sie mir stets angetan. Tröste auch meine arme, kleine Mutter und meine Schwester und sage ihnen, daß sie nicht zu schlecht von mir denken mögen. Du weißt, daß ich nicht [aus] schlechtem Willen so gehandelt habe - auch wenn der Schein jetzt gegen mich steht. Ich habe geirrt und gefehlt. Es war falsch, Gott in seinem Wirken als kleiner Mensch hochmütig in den Arm fallen zu wollen.
Und eine letzte Bitte habe ich noch. Sage bzw. schreibe W., daß sie mir viel gegeben hat, und ich auch ihr dafür danke. Daß ich aber nicht mit einer Lüge aus der Welt gehen will: *Du* bist und bleibst meine einzige, liebste Frau, die sie nie *so* hätte werden können.
Mein liebster Ling! Nun lebe wohl und Gott behüte Deine Wege. Das wird mein letztes Gebet und mein letzter Gedanke sein.
Ich küsse und umarme Dich in Ewigkeit.

Dein kleiner Mann

7. Juli 1944: Hitler läßt sich auf Schloß Kleßheim bei Salzburg neue Felduniformen vorführen. Neben ihm Albert Speer, Reichsminister für Rüstung und Kriegsproduktion. In der Mitte Generalmajor Stieff

Links unten: Oberst i.G. Stieff im Hauptquartier der 4. Armee, Juli 1942

Armeeoberkommando 4: Oberst i. G. Stieff. General der Infanterie Gotthard Heinrici, Oberbefehlshaber. Generalmajor Hans Röttiger, Chef des Generalstabes der Armee, Juli 1942 (von links nach rechts)

Drei Verschwörer: General der Artillerie Eduard Wagner, Generalquartiermeister des Heeres. Oberst i. G. Stieff, Chef der Organisationsabteilung im Generalstab des Heeres. General der Nachrichtentruppe Erich Fellgiebel, Chef des Wehrmachtnachrichten-Verbindungswesens und Chef des Heeresnachrichtenwesens. Nach der Morgenlage vor der Baracke des Chefs des Generalstabes des Heeres, Dezember 1943 (von links nach rechts)

Hellmuth Stieff vor dem Volksgerichtshof. Berlin, 7. August 1944. Links: Albrecht von Hagen.

Ili und Hellmuth Stieff, März
1943

Anmerkungen

Nr. 1

Bundesarchiv/Militärarchiv Freiburg i. Br., Nachlaß Stieff N 114/1 fol. 1–2. Fotokopie, Handschrift, Ausfertigung

1 Major Walter *Stieff* (1872–1920). Ausgeschieden als charakterisierter Oberstleutnant.

2 Gemeint ist das Infanterieregiment Nr. 128.

3 Gemeint ist das Garde-Grenadierregiment 5.

4 Annie *Stieff* geb. Krause (1877–1962).

Nr. 2

Bundesarchiv/Militärarchiv Freiburg i. Br., Nachlaß Stieff N 114/1 fol. 6–7. Fotokopie, Handschrift, Ausfertigung

1 Am 26. September 1918 eröffneten die Alliierten eine neue Offensive gegen die Westfront und stießen vor allem beiderseits der Argonnen tief in die deutschen Linien hinein. Schon nach wenigen Tagen schlug die Offensive im Raum von Cambrai eine Bresche in die Siegfriedstellung. Quiévrain liegt bei Cambrai. Dort »steht es nicht gut«: Generalfeldmarschall Wilhelm Ritter von *Leeb*: Tagebuchaufzeichnungen und Lagebeurteilungen aus zwei Weltkriegen. Aus dem Nachlaß hrsg. und mit einem Lebensabriß versehen von Georg *Meyer*. Stuttgart 1976 (Beiträge zur Militär- und Kriegsgeschichte, Band 16), S. 138 (Tagebuchaufzeichnungen vom 1. Oktober 1918). Künftig zitiert: *Leeb*. Allgemein: Peter Graf *Kielmansegg*: Deutschland und der Erste Weltkrieg. 2. Aufl. Stuttgart 1980, S. 664. Künftig zitiert: *Kielmansegg*.

2 Am 25. September 1918 bat Bulgarien als erste der verbündeten Mächte um Waffenstillstand. Damit war die Verbindung zur Türkei abgerissen, das lebenswichtige rumänische Öl gefährdet und die österreichisch-ungarische Grenze dem Gegner geöffnet. Bulgarien schloß am 30. September 1918 in Sofia mit der Entente Waffenstillstand. *Kielmansegg*, S. 664. Horst *Mühleisen*: Kurt Freiherr von Lersner. Diplomat im Umbruch der Zeiten 1918–1920. Eine Biographie. Göttingen, Zürich 1988, S. 36. Bernhard *Schwertfeger*: Das Weltkriegsende. Gedanken über die deutsche Kriegführung 1918. Potsdam 1937, S. 165.

3 Am 29. September 1918 legte die Oberste Heeresleitung (OHL) ein Friedens- und Waffenstillstandsangebot vor. Daraufhin trat Reichskanzler Graf Hertling zurück, eine Regierungskrise entstand. Nervosität und Hektik bestimmten das Geschehen, ehe am 2. Oktober Prinz Max von Baden die letzte kaiserliche Regierung bilden konnte. In der Nacht vom 3./4. Oktober 1918 ging die erste deutsche Note an den amerikanischen Präsidenten Wilson ab. Als Stieff diesen Brief schrieb, besaß er vermutlich noch keine Kenntnis der neuesten Entwicklung. Allgemein: *Kielmansegg*, S. 664 ff., bes. 668 f.; *Mühleisen*, S. 39 ff.

4 Dies geschah auch: s. Telegramm des Staatssekretärs a. D. von *Hintze* an das Auswärtige Amt vom 9. November 1918: *Amtliche Urkunden* zur Vorge-

schichte des Waffenstillstandes 1918. Auf Grund der Akten der Reichskanzlei, des Auswärtigen Amtes und des Reichsarchivs, hrsg. vom Auswärtigen Amt und vom Reichsministerium des Innern. 2. verm. Aufl. Berlin 1924, S. 260 (Nr. 105). Künftig zitiert: *Amtliche Urkunden*. Allgemein: *Kielmansegg*, S. 696.

5 Matthias *Erzberger* (1875–1921). Seit 1903 Mitglied des Reichstages (Zentrum). Oktober 1918 Staatssekretär in der Regierung des Prinzen Max von Baden, Unterzeichner des Waffenstillstandes am 11. November 1918. M[atthias] *Erzberger*: Erlebnisse im Weltkrieg. Stuttgart und Berlin 1920. Zur Biographie: Klaus *Epstein*: [Artikel:] Matthias Erzberger. In: Neue Deutsche Biographie. Band 4. Berlin 1959, S. 638–640. *Ders.*: Matthias Erzberger und das Dilemma der deutschen Demokratie. Berlin, Frankfurt/M. 1962.

6 Philip *Scheidemann* (1865–1939). Sozialdemokratischer Politiker, Reichstagsabgeordneter. Staatssekretär im Kabinett des Prinzen Max von Baden. Mitglied des Rates der Volksbeauftragten. Philipp *Scheidemann*: Der Zusammenbruch. Berlin 1920. *Ders.*: Memoiren eines Sozialdemokraten. 2 Bände. Dresden 1928.

7 Ursula *Stieff* (*1911). Schwester Hellmuth Stieffs.

Nr. 3

Bundesarchiv/Militärarchiv Freiburg i. Br., Nachlaß Stieff N 114/1 fol. 8–9. Fotokopie, Handschrift, Ausfertigung

1 Gemeint ist vermutlich: Namur in Belgien.

2 Nicht feststellbar. Vermutlich eine Bekannte oder Freundin von Stieffs Mutter.

Nr. 4

Bundesarchiv/Militärarchiv Freiburg i. Br., Nachlaß Stieff N 114/1 fol. 10–12. Fotokopie, Handschrift, Ausfertigung

1 Stieff meint wahrscheinlich den Notenwechsel zwischen der Reichsregierung und der amerikanischen Regierung, besonders die beiden Noten Wilsons vom 8. und 14. Oktober 1918. *Amtliche Urkunden*, S. 85 (Nr. 37), 109 f. (Nr. 48).

2 Die dritte deutsche Note vom 20. Oktober 1918 ist abgedruckt: *Amtliche Urkunden*, S. 167 f. (Nr. 168).

3 Thomas Woodrow *Wilson* (1856–1924). 27. Präsident der Vereinigten Staaten (1913–1921). Klaus *Schwabe*: Woodrow Wilson. Ein Staatsmann zwischen Puritanertum und Liberalismus. Göttingen, Zürich, Frankfurt/M. 1971 (Persönlichkeit und Geschichte, Band 62).

4 Diese Aussage ist aus den Quellen nicht belegbar. Erich *Matthias* und Rudolf *Morsey* (Bearb.): Die Regierung des Prinzen Max von Baden. Düsseldorf 1962 (Quellen zur Geschichte des Parlamentarismus und der politischen Parteien. Erste Reihe: Von der konstitutionellen Monarchie zur parlamentarischen Republik, Band 2).

5 Am 30. September 1918 gab die Oberste Heeresleitung den Befehl, eine rückwärtige Stellung in der Linie Antwerpen – Maas vorzubereiten. Stieffs Annahme, daß Antwerpen zum rechten Stützpunkt der Front werde, war zutreffend.

6 Vielleicht der spätere Oberstleutnant Hannes *Christ*. Als Oberleutnant Hauptmann Stieffs Hörsaalkamerad während der Führergehilfenausbildung (1932/1935). S. Brief Nr. 51 Anm. 6 und Nr. 105 Anm. 13.

Nr. 5

Bundesarchiv/Militärarchiv Freiburg i. Br., Nachlaß Stieff N 114/4 fol. 13–16. Fotokopie, Handschrift, Ausfertigung

1 Major Walter *Stieff* gehörte dem Stab des Feldartillerieregiments 205 an.

2 Briefe Nr. 1 und Nr. 4. Weitere Briefe aus Quiévrain und Lager Braschaet bei Antwerpen sind nicht erhalten.

3 General der Infanterie Erich *Ludendorff* (1865–1937). Ritter des Ordens Pour le Mérite mit Eichenlaub. August 1916 bis Oktober 1918 Erster Generalquartiermeister beim Chef des Generalstabes des Feldheeres. Erich *Ludendorff*: Meine Kriegserinnerungen 1914–1918. Berlin 1919. *Ders.*: Mein militärischer Werdegang. Blätter der Erinnerung an unser stolzes Heer. München 1933. Zur Biographie: Bruno *Thoß*: [Artikel:] Erich Ludendorff. In: Neue Deutsche Biographie. Band 15. Berlin 1987, S. 285–290. Kaiser Wilhelm II. entließ Ludendorff am 26. Oktober 1918. Hindenburg und Ludendorff forderten am 25. Oktober während einer Besprechung mit dem Kaiser abrupt den Abbruch der Verhandlungen mit Wilson. Der Kaiser äußerte sich zurückhaltend. Er fürchtete die politische Katastrophe, falls er den Forderungen der OHL nachgäbe.

4 Generalfeldmarschall Paul von *Beneckendorff und von Hindenburg* (1847–1934). Ritter des Ordens Pour le Mérite mit Eichenlaub. August 1916 bis Juli 1919 Chef des Generalstabes des Feldheeres. April 1925 bis August 1934 Reichspräsident. Generalfeldmarschall [Paul] von *Hindenburg*: Aus meinem Leben. Leipzig 1920. Walther *Hubatsch*: Hindenburg und der Staat. Aus den Papieren des Generalfeldmarschalls und Reichspräsidenten von 1878 bis 1934. Göttingen, Berlin, Frankfurt [u. a.] 1966. Zur Biographie: Gerhard *Schultze-Pfaelzer*: Hindenburg. Ein Leben für Deutschland. Berlin 1934. Walter *Görlitz*: Hindenburg. Ein Lebensbild. Bonn 1953. Werner *Conze*: [Artikel:] Paul von Hindenburg. In: Neue Deutsche Biographie. Band 9. Berlin 1972, S. 178–182.

5 *Wilhelm II.* (1859–1941). Deutscher Kaiser und König von Preußen (1888–1918). Ging am 10. November 1918 ins Exil nach Holland.

Nr. 6

Bundesarchiv/Militärarchiv Freiburg i. Br., Nachlaß Stieff N 114/1 fol. 17. Fotokopie, Handschrift, Ausfertigung

1 Samstag, 9. November 1918.

2 Montag, 11. November 1918. Pierre *Renouvin*: L'armistice de Rethondes. 11 Novembre 1918. Paris 1968.

3 Das Armeeoberkommando (AOK) 4 gehörte zur Heeresgruppe Kronprinz Ruprecht von Bayern. Seit 11. November 1918 hieß diese Heeresgruppe: Heeresgruppe A. *Leeb*, S. 159 Anm. 355.

Nr. 7

Bundesarchiv/Militärarchiv Freiburg i. Br., Nachlaß Stieff N 114/1 fol. 18–21. Fotokopie, Handschrift, Ausfertigung

1 Fahnenjunker Hans-Hermann *Krampff*. Mit Stieff vom 15. September bis 9. Dezember 1918 Fahnenjunker im Feldartillerieregiment 71, Fahnenjunkerschule Quiévrain, dann Lager Braschaet bei Antwerpen. Bescheinigung des Hauptmanns i. G. *Stieff* für Rechtsanwalt Dr. Hans-Hermann Krampff. Elbing, 24. Januar 1936. Nachlaß Stieff N 114/6. BA/MA Freiburg i. Br.

2 Zur Situation: Francis L. *Carsten*: Reichswehr und Politik 1918-1933. Köln, Berlin 1964, S. 16f.

3 Artikel V der alliierten Waffenstillstandsbedingungen vom 11. November 1918 forderte die Räumung des gesamten linken Rheinufers einschließlich der Brückenköpfe an den Rheinübergängen von Mainz, Koblenz und Köln innerhalb von 25 Tagen; außerdem die Schaffung einer neutralen Zone von 30 bis 40 km Breite auf dem rechten Rheinufer.

Nr. 8

Bundesarchiv/Militärarchiv Freiburg i. Br., Nachlaß Stieff N 114/1 fol. 22-24. Fotokopie, Handschrift, Ausfertigung

1 Dr. med. Paul Franz *Banner* (1867-1930), Arzt und Gertrud Luise Bianca Emilie *Banner* geb. Stieff (1872-1939), eine Schwester *Walter Stieffs*, des Vaters von Hellmuth Stieff. Das Ehepaar wohnte in Waltersdorf, Kreis Glogau, Schlesien.

Nr. 9

Bundesarchiv/Militärarchiv Freiburg i. Br., Nachlaß Stieff N 114/1 fol. 25-27. Fotokopie, Handschrift, Ausfertigung

1 Allgemein: Waldemar *Erfurth*, Die Geschichte des deutschen Generalstabes von 1918 bis 1945. Göttingen, Berlin, Frankfurt 1957 (Studien zur Geschichte des Zweiten Weltkrieges, Band 1), S. 31f. Hagen *Schulze*: Freikorps und Republik 1918-1920. Boppard a. Rh. 1969 (Militärgeschichtliche Studien, 8). Volkmar *Kellermann*: Schwarzer Adler - Weißer Adler. Die Polenpolitik der Weimarer Republik. Köln 1970, S. 45.

Nr. 10

Bundesarchiv/Militärarchiv Freiburg i. Br., Nachlaß Stieff N 114/1 fol. 28-30. Fotokopie, Handschrift, Ausfertigung

1 Auf welche Affäre Stieff Bezug nimmt, konnte nicht ermittelt werden.

2 Das Generalkommando des XVII. Armeekorps lag in Danzig.

3 Ludwig *Stieff* (1841-1920). Gymnasiallehrer. Professor am Heilig-Geist-Gymnasium in Breslau.

Nr. 11

Bundesarchiv/Militärarchiv Freiburg i. Br., Nachlaß Stieff N 114/1 fol.31-33. Fotokopie, Handschrift, Ausfertigung

1 Nicht erhalten.

2 Oberleutnant Gerhard *Rossbach* (1893-1967). Januar 1919 bis Anfang Februar 1920 Führer des Freikorps Rossbach. Einsatz in Westpreußen und im Baltikum, beteiligte sich am Kapp-Lüttwitz-Putsch im März 1920 und am 9. November 1923 am Hitlerputsch in München. Gerhard *Rossbach*: Mein Weg durch die Zeit. Erinnerungen und Bekenntnisse. Weilburg/Lahn 1950, S. 54f.

Nr. 12

Bundesarchiv/Militärarchiv Freiburg i. Br., Nachlaß Stieff N 114/1 fol. 34-37. Fotokopie, Handschrift, Ausfertigung

1 Vermutlich eine Freundin von Stieffs Mutter.

Nr. 13

Bundesarchiv/Militärarchiv Freiburg i. Br., Nachlaß Stieff N 114/1 fol. 38–40. Fotokopie, Handschrift, Ausfertigung

1 Hier liegt ein Irrtum Stieffs vor. Die Unterzeichnung des Vertrages von Versailles fand am 28. Juni 1919 statt. Die irrtümliche Aussage läßt sich vielleicht aus den unzureichenden Nachrichten erklären. Möglich ist auch, daß Stieff die Entscheidung der Nationalversammlung vom 23. Juni 1919 in Weimar meinte, den Vertrag bedingungslos anzunehmen. Horst *Mühleisen*: Das Kabinett Bauer, die Nationalversammlung und die bedingungslose Annahme des Vertrages von Versailles im Juni 1919. In: Geschichte in Wissenschaft und Unterricht 38 (1987), S. 65–89. *Ders.*, Lersner, S. 191ff. Zur Unterzeichnung des Vertrages am 28. Juni 1919: a.a.O., S. 197f.

2 Ausführlich zu diesen Plänen: *Schulze:* Freikorps und Republik, S. 112–121. *Ders.*: Der Oststaat-Plan 1919. In: Vierteljahrshefte für Zeitgeschichte 18 (1970), S. 123–163, hier: S. 151ff. Ergänzend: Horst *Mühleisen*: Annehmen oder Ablehnen? Das Kabinett Scheidemann, die Oberste Heeresleitung und der Vertrag von Versailles im Juni 1919. In: Vierteljahrshefte für Zeitgeschichte 35 (1987), S. 419–481 (erstmalige Edition der Schlüsseldokumente).

3 35. Infanteriedivision.

Nr. 14

Bundesarchiv/Militärarchiv Freiburg i. Br., Nachlaß Stieff N 114/1 fol. 41–43. Fotokopie, Handschrift, Ausfertigung

1 1919 wohnten Stieffs Eltern in Breslau; auch der Großvater Ludwig Stieff. Frau *Grundmann*, Stieffs Schwester, erinnerte sich, daß ihr Bruder seine Familie zu Weihnachten 1919 besuchte.

2 Arnold *Krause* (1881–1955). Bruder von Stieffs Mutter. Zuletzt Generalvertreter für eine Kosmetik-Firma.

Nr. 15

Bundesarchiv/Militärarchiv Freiburg i. Br., Nachlaß Stieff N 114/1 fol. 44–47. Fotokopie, Handschrift, Ausfertigung

1 Auch mit Unterstützung des Bundesarchivs-Militärarchiv in Freiburg i. Br. war es nicht möglich, weitere Angaben über Generalmajor von *Hippe* zu ermitteln.

2 Hauptmann *Jacobsen.* Artillerieregiment 9, früher Feldartillerieregiment 71.

3 Falkenwalde, ein Dorf 16 km nordwestlich von Stettin.

Nr. 16

Bundesarchiv/Militärarchiv Freiburg i. Br., Nachlaß Stieff N 114/1 fol. 48–50. Fotokopie, Handschrift, Ausfertigung

1 Walter *Stieff* hatte sich im Kriege eine schwere Krankheit zugezogen.

2 Nicht erhalten.

Nr. 17

Bundesarchiv/Militärarchiv Freiburg i. Br., Nachlaß Stieff N 114/1 fol. 51. Fotokopie, Handschrift, Ausfertigung

Nr. 18

Bundesarchiv/Militärarchiv Freiburg i. Br., Nachlaß Stieff N 114/1 fol. 52-55. Fotokopie, Handschrift, Ausfertigung

1 Der Vater starb am 31. Mai 1920 in Berlin.

2 Hauptmann *Jentsch.* Artillerieregiment 9. In der »Stellenbesetzung im Übergangsheer vom 16. Mai 1920«, Heft II, S. 59, nicht nachgewiesen.

3 Hauptmann *Becker.* Artillerieregiment 9, früher Feldartillerieregiment 15.

4 Hauptmann *Heidrich.* In der »Stellenbesetzung im Übergangsheer vom 16. Mai 1920«, Heft II, S. 59, nicht nachgewiesen.

5 Im August 1920 brach der zweite polnische Aufstand unter Führung des Freischärlers Korfanty los. Vermutlich meinte Stieff diese Kämpfe.

6 Edith Maria Gertrud *Banner* (1898–1936). Tochter der Eheleute Dr. Paul und Gertrud Banner, eine Cousine Hellmuth Stieffs. S. Brief Nr. 8 Anm. 1. Edith *Banner* verlobte sich mit Oberleutnant Ernst Valentin Joachim *Buffa.* S. Brief Nr. 19 Anm. 5.

Nr. 19

Bundesarchiv/Militärarchiv Freiburg i. Br., Nachlaß Stieff N 114/1 fol. 56–59. Fotokopie, Handschrift, Ausfertigung

1 Fahnenjunker-Unteroffizier Stieff besuchte die Infanterieschule in München.

2 Oberjäger Wilfried von *Rhaden* (1902–1945). Zuletzt Oberst und Kommandeur der Fahnenjunkerschule Thorn.

3 Unteroffizier Arthur *Kleist von Bornstedt* (*1901). Zuletzt Major.

4 Husarenregiment von Zieten (Brandenburgisches) Nr. 3, dessen Stiftungstag der 30. September 1730 war und das in Rathenow an der Havel lag.

5 Oberleutnant Ernst *Buffa* (1893–1971). 1945 Generalleutnant und Kommandeur der 12. Flakdivision (mot.).

Nr. 20

Bundesarchiv/Militärarchiv Freiburg i. Br., Nachlaß Stieff N 114/1 fol. 60–62. Fotokopie, Handschrift, Ausfertigung

1 Nicht erhalten

2 Truppenübungsplatz in der Oberpfalz.

3 Fahnenjunker-Unteroffizier *Stieff*: Fähnrichsprüfung an der Infanterieschule München: Arbeiten und Aufgabenstellungen vom 15. April 1921 bis 16. Juni 1922. Nachlaß Stieff N 114/7. BA/MA Freiburg i. Br.

Nr. 21

Bundesarchiv/Militärarchiv Freiburg i. Br., Nachlaß Stieff N 114/2 fol. 1-12. Fotokopie, Handschrift, Ausfertigung

1 Leutnant *Kraehe.* 3. (Preuß.) Artillerieregiment, 3. Batterie.

2 Zu diesem Problem: Klaus-Jürgen *Müller:* Das Heer und Hitler. Armee und nationalsozialistisches Regime 1933–1940. Stuttgart 1969 (Beiträge zur Militär- und Kriegsgeschichte, Band 10), S. 14 ff. (Kapitel I: Armee in der Krise, S. 13–34).

3 Oberleutnant *Stieff* war am 1. Februar 1927 zu diesem Dienstgrad im 3. (Preuß.) Artillerieregiment befördert worden. Rangdienstalter: 1. Februar 1927 (20). Militärische Dienstlaufbahn (Bundesarchiv-Zentralnachweisstelle, Aachen-Kornelimünster).

Nr. 22

Bundesarchiv/Militärarchiv Freiburg i. Br., Nachlaß Stieff N 114/2 fol. 13–16. Fotokopie, Handschrift, Ausfertigung

1 Dr. phil. Dr. Ing. e. h. Adrian *Gaertner* (1876-1945). Industrieller und Unternehmer.

2 Generaloberst a. D. Hans von *Seeckt* (1866–1936). Ritter des Ordens Pour le Mérite mit Eichenlaub. Juni 1920 bis Oktober 1926 Chef der Heeresleitung der Reichswehr. Zur Biographie: Hans *Meier-Welcker*: Seeckt. Frankfurt a. M. 1967. Mündliche Mitteilungen des Oberst d. R. a. D. Hans Harald von *Selchow*, als Oberleutnant von April 1922 bis April 1925 persönlicher Adjutant Seeckts, an den Herausgeber in den Jahren 1963 bis 1965 in Sigmaringen.

3 Hans von *Seeckt*: Gedanken eines Soldaten. Berlin 1929.

Nr. 23

Bundesarchiv/Militärarchiv Freiburg i. Br., Nachlaß Stieff N 114/2 fol. 17–18. Fotokopie, Handschrift, Ausfertigung

1 *Auguste Viktoria* (1859–1921). Deutsche Kaiserin und Königin von Preußen (1888–1918).

2 *Friedrich II., der Große* (1712–1786). König von Preußen (1740–1786).

3 Kempinski Haus Vaterland in Berlin W 9, Potsdamer Platz, Ecke Köthener Straße 10, wurde 1911 erbaut und 1927/28 umgebaut. Es war ein gehobenes Restaurant mit Schauspielvorführungen.

4 Hauptmann *Neubarth*. 3. (Preuß.) Artillerieregiment, Chef der 2. Batterie.

5 Nähere Feststellungen sind nicht möglich.

6 Ausländische Offiziere, die beim 3. (Preuß.) Artillerieregiment zu Gast waren.

Nr. 24

Bundesarchiv/Militärarchiv Freiburg i. Br., Nachlaß Stieff N 114/2 fol. 19–22. Fotokopie, Handschrift, Ausfertigung

1 Generaloberst Wilhelm *Heye* (1869–1947). Ritter des Ordens Pour le Mérite mit Eichenlaub. Oktober 1926 bis Ende Oktober 1930 Chef der Heeresleitung der Reichswehr. Zur Biographie: Thilo *Vogelsang*: [Artikel:] Wilhelm Heye. In: Neue Deutsche Biographie. Band 9. Berlin 1972, S. 79.

2 Oberstleutnant Herbert von *Ondarza* (1878–1971). Oktober 1929 bis September 1931 Kommandeur der I. Abteilung des 3. (Preuß.) Artillerieregiments in Schweidnitz.

3 Oberleutnant Reinhard *Gehlen* (1902–1979). Regimentskamerad Stieffs. Adjutant der I. Abteilung in Schweidnitz. April 1942 (Dezember 1944 Generalmajor) bis April 1945 Chef der Abteilung »Fremde Heere Ost«.

4 Hauptmann Hellmuth *Westram* (1893–1946). Chef der 2. Batterie, in der Oberleutnant Stieff Dienst tat.

5 Nicht vorhanden.

Nr. 25

Bundesarchiv/Militärarchiv Freiburg i. Br., Nachlaß Stieff N 114/2 fol. 23–24. Fotokopie, Handschrift, Ausfertigung

1 Nicht ermittelt in der Rangliste des Jahres 1930. Vermutlich Unteroffiziere mit / oder ohne Portepée.

2 Oberstleutnant Ernst *Schaumburg* (1880–1947). Ritter des Ordens Pour le

Mérite. Oberstleutnant beim Stab des 7. (Preuß.) Infanterieregiments in Schweidnitz/Niederschlesien.

3 Der Name von Schaumburgs Pferd.

4 Oberstleutnant *Schaumburg* wurde am 1. November 1930 zum Oberst befördert. Vom 1. Februar 1931 an war er Kommandeur des 1. (Preuß.) Infanterieregiments in Königsberg.

5 Oberleutnant Richard *Stempel* (1901–1944). 7. (Preuß.) Infanterieregiment in Schweidnitz.

6 Die Namen von Angehörigen der I. Abteilung des 3. (Preuß.) Artillerieregiments und des 7. (Preuß.) Infanterieregiments in Schweidnitz.

7 Oberst Hermann *Metz* (1878–1959). Februar 1928 bis Anfang April 1931 Kommandeur des 7. (Preuß.) Infanterieregiments in Schweidnitz.

8 Heinz *Ritter* (1915–1945). Sohn von Hedwig Ritter geb. Linnartz, einer Schwester von Ili Stieffs Mutter. Landwirt und Gutsbesitzer in Chodau bei Karlsbad in Böhmen.

Nr. 26

Bundesarchiv/Militärarchiv Freiburg i. Br., Nachlaß Stieff N 114/2 fol.25–26. Fotokopie, Handschrift, Ausfertigung

1 Hauptmann Dipl. Ing. *Fromm.* Batteriechef in der I. Abteilung des 3. (Preuß.) Artillerieregiments in Schweidnitz.

2 Oberleutnant *Harhausen.* I. Abteilung, 3. Batterie des 3. (Preuß.) Artillerieregiments in Schweidnitz. S. Brief Nr. 25 Anm. 6.

Nr. 27

Bundesarchiv/Militärarchiv Freiburg i. Br., Nachlaß Stieff N 114/2 fol.27–28. Fotokopie, Handschrift, Ausfertigung

1 Karl Dietrich *Bracher*: Die Auflösung der Weimarer Republik. Eine Studie zum Problem des Machtverfalls in der Demokratie. Königstein/Ts., Düsseldorf 1978. (Athenäum/Droste Taschenbücher Geschichte. 7216), S. 323 ff.; Thilo *Vogelsang*: Reichswehr, Staat und NSDAP. Beiträge zur deutschen Geschichte 1930–1932. Stuttgart 1962 (Quellen und Darstellungen zur Zeitgeschichte, Band 11), S. 89.

2 Bezeichnung für die eigene Truppe bei Planübungen und Manövern.

3 Der Stab, die II. Abteilung und die Ausbildungsbatterie des 3. (Preuß.) Artillerieregiments lagen in Frankfurt/Oder. Oberleutnant *Schwarz* gehörte der II. Abteilung an und tat in der 11. (r) Batterie Dienst.

4 Heinrich (Harry) Kurt Freiherr von und zu Heßberg (1862–1940). Gutsbesitzer in Benshausen bei Suhl.

5 Major von *Rosenberg-Lipinsky.* Kommandeur der II. Abteilung des 3. (Preuß.) Artillerieregiments in Frankfurt/Oder.

6 Hauptmann *Fitzlaff.* 3. (Preuß.) Artillerieregiment, Stab der V. (r) Abteilung in Sagan.

Nr. 28

Bundesarchiv/Militärarchiv Freiburg i. Br., Nachlaß Stieff N 114/2 fol. 29–30. Fotokopie, Handschrift, Ausfertigung

1 Die Gewinner dieser »Katastrophenwahl« (Rudolf Morsey) waren die Nationalsozialisten. Über 6,4 Millionen Stimmen fielen ihnen zu. Die Zahl der NSDAP-Abgeordneten stieg rapide von 12 auf 107 an.

2 Die KPD hatte Verluste. Die Stimmenzahl ging von 42,2 % auf 38,2 % zurück.
3 Heinrich *Brüning* (1885-1970). März 1930 bis Mai 1932 Reichskanzler. Heinrich *Brüning*: Memoiren. 1918-1934. Stuttgart 1970. Zur Biographie: Eilert *Lohe*: Heinrich Brüning. Offizier, Staatsmann und Gelehrter. Göttingen, Zürich, Frankfurt 1969 (Persönlichkeit und Geschichte, Band 51).
4 Alfred *Hugenberg* (1865-1951). 1909 bis 1918 Vorsitzender des Direktoriums der Firma Krupp. Baute ab 1916 den mit seinem Namen verbundenen Medienkonzern auf. 1928 übernahm er den Vorsitz der Deutschnationalen Volkspartei. Seine Partei faßte er mit anderen Rechtsgruppen und der NSDAP zur »Harzburger Front« zusammen. Januar bis Juni 1933 Reichswirtschafts- und Reichsernährungsminister. Zur Biographie: Klaus-Peter *Hoepke*: [Artikel:] Alfred Hugenberg. In: Neue Deutsche Biographie. Band 10. Berlin 1974, S. 10-13.

Nr. 29

Bundesarchiv/Militärarchiv Freiburg i. Br., Nachlaß Stieff N 114/2 fol. 31-32. Fotokopie, Handschrift, Ausfertigung

1 Ausführliche Rekonstruktion des Prozesses vor dem IV. Strafsenat des Reichsgerichtes in Leipzig bei: Peter *Bucher*: Der Reichswehrprozeß. Der Hochverrat der Ulmer Reichswehroffiziere 1929/30. Boppard a. Rh. 1967 (Militärgeschichtliche Studien. 4), S. 152-508 (acht Verhandlungstage: Dienstag, 23. September 1930 bis Donnerstag, 2. Oktober 1930).
2 Leutnant Hanns Elard *Ludin* (1905-1947). 1924 bis März 1930 Dienstzeit im Artillerieregiment 5 in Ulm. Dezember 1927 Leutnant. Anfang Februar 1929 verfaßte Ludin, zusammen mit dem - eher im nationalrevolutionären als im nationalsozialistischen Sinne - gleichgesinnten Leutnant Scheringer und Oberleutnant Wendt ein Flugblatt zugunsten einer »nationalen Revolution«. Er nahm Verbindung zum »Stahlhelm« und zur Reichsleitung der NSDAP auf. Nach dem mißglückten Versuch, die Angelegenheit unter Ausschluß der Öffentlichkeit auf disziplinarrechtlichem Wege zu regeln, erfolgte am 10. und 11. März 1930 die Verhaftung der drei Offiziere. Vor dem Reichsgericht in Leipzig wurden sie angeklagt, Hochverrat vorbereitet zu haben. Am 4. Oktober 1930 verurteilte der IV. Strafsenat die Angeklagten Scheringer, Ludin und Wendt zu je einem Jahr sechs Monaten Festungshaft. Scheringer und Ludin wurden aus der Reichswehr entlassen. Wendt war bereits zum 31. Dezember 1929 aus der Reichswehr ausgeschieden. Am 5. Juni 1931 erfolgte die vorzeitige Begnadigung durch den Reichspräsidenten und Haftentlassung. Zur Biographie: Franz *Knipping*: [Artikel:] Hanns Elard Ludin. In: Badische Biographien - Neue Folge. Band II. Hrsg. von Bernd *Ottnad*. Stuttgart 1987, S. 193-196. *Ders.:* [Artikel:] Hanns Ludin. In: Neue Deutsche Biographie. Band 15. Berlin 1987, S. 295-296.
3 Leutnant Richard *Scheringer* (1904-1986). Bereits als Gymnasiast gehörte er der »Schwarzen Reichswehr« an und beteiligte sich am Putsch von Küstrin (1923). Er trat in das Artillerieregiment 5 in Ulm ein. Zusammen mit seinen Offizierskameraden Hanns Ludin und Hans Friedrich Wendt knüpfte er im Oktober 1929 Kontakte zur Reichsleitung der NSDAP in München und begann mit dem Aufbau nationalsozialistischer Zellen unter den Offizieren in Ulm, Hannover, Berlin und Eisenach: Falls der Volksentscheid gegen den Young-Plan scheitern und es zu einem nationalsozialistischen Umsturzversuch kommen sollte, dürfe die Reichswehr nicht wie beim Kapp-Lüttwitz-

und Hitler-Putsch einschreiten. Richard Scheringer: Das große Los unter Soldaten, Bauern und Rebellen. Hamburg 1959. *Bucher*, S. 15f. (biographische Angaben).

4 Verurteilung und Entlassung aus der Reichswehr.

5 Hellmuth Stieff heiratete Ili Gaertner am 23. September 1929 in Mölke, Schlesien. Die Hochzeitsreise führte nach Österreich, vornehmlich nach Wien.

Nr. 30

Bundesarchiv/Militärarchiv Freiburg i. Br., Nachlaß Stieff N 114/2 fol. 33–34. Fotokopie, Handschrift, Ausfertigung

Druck: Auszugsweise in: Thilo *Vogelsang*: Reichswehr, Staat und NSDAP. Beiträge zur deutschen Geschichte 1930–1932. Stuttgart 1962 (Quellen und Darstellungen zur Zeitgeschichte, Band 11), S. 419 (Dok. 8)

1 Vgl. Anm. 2 zu Brief Nr. 29.

2 Abkürzung für: Deutsche Allgemeine Zeitung, Berlin. DAZ, Nr. 464, Ausgabe Groß-Berlin, 6. Oktober 1930. Nachlaß Stieff N 114/2 fol. 35–36. BA/MA Freiburg i. Br.

3 General der Infanterie Kurt von *Schleicher* (1882–1934). Februar 1926 (Januar 1929 Generalmajor) bis Februar 1929 Leiter der Wehrmachtsabteilung im Reichswehrministerium. März 1929 (Oktober 1931 Generalleutnant) bis Juni 1932 Chef des Ministeramtes. Juni 1932 bis Januar 1933 Reichswehrminister. Dezember 1932 bis Januar 1933 Reichskanzler. Am 30. Juni 1934, zusammen mit seiner Frau, ermordet. Zur Biographie: Thilo *Vogelsang*: Kurt von Schleicher. Ein General als Politiker. Göttingen, Frankfurt, Zürich 1965 (Persönlichkeit und Geschichte. Band 39). Zu *Schleicher*: Mündliche Mitteilungen des Generals der Infanterie a. D. Joachim von *Stülpnagel* am 31. August 1962 und 28. Februar 1965 an den Herausgeber in Oberaudorf/Oberbayern.

4 Carl *Severing* (1875–1952). 1920 bis 1926 preußischer Innenminister. Juni 1928 bis März 1930 Reichsinnenminister. Oktober 1930 bis Juli 1932 preußischer Innenminister. Am 20. Juli 1932 setzte die Reichsregierung Papen die preußische Regierung Braun-Severing ab. Zur Biographie: Carl *Severing*: Mein Lebensweg. Band I: Vom Schlosser zum Minister. Köln 1950. *Ders.*: Mein Lebensweg. Band II: Im Auf und Ab der Republik. Köln 1950.

5 Die Verhaftung der beiden Leutnants Ludin und Scheringer erfolgte am 10. März 1930 auf dem Übungsgelände.

6 Generalleutnant a. D. Wilhelm *Groener* (1867–1939). Ritter des Ordens Pour le Mérite. Oktober 1918 bis Juli 1919 Erster Generalquartiermeister beim Chef des Generalstabes des Feldheeres. 1920 bis 1923 Reichsverkehrsminister. Januar 1928 bis Mai 1932 Reichswehrminister. Oktober 1931 bis Mai 1932 zugleich Reichsinnenminister (parteilos). Zur Biographie: Wilhelm *Groener*: Lebenserinnerungen. Jugend, Generalstab, Weltkrieg. Hrsg. von Friedrich Freiherrn *Hiller von Gaertringen*. Göttingen 1957 (Deutsche Geschichtsquellen des 19. und 20. Jahrhunderts, Band 41). Dorothea *Groener-Geyer*: General Groener. Soldat und Staatsmann. Frankfurt a. M. 1955. Friedrich Freiherr *Hiller von Gaertringen*: [Artikel:] Wilhelm Groener. In: Neue Deutsche Biographie. Band 7. Berlin 1966, S. 111–114.

7 Dazu eingehend: *Vogelsang*: Reichswehr, Staat und NSDAP, S. 92 mit Anm. 331 und 332. Groeners Erlasse vom 6. Oktober 1930 sind abgedruckt: *Groener-Geyer*, S. 270–272.

Nr. 31

Bundesarchiv/Militärarchiv Freiburg i. Br., Nachlaß Stieff N 114/2 fol. 37–40. Fotokopie, Handschrift, Ausfertigung

Druck: Auszugsweise in: H[ans] R[othfels]: Ausgewählte Briefe von Generalmajor Hellmuth Stieff. In: Vierteljahrshefte für Zeitgeschichte 2 (1954), S. 295f. (Nr. 1)

1 Republikschutzgesetz war die Bezeichnung für das verfassungsändernde »Gesetz zum Schutze der Republik« vom 21. Juli 1922. Es wurde nach zahlreichen Angriffen von rechts und links gegen die Weimarer Republik 1921/22 und nach der Ermordung des Reichsaußenministers Walther Rathenau am 24. Juni 1922 für fünf Jahre erlassen und später verlängert. Am 20. Dezember 1932 trat es außer Kraft, denn inzwischen stützte sich die Reichsregierung wieder stärker auf Notverordnungen nach Artikel 48 der Reichsverfassung. Das Republikschutzgesetz schützte das Leben und die Ehre von Mitgliedern der Reichs- und der Landesregierungen, stellte die Billigung von Gewalttaten, die Verächtlichmachung und Beschimpfung der republikanischen Staatsform, der Verfassung und der Reichsfarben unter Strafe und gab den Landeszentralbehörden Vollmachten, verfassungsfeindliche Parteien, Vereinigungen und Presseerzeugnisse zu verbieten. Zum Vollzug des Gesetzes und als Berufungsinstanz wurde der »Staatsgerichtshof zum Schutz der Republik« beim Reichsgericht eingerichtet. Seine Vollmachten gingen am 2. Juni 1927 auf die ordentlichen Gerichte über. Ursprünglich nach Äußerungen des Reichsjustizministers Gustav Radbruch eindeutig gegen die Bedrohung von rechts erlassen, wurde das Republikschutzgesetz zunehmend gegen linksextremistische Gefahren eingesetzt. Als Waffe gegen den Nationalsozialismus erwies es sich als untauglich, weil es die fehlende demokratisch-republikanische Gesinnung der Bevölkerungsmehrheit nicht ersetzen konnte.

2 Gemeint ist der Ulmer Offizierprozeß vor dem Reichsgericht in Leipzig. S. Brief Nr. 29 mit Anmerkungen. Francis L. *Carsten*: Reichswehr und Politik 1918–1933. 2. Aufl. Köln, Berlin 1965, S. 353.

3 Das Reichsbanner »Schwarz-Rot-Gold« wurde am 24. Februar 1924 als republikanische Selbstschutzorganisation gegründet. Die SPD, aber auch die anderen Parteien der Weimarer Koalition, waren die Träger des Reichsbanners, das zeitweilig über drei Millionen Mitglieder zählte. Als militärisch gegliederter Kampfverband bildete das Reichsbanner die Schutzformation; es umfaßte etwa 400 000 Kämpfer. Wenn das Reichsbanner letztlich erfolglos blieb, so lag das an der hemmenden überparteilichen Organisation, an der unentschlossenen Führung der SPD. Auch die Annäherung an die Reichswehr und (regional) an den »Stahlhelm« konnte die Lage nicht mehr retten. Fast widerstandslos löste sich das Reichsbanner im März 1933 auf. Karl *Rohe*: Das Reichsbanner Schwarz-Rot-Gold. Ein Beitrag zur Geschichte und Struktur der politischen Kampfverbände zur Zeit der Weimarer Republik. Düsseldorf 1966 (Beiträge zur Geschichte des Parlamentarismus und der politischen Parteien, Band 34).

4 Zum Stand der Grenzschutzarbeiten im Jahre 1930: *Vogelsang*: Reichswehr, Staat und NSDAP, S. 157ff.; *Carsten*, S. 294.

5 Aufschlußreiche Einzelheiten bei Volkmar *Kellermann:* Schwarzer Adler – Weißer Adler. Die Polenpolitik der Weimarer Republik. Köln 1970, S. 149f.

Nr. 32

Privatbesitz Frau Ursula Grundmann, Berlin. Handschrift, Ausfertigung

1 Reichswehrministerium. Heeresausbildungsabteilung. Berlin, 23. Mai 1932. Nachlaß Stieff N 114/8. BA/MA Freiburg i. Br. Die Führergehilfenausbildung war die Ausbildung für den Generalstab des Reichsheeres. Sie bestand seit 1920.

2 In Konstanz lagen der Stab und das III. Bataillon des 14. (Bad.) Infanterieregiments.

3 Die Schwiegereltern Stieffs.

Nr. 33

Bundesarchiv/Militärarchiv Freiburg i. Br., Nachlaß Stieff N 114/2 fol. 41–42. Fotokopie, Handschrift, Ausfertigung

Druck: Auszugsweise in: *Vogelsang*, S. 472 (Dok. 28)

1 Oberleutnant *Stieff* gehörte von Ende 1927 bis Juni 1932 der I. Abteilung des 3. (Preuß.) Artillerieregiments an. Diese Abteilung lag in Schweidnitz, Niederschlesien.

2 Major *Kaulbach*. Kommandeur der I. Abteilung des 3. (Preuß.) Artillerieregiments in Schweidnitz.

3 Gemeint ist der Stab des 3. (Preuß.) Artillerieregiments in Schweidnitz. »Die Chefs«: die Batteriechefs der I. Abteilung.

4 Restaurant Gustav Marquardt, Berlin-Weißensee, Lichtenbergstraße 8.

5 Gemeint sind die NSDAP und die Mitglieder der SA. Ausführlich zu Schleichers Plänen: *Vogelsang*, Reichswehr, Staat und NSDAP, S. 229ff.; Wolfgang *Sauer*: Die Reichswehr. In: Karl Dietrich *Bracher*: Die Auflösung der Weimarer Republik. Eine Studie zum Problem des Machtverfalls in der Demokratie. Königstein/Ts., Düsseldorf 1978, S. 250f.

6 Schleicher bemerkte dies im Hinblick auf die Konferenz von Lausanne (Juni/Juli 1932). Wilhelm *Deist*: Schleicher und die deutsche Abrüstungspolitik im Juni/Juli 1932. In: Vierteljahrshefte für Zeitgeschichte 7 (1959), S. 163–176. *Vogelsang*: Reichswehr, Staat und NSDAP, S. 224f. (»Schleichers Einwirkungen auf die Außenpolitik«).

7 Vermutlich ist die Außenpolitik des Kabinetts von Papen gemeint.

8 Hauptmann Ferdinand *Noeldechen* (1895–1951). Seit Oktober 1926 Adjutant Schleichers, damals Leiter der Wehrmachtsabteilung. Vor seiner Verwendung als Schleichers Adjutant war Noeldechen Angehöriger des 3. (Preuß.) Artillerieregiments und Regimentskamerad Stieffs.

9 Das Ministeramt im Reichswehrministerium wurde zum 1. März 1929 geschaffen. Alle Abteilungen (Wehrmachtsabteilung, Abwehr, Rechtsabteilung und Adjutantur) wurden zu einem Amt vereinigt, um eine bessere Koordination zu erreichen. Der Reichswehrminister (seit Januar 1928 Groener) sah in dessen Chef »eine Art Vertreter des Ministers in politischen Angelegenheiten« (*Vogelsang*, S. 54).

10 Generalmajor Erich *Kühlenthal* (1880–1958). Dezember 1931 bis Januar 1933 Chef des Stabes des Gruppenkommandos II in Kassel. Februar 1933 bis März 1933 im Stab des Gruppenkommandos I in Berlin. Oberstleutnant Kühlenthal war von Anfang Februar 1926 bis Ende Februar 1928 Kommandeur der IV. Abteilung des 3. (Preuß.) Artillerieregiments in Potsdam und Stieffs Vorgesetzter.

11 Oberst Ferdinand von *Bredow* (1884-1934). 1929 Leiter der Abwehrabteilung

im Reichswehrministerium. Juni 1932 bis Januar 1933 Chef des Ministeramtes im Reichswehrministerium. Zuletzt Generalmajor. Ermordet am 1. Juli 1934 wegen seiner engen Verbindung zu Schleicher.

Nr. 34

Bundesarchiv/Militärarchiv Freiburg i. Br., Nachlaß Stieff N 114/2 fol. 43–46. Fotokopie, Handschrift, Ausfertigung

1 S. Brief Nr. 33 vom 17. Juni 1932.

2 14. (Bad.) Infanterieregiment in Konstanz. Oberleutnant Stieff tat Dienst im III. (Jäger-)Bataillon. Kommandeur: Major *Cranz*. Major Cranz an Stieff. Konstanz, 24. Mai 1932. Oberleutnant *Wetzel*, Adjutant des III. Bataillons, an Stieff. Konstanz, 27. Mai 1932. Nachlaß Stieff N 114/8. BA/MA Freiburg i. Br.

3 Name der Dogge des Ehepaares Stieff.

4 Vermieter der Wohnung des Ehepaares in Schweidnitz.

Nr. 35

Bundesarchiv/Militärarchiv Freiburg i. Br., Nachlaß Stieff N 114/2 fol. 47–54. Fotokopie, Handschrift, Ausfertigung

1 Leutnant Wilhelm *Meyer-Detring* (*1906). Meyer-Detring gehörte von August 1928 bis September 1932 der 16. (Unteroffizierausbildungs-)Kompanie des 7. (Preuß.) Infanterieregiments in Schweidnitz, Niederschlesien, an. Während dieser Zeit lernte er Stieff kennen. Das »Stück Heimat«, das Stieff erwähnte, bezog sich auf die gemeinsame Garnison Schweidnitz. Mitteilungen des Generalleutnants (Bw) a. D. Wilhelm *Meyer-Detring* vom 30. Juni 1988, ergänzt durch tel. Auskünfte am 2. Juli 1988, an den Herausgeber.

2 Klaus *Meyer-Detring*. Gefallen im Zweiten Weltkrieg.

3 Vermutlich der Bewerber für die Stieffsche Wohnung in Schweidnitz.

4 Stieff fragte am 26. Mai 1932 an, ob er die Pferde nach Konstanz mitnehmen könne. Nachlaß Stieff N 114/8. BA/MA Freiburg i. Br. »Zosse«: Berliner Ausdruck für altes Pferd. Peter *Schlobinski*: Berliner Wörterbuch. Berlin 1986, S. 276.

5 Hauptmann *Schlemm*. Chef der 3. Batterie, I. Abteilung des 3. (Preuß.) Artillerieregiments in Schweidnitz. Die beiden Namen *Frenzel* und *Radke* finden sich in der Rangliste 1932 nicht.

6 Vermutlich ist der Protest des zurückgetretenen Kabinetts Brüning vom 6. Juni 1932 gegen die Regierungserklärung des Kabinetts Papen vom 4. Juni 1932 gemeint. Beide Texte sind gedruckt: Cuno *Horkenbach* (Hrsg.): Das Deutsche Reich von 1918 bis heute. Band II. Berlin o. J. [1933], S. 169 f., 174.

7 Hindenburg entließ Brüning am 30. Mai 1932. *Brüning*: Memoiren. 1918-1934, S. 601 f.

8 Gemeint ist die »Dritte Verordnung zur Sicherung von Wirtschaft und Finanzen und zur Bekämpfung politischer Ausschreitungen«, die Hindenburg am 6. Oktober 1931 unterzeichnete. Am 7. Oktober 1931 trat Reichskanzler Brüning mit seinem Kabinett zurück. *Vogelsang*, S. 131. *Bracher*: Die Auflösung der Weimarer Republik, S. 368.

9 Zum SA-Verbot vom 13. April 1932: *Bracher*, S. 424 ff.; *Vogelsang*: S. 174 ff.; *Carsten*: Reichswehr und Politik, S. 379 ff.

10 Die Reparationskonferenz, die das formelle Ende der Reparationen des Deutschen Reiches brachte, tagte vom 16. Juni bis 9. Juli 1932 in Lausanne.

Immer noch unentbehrlich: Ludwig *Zimmermann*: Deutsche Außenpolitik in der Ära der Weimarer Republik. Göttingen, Berlin, Frankfurt 1958, S. 436ff.

11 Die Regierung *Papen* war am 2. Juni 1932 gebildet worden. Auf Betreiben Schleichers wurde Franz von Papen (1879–1969) Anfang Juni 1932 Reichskanzler und Nachfolger Brünings. Er bildete ein überparteilich-konservatives Präsidialkabinett, das die große Mehrheit des Reichstages ablehnte. Als nach den zweiten Reichstagswahlen (6. November 1932) wiederum keine Regierungsbildung mit Mehrheit im Reichstag möglich war und Papen für sein Präsidialkabinett diktatorische Vollmachten unter Bruch der Verfassung verlangte, ließ Hindenburg ihn auf den Rat Schleichers hin fallen. Am 3. Dezember 1932 schied Papen aus seinen Ämtern. Franz von *Papen*: Der Wahrheit eine Gasse. München 1952. *Ders.*: Vom Scheitern einer Demokratie 1930–1933. Mainz 1968.

12 Zu Papens Plänen in Lausanne: *Bracher*, S. 487f.; *Vogelsang*, S. 223f. Ende August 1932 befand sich Stieff auf dem Truppenübungsplatz Ohrdruf. Am 29. August schrieb er seiner Frau: »[...] Gestern mittag [28. August 1932] hörte ich die große Rede von Papen aus Münster. Sie hat mir fabelhaft gefallen. Er spricht überzeugend klar und *sehr* energisch und geschickt. Seine politischen Ausführungen wirst Du ja gelesen haben. Sie sprachen mir aus dem Herzen. Ich hatte ein großes Gefühl der Beruhigung, der Mann läßt sich von dem ganzen Parteivolk nicht an den Wagen fahren und bewahrt uns sicher vor einem Rückfall in Weimarer Allüren. Ohne demnächstigen Ausnahmezustand wird es wohl aber nicht abgehen. [...]« BA/MA Freiburg i. Br., Nachlaß Stieff N 114/2 fol. 60. Fotokopie, Handschrift, Ausfertigung. Dies ist die einzige politische Äußerung, die der Brief enthält. Daher erfolgte keine Veröffentlichung in vollem Wortlaut.

13 Gemeint sind die Besorgnisse wegen möglicher Absichten Polens gegen das Deutsche Reich. Daher entstanden mit Billigung und Unterstützung der Reichswehr Grenzschutzorganisationen. Ausführlich: *Vogelsang*, S. 23ff., 31ff., 156ff.

14 Auf Initiative des tschechoslowakischen Außenministers Beneš entstand 1920/21 durch bilaterale Defensivallianzen zwischen der ČSR, Jugoslawien und Rumänien ein Bündnissystem, mit der Zielsetzung, eine Revision der Verhältnisse in Mittel- und Südosteuropa zu verhindern, wie sie durch die Pariser Vorortverträge 1919/1920 geschaffen worden waren. Die Verträge Polens, seit 1921 mit Frankreich verbündet, mit Rumänien (1921) und Frankreichs mit der ČSR (1924) machten die Kleine Entente nach 1933 zu einer wesentlichen Stütze der französischen Außenpolitik. *G. Reichert*: Das Scheitern der Kleinen Entente. Internationale Beziehungen im Donauraum von 1933 bis 1938. München 1971.

15 Armeegeneral Maxime *Weygand* (1867–1965). 1930 Chef des Generalstabes und 1931 bis 1935 Generalinspekteur des französischen Heeres sowie Vizepräsident des Obersten Kriegsrates.

Nr. 36

Bundesarchiv/Militärarchiv Freiburg i. Br., Nachlaß Stieff N 114/2 fol. 55–58. Fotokopie, Handschrift, Ausfertigung

Druck: Auszugsweise in VfZ 2 (1954), S. 296f. (Nr. 2)

1 Oberst Johannes *Blaskowitz* (1883–1948). Dezember 1930 bis Januar 1933

Kommandeur des 14. (Bad.) Infanterieregiments in Konstanz und Landeskommandant von Baden. Zur Biographie: Fritz von *Siegler*: [Artikel:] Johann Albrecht Blaskowitz. In: Neue Deutsche Biographie. Band 2. Berlin 1955, S. 290-291.

2 Freitag = 19. August 1932.

3 Stuttgart war Sitz des Wehrkreises V (Baden und Württemberg) *und* der 5. Division. Befehlshaber des Wehrkreises V *und* Kommandeur der 5. Division war von 1931 bis Ende Juli 1934 Generalleutnant Curt *Liebmann* (1881-1960), zuletzt General der Infanterie.

4 Zu den Gründen von Brünings Sturz: *Bracher*, S. 455 ff.; *Carsten*, S. 428. *Vogelsang*, S. 195 ff.

5 Das Kabinett *Papen* regierte vom 1. Juni bis 17. November 1932. Papen führte die Regierungsgeschäfte bis zum 3. Dezember 1932.

6 Adrian *Gaertner* (»Wittel«) (1904-1983). Schwager Stieffs. Bergassessor, zuletzt Direktor der Westdeutschen Kalk- und Portlandzementwerke AG.

Nr. 37

Bundesarchiv/Militärarchiv Freiburg i. Br., Nachlaß Stieff N 114/2 fol. 63-66. Fotokopie, Handschrift, Ausfertigung

1 Es handelte sich um die traditionelle Ostpreußenreise des Lehrgangs. Diese fand vom 30. April bis 14. Mai 1933 statt. Sie führte über Königsberg - Pillau - Heilsberg - Insterburg - Lötzen -Ortelsberg - Allenstein nach Danzig. Das Studium der ostpreußischen Befestigungen und der Schlachtfelder des Ersten Weltkrieges war das offizielle Ziel der Reise. Bernhard (von) *Watzdorf*: Die getarnte Ausbildung von Generalstabsoffizieren der Reichswehr von 1932 bis 1935. In: Zeitschrift für Militärgeschichte 2 (1962), S. 84.

2 Abkürzung für: erster Generalstabsoffizier.

3 Oberleutnant *Feist*. Stieff kannte ihn aus dem 7. (Preuß.) Infanterieregiment in Schweidnitz, Niederschlesien. 1941 gefallen.

4 Die Nationalsozialistische Betriebszellenorganisation (NSBO) war als angeschlossener Verband der NSDAP gegen die Gewerkschaften gegründet worden und diente der Mitgliederwerbung in den Betrieben. Nach der Zerschlagung der Gewerkschaften und der Gründung der Deutschen Arbeitsfront (DAF) ging die NSBO 1935 in der DAF auf. Martin *Broszat*: Der Staat Hitlers. Grundlegung und Entwicklung seiner inneren Verfassung. München 1969, S. 180 f.

5 Gemeint ist die Rede Hitlers am 1. Mai 1933, die der Rundfunk ab 20 Uhr übertrug. Max *Domarus*: Hitler. Reden und Proklamationen 1932-1945. Band I: Triumph (1932-1938). Neustadt a. d. Aisch 1962, S. 259-264.

6 Hauptmann Fritz *Bayerlein* (1899-1970). Hörsaalkamerad Stieffs während der Offizierlehrgänge Berlin. Zuletzt Generalleutnant.

7 Vielleicht der spätere Major Siebert.

8 Oberleutnant *Schmoeger*. Im Zweiten Weltkrieg gefallen. Mitteilungen des Generalmajors (Bw) a. D. Hellmuth *Reinhardt* vom 11. Januar 1978 an den Herausgeber.

9 Hauptmann Otto-Hermann *Brücker* (1899-1964).

10 Die Funktionseinteilung der SA-Stabsleitungen war identisch mit der, die in den Stäben der Reichswehr-Divisionen gebräuchlich war. Der I c-Sachbearbeiter der SA-Stabsabteilung Ostpreußen war zuständig für Feindaufklärung und nachrichtendienstliche Aufgaben.

11 Der Stab der 1. Division, zugleich Wehrkreis I, befand sich in Königsberg, Ostpreußen.

12 Heilsberg, ostpreußische Stadt nördlich Allensteins. Die »Heilsberger Stellung« war Teil der Landesbefestigung. *Erfurth:* Die Geschichte des deutschen Generalstabes, S. 130. *Vogelsang*: Reichswehr, Staat und NSDAP, S. 157f.

Nr. 38

Bundesarchiv/Militärarchiv Freiburg i. Br., Nachlaß Stieff N 114/2 fol. 67–74. Fotokopie, Handschrift, Ausfertigung

1 Die ostpreußische Stadt Gumbinnen war vom 21. August bis 17. September 1914 und vom 17. November 1914 bis 10. Februar 1915 von den Russen besetzt. In der Schlacht bei Gumbinnen (19./20. August 1914) versuchte die 8. deutsche Armee, die 1. russische Armee (Rennenkampf) mit unterlegenen Kräften zu umfassen. Von der 2. russischen Armee im Rücken bedroht, brach Generaloberst von Prittwitz und Gaffron die Schlacht vorzeitig ab und zog sich hinter die Weichsel zurück. Die Oberste Heeresleitung befahl erneuten Vormarsch und übertrug General der Infanterie von Hindenburg die Führung der 8. Armee. Zur Reise: *Watzdorf*, S. 84.

2 Sonntag = 7. Mai 1933.

3 Hauptmann Richard-Heinrich von *Reuß* (1896–1942). August 1936 Major und Lehrer an der Kriegsakademie (Taktik). Im Dezember 1942 als Generalleutnant und Divisionskommandeur gefallen. Stieff kannte Reuß aus Schweidnitz. Oberleutnant von Reuß war lange Jahre Adjutant der I. Abteilung des 3. (Preuß.) Artillerieregiments. S. auch Brief Nr. 95 Anm. 1

Nr. 39

Bundesarchiv/Militärarchiv Freiburg i. Br., Nachlaß Stieff N 114/2 fol. 75. Fotokopie, Handschrift, Ausfertigung

1 General der Infanterie von Hindenburg übernahm am 22. August 1914 die 8. Armee als Nachfolger des Generalobersten von Prittwitz und Gaffron. Sein Chef des Generalstabes war Generalmajor Erich Ludendorff. Vom 23. August (27. August Generaloberst) bis 31. August 1914 errang Hindenburg bei Tannenberg den Sieg über die russische Armee des Generals Rennenkampf. Offizierlehrgänge Berlin. Lehrgang I b. Berlin N.W. 40, 28. April 1933: Besichtigung des Schlachtfeldes von Tannenberg am 11. Mai 1933. Nachlaß Stieff N 114/9. BA/MA Freiburg i. Br.

2 Die Stadt Hohenstein, Ostpreußen, stellte 1924 ein Gelände von etwa 40 Morgen auf dem ehemaligen Schlachtfeld Tannenberg kostenlos zur Verfügung. Am zehnten Jahrestag der Schlacht, 24. August 1924, erfolgte die Grundsteinlegung. Unter 385 eingereichten Entwürfen war die Wahl des Denkmalausschusses auf den gemeinsamen Entwurf der Gebrüder Walter und Johannes Krüger aus Berlin gefallen. Das Denkmal - ein Oktogon mit einem hohen Turm an jeder Ecke - konnte durch Geldspenden, besonders der ostpreußischen Bevölkerung, gebaut werden. Reichspräsident von Hindenburg weihte es am 18. September 1927 in Anwesenheit des Reichskanzlers Marx und der Mitglieder der Reichsregierung ein. Am 2. Oktober 1935, Hindenburgs 88. Geburtstag, der Anfang August 1934 verstorben war, wurde das Denkmal offiziell zum »Reichsehrenmal Tannenberg« erklärt. Am 21. Januar 1945 wurden alle Maßnahmen eingeleitet, um das Ehrenmal zu sprengen. Das Oberkommando der Heeresgruppe Mitte berichtete am fol-

genden Tage, die Gedenkstätte sei am 22. Januar vollständig gesprengt worden. Die Meldung traf allerdings nicht zu. Die Sprengung war nur bei den Türmen 1 und 5 gelungen. Im Juli 1945 übergab die nachrückende Rote Armee die Anlage der polnischen Verwaltung. Diese ließ das Denkmal von 1948 an vollständig abbrechen. S. auch Brief Nr. 57 Anm. 4.

Nr. 40

Bundesarchiv/Militärarchiv Freiburg i. Br., Nachlaß Stieff N 114/2 fol. 76–87. Fotokopie, Handschrift, Ausfertigung

1 Freunde Ili Stieffs. Frau *Naton* war eine Schulfreundin.

2 Hotel und Gaststätte Schottenhamel befanden sich in der Prielmayerstraße 15 in München. Am 1. November 1973 schloß der Betrieb. Anschließend wurde der Gebäudekomplex abgebrochen. Mitteilungen des Stadtarchivs München vom 6. April 1988, für die ich Herrn Dr. Selig danke.

3 Hitler sprach vor den Amtswaltern auf dem fünften Reichsparteitag (»Kongreß des Sieges«) in Nürnberg am 2. September 1933. Auszüge dieser Rede: Max *Domarus*: Hitler. Reden und Proklamationen 1932–1945. Band I: Triumph (1932–1938). Neustadt a. d. Aisch 1962, S. 298.

4 Hitler hielt seine Schlußrede vor dem Parteikongreß am 3. September 1933. Auszüge der Rede: *Domarus*. Band I, S. 299 mit Kommentar.

5 Völkischer Beobachter, Nr. 245–247, 2. September bis 4. September 1933.

Nr. 41

Bundesarchiv/Militärarchiv Freiburg i. Br., Nachlaß Stieff N 114/2 fol. 88–91. Fotokopie, Handschrift, Ausfertigung

1 Hausangestellte des Ehepaares Stieff.

2 Rittmeister Joachim Franz von *Woedtke* (1900–1970). Hörsaalkamerad Stieffs. April 1943 Oberst und Kommandeur des Kavallerieregiments 13.

3 Hauptmann *Römstedt*. April 1942 Oberst und Leiter der In 7 (Inspektion der Nachrichtentruppe) im OKH.

4 Diese Abkürzung konnte nicht aufgelöst werden. Gruppe?

5 Hauptmann Dr. iur. Johann *Berli* (1899-1952). 1933 bis 1935 abkommandiert an die Kriegsakademie Berlin. 1947 Divisionär und bis 1951 Waffenchef und Chef der Abteilung für Infanterie. 1. Januar bis 28. August 1952 Kommandant der 7. Division. Mitteilungen des Eidgenössischen Militärdepartements-Bundesamt für Adjutantur - Sektion Wehrpflicht/Mutationen - in Bern vom 26. Oktober 1988, für die ich dankbar bin.

6 Hauptmann Jobst Freiherr von *Hanstein* (1896–1962). Zuletzt Oberst i. G.

7 *Eröffnungstag* = 1. Oktober 1933.

8 Hier liegt ein Irrtum Stieffs vor. Gemeint ist die Abteilung Landesverteidigung (L) im Ministeramt des Reichswehrministeriums. Chef des Ministeramtes von Anfang Februar 1933 bis Mitte Februar 1934 war Generalmajor von Reichenau. Die Abteilung Landesverteidigung (L) bestand bis 31. Dezember 1941. Dann wurde sie aufgelöst und daraus neu gebildet: Der Stellvertretende Chef des Wehrmachtführungsstabes (ab 1. Januar 1942).

9 Oberst Heinrich von *Vietinghoff gen. Scheel* (1887–1952). März 1933 bis Oktober 1935 Chef der Abteilung Landesverteidigung (L) im Ministeramt des Reichswehrministeriums/Reichskriegsministeriums. September 1943 Generaloberst.

10 Mitte August 1933 fand in Bad Godesberg ein Treffen hoher SA-Führer mit

Vertretern des Reichswehrministeriums statt. Am 19. August sprach Hitler zu den Tagungsteilnehmern. Klaus-Jürgen *Müller*: Das Heer und Hitler. Armee und nationalsozialistisches Regime 1933-1940. Stuttgart 1969 (Beiträge zur Militär- und Kriegsgeschichte, Band 10), S. 93.

11 Heinrich und Michael *Weiss*, Hausverwaltung. Berlin-Charlottenburg, Droysenstraße 18. Materialien im Nachlaß Stieff N 114/6. BA/MA Freiburg i. Br.

Nr. 42

Bundesarchiv/Militärarchiv Freiburg i. Br., Nachlaß Stieff N 114/2 fol. 92–93. Fotokopie, Handschrift, Ausfertigung

1 Diese Übungsreise führte in den Harz und fand vom 5. Oktober bis 13. Oktober 1933 statt. Der Hörsaalleiter, Major i. G. Hellmich, leitete die Reise. Nachlaß Stieff N 114/13. BA/MA Freiburg i. Br.

2 Gesamtdarstellung dieser Monate: Klaus *Hildebrand*: Deutsche Außenpolitik 1933–1945. Kalkül oder Dogma? Stuttgart, Berlin, Köln [u. a.] 1971, S. 36f.

3 Am Abend des 23. Juli 1914 wurde das österreichische Ultimatum an Serbien in Belgrad übergeben. Das Ultimatum verlangte die Bestrafung der Beteiligten am Attentat (28. Juni) in Sarajevo und eine strenge Unterdrückung aller antiösterreichischen Umtriebe in Serbien unter Beteiligung österreichischer Beauftragter. Am 25. Juli antwortete Serbien mit einer Note, die sehr geschickt formuliert war und scheinbar weit entgegenkam. Diese Note machte unter Hinweis auf Völkerrecht und Verfassung Vorbehalte gegen Beschränkungen der serbischen Souveränität geltend. Gleichzeitig machte Serbien mobil. Österreich wertete die Vorbehalte als Ablehnung, brach die Beziehungen ab und erklärte am 28. Juli nach einer beschränkten Mobilmachung den Krieg. Peter Graf *Kielmansegg*: Deutschland und der Erste Weltkrieg. 2. Aufl. Stuttgart 1980, S. 15.

4 Edouard *Daladier* (1884–1970). Januar bis Oktober 1933, Januar bis Februar 1934 und April 1938 bis März 1940 französischer Ministerpräsident.

5 Vermutlich ist Stieffs Mutter, Frau Annie geb. Krause, gemeint.

Nr. 43

Bundesarchiv/Militärarchiv Freiburg i. Br., Nachlaß Stieff N 114/2 fol. 94–101. Fotokopie, Handschrift, Ausfertigung

1 Am 14. Oktober 1933 gab Hitler den Entschluß bekannt, die Abrüstungskonferenz in Genf zu verlassen und aus dem Völkerbund auszutreten. Vermutlich bezog sich Stieffs Satz auf die amtliche Meldung vom 14. Oktober 1933, veröffentlicht im »Völkischen Beobachter«, Sondernummer vom 15. Oktober 1933. *Domarus*. Band I, S. 306.

2 Japan eroberte 1931 bis 1932 die Mandschurei. Die Japaner ließen sich auch durch den Völkerbund (Lytton-Kommission) nicht beirren. Sie schufen aus dem eroberten Gebiet 1932 den Satellitenstaat Mandschukuo unter *Pu-yi*, dem letzten chinesischen Kaiser aus der Mandschu-Dynastie, als Regenten. Dieser wurde 1934 unter dem Namen Kang Teh Kaiser. Nur Japan erkannte Mandschukuo an. Der Völkerbund lehnte die Anerkennung ab, so daß Japan die Organisation verließ.

3 Der polnische General *Zeligowski* besetzte am 9. September 1920 das bisher zu Litauen gehörende Gebiet und die Stadt Wilna. *Vogelsang*: Reichswehr, Staat und NSDAP, S. 29 Anm. 49.

4 Hitlers Rundfunkrede vom Abend des 14. Oktober 1933 ist abgedruckt: *Domarus*. Band I, S. 308-314.
5 Stieffs Schwiegervater: Dr. Dr. Ing. e.h. Adrian *Gaertner*.

Nr. 44

Bundesarchiv/Militärarchiv Freiburg i. Br., Nachlaß Stieff N 114/2 fol. 102-105. Fotokopie, Handschrift, Ausfertigung

1 Am 18. Oktober 1933 tagte in Berlin der »Reichsstand des deutschen Handwerks«. Vermutlich aus diesem Anlaß fand am 22. Oktober 1933 der Umzug der Handwerker statt, den Stieff schilderte. Dr. *Meusch*: Die Vermittlerrolle des Handwerks. Die sozialen und ethischen Verpflichtungen gegenüber der Volksgemeinschaft. In: Berliner Tagblatt, Die Brücke, 3. Beiblatt, Nr. 40, 22. Oktober 1933. Mitteilungen des Landesarchivs Berlin vom 25. Mai 1988, für die ich Herrn Lehmann danke.
2 Die Grundsteinlegung für das Haus der Deutschen Kunst, Prinzregentenstraße, fand am 14. Oktober 1933 in München statt. Mitteilungen des Stadtarchivs München vom 6. April 1988.
3 Karl Aloys *Schenzingers* (1886-1962) Roman *Der Hitlerjunge Quex*, Berlin 1932, ging auf den Fall Herbert Norlens, eines Jungen, der 1932 von Kommunisten ermordet worden war, zurück.
4 *Walzerkrieg*. Deutscher Spielfilm von 1933. Regie: Ludwig *Berger*.

Nr. 45

Bundesarchiv/Militärarchiv Freiburg i. Br., Nachlaß Stieff N 114/2 fol. 106-109. Fotokopie, Handschrift, Ausfertigung

1 Gemeint ist die Fliegerhorstkommandantur Braunschweig. 1934 gegründet, befand sie sich an der Broitzemer Straße 55. Von 1935 an war dieser Platz Standort einer Beobachterschule, später auch einer Fallschirmjägereinheit. Mitteilungen des Stadtarchivs Braunschweig vom 24. Februar 1988. Stieffs Lehrgang nahm vom 19. Juli bis 4. August 1934 an der Ausbildung einer Luftwaffeneinheit in Braunschweig teil. Die Teilnehmer erhielten theoretischen Unterricht über die Aufgaben und Möglichkeiten der Luftwaffe. Auch flogen sie in Einzelflügen als Beobachter, »wobei uns Aufgaben der taktischen und operativen Erkundung in Hoch- und Tiefflügen gestellt wurden«. *Watzdorf*: Die getarnte Ausbildung von Generalstabsoffizieren der Reichswehr, S. 85f.
2 Oberleutnant *Gerndt*. 7. (Preuß.) Infanterieregiment in Schweidnitz, Niederschlesien.
3 Hauptmann Hermann *Höfle* (1898-1948). 1919 Angehöriger des Freikorps Epp. November 1923 Teilnehmer am Hitlerputsch. Juli 1934 Abschied. 1939 NSKK-Obergruppenführer.
4 S. auch Brief Nr. 49.
5 Werner Ulrich Graf von *Alvensleben* aus dem Hause Neugattersleben (1875-1947). Hauptmann d. R. a. D., Kaufmann, Mitglied des Herrenklubs.
6 Königs-Ulanen-Regiment (1. Hannoversches) Nr. 13. Das Regiment, gestiftet am 27. September 1866, lag in Hannover.
7 Graf Alvensleben war mit Kurt von Schleicher gut befreundet und 1932/1933 dessen Verbindungsmann zur NSDAP. *Vogelsang*: Reichswehr, Staat und NSDAP, passim.
8 Stieff berichtete die offizielle Version. Diese Angabe ist unzutreffend.

9 Graf Alvensleben überlebte den »Röhm-Putsch« (s. Anm. 6 zu Brief Nr. 49). Er starb am 30. Juni 1947 in Bremen.

10 Generalleutnant a. D. Otto von *Lossow* (1868–1938). Ende September 1921 bis Ende Februar 1924 Befehlshaber der 7. (bayer.) Division und Landeskommandant von Bayern. Zur Biographie: Franz *Menges*: [Artikel:] Otto von Lossow. In: Neue Deutsche Biographie. Band 15. Berlin 1987, S. 204 f.

11 Oberst a. D. Hans Ritter von (Militär-Max-Joseph-Orden 1914) *Seißer* (1874–1973). Im November 1923 als Chef der Bayerischen Landespolizei in den Hitlerputsch verwickelt, trug aber dazu bei, diesen niederzuschlagen. 1930 trat er als Oberst der Polizei in den Ruhestand.

12 Gustav von *Kahr* (1862–1934). 1917 Regierungspräsident von Oberbayern. März 1920 bis September 1921 bayerischer Ministerpräsident. September 1923 Generalstaatskommissar. 1924 bis 1930 Präsident des bayerischen Verwaltungsgerichtshofes. Am 30. Juni 1934 bei Dachau von den Nationalsozialisten ermordet. Zur Biographie: Bernd *Zittel*: [Artikel:] Gustav Ritter von Kahr. In: Neue Deutsche Biographie. Band 11. Berlin 1977, S. 29–30.

13 Stieff berichtete die offizielle Version. In Wahrheit entführten SS-Männer Ritter von Kahr. Seine Leiche, durch Spitzhacken verstümmelt, fand man später im Dachauer Moos. Heinz *Höhne*: Mordsache Röhm. Hitlers Durchbruch zur Alleinherrschaft 1933–1934. Reinbek bei Hamburg 1984 (Spiegel-Buch. 52), S. 271.

14 Diese Angabe trifft nicht zu. Stieff übernahm die offizielle Lesart.

15 Dr. Erich *Klausener* (1885–1934). 1926 bis Februar 1933 Ministerialdirektor und Leiter der Polizeiabteilung im Preußischen Innenministerium. Nach der »Machtergreifung« von Göring entlassen. Mai 1933 bis Juni 1934 Abteilungsleiter im Reichsverkehrsministerium. Oktober 1928 bis Juni 1934 Vorsitzender der Katholischen Aktion in der Fürstbischöflichen Delegatur Berlin und Brandenburg. Am 24. Juni 1934 hielt Klausener eine kritische Rede gegen die nationalsozialistische Kirchenpolitik auf dem Berliner Katholikentag. Dadurch zog er sich erneut den Haß des Regimes zu. Am 30. Juni 1934 wurde Klausener ermordet. Walter *Adolph*: Erich Klausener. Berlin 1955. *Höhne*: Mordsache Röhm, S. 281 f. Klaus *Gotto*: [Artikel:] Erich Klausener. In: Neue Deutsche Biographie. Band 11. Berlin 1977, S. 715–716.

16 Stieff berichtete die offizielle Darstellung von Klauseners Tod. In Wahrheit erschoß SS-Sturmhauptführer Kurt Gildisch Klausener am 30. Juni 1934 in seinem Dienstzimmer. Außer dem SS-Mann war noch ein Gestapobeamter in Zivil anwesend. Zutreffend ist, daß Klausener an diesem Tage sein Gehalt erhielt. Auf Befehl Heydrichs, der diesen Mord befohlen hatte, gab die SS die Mordtat als Selbstmord aus. *Adolph*, S. 107 f., 114.

17 Nach *Höhne*: Mordsache Röhm, ist diese Lesart unrichtig. Die Verhafteten wurden sofort erschossen.

18 SA-Gruppenführer Karl *Ernst* (1904–1934). 1923 Eintritt in die NSDAP und SA. 1932 bis Juni 1934 Führer der SA-Gruppe Berlin-Brandenburg. Am 30. Juni 1934 in Berlin-Lichterfelde erschossen. Zu seinem Ende: *Höhne*, S. 283.

19 Nach *Höhne*, S. 283, ist diese Angabe unzutreffend.

20 Nähere Angaben konnten nicht ermittelt werden.

21 Ernst verließ, zusammen mit seiner Frau, am 29. Juni 1934 Berlin, um sich von Bremen aus zu einer Reise nach Teneriffa einzuschiffen. SS-Sturmhauptführer Kurt Gildisch, der Mörder Klauseners, brachte Ernst von Bremen nach Berlin. *Höhne*, S. 283.

22 SA-Obergruppenführer Fritz Ritter von *Kraußer* (1888–1934). Leiter des Führungsamtes der Obersten SA-Führung. Am 1. Juli 1934 in Berlin-Lichterfelde erschossen.

23 SA-Oberführer Wilhelm *Sander* (1895–1934). Am 1. Juli 1934 in Berlin-Lichterfelde erschossen.

24 Generalmajor a. D. Ferdinand von *Bredow* wurde am 1. Juli 1934 bei Lichtenberg ermordet.

25 Dr. Edgar *Jung* (1894–1934). Rechtsanwalt. Februar 1933 bis Juni 1934 Berater des Vizekanzlers von Papen in einem konservativ-konstitutionellen Sinne, kompromißlos gegen Hitler und den Nationalsozialismus gerichtet. Jung wurde am 25. Juni 1934 verhaftet und im Zusammenhang mit der Mordaktion des »Röhm-Putsches« am 1. Juli 1934 bei Oranienburg ermordet. Zur Biographie: Friedrich *Graß*: Edgar Julius Jung (1894–1934). In: Pfälzische Lebensbilder. Hrsg. von Kurt *Baumann*. Band 1. Speyer 1964, S. 320–348. Karl-Martin *Graß*: [Artikel:] Edgar J. Jung. In: Neue Deutsche Biographie. Band 10. Berlin 1974, S. 669–671.

26 Gregor *Straßer* (1892–1934). Apotheker. Geriet aufgrund seiner betont antikapitalistischen Zielsetzungen, die besonders in der SA Widerhall fanden, in Konflikt mit Hitler und entwickelte sich zu dessen innerparteilichem Rivalen. 1932 wurde Straßer Reichsorganisationsleiter der NSDAP. Als er sich mit seiner Auffassung, daß sich die NSDAP an einer Regierung Schleicher beteiligen sollte, gegen Hitler nicht durchsetzen konnte, legte er am 8. Dezember 1932 demonstrativ alle Parteiämter nieder. Daraufhin wurde er mit einigen Gesinnungsgenossen aus der Partei ausgeschlossen. Im Zusammenhang mit dem »Röhm-Putsch« wurde Straßer am 30. Juni 1934 in Berlin ermordet. Udo *Kissenkoetter*: Gregor Straßer und die NSDAP. Stuttgart 1978 (Schriftenreihe der Vierteljahrshefte für Zeitgeschichte, Nr. 37). Peter D. *Stachma*: Gregor Strasser and the Rise of Nazism. London 1983.

27 Diese Aussage konnte nicht verifiziert werden.

Nr. 46

Bundesarchiv/Militärarchiv Freiburg i. Br., Nachlaß Stieff N 114/2 fol. 110–111. Fotokopie, Handschrift, Ausfertigung

1 Am 25. Juli 1934 gelang es 154 uniformierten Putschisten einer illegalen SS-Standarte, in das Bundeskanzleramt in Wien einzudringen. Einer der Angreifer, Otto Planetta, ein entlassener Wachtmeister des Bundesheeres, schoß Bundeskanzler Dollfuß an. Dieser erlag seiner Verwundung. Dr. Anton Rintelen, der einstige steirische Landeshauptmann, zur Zeit des Putsches Gesandter in Rom, verkündete die Regierungsübernahme. Schließlich scheiterte der nationalsozialistische Putsch am 25. Juli 1934. Erich *Zöllner*: Geschichte Österreichs. Von den Anfängen bis zur Gegenwart. 5. verm. Aufl. München 1974, S. 516f. Gordon *Shepherd*: Engelbert Dollfuß. Graz, Wien, Köln 1961, S. 307ff., bes. 310f. Dieter *Ross*: Hitler und Dollfuß. Die deutsche Österreich-Politik 1933–1934. Hamburg 1966 (Hamburger Beiträge zur Zeitgeschichte, Band 11).

2 Engelbert *Dollfuß* (1892–1934). Mai 1932 bis Juli 1934 österreichischer Bundeskanzler. Ermordet am 25. Juli 1934 im Bundeskanzleramt in Wien durch österreichische Nationalsozialisten. Zur Biographie: s. die Literatur in Anm. 1.

Nr. 47

Bundesarchiv/Militärarchiv Freiburg i. Br., Nachlaß Stieff N 114/2 fol. 112-115. Fotokopie, Handschrift, Ausfertigung

1 S. Brief Nr. 46 Anm. 1. *Shepherd*, S. 307ff., bes. 312f.; *Zöllner*, S. 516f.

2 Emil *Fey* (1886-1938). Major. 1932 bis 1935 Führer der Wiener Heimwehr und als Vizekanzler, Sicherheits- oder Innenminister mehrfach Mitglied der Regierungen Dollfuß und Schuschnigg. Am 16. März 1938 wählte er in Wien den Freitod. *Shepherd*, S. 297ff.; *Zöllner*, S. 507ff., bes. 516.

3 Dr. Anton *Rintelen* (1876-1946). 1919 bis 1933 Landeshauptmann der Steiermark. 1926 und 1932 bis 1933 Bundesminister für Unterricht. 1933 bis 1934 Gesandter in Rom. In den Putsch der österreichischen Nationalsozialisten gegen die Regierung Dollfuß verwickelt und von diesen zum Bundeskanzler ausgerufen, wurde Rintelen 1935 wegen Hochverrats zu lebenslänglichem Kerker verurteilt. Im Februar 1938 amnestiert. *Shepherd*, S. 312ff.; *Zöllner*, S. 516f.

4 Freiwilliger österreichischer Selbstschutzverband, nach dem Ersten Weltkrieg aus dem Grenzkampf (Kärnten 1919) und dem Kampf gegen kommunistische Umsturzversuche hervorgegangen. Im Gegensatz zum sozialdemokratischen Republikanischen Schutzbund entwickelte sich die Heimwehr, besonders nach den blutigen Unruhen in Wien vom 15. Juli 1927, zu einer politischen Kampfbewegung. Am Vorbild des italienischen Faschismus ausgerichtet (Austro-Faschismus), trat sie im Programm von Kronenburg (18. Mai 1930) für eine autoritäre Führung und eine ständische Gliederung des Staates ein. Unter ihrem Bundesführer Graf Starhemberg (1930 bis 1936) spielte die Heimwehr trotz ständiger Rivalität ihrer führenden Politiker (Gegensatz zwischen Starhemberg und Fey) vor allem unter der autoritären Regierung Dollfuß eine entscheidende Rolle in der österreichischen Innenpolitik. Seit 1933 mit der Vaterländischen Front politisch verbunden, ging sie 1936 in dieser auf. 1933 hatte sich der Flügel unter Pfrimer den Nationalsozialisten angeschlossen. Guido *Zernatto*: Wahrheit über Österreich. New York 1938. Francis L. *Carsten*: Faschismus in Österreich. Von Schönerer zu Hitler. München 1977. C. Earl *Edmondson*: The Heimwehr and Austrian Politics 1918-1936. Athens 1978.

5 Dr. Kurt *Rieth* (1881-?). Ende März 1931 zum deutschen Gesandten I. Klasse in Wien ernannt. 1934 zur Berichterstattung zurückgerufen. *Shepherd*, S. 331ff.; *Zöllner*, S. 517, 519.

6 Hauptmann Hellmuth *Reinhardt* (1900-1989). Hörsaalkamerad Stieffs. Juni 1944 Generalmajor und Chef des Generalstabes des Wehrmachtbefehlshabers Dänemark.

Nr. 48

Bundesarchiv/Militärarchiv Freiburg i. Br., Nachlaß Stieff N 114/2 fol. 116-117. Fotokopie, Handschrift, Ausfertigung

1 Der deutsche Gesandte Dr. *Rieth* schaltete sich am 25. Juli 1934 in Wien *für* die Aufrührer in den Putsch ein. Diese gehörten der illegalen SS-Standarte 98 in Wien an. In den frühen Morgenstunden des 26. Juli 1934 befahl Hitler die Abberufung Rieths. Vizekanzler von Papen wurde dessen Nachfolger. Bis heute ist es ungewiß, ob die deutsche Reichsregierung an diesem Putsch beteiligt war. *Shepherd*, S. 305f. Zu den weiteren Aktivitäten Rieths: a.a.O., S. 331ff.; *Zöllner*, S. 517.

2 Mussolini ließ gegen einen möglichen deutschen Zugriff Truppen am Brenner aufmarschieren und drohte mit dem Einmarsch. Bereits in den Römischen Protokollen vom 17. März 1934, die mit Österreich und Ungarn vereinbart worden waren, war Mussolini den nächsten und unmittelbaren Interessen Deutschlands im Südostraum entgegengetreten. *Zöllner*, S. 517.

3 Dr. Wilhelm *Hesse* (1901-?). 1933 bis 1945 Oberbürgermeister der Stadt Braunschweig. Mitteilungen des Stadtarchivs Braunschweig vom 24. Februar 1988.

Nr. 49

Bundesarchiv/Militärarchiv Freiburg i. Br., Nachlaß Stieff N 114/2 fol. 118-120. Fotokopie, Handschrift, Ausfertigung

1 Hindenburg verstarb am 2. August 1934 um neun Uhr vormittags auf seinem Gut Neudeck in Westpreußen. *Hindenburg*. Feldherr und Soldat. Berlin 1935, S. 41. Walter *Görlitz*: Hindenburg. Ein Lebensbild. Bonn 1953, S. 428. Gerhard *Schultze-Pfaelzer*: Hindenburg. Ein Leben für Deutschland. Berlin 1934, S. 287.

2 Auszüge aus der Rede Goebbels' vom 2. August 1934: *Schultze-Pfaelzer*, S. 287f.

3 Gemeint ist Hitler. Nach Hindenburgs Tod vereinigte er die Ämter des Reichspräsidenten und des Regierungschefs (»Führer und Reichskanzler«) auf sich und ließ sofort die Reichswehr auf sich vereidigen. Wortlaut des Gesetzestextes: *Hindenburg*. Feldherr und Soldat, S. 41.

4 Oberstleutnant i. G. Heinz *Hellmich* (1890-1944). Seit Anfang September 1932 bei der Kommandantur Berlin. Leiter des Lehrgangs II b der Offizierlehrgänge Berlin. August 1934 Bataillonskommandeur.

5 S. Brief Nr. 45 Anm. 4.

6 Ernst *Röhm* (1887-1934). 1931 von Hitler zum Stabschef der SA ernannt. Nach seinem Regierungsantritt verkündete Hitler das Ende der nationalsozialistischen Revolution und suchte u.a. die Loyalität der Reichswehr zu gewinnen. Röhm hingegen hing der Idee an, die SA im Rahmen einer »zweiten Revolution« zum Kern eines nationalsozialistischen Volksheeres zu machen. Führende Nationalsozialisten (Göring, Himmler und Heydrich), aber auch Offiziere der Reichswehrführung (General von Reichenau) bewogen Hitler, für den Röhm nach dem Ausschluß Straßers der einzige Rivale in der Partei war, zu einer Gewaltaktion gegen die SA. Unter dem Vorwand, einen Putsch geplant zu haben, wurde Röhm verhaftet und am 1. Juli 1934 in Stadelheim erschossen.

7 *Höfle* versuchte 1935, wieder in das aktive Offizierkorps übernommen zu werden. Hauptmann i. G. Hermann Ochsner schilderte in einem Bericht dem Chef der 2. Abteilung, Oberstleutnant i. G. Georg von Sodenstern, Höfles Verhalten. Berlin, 9. Dezember 1935. RH 2/801 fol. 25-27. BA/MA Freiburg i. Br. 1937 versuchte Höfle erneut, seine Reaktivierung zu erreichen. Stieff gab einen dienstlichen Bericht ab und sprach sich gegen die Wiedereinstellung des Hauptmanns a. D. Höfle in das aktive Offizierkorps aus, die er »für untragbar« hielt. Höfle habe von November 1933 bis Juli 1934 seine Hörsaalkameraden auf der Kriegsakademie »*mehrfach bewußt belogen*« und habe gegenüber dem Lehrgangsleiter, Oberst Hellmich, unaufrichtig gehandelt. Hauptmann i. G. Stieff an Generalleutnant Wodrig, Kommandeur der 21. Division in Elbing. Elbing, 5. Mai 1937. Nachlaß Stieff N 114/6.

BA/MA Freiburg i. Br. Im gleichen Band (N 114/6) weitere Materialien: Major i. G. Heistermann von Ziehlberg, Zentralabteilung im Generalstab des Heeres, an Hauptmann i. G. Stieff. Berlin, 30. April 1937. Auf dieses Schreiben hin schrieb Stieff den Bericht.

8 Dies ist nicht geschehen. In der »Gesamtliste der Berater« findet sich Höfles Name nicht. Bernd *Martin* (Hrsg.): Die deutsche Beraterschaft in China 1927-1938. Militär, Wirtschaft, Außenpolitik. Düsseldorf 1981, S. 464-471(Dok. 23).

9 Gemeint sind die Beurteilungen der Lehrgangsteilnehmer.

10 Diese Abkürzung konnte nicht aufgelöst werden.

Nr. 50

Bundesarchiv/Militärarchiv Freiburg i. Br., Nachlaß Stieff N 114/2 fol. 121-122. Fotokopie, Handschrift, Ausfertigung

1 Nach Hindenburgs Tod ordnete die Reichsregierung ein Staatsbegräbnis und eine Volkstrauer von 14 Tagen an. Abdruck des Textes: *Hindenburg.* Feldherr und Soldat, S. 41f.

2 In der Nacht vom 6./7. August 1934 wurde der Sarg mit Hindenburgs Leichnam von Neudeck nach Tannenberg überführt. Gegen Mitternacht passierte der Kondukt Deutsch-Eylau, den Geburtsort Stieffs, in Westpreußen. *Hindenburg.* Feldherr und Soldat, S. 64ff.; *Schultze-Pfaelzer*, S. 294.

3 Die Totenfeier und Hindenburgs Beisetzung am 7. August 1934 schilderte *Schultze-Pfaelzer*, S. 295ff., und: *Hindenburg.* Feldherr und Soldat, S. 67ff.

4 D. Franz *Dohrmann* (1881-1969). Seit 1909 in der Militärseelsorge tätig. Im Ersten Weltkrieg Divisionspfarrer. 1920 Wehrkreispfarrer II (Stettin). April 1934 bis Mai 1945 Evangelischer Feldbischof der Wehrmacht.

Nr. 51

Bundesarchiv/Militärarchiv Freiburg i. Br., Nachlaß Stieff N 114/2 fol. 123-126. Fotokopie, Handschrift, Ausfertigung

Druck: Auszugsweise in VfZ 2 (1954), S. 297f. (Nr. 3)

1 Wortlaut der Ansprache des Feldbischofs Dohrmann: *Hindenburg.* Feldherr und Soldat. S. 70-74. Auszug: *Schultze-Pfaelzer*, S. 296.

2 S. Brief Nr. 49 Anm. 3.

3 Der eigentliche Sieger der Mordaktion vom 30. Juni/1. Juli 1934 war die SS.

4 Hierzu: *Müller*: Das Heer und Hitler, Kapitel IV: »Zeit der Spannungen und Illusionen«, S. 142-204.

5 Vermutlich sind die gemeinsamen Erklärungen Frankreichs, Englands und Italiens (17. Februar 1934) zur Integrität Österreichs und die Reaktionen auf die Ermordung Dollfuß' (25. Juli 1934) gemeint.

6 Hauptmann Hannes *Christ* (gef. 1943). Hörsaalkamerad Stieffs. Dezember 1941 Oberstleutnant und Kommandeur der II. Abteilung des Artillerieregiments 47.

7 Diese Abkürzungen konnten nicht aufgelöst werden.

8 Reichspräsident von Hindenburg stiftete am 13. Juli 1934 das Ehrenkreuz des Weltkrieges zur Erinnerung an die Leistungen des deutschen Volkes im Weltkriege 1914/1918. *Stieff* erhielt das Ehrenkreuz für Frontkämpfer. K(urt)-G(erhard) *Klietmann*: Pour le Mérite und Tapferkeitsmedaille. Berlin 1966, S. 46. - Hans Karl *Geeb* und Heinz *Kirchner*: Deutsche Orden und Ehrenzeichen. Kommentar zum Gesetz über Titel, Orden und Ehrenzeichen und

eine Darstellung deutscher Orden und Ehrenzeichen von der Kaiserzeit bis zur Gegenwart mit Abbildungen. Neu bearb. von Heinz *Kirchner* und Hermann-Wilhelm *Thiemann.* 2. neubearb. und erg. Aufl. Köln [u.a.] 1970, S. 135f.

Nr. 52

Bundesarchiv/Militärarchiv Freiburg i. Br., Nachlaß Stieff N 114/2 fol. 127–128. Fotokopie, Handschrift, Ausfertigung

1 Am 19. August 1934 fand die Volksbefragung wegen des Gesetzes »über das Oberhaupt des Deutschen Reiches« vom 2. August 1934 statt. An diesem Tag hatte sich Hitler als »Führer und Reichskanzler« zu Hindenburgs Nachfolger nominieren lassen. Über das unzureichende Abstimmungsergebnis von 84,6 Prozent war Hitler enttäuscht. Ausführlich: Joachim C. *Fest*: Hitler. Eine Biographie. Frankfurt/M., Berlin 1973, S. 652, 655.

2 Dazu: Die Tagebücher von Joseph Goebbels. Teil 1: Aufzeichnungen 1924–1941. Band 2, S. 474f. (Eintragung vom 10. August 1934). Zu dem enttäuschenden Abstimmungsergebnis vom 19. August 1934: Eintragung vom 22. August: »Aber unser Mißerfolg bleibt doch das Hauptthema« (S. 475).

3 Nur Nr. 46 (Karte vom 25. Juli 1934) erhielt sich.

4 Die Besuchergruppe befand sich in der entmilitarisierten Zone, die durch den Versailler Vertrag festgelegt worden war.

5 Geschaffen von Martin und David I. Zürn, 1631 vollendet. Der Rosenkranzaltar, dessen 15 Medaillons den einzelnen Glaubensgeheimnissen gewidmet sind, befindet sich in der ersten Südkapelle des spätmittelalterlichen Nikolausmünsters in Überlingen. Otto *Beck*/Ingeborg Maria *Buck*: Oberschwäbische Barockstraße. Ein Reisebegleiter für Kunstfreunde. München, Zürich 1987 (Große Kunstführer, Band 148), S. 77.

6 Abkürzung für: Deutsche Bank und Disconto Gesellschaft. 1929 übernahm die Deutsche Bank die Disconto Gesellschaft und änderte die Namensbezeichnung in »Deutsche Bank und Disconto Gesellschaft«. Erst 1937 wurde das Institut erneut in »Deutsche Bank« umbenannt. Mitteilungen der Deutschen Bundesbank, Frankfurt am Main, vom 10. Februar 1988.

7 Hedwig (»Heddi«) *Ritter* geb. Linnartz (1888–1936). Eine Schwester von Stieffs Schwiegermutter, Kunigunde *Gaertner* geb. Linnartz (1872–1959).

8 Gemeint ist wohl die Schließung der Wenzeslaus-Grube in Mölke, Schlesien. Vermutlich war ein schweres Schlagwetterunglück der Grund für die Schließung gewesen. Stieffs Schwiegervater war Generaldirektor dieser Grube. Mitteilungen Frau *Grundmanns* vom 16. Juni 1988.

9 Dr. phil. Alfred *Gaertner* (1903–1974). Chemiker. Adrian (»Wittel«) *Gaertner.* Bergassessor.

Nr. 53

Bundesarchiv/Militärarchiv Freiburg i. Br., Nachlaß Stieff N 114/2 fol. 129–130. Fotokopie, Handschrift, Ausfertigung auf Kopfbogen Parkhotel. Königsberger Hotelbetrieb G.M.B.H., Königsberg Pr., Hintertragheim 33

1 Abkürzung für: erster Ordonnanzoffizier.

2 Gemeint ist Mittelsteine, Kreis Glatz, Schlesien.

3 Hauptmann Hannes *Christ* im Generalstab der 1. Division in Insterburg, Ostpreußen. S. Brief Nr. 51 Anm. 6.

4 Hauptmann Karl *Fabiunke* (1893–?). Dezember 1943 Generalmajor.

5 Gemeint ist das 3. (Preuß.) Artillerieregiment. 1928 bis 1932 war Fabiunke Oberleutnant, Hauptmann im Regiment und Chef der 4. Batterie.

6 Gemeint ist das Generalkommando des I. Armeekorps, das in Königsberg lag.

7 In der »Stellenbesetzung des Heeres« vom 15. Oktober 1935 nicht nachgewiesen. Vermutlich handelte es sich um den ehemaligen Oberleutnant *Reinhertz*, der 1927 der III. Abteilung des 3. (Preuß.) Artillerieregimentes angehörte. Diese Abteilung lag in Jüterbog.

Nr. 54

Bundesarchiv/Militärarchiv Freiburg i. Br., Nachlaß Stieff N 114/2 fol. 131–138. Fotokopie, Handschrift, Ausfertigung

1 Gemeint ist die »Friedensrede« Hitlers, die er am 21. Mai 1935 vor dem Reichstag hielt, »um die Welt und das deutsche Volk von seinem angeblichen Friedenswillen zu überzeugen und den ungünstigen Eindruck des Wehrgesetzes mit klangschönen Phrasen zu überdecken«. *Domarus*: Hitler. Reden und Proklamationen. Band I, S. 505.

2 Gemeint ist die Rede Hitlers vom 17. Mai 1933 vor dem Reichstag. Wortlaut dieser Rede: *Domarus*. Band I, S. 270–279.

3 Stanley *Baldwin* (1876–1947). August 1931 Lordpräsident in der Koalitionsregierung McDonald. 1935 bis 1936 britischer Premierminister.

4 Gemeint ist das Wehrgesetz vom 21. Mai 1935 (Reichsgesetzblatt Teil I, S. 609–614). Ausführlich kommentiert: Manfred *Messerschmidt*: Die Wehrmacht im NS-Staat. Zeit der Indoktrination. Hamburg 1969 (Truppe und Verwaltung, Band 16), S. 75.

5 General der Artillerie Werner Freiherr von *Fritsch* (1880–1939). Februar 1934 bis Mai 1935 Chef der Heeresleitung. Mai 1935 (April 1936 Generaloberst) bis Februar 1938 Oberbefehlshaber des Heeres. Anfang Februar 1938 aufgrund einer Intrige verabschiedet. Am 22. September 1939 vor Praga bei Warschau gefallen. Zur Biographie: Thilo *Vogelsang*: [Artikel:] Werner Freiherr von Fritsch. In: Neue Deutsche Biographie. Band 5. Berlin 1961, S. 625 f. [Johann Adolf] Graf *Kielmansegg*: Der Fritsch-Prozeß 1938. Ablauf und Hintergründe. Hamburg 1949.

6 Generaladmiral Dr. h.c. Erich *Raeder* (1876–1960). Anfang Oktober 1928 Admiral und Chef der Marineleitung bis Mai 1935. Juni 1935 (April 1939 Großadmiral) bis Ende Januar 1943 Oberbefehlshaber der Kriegsmarine. Vom Internationalen Militärtribunal Anfang Oktober 1946 zu lebenslänglicher Haft verurteilt. Ende September 1955 entlassen. Erich *Raeder*: Mein Leben. Bis zum Flottenabkommen mit England 1935. Tübingen 1956. *Ders.*: Mein Leben. Von 1935 bis Spandau 1955. Tübingen 1957.

7 General der Flieger Hermann *Göring* (1893–1946). Ritter des Ordens Pour le Mérite. Mai 1933 Reichsluftfahrtminister. Mai 1935 bis Ende April 1945 Oberbefehlshaber der Luftwaffe. 1936 Generaloberst. Februar 1938 Generalfeldmarschall. Juli 1940 Reichsmarschall. Zur Biographie: Gerhard *Stoltenberg*: [Artikel:] Hermann Wilhelm Göring. In: Neue Deutsche Biographie. Band 6. Berlin 1964, S. 525–527.

8 Paragraph eins Absatz drei des Wehrgesetzes lautete: »Im Kriege ist über die Wehrpflicht hinaus jeder deutsche Mann und jede deutsche Frau zur Dienstleistung für das deutsche Vaterland verpflichtet.« *Reichsgesetzblatt Teil I*, S. 609.

9 Paragraph 15 des Wehrgesetzes vom 21. Mai 1935 war überschrieben mit »Arische Abstammung« und lautete:
»(1) Arische Abstammung ist eine Voraussetzung für den aktiven Wehrdienst.
(2) Ob und in welchem Umfange Ausnahmen zugelassen werden können, bestimmt ein Prüfungsausschuß nach Richtlinien, die der Reichsminister des Innern im Einvernehmen mit dem Reichskriegsminister aufstellt.
(3) Nur Personen arischer Abstammung können Vorgesetzte in der Wehrmacht werden.
(4) Den Angehörigen arischer Abstammung der Wehrmacht und des Beurlaubtenstandes ist das Eingehen der Ehe mit Personen nichtarischer Abstammung verboten. Zuwiderhandlungen haben den Verlust jedes gehobenen militärischen Dienstgrades zur Folge.
(5) Die Dienstleistung der Nichtarier im Kriege bleibt besonderer Regelung vorbehalten.« *Reichsgesetzblatt Teil I*, S. 611. Stieffs Kritik bezog sich auf Absatz zwei dieses Paragraphen. Zur Vorgeschichte des »Arier-Paragraphen«: Klaus-Jürgen *Müller*: Armee und Drittes Reich 1933-1939. Darstellung und Dokumentation unter Mitarbeit von *Ernst Willi Hansen*. Paderborn 1987 (Sammlung Schöningh zur Geschichte und Gegenwart), S. 57-61 (Darstellung) und 182-191 (Dok. 47-55). Auf die Dok. 47 und 48 wird besonders verwiesen.

10 Generalmajor Albert *Wodrig* (1883-1972). 1935 (März 1936 Generalleutnant) bis November 1938 Kommandeur der 21. Division in Elbing.

11 Generaloberst Werner von *Blomberg* (1878-1946). Ritter des Ordens Pour le Mérite. Januar 1933 bis Mai 1935 Reichswehrminister. Mai 1935 (April 1936 Generalfeldmarschall) bis 4. Februar 1938 Reichskriegsminister. Zur Biographie: Helmuth *Rönnefarth*: [Artikel:] Werner von Blomberg. In: Neue Deutsche Biographie. Band 2. Berlin 1955, S. 313 f.

Nr. 55

Bundesarchiv/Militärarchiv Freiburg i. Br., Nachlaß Stieff N 114/2 fol. 139-142. Fotokopie, Handschrift, Ausfertigung

1 *Grandegger* war der Schneider von Stieffs Schwiegervater und wohnte in Salzburg. Er arbeitete auch für Hellmuth Stieff. Mitteilungen des Ministerialdirigenten Peter *Gaertner* vom 12. August 1988.

2 Weitere Briefe, in denen Stieff die angebliche »Devisenschieberei der Klöster« erwähnte, sind nicht erhalten. *Deutsche Briefe 1934-1938*. Ein Blatt der katholischen Emigration. [Band] I: 1934-1935. Bearb. von Heinz *Hürten*. Mainz 1969 (Veröffentlichungen der Kommission für Zeitgeschichte. Reihe A: Quellen, Band 6), S. 291ff. (Nr. 27, 5. April 1935). In diesem Brief wird der korrekte Sachverhalt mitgeteilt. Der erste Prozeß wegen Devisenvergehen wurde ausgesetzt: S. 358f. (Nr. 33, 17. Mai 1935) mit wichtigen Einzelheiten. Die Anschuldigungen der Nationalsozialisten entbehrten jeder Grundlage.

3 Das deutsche Episkopat wehrte sich gegen diese haltlosen Vorwürfe und Lügen. Die Bischöfe übersandten Hitler eine Denkschrift vom 20. August 1935, in der sie diese Anschuldigungen entkräfteten. *Akten deutscher Bischöfe über die Lage der Kirche 1933-1945*. [Band] II: 1934-1935. Bearb. von Bernhard *Stasiewski*. Mainz 1976 (Veröffentlichungen der Kommission für Zeitgeschichte. Reihe A: Quellen, Band 20), S. 341-357 (Nr. 231/I, 20. August 1935). S. 357 werden die »neuen Devisenlieder« erwähnt.

4 Ernst Rüdiger Fürst von *Starhemberg* (1899-1956). 1930 Bundesführer der Heimwehr. Ursprünglich den Nationalsozialisten nahestehend, orientierte er sich immer stärker am Vorbild des italienischen Faschismus. Seit 1932 unterstützte er Bundeskanzler Dollfuß bei der Errichtung des Ständestaates sowie im Kampf gegen Sozialdemokraten und Nationalsozialisten. Er trat für eine enge Anlehnung Österreichs an das faschistische Italien ein. Mai 1934 bis Mai 1936 Vizekanzler in den Regierungen Dollfuß und Schuschnigg. Nach Dollfuß' Ermordung (25. Juli 1934) leitete Starhemberg bis 1936 als Bundesführer die Vaterländische Front. 1938 bis 1955 lebte er im Exil.

5 Karl *Vaugoin* (1873-1949). Offizier. Als Bundesminister für das Heerwesen (1921, 1922 bis 1933) schuf er das österreichische Bundesheer. September 1929 bis September 1930 Vizekanzler, September bis November 1930 Bundeskanzler. 1930 trat Vaugoin die Nachfolge Seipels als Bundesobmann der Christlich-sozialen Partei an (bis 1934). 1938 bis 1939 von der nationalsozialistischen Regierung in Haft gehalten, danach wies ihm diese einen Zwangsaufenthalt in Thüringen zu (bis 1945).

6 Mai 1933 bis März 1938 politische Organisation in Österreich, von Bundeskanzler Dollfuß als Zusammenfassung aller regierungstreuen Kreise gegründet. Nach Inkrafttreten der autoritären Verfassung vom 1. Mai 1934 war die Vaterländische Front als Körperschaft öffentlichen Rechts einzige Trägerin der politischen Willensbildung in Österreich. Sie trat für die Schaffung eines Staates auf christlich-ständischer Grundlage ein und stand damit in scharfem Gegensatz zur österreichischen Sozialdemokratie. Im Kampf gegen den Nationalsozialismus wollte sie die staatliche Unabhängigkeit der Republik Österreich verteidigen. Bundesführer war Dollfuß, sein Stellvertreter Rüdiger Fürst Starhemberg, der Führer der Heimwehr. Nach Dollfuß' Ermordung (25. Juli 1934) trat Starhemberg an die Spitze der Vaterländischen Front. Bundeskanzler Kurt von Schuschnigg wurde Stellvertreter. 1936 ging die Heimwehr in der »Frontmiliz« der Vaterländischen Front auf. Schuschnigg übernahm die alleinige Führung der Vaterländischen Front, um den Dualismus in der Staatsführung zu beseitigen. Nach dem Anschluß Österreichs an das Deutsche Reich wurde die Vaterländische Front 1938 aufgelöst. Irmgard *Bärnthaler*: Geschichte und Organisation der Vaterländischen Front. Diss. phil. Wien 1964.

7 Paragraph 26 des Wehrgesetzes vom 21. Mai 1935 war überschrieben »Politik in der Wehrmacht« und bestimmte:
»(1) Die Soldaten dürfen sich politisch nicht betätigen. Die Zugehörigkeit zur NSDAP oder einer ihrer Gliederungen oder zu einem der ihr angeschlossenen Verbände ruht für die Dauer des aktiven Wehrdienstes.
(2) Für die Soldaten ruht das Recht zum Wählen oder zur Teilnahme an Abstimmungen im Reich.
(3) Die Soldaten bedürfen der Erlaubnis ihrer Vorgesetzten zum Erwerb der Mitgliedschaft in Vereinigungen jeder Art sowie zur Bildung von Vereinigungen innerhalb und außerhalb der Wehrmacht.
(4) Der Reichskriegsminister kann Wehrmachtbeamte und im Bereich der Wehrmacht angestellte Zivilpersonen, wenn militärische Notwendigkeit dies erfordert, den Vorschriften nach Abs. 1 und 2 unterwerfen.« *Reichsgesetzblatt Teil I*, S. 613.

8 Stabschef der SA Viktor *Lutze* (1890-1943). Nach Röhms Ermordung von Hitler am 1. Juli 1934 zu dessen Nachfolger als Stabschef der SA ernannt. Unter seiner Führung spielte die SA nur noch eine unbedeutende Rolle.

Nr. 56

Privatbesitz Frau Ursula Grundmann, Berlin. Handschrift, Ausfertigung

1 Oberstleutnant a.D. Walter *Stieff* verstarb am 31. Mai 1920 in Berlin.

2 Gemeint ist Deutsch-Eylau in Westpreußen. Hauptmann Walter Stieff war Batteriechef im Artillerieregiment Nr. 35 in Deutsch-Eylau. Hellmuth Stieff wurde in Deutsch-Eylau geboren.

Nr. 57

Bundesarchiv/Militärarchiv Freiburg i. Br., Nachlaß Stieff N 114/2 fol. 143–146. Fotokopie, Handschrift, Ausfertigung

1 23. September (1929). S. Brief Nr. 29 Anm. 5.

2 Arys: Stadt im Kreis Johannisburg, Ostpreußen, mit einem großen Truppenübungsplatz. Eine Karte dieses Übungsplatzes: Nachlaß Stieff N 114/26. BA/MA Freiburg i. Br.

3 Gemeint ist der Divisionskommandeur, Generalmajor *Wodrig.* S. Brief Nr. 54 Anm. 10.

4 Am 2. Oktober 1935, dem 88. Geburtstag Hindenburgs, wurde der Sarg in die endgültige Gruft (Turm 5) des Tannenbergdenkmals überführt und mit demjenigen seiner Frau vereint. Das Denkmal wurde zum »Reichsehrenmal Tannenberg« erklärt. *Görlitz*: Hindenburg. Ein Lebensbild, S. 428.

5 Major *Wolf* im Generalstab der 21. Division in Elbing.

6 Eleonore (»Elly«) *Stöckel* geb. Reichsedle von Grimmi (1890–?). Sie war eine Cousine zweiten Grades der Großmutter Ili Stieffs, Maria Gaertner geb. Reichsedle von Grimmi, und häufig zu Gast im Hause von Stieffs Schwiegereltern.

7 Die Ergänzungsoffiziere (E-Offiziere) waren ehemalige, meist ältere Offiziere, die nach Wiedereinführung der allgemeinen Wehrpflicht (1935) in größerem Umfang wieder in die Wehrmacht eingestellt wurden, um den Mangel an Offizieren zu überbrücken. Sie wurden probeweise angestellt, um in das E-Offizierkorps übernommen zu werden. Nach § 40 a des Wehrgesetzes galten sie als Angestellte. Eine Übernahme in das E-Offizierkorps konnte erst nach Ablauf einer Probedienstzeit von sechs Monaten erfolgen. Beim Dienstgrad wurde als Zusatz »(E)« geführt. Rudolf *Absolon*: Die Wehrmacht im Dritten Reich. Band III: 3. August 1934 bis 4. Februar 1938. Boppard a. Rh. 1975 (Schriften des Bundesarchivs. 16/III), S. 219ff.

Nr. 58

Privatbesitz Frau Ursula Grundmann, Berlin. Handschrift, Ausfertigung

1 Versetzung in den Generalstab. Stieff trug von nun an die silbernen Spiegel und breite karmesinrote Streifen an den Hosen. In der Bezeichnung seines Dienstgrades führte er den Zusatz »im Generalstabe« (i.G.). Hansgeorg *Model*: Der deutsche Generalstabsoffizier. Seine Auswahl und Ausbildung in Reichswehr, Wehrmacht und Bundeswehr. Frankfurt/M. 1968, S. 58.

Nr. 59

Bundesarchiv/Militärarchiv Freiburg i. Br., Nachlaß Stieff N 114/2 fol. 147–150. Fotokopie, Handschrift, Ausfertigung

1 Oberstleutnant a. D. Direktor Wolfgang *Foerster* (1875–1963). Dezember 1931 Direktor der historischen Abteilung des Reichsarchivs. April 1935 Direktor der Forschungsanstalt für Kriegs- und Heeresgeschichte, 1937 umbenannt in

Kriegsgeschichtliche Forschungsanstalt des Heeres. Mai 1937 Präsident. Ursula von *Gersdorff*: Wolfgang Foerster 85 Jahre. In: Wehrwissenschaftliche Rundschau 10 (1960), S. 439–441. Karl *Demeter*: Das Reichsarchiv. Tatsachen und Personen. Frankfurt a. M. 1969, S. 38f.

2 Gemeint ist der Abschlußband des amtlichen Werkes »Der Weltkrieg 1914 bis 1918«, Band 14. Bei Ausbruch des Zweiten Weltkrieges war die kriegsgeschichtliche Darstellung der Landkämpfe des Ersten Weltkrieges auf deutscher Seite bis zum Frühjahr 1917 gelangt. Bis dahin waren zwölf Bände erschienen. Von 1925 bis 1935 wurden sie vom Reichsarchiv, dann von der Kriegsgeschichtlichen Forschungsanstalt des Heeres, aus dem Reichsarchiv hervorgegangen, bearbeitet und herausgegeben. Während des Zweiten Weltkrieges ging die Arbeit an der Darstellung des ersten Krieges weiter. 1942 wurde Band 13 (beschränkt) ausgegeben. Band 14 konnte im Herbst 1944 fertiggestellt werden. Er behandelte die Kämpfe im Westen 1918, wurde aber nicht veröffentlicht. Das Bundesarchiv Koblenz veröffentlichte 1956 die Bände 13 und 14: Der Weltkrieg 1914 bis 1918. Die Kriegführung an der Westfront im Jahre 1918. Im Auftrag des Oberkommandos des Heeres, bearb. und hrsg. von der Kriegsgeschichtlichen Forschungsanstalt des Heeres: Die militärischen Operationen zu Lande. Band 14. Berlin: Mittler 1944 [anastatischer Nachdruck 1956]. Auf die Problematik der Veröffentlichung und die Diskussion, die sich anschloß, kann nicht eingegangen werden. Fritz *Ernst*: Zum Ende des ersten Weltkrieges. In: Die Welt als Geschichte 17 (1957), S. 55–67.

3 Diese Äußerung Foersters war vermutlich gegen Ludendorff und General der Infanterie a. D. Georg *Wetzell* (1869–1947) gerichtet, August 1916 bis Anfang September 1918 Chef der Operationsabteilung I der OHL. Das Wort des älteren Moltke, das für die Darstellung siegreicher Kriege galt: »Es ist eine Pflicht der Pietät und der Vaterlandsliebe, gewisse Prestigen nicht zu zerstören, die die Sieger unserer Armee an bestimmte Persönlichkeiten knüpfen« beachteten das Reichsarchiv und die Kriegsgeschichtliche Forschungsanstalt auch für den Ersten Weltkrieg.

4 Im Nachlaß Stieff N 114/25: Vorträge und Veröffentlichungen. BA/MA Freiburg i. Br., befindet sich die Durchschrift des Typoskripts »Frühjahrsoffensive 1918«.
In einer undatierten Notiz hielt Stieff fest:
»Heraus zu arbeiten:
1. Notwendigkeit der Einheit von politischer und militärischer Führung.
2. Unterstützung der militärischen Absichten durch entsprechende innen- und außenpolitische Maßnahmen.
3. Auswirkung, wenn nicht jeder Einzelne, insbesondere Wirtschaft, Verwaltung, Arbeiter, von der restlosen Unterstützung der Wehrmachtsbelange bezgl. Vorbereitung und Durchführung von entscheidenden milit. Operationen durchdrungen ist.
4. Führertum. Schwierigkeit der Entschlußfassung, unsichere Grundlagen usw. möglichst an einem Beispiel.«
Am 19. und 26. November sowie am 3. Dezember 1936 sprach Hauptmann i. G. Stieff über die Frühjahrsoffensive 1918 in der Universität zu Königsberg. Zeitungsausschnitte über den Vortrag im gleichen Band (N 114/25).

5 Rittmeister Lothar von *Bischoffshausen* (1897–1970). Im Stabe der 21. Division in Elbing. Bei Kriegsausbruch 1939 Adjutant (II a) im Heeresgruppenkommando 2 (C). In gleicher Verwendung bei der Heeresgruppe Nord. 1942 Oberst.

6 Generalleutnant *Wodrig*. S. Brief Nr. 54 Anm. 10.

Nr. 60

Bundesarchiv/Militärarchiv Freiburg i. Br., Nachlaß Stieff N 114/2 fol. 151–152. Fotokopie, Handschrift, Ausfertigung

1 General der Infanterie Walther von *Brauchitsch* (1881–1948). Oktober 1935 (April 1936 General der Infanterie) bis März 1937 Kommandierender General des I. Armeekorps in Königsberg. April 1937 bis Februar 1938 Oberbefehlshaber des Gruppenkommandos 4 (Leipzig). Februar 1938 (Juli 1940 Generalfeldmarschall) bis Dezember 1941 Oberbefehlshaber des Heeres. 19. Dezember 1941 verabschiedet. Zur Biographie: Helmut *Krausnick*: [Artikel:] Walther von Brauchitsch. In: Neue Deutsche Biographie. Band 2. Berlin 1955, S. 540.

2 Erich *Koch* (1896–1986). 1928 Gauleiter Ostpreußens. 1930 Mitglied des Reichstages. September 1933 Oberpräsident der Provinz Ostpreußen. 1939 Reichsverteidigungskommissar. 1941 Reichskommissar für die Ukraine.

3 General der Artillerie Georg von *Küchler* (1881–1968). April 1937 bis August 1939 Kommandierender General des I. Armeekorps in Königsberg. Zur Biographie: Georg *Meyer*: [Artikel:] Georg von Küchler. In: Neue Deutsche Biographie. Band 13. Berlin 1982, S. 180–181. Mündliche Mitteilungen des Generalfeldmarschalls von Küchler an den Herausgeber am 2. Oktober 1965 in Garmisch-Partenkirchen.

4 Major i. G. Walter *Scherff* (1898–1945). 1937 im Generalstab der 21. Division in Elbing. September 1941 Oberst d. G. Juli 1942 (September 1943 Generalmajor) bis Mai 1945 Beauftragter des Führers für die militärische Geschichtsschreibung. Am 24. Mai 1945 Freitod in amerikanischer Gefangenschaft. Zu Scherff: Marianne *Feuersenger*: Mein Kriegstagebuch. Führerhauptquartier und Berliner Wirklichkeit. Freiburg i. Br. 1982 (Herderbücherei, Band 955), S. 52ff.

5 Gemeint ist das Generalkommando des I. Armeekorps in Königsberg.

6 Oberst i. G. Karl *Allmendinger* (1891–1965).

Nr. 61

Privatbesitz Frau Ursula Grundmann, Berlin. Handschrift, Ausfertigung

1 Oberstleutnant Ferdinand *Noeldechen* war vom 1. April 1938 bis März 1940 Adjutant (II a) des XVIII. Armeekorps in Salzburg. Kommandierender General des XVIII. Armeekorps war General der Infanterie Eugen *Bayer*. S. Brief Nr. 33 Anm. 8.

2 Generalmajor Hermann Ritter von (Militär-Max-Joseph-Orden 1914) *Speck* (1888–1940). März 1938 bis September 1939 Kommandeur der 33. Infanteriedivision in Mannheim.

3 Oberst *Lentze*: Kommandeur der Panzerabwehrabteilung 33 in Landau/Pfalz.

4 General der Infanterie Walter *Schroth* (1882–1944). März 1938 bis Februar 1942 Kommandierender General des XII. Armeekorps. Das XII. Armeekorps lag in Friedenszeiten in Wiesbaden.

5 Ursula *Stieff* heiratete am 30. Dezember 1937 Hauptmann Hasso Grundmann (*1905). Damals an der Kriegsakademie Berlin.

Nr. 62

Privatbesitz Frau Ursula Grundmann, Berlin. Handschrift, Ausfertigung

1 28. Oktober.

2 Hauptmann *Grundmann* war Chef der 2. Kompanie im MG-Bataillon 9 (mot) in Elbing. Mitteilungen des Oberstleutnants a. D. Hasso *Grundmann* vom 3. September 1988.

3 Hauptmann *Redlich.* Juli 1942 Oberstleutnant bei der Heeresnachrichtenschule I. »In 7«: Inspektion der Nachrichtentruppe im OKH.

4 Gemeint ist die Umgruppierung der Heeresverbände für eine Offensive im Westen. Am 22. Oktober 1939 bestimmte Hitler als ersten vorläufigen Angriffstermin im Westen den 12. November 1939. Hans-Adolf *Jacobsen*: Fall Gelb. Der Kampf um den deutschen Operationsplan zur Westoffensive 1940. Wiesbaden 1957 (Veröffentlichungen des Instituts für Europäische Geschichte Mainz, Band 16), S. 44ff.

5 Anspielung auf eine Verlegung des Hauptquartiers OKH wegen des bevorstehenden Angriffs im Westen. S. Brief Nr. 65 Anm. 5.

6 Das Hauptquartier OKH befand sich seit 25. August 1939 auf dem Truppenübungsplatz Zossen (südlich Berlin). Standorte des OKH-HQu: August 1939 - Mai 1945. RH 2/800 fol. 1. BA/MA Freiburg i. Br.

7 Vgl. die Äußerung des Generaloberst Alfred Jodl, August 1940 bis Mai 1945 Chef des Wehrmachtführungsstabes, am 3. Juni 1946 während seiner Vernehmung vor dem Internationalen Militärgerichtshof in Nürnberg: »Das Führerhauptquartier war eine Mischung zwischen einem Kloster und einem Konzentrationslager. [...]« Und: »Ich möchte nur soviel sagen, daß [...] unser Leben im Führerhauptquartier für uns Soldaten letzten Endes doch ein Martyrium war; denn es war kein militärisches Hauptquartier, es war ein ziviles, und wir Soldaten waren dort zu Gaste und es ist nicht leicht, irgendwo fünfeinhalb Jahre zu Gast zu sein.« *Der Prozeß gegen die Hauptkriegsverbrecher vor dem Internationalen Militärgerichtshof.* Nürnberg 14. November 1945 - 1. Oktober 1946. Band XV. Nürnberg 1948, S. 325, 330.

8 Ute *Grundmann.* Ihr Geburtstag: 27. September.

9 Warschau kapitulierte am 27. September 1939. Der Oberbefehlshaber der 8. Armee, Generaloberst Blaskowitz, unterzeichnete am 1. Oktober die Kapitulationsurkunde zusammen mit dem polnischen General Kutrzeba.

10 Ella *Grundmann* geb. von Kloeber-Helscheborn (1874–1955). Wohnte in Braunschweig.

Nr. 63

Bundesarchiv/Militärarchiv Freiburg i. Br., Nachlaß Stieff N 114/3 fol. 1–8. Fotokopie, Handschrift, Ausfertigung

Druck: Auszugsweise in VfZ 2 (1954), S. 298–300 (Nr. 4)

1 Ili Cäcilies Namenstag war der 22. November. Hermann *Grotefend*: Taschenbuch der Zeitrechnung des deutschen Mittelalters und der Neuzeit. Durchges. von Jürgen *Asch.* 12. verb. Aufl. Hannover 1982, S. 40.

2 Operationsabteilung im Generalstab des Heeres/OKH.

3 Hauptmann i. G. Bogislaw von *Bonin* (1908–1980). Januar 1939 bis Mai 1940 Gruppenleiter in der Operationsabteilung im Generalstab des Heeres. Zuletzt Oberst i. G. Anfang September 1944 bis 18. Januar 1945 Chef der Operationsabteilung. Anschließend bis Mai 1945 in Haft. Mitteilungen des Oberst i. G. a. D. Bogislaw von *Bonin* an den Herausgeber vom 10. Januar 1978.

4 Oberleutnant *Götze*. September 1939 O 7 (Ordonnanzoffizier) der Gruppe IV in der Operationsabteilung. Diese Gruppe leitete Major i. G. Stieff.
5 Oberleutnant Klaus *Gottheiner*. September 1939 O 2 (Ordonnanzoffizier) in der Gruppe I der Operationsabteilung im Generalstab des Heeres. Zuletzt Oberstleutnant i. G. Leiter der Gruppe I war Hauptmann i. G. von Bonin.
6 Samstag = 18. November 1939.
7 Kongreßpolen nannte man den Teil Polens, der 1815 aufgrund des Wiener Kongresses an Rußland gefallen war.
8 Bei der Schlacht an der Bzura vom 7. bis etwa 18. September 1939 handelte es sich um den einzigen größeren polnischen Gegenangriff, der während des Feldzuges unternommen wurde. Dann war diese Schlacht »die bis dahin größte Einkreisungsschlacht« (von Manstein). Rolf *Elble*: Die Schlacht an der Bzura im September 1939 aus deutscher und polnischer Sicht. Freiburg i. Br. 1975 (Einzelschriften zur militärischen Geschichte des Zweiten Weltkrieges. 15). Erich von *Manstein*: Verlorene Siege. Bonn 1955, S. 44ff. Das Zitat: S. 47. Künftig zitiert: *Manstein*: Verlorene Siege.
9 Marschall von Polen (1920) Joszef *Pilsudski* (1867–1935). Oktober 1926 bis Juni 1928 und von August bis Dezember 1930 Ministerpräsident Polens.
10 Stieff meint die Morde an Juden durch die SS. *Müller*: Das Heer und Hitler, S. 426ff., 435f. Erschütternd ist der Bericht vom 23. November 1939 über Pogrome an Juden, die am 30. Oktober 1939 in der polnischen Stadt Turek geschahen. A.a.O., S. 438f. Anm. 82. S. auch: *Müller*: Armee und Drittes Reich 1933–1939, S. 191 (Dok. 54). Ausführlich: Helmut *Krausnick*/Hans-Heinrich *Wilhelm*: Die Truppe des Weltanschauungskrieges. Die Einsatzgruppen der Sicherheitspolizei und des SD 1938–1942. Teil I: Helmut *Krausnick*: Die Einsatzgruppen vom Anschluß Österreichs bis zum Feldzug gegen die Sowjetunion. Entwicklung und Verhältnis zur Wehrmacht. Stuttgart 1981 (Quellen und Darstellungen zur Zeitgeschichte, Band 22), S. 32ff., 63ff.
11 Arthur von *Auerswald* (1894–1966).
12 Alexander Richard 3. Fürst zu *Dohna-Schlobitten*, Burggraf zu *Dohna* (*1899). 1943 Rittmeister d. R. Alexander Fürst zu *Dohna-Schlobitten*: Erinnerungen eines alten Ostpreußen. Berlin 1989.
13 Alexander Ernst Emil Bernhard von *Kuehnheim-Spanden* (1882–1956). Major d. R.
14 Die Mutter der ersten Ehefrau Bonins war Margarete von *Kuehnheim*.
15 Hauptmann i. G. *Markert*, erster Generalstabsoffizier der 228. Infanteriedivision, Regimentskamerad Stieffs.
16 Vermutlich Major Johann-Gottlob *Bloch von Blottnitz* (*1901). Oberst a. D. Regimentskamerad Stieffs.
17 (W) = Waffenoffizier der Wehrmacht.
18 Leutnant *Stieff* gehörte ab 1. April 1922 der IV. (r) Abteilung des 3. (Preuß.) Artillerieregiments in Potsdam an.
19 S. Brief Nr. 45 Anm. 3.
20 Festung Ehrenbreitstein bei Koblenz.
21 Ein »Gelber Fleck« an der Kleidung war im späten Mittelalter fast überall, nicht nur in Deutschland, den Juden als Erkennungszeichen vorgeschrieben. In Deutschland galt die Vorschrift bis in das 18. Jahrhundert. In den besetzten polnischen Gebieten wurde die gelbe Armbinde im November 1939 eingeführt. S. auch Brief Nr. 76 Anm. 10.
22 Generaloberst Johannes *Blaskowitz* (1883–1948). Oktober 1939 bis Mai 1940

Oberbefehlshaber Ost. Mai 1940 Oberbefehlshaber der 9. Armee, jedoch auf Betreiben Hitlers abgelöst wegen der mutigen Stellungnahme, die Blaskowitz gegen die Verbrechen der SS in Polen vorlegte. Blaskowitz verfaßte am 6. Februar 1940 eine Vortragsnotiz für den Oberbefehlshaber des Heeres. Darin schilderte er die Verbrechen. Diese Notiz ist abgedruckt: *Jacobsen*: 1939–1945. Der Zweite Weltkrieg in Chronik und Dokumenten, S. 606f. (Dok. 213). S. auch Brief Nr. 36 Anm. 1.

23 Generalmajor Karl *Hollidt* (1891–1985). November 1939 bis April 1940 Chef des Generalstabes beim Oberbefehlshaber Ost. Als Oberst i. G. (seit 1. Januar 1935) und Generalmajor (seit 1. April 1938) war Hollidt vom 15. März 1935 bis zum 9. November 1938 Chef des Generalstabes des I. Armeekorps in Königsberg/Pr. unter General der Artillerie von Brauchitsch (bis 31. März 1937), anschließend unter General der Artillerie von Küchler (ab 1. April 1937). Stieff kannte Hollidt aus seiner Dienstzeit als I b der 21. Infanteriedivision in Elbing.

24 Generalmajor Erwin *Jaenecke* (1890–1960). Oberquartiermeister Oberost.

25 Oberstleutnant *Hamann*. Chef des Stabes der In 3, Inspektion des Reit- und Fahrwesens im OKH.

26 Hans *Frank* (1900–1946). Rechtsanwalt. September 1939 bis Januar 1944 Generalgouverneur von Polen. Am 16. Oktober 1946 in Nürnberg hingerichtet. Das Diensttagebuch des deutschen Generalgouverneurs in Polen 1939–1945. Hrsg. von Werner *Präg* und Wolfgang *Jacobmeyer*. Stuttgart 1975 (Quellen und Darstellungen zur Zeitgeschichte, Band 20). Christoph *Kleßmann*: Der Generalgouverneur Hans Frank. In: Vierteljahrshefte für Zeitgeschichte 19 (1971), S. 245–260, bes. S. 252f.

27 Ein Mitarbeiter Franks mit diesem Namen konnte nicht identifiziert werden. Vielleicht liegt eine falsche Schreibweise aufgrund eines Hörfehlers von Stieff vor. Es ist möglich, daß Stieff Dr. iur. Max *Frauendorfer* meinte, seit Ende September 1939 in der Verwaltung des Generalgouvernements tätig. Das Diensttagebuch des deutschen Generalgouverneurs in Polen 1939–1945, S. 948.

28 Hitler erließ am 20. November 1939 die »Weisung Nr. 8 für die Kriegführung«. Damit war »gleichsam die erste Periode operativer Planungen abgeschlossen«. *Jacobsen*: Fall Gelb, S. 57f. Die »Weisung Nr. 8« ist abgedruckt: Hitlers Weisungen für die Kriegführung 1939–1945. Dokumente des Oberkommandos der Wehrmacht. Hrsg. von Walther *Hubatsch*. Frankfurt a. M. 1962, S. 37–39. Zu den weiteren Planungen: *Jacobsen*: Fall Gelb, S. 65ff.

29 *Oberbefehlshaber des Heeres*: Generaloberst von Brauchitsch. S. Brief Nr. 60 Anm. 1.

30 General der Artillerie Franz *Halder* (1884–1972). 1. September 1938 (Juli 1940 Generaloberst) bis 24. September 1942 Chef des Generalstabes des Heeres. Von Hitler entlassen. Keine weitere Verwendung. Juli 1944 bis Mai 1945 in Haft. Franz *Halder*: Hitler als Feldherr. München 1949. Heidemarie Gräfin *Schall-Riaucour*: Aufstand und Gehorsam. Offizierstum und Generalstab im Umbruch. Leben und Wirken des Generaloberst Franz Halder. Generalstabschef 1938–1942. Wiesbaden 1972.

31 Oberst i. G. Hans Ulrich von *Greiffenberg* (1893–1951). Oktober 1938 (August 1940 Generalmajor) bis Ende Oktober 1940 Chef der Operationsabteilung im Generalstab des Heeres. Ende Oktober 1940 bis Mai 1941 Chef des Generalstabes der 12. Armee. Mai 1941 bis März 1942 Chef des Generalstabes der

Heeresgruppe Mitte (von Bock/von Kluge). April 1942 Generalleutnant und bis Oktober 1943 Chef des Generalstabes der Heeresgruppe A.

32 Die Besprechung fand am 21. November 1939 in Koblenz statt. Koblenz war Sitz des Oberkommandos der Heeresgruppe A (Oberbefehlshaber: Generaloberst von Rundstedt. Chef des Generalstabes: Generalleutnant von Manstein). Generaloberst [Franz] *Halder*: Kriegstagebuch. Tägliche Aufzeichnungen des Chefs des Generalstabes des Heeres 1939–1942. Band I: Vom Polenfeldzug bis zum Ende der Westoffensive (14.8.1939 - 30.6.1940). Bearb. von Hans-Adolf *Jacobsen* in Verbindung mit Alfred *Philippi*. Stuttgart 1962, S. 130 (Eintragung vom 21. November 1939). Generalfeldmarschall Wilhelm Ritter *von Leeb*. Tagebuchaufzeichnungen und Lagebeurteilungen aus zwei Weltkriegen. Aus dem Nachlaß hrsg. und mit einem Lebensabriß versehen von *Georg Meyer*. Stuttgart 1976 (Beiträge zur Militär- und Kriegsgeschichte, Band 16), S. 201 (Eintragung vom 21. November 1939). *Manstein*: Verlorene Siege, S. 107. *Jacobsen*: Fall Gelb, S. 57 und 227 (Zeittafel).

33 *Leeb*, S. 201: »Plötzlich zu einer Besprechung OBdH nach Koblenz geholt worden. Dort Vortrag der Angriffsarmeen über ihre Absichten« (Eintragung vom 21. November 1939). Der Chef des Generalstabes der 2. Armee, Generalleutnant *Felber*, notierte am 21. November 1939: »Besprechung der OB in Koblenz durch OBdH und Chef Gen. St. Einzelheiten der Operation durch Holland, Belgien, Luxemburg. Nichts wesentlich Neues. Abends wird Besprechung in Berlin befohlen für 23. November. Alles sehr geheimnisvoll«: Kriegserinnerungen. Handschriftliche Aufzeichnungen des Generalleutnant Hans Felber über die Ereignisse vom 16. April 1939 bis 3. September 1940. Nachlaß Felber N 67/2. BA/MA Freiburg i. Br.

34 Am 23. November 1939 in der Reichskanzlei Berlin. Hierzu: *Jacobsen*: Fall Gelb, S. 59–64.

Nr. 64

Privatbesitz Frau Ursula Grundmann, Berlin. Handschrift, Ausfertigung

1 Gemeint sind die Verschiebungen des Angriffsbefehls im Westen. Der Wechsel von Angriffsbefehl und Gegenbefehl wiederholte sich zwischen dem 7. November 1939 (erster Aufschub) und dem 16. Januar 1940 (endgültige Vertagung) wegen der Unbilden der Witterung vierzehnmal. *Erfurth*: Die Geschichte des deutschen Generalstabes, S. 234.

2 Zu seiner Frau und Schwiegereltern, die in Mittelsteine, Kreis Glatz, Schlesien, wohnten.

3 Kunigunde Friederike Adriane *Gaertner* (1935–1939). Tochter von Dr. Alfred Gaertner, Stieffs Schwager, und Margot Gaertner geb. Becker. Kunigunde Gaertner verstarb am 16. Dezember 1939.

4 Gemeint ist das Hauptquartier des OKH in Zossen bei Berlin. Dort befand sich die Operationsabteilung im Lager Maybach. Mitteilungen des Generalleutnants (Bw) a. D. Heinz *Gaedcke* vom 8. Dezember 1977 an den Herausgeber.

Nr. 65

Privatbesitz Frau Ursula Grundmann, Berlin. Handschrift, Ausfertigung

1 Ein Halstuch.

2 Ursula Stieff lebte von April bis Ende September 1929 und von Dezember 1929 bis Februar 1930 in Paris.

3 Nach Abschluß des Frankreichfeldzuges und nach Ablehnung seines Friedensangebotes an England erwog Hitler eine Reihe verschiedener Operationen, von denen er sich die Niederzwingung Englands erhoffte. Obgleich der Wehrmachtführungsstab (WFSt) - Abteilung Landesverteidigung (L) - mit der Vorbereitung und Durchführung des Unternehmens »Felix« (Plan, Gibraltar mit spanischer Unterstützung zu erobern) beauftragt worden war, ist es möglich, daß auch die Operationsabteilung des Generalstabes des Heeres Erkundungen in Spanien durchführte. Aus politischen Gründen wurde der Plan »Felix« am 11. Dezember 1940 aufgegeben. Hans-Günther *Seraphim*: »Felix« und »Isabella«. Dokumente zu Hitlers Planungen betr. Spanien und Portugal aus den Jahren 1940/41 (Quellen zur neuesten Geschichte V). In: Die Welt als Geschichte 15 (1955), S. 45-86. Umfassende Darstellung der deutschen Pläne: Charles B. *Burdick*: Germany's Military Strategy and Spain in World War II. New York 1968. Heeresadjutant bei Hitler 1938-1943. Aufzeichnungen des Majors [Gerhard] *Engel*. Hrsg. und kommentiert v. Hildegard von *Kotze*. Stuttgart 1974 (Schriftenreihe der Vierteljahrshefte für Zeitgeschichte, Nr. 29). S. 88 (Aufzeichnung vom 24. Oktober 1940) mit Anm. 267 (S. 88).

4 Kapitänleutnant Günther *Prien* (1908-1941). Versenkte mit seinem U-Boot (U 47) am 14. Oktober 1939 das britische Schlachtschiff »Royal Oak« in der Bucht von Scapa Flow. Es war die achte Unternehmung Priens. Sie dauerte vom 14. Oktober bis 23. Oktober 1940. Prien operierte gegen den Konvoi HX 79 und versenkte acht Schiffe mit 50 500 Bruttoregistertonnen. Danach folgten noch zwei weitere Unternehmungen. Am 8. März 1941 vernichtete der britische Zerstörer »Wolverine« Priens U-Boot. Günther *Prien*: Mein Weg nach Scapa Flow. Berlin 1940. Kriegstagebuch des Oberkommandos der Wehrmacht (Wehrmachtführungsstab) 1940-1945. Geführt von Helmuth *Greiner* und Percy Ernst *Schramm*. Zus.gestellt und erl. von Hans-Adolf *Jacobsen*. Band I: 1. August 1940 - 31. Dezember 1941. Frankfurt a. M. 1965, S. 370. Künftig zitiert: *KTB OKW (WFSt)*. Band I.

5 Die Operationsabteilung wurde am 9./10. Mai 1940 von Zossen bei Berlin in den Raum Euskirchen (»Felsennest«) verlegt. Am 2. Juni 1940 erfolgte die Verlegung von »Felsennest« nach Chimay in Belgien. Am 15. Juni 1940 wurde das Hauptquartier des OKH von Forges nach Fontainebleau verlegt. Die Operationsabteilung bezog Quartiere in der Rue St. Honoré 14-20. Die Arbeitsräume befanden sich in einem größeren Haus, dann in einer nahen Schule. Mitteilungen des Generalmajors (Bw) a. D. Karl C. *Kleyser* vom 13. Juni 1988 an den Herausgeber. Der damalige Hauptmann Kleyser, kommandiert in den Generalstab, gehörte vom 24. August 1939 bis 25. August 1940 der Operationsabteilung an. Am 1. November 1940 erfolgte die Verlegung des Hauptquartiers OKH von Fontainebleau nach Zossen bei Berlin. Standorte des OKH-HQu: August 1939 - Mai 1945. RH 2/800 fol. 1. BA/MA Freiburg i. Br.

6 Greiffenberg war von Ende Oktober 1940 bis Mai 1941 Chef des Generalstabes der 12. Armee (Generalfeldmarschall List).

7 Oberst i. G. Adolf *Heusinger* (1897-1982). August 1937 versetzt in die 1. (Operations-)Abteilung des Generalstabes des Heeres. Gruppenleiter, dann erster Generalstabsoffizier der Operationsabteilung. April 1939 Oberstleutnant. August 1940 Oberst i. G. 25. Oktober 1940 (Dezember 1941 Generalmajor, Januar 1943 Generalleutnant) bis 20. Juli 1944 Chef der Operationsabtei-

lung des Generalstabes des Heeres. Ende Juni/20. Juli 1944 Vertreter des Chefs des Generalstabes des Heeres. Beim Attentat am 20. Juli 1944 verletzt. Vom 23. Juli bis Ende August 1944 in Haft. Keine weitere Verwendung. Maßgeblich am Aufbau der Bundeswehr beteiligt, war General Heusinger von Juni 1957 bis April 1961 erster Generalinspekteur der Bundeswehr. Anschließend bis März 1964 Vorsitzender des NATO-Militärausschusses. Adolf *Heusinger*: Befehl im Widerstreit. Schicksalsstunden der deutschen Armee 1923–1945. Tübingen 1950.

8 Am 1. November 1940 wurde Stieff zum Oberstleutnant im Generalstab des Heeres (i. G.) (Operationsabteilung) befördert. Militärische Dienstlaufbahn (Bundesarchiv-Zentralnachweisstelle, Aachen-Kornelimünster).

9 Hauptmann *Grundmann* wurde kurze Zeit später beauftragt, das I. Bataillon des Infanterieregiments 15 (mot) vertretungsweise zu führen. Mitteilung des Oberstleutnants a. D. Hasso *Grundmann* vom 3. September 1988 an den Herausgeber.

Nr. 66

Bundesarchiv/Militärarchiv Freiburg i. Br., Nachlaß Stieff N 114/3 fol. 9–14. Fotokopie, Maschinenschrift, Ausfertigung

Druck: Auszugsweise in VfZ 2 (1954), S. 300f. (Nr. 5)

1 Gemeint ist Stieffs Absicht, sich im Herbst für zwei bis drei Wochen zu einem Panzerkorps kommandieren zu lassen, um dessen Führungs- und Einsatzgrundsätze kennenzulernen. S. die Briefe Nr. 69 und 70.

2 Am 21. Juni 1941 wurde das Hauptquartier des OKH vom Truppenübungsplatz Zossen nach Mauerwald bei Angerburg in Ostpreußen verlegt. Standorte des OKH-HQu: August 1939 - Mai 1945. RH 2/800 fol. 1. BA/MA Freiburg i. Br.

3 Hierzu die Äußerung des Generals der Infanterie a. D. Günther *Blumentritt* in: Heinrich *Uhlig*: Das Einwirken Hitlers auf Planung und Führung des Ostfeldzuges. In: Vollmacht des Gewissens. Hrsg. von der *Europäischen Publikation* e. V. [Band] II. Frankfurt a. M., Berlin 1965, S. 147–286. Zitat Blumentritts: S. 207. Ernst *Klink*: Die Landkriegführung. In: Der Angriff auf die Sowjetunion. Stuttgart 1983 (Das Deutsche Reich und der Zweite Weltkrieg, Band 4), S. 191–202 (»Die Rote Armee im Urteil des OKH«).

4 Zur Doppelschlacht von Bialystock-Minsk: *KTB OKW (WFSt)*. Band I, S. 514 (Eintragung vom 8. Juli 1941). Alfred *Philippi* und Ferdinand *Heim*: Der Feldzug gegen Sowjetrußland 1941 bis 1945. Ein operativer Überblick. Stuttgart 1962, S. 54f. Künftig zitiert: *Philippi und Heim*. Albert *Seaton*: Der russisch-deutsche Krieg 1941–1945. Hrsg. von Andreas *Hillgruber*. Frankfurt a. M. 1973, S. 100f.

5 Zu den Operationen des deutschen Heeres und zu den Verlusten der Roten Armee: *KTB OKW (WFSt)*. Band I, S. 515–552 (Eintragungen vom 9. Juli bis 2. August 1941). *Philippi und Heim*, S. 60ff.; *Seaton*, S. 100ff.

6 Heeresgruppe Süd. Oberbefehlshaber von April bis Dezember 1941: Generalfeldmarschall Gerd von *Rundstedt*. Zu den Operationen der Heeresgruppe Süd: *KTB OKW (WFSt)*. Band I, S. 490–552 (Eintragungen vom 22. Juni bis 2. August 1941). *Philippi und Heim*, S. 59f.; *Seaton*, S. 104f.

7 Heeresgruppe Mitte. Oberbefehlshaber von April bis Dezember 1941: Generalfeldmarschall Fedor von *Bock* (1880–1945). S. auch Anm. 15 dieses Briefes. Zu den Operationen der Heeresgruppe Mitte: *KTB OKW (WFSt)*. Band I,

S. 515–552 (Eintragungen vom 9. Juli bis 2. August 1941). *Philippi und Heim*, S. 61, 72, 96, 102ff.; *Seaton*, S. 104.

8 Heeresgruppe Nord. Oberbefehlshaber von Mai 1941 bis Januar 1942: Generalfeldmarschall Wilhelm Ritter von (Militär-Max-Joseph-Orden 1915) *Leeb* (1876–1956). Zu den Operationen der Heeresgruppe Nord: *KTB OKW (WFSt).* Band I, S. 491–552 (22. Juni bis 2. August 1941). *Philippi und Heim*, S. 57f.; *Seaton*, S. 88ff.

9 Gemeint ist Hitler als Oberbefehlshaber der Wehrmacht.

10 Am 7. Juli 1941 landeten amerikanische Truppen auf Island, das seit 25. März 1941 in das erweiterte Operationsgebiet deutscher U-Boote um die Britischen Inseln einbezogen worden war.

11 Gemeint ist die »Weisung Nr. 33, Fortführung des Krieges im Osten«, die Hitler am 19. Juli 1941 erließ. Abgedruckt in: Walther *Hubatsch* (Hrsg.): Hitlers Weisungen für die Kriegführung. Dokumente des Oberkommandos der Wehrmacht. Frankfurt a. M. 1962, S. 140–142. Am 22. Juli 1941 gab das OKW die »Ergänzung zur Weisung Nr. 33« heraus. *Hubatsch*, S. 142–144.

12 Erich *Murawski*: Der deutsche Wehrmachtbericht 1939–1945. Ein Beitrag zur Untersuchung der geistigen Kriegführung. 2. durchges. Aufl. Boppard a. Rh. 1962 (Schriften des Bundesarchivs. 9). Zu der Kritik, die Stieff äußerte: *Murawski*, S. 158 (Abschnitt: »Die Auswirkungen des Wehrmachtberichts«, S. 157ff.). Stieffs kritische und bittere Bemerkungen enthalten einen Wahrheitsgehalt, der aus unmittelbarem Erleben herrührte. Abwägend Murawskis Zusammenfassung: »Der zeitliche und bleibende Wert des Wehrmachtberichts«, S. 161–166.

13 Joachim von *Ribbentrop* (1893–1946). Februar 1938 bis Ende April 1945 Reichsaußenminister. Am 16. Oktober 1946 in Nürnberg hingerichtet. Joachim von *Ribbentrop*: Zwischen London und Moskau. Erinnerungen und letzte Aufzeichnungen. Aus dem Nachlaß hrsg. von Anneliese von *Ribbentrop*. Leoni 1953.

14 Leutnant d. R. Heinrich Graf *Lehndorff* (1909–1944). Nach dem Abitur Studium der Nationalökonomie in Frankfurt. Praktische Ausbildung in einem großbäuerlichen Betrieb in Ostpreußen. 1936 Übernahme des Fideikommiß Steinort. März 1939 Leutnant d. R. 1941 zweiter Adjutant des Generalfeldmarschalls von Bock. In der Widerstandsbewegung. Oktober 1941 Oberleutnant d. R. Am 4. September 1944 in Berlin-Plötzensee hingerichtet. Marion Gräfin *Dönhoff:* Leben und Sterben eines ostpreußischen Edelmannes. In: *Dies.*: Namen, die keiner mehr nennt. Ostpreußen – Menschen und Geschichte. Düsseldorf, Köln 1962, S. 79–95. *Dies.*: Kindheit in Ostpreußen. Berlin 1988, S. 139–142.

15 Generalfeldmarschall Fedor von *Bock* (1880–1945). Ritter des Ordens Pour le Mérite. April 1941 bis Dezember 1941 Oberbefehlshaber der Heeresgruppe Mitte (Angriff auf Moskau). Am 18. Dezember 1941 in einer Krisenlage aus Krankheitsgründen abgelöst, war Bock von Mitte Januar bis Mitte Juli 1942 Oberbefehlshaber der Heeresgruppe Süd. Keine weitere Verwendung. Zur Biographie: Fritz von *Siegler*: [Artikel:] Fedor von Bock. In: Neue Deutsche Biographie. Band 2. Berlin 1955, S. 341–342.

16 Gottliebe Gräfin *Lehndorff* geb. Gräfin Kalnein (*1913).

17 General der Panzertruppe Rudolf *Schmidt* (1886–1957). Februar 1940 (Juni General der Panzertruppe) bis November 1941 Kommandierender General des XXXIX. Panzerkorps. November/Dezember 1941 Oberbefehlshaber der

2. Armee. Zu den Operationen des XXXIX. Armeekorps mot.: *Philippi und Heim*, S. 74. *Seaton*, S. 103.

18 Generaloberst Hermann *Hoth* (1885-1971). Herbst 1940 bis Oktober 1941 Befehlshaber der Panzergruppe 3. Oktober 1941 bis Mai 1942 Oberbefehlshaber der 17. Armee. Zu den Operationen der Panzergruppe 3 (Hoth): *KTB OKW (WFSt)*. Band I, S. 548-552 (Eintragungen vom 31. Juli bis 2. August 1941). *Philippi und Heim*, S. 69, 73. *Seaton*, S. 100, 103. Hermann *Hoth*: Panzer-Operationen. Die Panzergruppe 3 und der operative Gedanke der deutschen Führung. Sommer 1941. Heidelberg 1956 (Die Wehrmacht im Kampf, Band 11), S. 102ff.

19 Hauptmann Werner von *Unger* (1910-1943). April 1940 bis Sommer 1941 Mitarbeiter Stieffs in der Gruppe III der Operationsabteilung im Generalstab des Heeres. S. auch Brief Nr. 105 Anm. 14.

20 Fieseler Fi 156 »Storch«: Einmotoriges militärisches Mehrzweckflugzeug, entwickelt von Gerhard Fieseler (1896-1987).

21 General der Flieger Dr.-Ing. Wolfram Freiherr von *Richthofen* (1895-1945). Oktober 1939 (Juli 1940 General der Flieger, März 1942 Generaloberst) bis Juni 1942 Kommandierender General des VIII. Fliegerkorps.

22 Panzergruppe 3. Befehlshaber: Generaloberst *Hoth*. S. Anm. 18.

Nr. 67

Bundesarchiv/Militärarchiv Freiburg i. Br., Nachlaß Stieff N 114/3 fol. 15-16. Fotokopie, Handschrift, Ausfertigung

1 Mitte Oktober 1941 setzte die »Schlammperiode« ein. Stieffs Voraussage erfüllte sich. *Philippi und Heim*, S. 90f.; *Seaton*, S. 137, 146f.

2 Hierzu die detaillierten Ausführungen in: *Philippi und Heim*, S. 74. *Seaton*, S. 135 (diese Angaben beziehen sich auf die Zeit ab Ende August 1941).

3 Gemeint ist das Hauptquartier des OKH im Mauerwald bei Angerburg in Ostpreußen.

4 S. Brief Nr. 66 vom 2. August 1941.

5 In Borissow befand sich im August 1941 das Hauptquartier der Heeresgruppe Mitte. Der Bericht vom 3. August 1941 ist erhalten: Nachlaß Stieff N 114/3 fol. 17-18. BA/MA Freiburg i. Br.

6 Gemeint ist Hitler. Am 4. August 1941 besuchte Hitler das Hauptquartier der Heeresgruppe Mitte in Borissow. *Philippi und Heim*, S. 69. *Seaton*, S. 109.

7 Generalfeldmarschall von *Bock*.

8 Zu Kiew: *KTB OKW (WFSt)*. Band I, S. 550-566 (Eintragungen vom 1. August bis 11. August 1941). *Philippi und Heim*, S. 60, 62ff., 71f. Die deutschen Truppen nahmen Kiew am 20. September 1941 ein. *Philippi und Heim*, S. 78. *Seaton*, S. 111f. (mit abweichenden Angaben).

Nr. 68

Bundesarchiv/Militärarchiv Freiburg i. Br., Nachlaß Stieff N 114/3 fol. 19-20. Fotokopie, Handschrift, Ausfertigung

1 Generaloberst *Halder*. Chef des Generalstabes des Heeres.

2 Der deutsche Angriff im Westen begann am 10. Mai 1940. Die Panzerverbände des Generals der Kavallerie von *Kleist*, die im Rahmen der Heeresgruppe A operierten, eroberten in raschem Vormarsch die Küstenstädte Boulogne und Calais. Während dieser Zeit rückte die Heeresgruppe B mit ihren Infanterieverbänden in langsamerem Angriff von Osten her vor. Brau-

chitsch und Halder hatten die Absicht, die von Osten, Süden und Westen her umfaßte britische Expeditionsarmee, bei der sich auch eine größere Anzahl französischer Divisionen befand, durch einen weiteren Vorstoß der Panzer nach Dünkirchen von der See abzuschneiden. Das Schicksal der eingeschlossenen Truppen schien besiegelt. In diesem Augenblick griff Hitler in die Planung des OKH ein und befahl am 24. Mai, die Panzer anzuhalten. Die Vollendung der Einschließung von Seeseite wurde der Luftwaffe übertragen. Göring hielt es für möglich, ein Entweichen über See zu verhindern. Am 26. Mai nahm Hitler den Befehl zurück, aber der eingeschlossene Gegner hatte inzwischen seinen Rückzugsweg nach Dünkirchen durch einen starken Flankenschutz gesichert. Unter Heranziehung aller verfügbaren Boote konnten über 200 000 Briten und über 100 000 Franzosen unter Zurücklassung allen Materials nach England entkommen. Dies war der Grundstock, um eine neue Armee zu bilden. Die Gründe Hitlers für das Anhalten der Panzerverbände sind militärischer Art gewesen. Er wollte sie nicht unnötigen Verlusten aussetzen in einer Einschließungsschlacht, die er für bereits gewonnen hielt. Hans *Meier-Welcker*: Der Entschluß zum Anhalten der deutschen Panzertruppen in Flandern 1940. In: Vierteljahrshefte für Zeitgeschichte 2 (1954), S. 274–290. Dokumente zum Westfeldzug 1940. Hrsg. von Hans-Adolf *Jacobsen*. Göttingen, Berlin, Frankfurt 1960 (Studien und Dokumente zur Geschichte des Zweiten Weltkrieges, Band 2 b), S. 114–146 (Abschnitt 4: Dokumente zum »Halt- Befehl« für die deutschen Panzertruppen vor Dünkirchen).

3 Gemeint ist vermutlich Stieffs Absicht, sich im Herbst »zu einem Panzerkorps [zu] begeben, um als Gast zu meiner eigenen Belehrung etwas vom Einsatz schneller Verbände im Bewegungskrieg zu profitieren«, wie er am 29. August 1941 schrieb. S. Briefe Nr. 69 und 70.

5 Eine Bekannte Ili Stieffs, die Schneiderin war.

Nr. 69

Bundesarchiv/Militärarchiv Freiburg i. Br., Nachlaß Stieff N 114/3 fol. 21–22. Fotokopie, Maschinenschrift, Ausfertigung
Druck: Auszugsweise in VfZ 2 (1954), S. 301 (Nr. 6)

1 Vermutlich die Ordonnanz Stieffs.

2 Zur operativen Lage, die Stieff erwähnte: *KTB OKW (WFSt)*, Band I, S. 566–587 (Eintragungen vom 12. August bis 23. August 1941). *Philippi und Heim*, S. 71. *Der Angriff auf die Sowjetunion*, S. 512.

3 Heeresgruppe Mitte. Zur operativen Lage und der Wegnahme von Gomel: *KTB OKW (WFSt)*. Band I, S. 579–586 (Eintragungen vom 19. August bis 23. August 1941). *Philippi und Heim*, S. 72. *Der Angriff auf die Sowjetunion*, S. 504 (s. auch S. 493 f.).

4 Gemeint sind die 3. Infanteriedivision mot. und die SS-Division »Totenkopf«. Bei Erreichen von Lowat durch die 18. Armee (Generaloberst von Küchler) wurden diese beiden Divisionen herausgezogen. *KTB OKW (WFSt)*. Band I, S. 587, 589 (Eintragungen vom 23. und 24. August 1941). *Leeb*, Tagebuchaufzeichnungen und Lageberichte, S. 340, 342 (Eintragungen vom 23. und 24. August 1941). *Der Angriff auf die Sowjetunion*, S. 543 ff.

5 Der Angriff der Panzergruppe 4 (Generaloberst Hoepner) in Richtung Leningrad begann am 10. August 1941. Den beiden Angriffsgruppen gelang bis zum 14. August der Durchbruch durch die gegnerische Verteidigungs-

zone. Bis zum 20. August konnte mit dem über Nowgorod geführten Stoß Tschuduwo und über Kingisep gleichzeitig Krasnowardejsk genommen werden. Die strategisch bedeutsame Bahn von Moskau nach Leningrad war unterbrochen. Wegen einer Krise bei der 16. Armee blieb der Angriff stehen. Erst am 25. August konnte der Vorstoß auf Leningrad durch das Eingreifen des XXXIX. Armeekorps mot. weitergeführt werden (s. Anm. 7). *KTB OKW (WFSt).* Band I, S. 564–592 (Eintragungen vom 10. August bis 25. August 1941). *Leeb*, S. 350 f. (Eintragung vom 6. September 1941). *Philippi und Heim*, S. 73, 79. *Der Angriff auf die Sowjetunion*, S. 543 f.

6 Heeresgruppe Mitte.

7 Hitler befahl, ein schnelles Korps der Panzergruppe 3 (Generaloberst Hoth), das XXXIX. Armeekorps mot., der Heeresgruppe Nord (Generalfeldmarschall Ritter von Leeb) zuführen zu lassen. *KTB OKW (WFSt).* Band I, S. 593, 595 f. (Eintragungen vom 26. und 27. August 1941). *Leeb*, S. 345 (Eintragung vom 27. August 1941). *Philippi und Heim*, S. 74, 79. *Der Angriff auf die Sowjetunion*, S. 544 f.

8 Generalfeldmarschall Wilhelm *Keitel* (1882–1946). Februar 1938 (November 1938 Generaloberst. Juli 1940 Generalfeldmarschall) bis Mai 1945 Chef des OKW. Am 16. Oktober 1946 in Nürnberg hingerichtet. Generalfeldmarschall [Wilhelm] *Keitel.* Verbrecher oder Offizier? Erinnerungen, Briefe, Dokumente des Chefs OKW, hrsg. von Walter *Görlitz.* Göttingen, Berlin, Frankfurt 1961. Zur Biographie: Thilo *Vogelsang*: [Artikel:] Wilhelm Keitel. In: Neue Deutsche Biographie. Band 11. Berlin 1977, S. 412 f.

9 General der Artillerie Alfred *Jodl* (1890–1946). September 1939 (Juli 1940 General der Artillerie, Januar 1944 Generaloberst) bis Mai 1945 Chef des Wehrmachtführungsamtes – ab 8. August 1940: Wehrmachtführungsstabes im OKW. Am 16. Oktober 1946 in Nürnberg hingerichtet. Luise *Jodl*: Jenseits des Endes. Der Weg des Generaloberst Alfred Jodl. München, Wien 1987 (erweiterte und überarbeitete Neuauflage). Zur Biographie: Friedrich-Christian *Stahl*: [Artikel:] Alfred Jodl. In: Neue Deutsche Biographie. Band 10. Berlin 1974, S. 449 f. Über Jodl urteilte Stieff zu hart.

Nr. 70

Privatbesitz Frau Ursula Grundmann, Berlin. Maschinenschrift, Ausfertigung

1 29. Infanteriedivision (mot).

2 Gemeint ist der Kampf des Nationalsozialismus gegen den Bolschewismus. Nach Hitlers Ansicht war der Bolschewismus eine Form der Herrschaft des Judentums. Generaloberst *Halder* notierte am 30. März 1941 Hitlers Ausführungen über den bevorstehenden Kampf gegen Rußland und den ideologischen Vernichtungskampf: »Unsere Aufgaben gegenüber Rußland: Wehrmacht zerschlagen, Staat auflösen. [...] *Kampf zweier Weltanschauungen gegeneinander*: Vernichtendes Urteil über Bolschewismus, ist gleich asoziales Verbrechertum. Kommunismus ungeheure Gefahr für die Zukunft. Wir müssen von dem Standpunkt des soldatischen Kameradentums abrücken. Der Kommunist ist vorher kein Kamerad und nachher kein Kamerad. Es handelt sich um einen Vernichtungskampf. Wenn wir es nicht so auffassen, dann werden wir zwar den Feind schlagen, aber in 30 Jahren wird uns wieder der kommunistische Feind gegenüberstehen. Wir führen nicht Krieg, um den Feind zu konservieren.« Generaloberst [Franz] *Halder*: Kriegstagebuch. Tägliche Aufzeichnungen des Chefs des Generalstabes des Heeres 1939–

1942. Band II: Von der geplanten Landung in England bis zum Beginn des Ostfeldzuges (1.7.1940 - 21.6.1941). Bearb. von Hans-Adolf *Jacobsen.* Stuttgart 1963, S. 335ff. (Eintragung vom 30. März 1941). In diesem Zusammenhang auch der Befehl des Oberbefehlshabers der 6. Armee, Generalfeldmarschall von *Reichenau,* vom 10. Oktober 1941: »Betr.: Verhalten der Truppe im Ostraum«. *Jacobsen*: 1939–1945. Der Zweite Weltkrieg in Chronik und Dokumenten, S. 578–579 (Dok. 193). S. auch Brief Nr. 78 Anm. 6.

3 S. die Eintragung des Generalobersten *Halder* vom 3. Juli 1941 in seinem Tagebuch: »[...] Im ganzen kann man also schon jetzt sagen, daß der Auftrag, die Masse des russischen Heeres vorwärts Düna und Dnjepr zu zerschlagen, erfüllt ist. [...] Es ist also wohl nicht zuviel gesagt, wenn ich behaupte, daß der Feldzug gegen Rußland innerhalb [von] 14 Tagen gewonnen wurde. Natürlich ist er damit noch nicht beendet. Die Weite des Raumes und die Hartnäckigkeit des mit allen Mitteln geführten Widerstandes wird uns noch viele Wochen beanspruchen.« Generaloberst [Franz] *Halder*: Kriegstagebuch. Tägliche Aufzeichnungen ... Band III: Der Rußlandfeldzug bis zum Marsch auf Stalingrad (22.6.1941 - 24.9.1942). Bearb. von Hans-Adolf *Jacobsen.* Stuttgart 1964, S. 38.

4 Gemeint ist die Heeresgruppe Mitte mit ihren beiden Flügeln (Panzergruppe 2; Befehlshaber: Generaloberst *Guderian.* Panzergruppe 3; Befehlshaber: Generaloberst *Hoth*). S. auch: *KTB OKW (WFSt).* Band I, S. 599 (Eintragung vom 29. August 1941 für die Heeresgruppe Mitte).

5 Oberstleutnant i. G. Fritz *Bayerlein.* Oktober 1941 bis Dezember 1942 Chef des Generalstabes des Deutschen Afrika-Korps. Zuletzt Generalleutnant. Bayerlein war Hörsaalkamerad Stieffs während der »Offizierlehrgänge Berlin«. S. Brief Nr. 37 Anm. 6. Zu Bayerleins Versetzung: s. die Eintragung Halders in seinem Tagebuch. *Halder-Tagebuch.* Band III, S. 208, 210 (Eintragungen vom 31. August und 1. September 1941).

6 Mussolini besuchte Hitler, zusammen mit Außenminister Graf Ciano, vom 25. August bis 28. August 1941. Beider Besuch in der Operationsabteilung und bei Oberstleutnant i. G. Stieff im Hauptquartier des OKH im Mauerwald bei Angerburg in Ostpreußen fand am 25. August 1941 statt.

7 Oberstleutnant i. G. *Stieff* war Leiter der Gruppe III der Operationsabteilung im Generalstab des Heeres/OKH.

8 Das Hauptquartier des OKH, zu dem die Operationsabteilung im Generalstab des Heeres gehörte, befand sich im Mauerwald bei Angerburg in Ostpreußen. Vgl. Brief Nr. 66 Anm. 2. Frau Grundmann wohnte von Januar 1938 bis Anfang November 1944 in Heiligenbeil in Ostpreußen. Mitteilung Frau *Grundmanns* vom 16. Juni 1988 an den Herausgeber.

9 Gemeint sind ehemalige Angehörige der I. Abteilung des 3. (Preuß.) Artillerieregiments. Die I. Abteilung, der Stieff von Ende 1927 bis September 1932 angehörte, lag in Schweidnitz, Niederschlesien. Tinzmann und Steinkopff waren 1930 bis 1932 Oberleutnante im 3. (Preuß.) Artillerieregiment. Hohmeyer, dessen ältester Sohn fiel, war 1932 Hauptmann im 7. (Preuß.) Infanterieregiment in Schweidnitz.

10 Der Vater, Heinz *Hellmich*, war Stieffs ehemaliger Lehrgangsleiter während der »Offizierlehrgänge Berlin« von Oktober 1932 bis August 1934. S. Brief Nr. 49 Anm. 4.

11 Frau Grundmann besuchte von Anfang bis Mitte Juli 1941 ihre Schwägerin Ili Stieff in Thalgau bei Salzburg. Mitteilungen Frau *Grundmanns* vom 27. Juli 1988.

Nr. 71

Bundesarchiv/Militärarchiv Freiburg i. Br., Nachlaß Stieff N 114/3 fol. 23–26. Fotokopie, Handschrift, Ausfertigung

Druck: Auszugsweise in VfZ 2 (1954), S. 302 (Nr. 7)

1 Nicht erhalten.

2 Ein Zeugnis für die klare Lagebeurteilung Stieffs und für seinen Weitblick. Da deutsche Heer trat am 18. Juni 1942 zur Sommeroffensive an. *KTB OKW (WFSt).* Band II/1, S. 456f. *Philippi und Heim*, S. 133f.; *Seaton*, S. 204ff.

3 Am 11. August 1941 trug der Chef des Generalstabes des Heeres, Generaloberst *Halder*, in sein Tagebuch ein: »In der gesamten Lage hebt sich immer deutlicher ab, daß der Koloß Rußland, der sich bewußt auf den Krieg vorbereitet hat, mit der ganzen Hemmungslosigkeit, die totalitären Staaten eigen ist, von uns unterschätzt worden ist. Diese Feststellung bezieht sich ebenso auf die organisatorischen wie auf die wirtschaftlichen Kräfte, auf das Verkehrswesen, vor allem aber auf rein militärische Leistungsfähigkeit. Wir haben bei Kriegsbeginn mit etwa 200 feindlichen Div. gerechnet. Jetzt zählen wir bereits 360. Diese Div. sind sicherlich nicht in unserem Sinne bewaffnet und ausgerüstet, sie sind taktisch vielfach ungenügend geführt. Aber sie sind da. Und wenn ein Dutzend davon zerschlagen wird, dann stellt der Russe ein neues Dutzend hin. Die Zeit dazu gewinnt er dadurch, daß er nah an seinen Kraftquellen sitzt, wir immer weiter von ihnen abrücken.« *Halder-Tagebuch.* Band III, S. 170 (Eintragung vom 11. August 1941).

4 Zu den Verlusten im Ostfeldzug vom 22. Juni bis 16. September 1941: s. die genaue Aufstellung des Generalobersten Halder, aufgegliedert nach: verwundet, gefallen und vermißt. *Halder-Tagebuch.* Band III, S. 236 (Eintragung vom 17. September 1941). Zu den Verlusten von Mitte August bis zum 26. September 1941: *Philippi und Heim*, S. 74, 83. *Seaton*, S. 135 (bis 26. August 1941).

5 Hierzu: *Philippi und Heim*, S. 64, 83 mit genauen Zahlenangaben. Ausführlich: *Der Angriff auf die Sowjetunion*, S. 665ff.

6 Marschall Antonescu setzte die 4. rumänische Armee zum Angriff auf Odessa ein. Die Rumänen schlossen Odessa ein, das der Gegner noch hielt. *KTB OKW (WFSt).* Band I, S. 584 (Eintragung vom 22. August 1941). *Philippi und Heim*, S. 71. *Manstein*: Verlorene Siege, S. 210.

7 Marschall Ion *Antonescu* (1882–1946). 1933 bis 1934 Chef des rumänischen Generalstabes des Heeres. 1937/1938 Kriegsminister in den Kabinetten Goga und Cristea. September 1940 bis August 1944 Staatsführer (Conducatorul) Rumäniens. Am 1. Juni 1946 in Jilava (heute zu Bukarest) hingerichtet.

8 Operationsabteilung im Generalstab des Heeres/OKH.

9 Die 11. Armee unter Generaloberst Eugen Ritter von *Schobert* (1883–1941) war für die Vorbereitungen des planmäßigen Angriffs über den Dnjepr verantwortlich. *KTB OKW (WFSt).* Band I, S. 592 (Eintragung vom 26. August 1941). *Philippi und Heim*, S. 71. *Seaton*, S. 112. Die 11. Armee griff bei Berislawl über den Dnjepr an und die 17. Armee beiderseits Krementschug. Zur operativen Gesamtlage: *KTB OKW (WFSt).* Band I, S. 598 (Eintragung vom 29. August 1941). *Philippi und Heim*, S. 71. *Seaton*, S. 112. *Manstein*: Verlorene Siege, S. 215. *Der Angriff auf die Sowjetunion*, S. 510ff.

10 Generaloberst Ewald von *Kleist* (1881–1954). Juni bis Oktober 1941 Befehlshaber der Panzergruppe 1. Oktober 1941 bis September 1942 Oberbefehlshaber der 1. Panzerarmee. Zur Biographie: Thilo *Vogelsang*: [Artikel:] Ewald

von Kleist. In: Neue Deutsche Biographie. Band 12. Berlin 1980, S. 12–13. Zu den Operationen der Panzergruppe 1: *KTB OKW (WFSt).* Band I, S. 602, 606, 609, 611 und 613 (Eintragungen vom 31. August und 2. September bis 5. September 1941).

11 General der Infanterie Carl-Heinrich von *Stülpnagel* (1886–1944). Februar bis Oktober 1941 Oberbefehlshaber der 17. Armee. Februar 1942 bis Juli 1944 Militärbefehlshaber Frankreich. Am 30. August 1944 wegen seiner Teilnahme im militärischen Widerstand in Berlin-Plötzensee hingerichtet. Zur Biographie: Heinrich *Bücheler:* Carl-Heinrich von Stülpnagel. Soldat, Philosoph, Verschwörer. Frankfurt/M., Berlin 1989, hier: S. 221. Zur operativen Lage der 17. Armee: *KTB OKW (WFSt).* Band I, S. 598, 600, 603, 605, 607, 609, 611 und 613 (Eintragungen vom 29. August bis 5. September 1941).

12 Generalfeldmarschall Walter von *Reichenau* (1884–1942). Oktober 1939 (Juli 1940 Generalfeldmarschall) bis November 1941 Oberbefehlshaber der 6. Armee. Zu den Operationen der 6. Armee: *KTB OKW (WFSt).* Band I, S. 598, 600, 602, 605, 607, 609, 611 und 613 (Eintragungen vom 29. August bis 5. September 1941).

13 Generaloberst Maximilian Freiherr von und zu *Weichs* an der Glon (1881–1954). Oktober 1939 (Juli 1940 Generaloberst) bis Juli 1942 Oberbefehlshaber der 2. Armee. Juli 1942 (Februar 1943 Generalfeldmarschall) bis Juli 1943 Oberbefehlshaber der Heeresgruppe B. Zu den Operationen der 2. Armee: *KTB OKW (WFSt).* Band I, S. 599, 601, 603, 605, 607, 609, 611, 614 (Eintragungen vom 29. August bis 5. September 1941). Am 1. September 1941 gelang die Bildung eines kleinen Brückenkopfes (XIII. Armeekorps), den Stieff erwähnte, über die Desna. *KTB OKW (WFSt).* Band I, S. 605.

14 Generaloberst Heinz *Guderian* (1888–1954). Dezember 1940 bis Dezember 1941 Befehlshaber der Panzergruppe 2. Zur Biographie: Thilo *Vogelsang:* [Artikel:] Heinz Wilhelm Guderian. In: Neue Deutsche Biographie. Band 7. Berlin 1966, S. 251–252.

15 Die Heeresgruppe Mitte nahm am 17. Juli 1941 das an der direkten Straße nach Moskau gelegene Smolensk. Bis zum 5./6. August dauerten die Kämpfe im Kessel: *KTB OKW (WFSt).* Band I, S. 527–555 (Eintragungen vom 17. Juli bis 4. August 1941). *Philippi und Heim,* S. 72. *Seaton,* S. 113. *Der Angriff auf die Sowjetunion,* S. 457ff.

16 Am 5. September 1941 äußerte Hitler zu Halder, bei Leningrad sei der Zweck erreicht, es könne »Nebenkriegsschauplatz« werden. Am folgenden Tage erließ Hitler die Weisung Nr. 35 und wünschte die Einkreisung Leningrads so rasch zu vollziehen, daß Mitte September die Masse der Schnellen Verbände und das VIII. Fliegerkorps herausgelöst und der Heeresgruppe Mitte wieder zur Verfügung ständen. *Hubatsch* (Hrsg.): Hitlers Weisungen für die Kriegführung, S. 150–153. Zu den Operationen der Heeresgruppe Nord: *KTB OKW (WFSt).* Band I, S. 599f., 601f., 603f., 606, 608, 610, 612, 614 (Eintragungen vom 29. August bis 5. September 1941). *Leeb,* S. 355 (Eintragung vom 13. September 1941). *Philippi und Heim,* S. 80. *Seaton,* S. 113. *Der Angriff auf die Sowjetunion,* S. 545ff.

17 Ab 4. September 1941 befand sich in Estland kein sowjetischer Soldat mehr. 11 000 Soldaten gerieten in Gefangenschaft. Unterstützt von der Kriegsmarine, folgte anschließend die Besetzung der Baltischen Inseln: Moon bis 15. September, Ösel bis 21. September und Dagö bis 21. Oktober 1941. *Philippi und Heim,* S. 80. *Der Angriff auf die Sowjetunion,* S. 563.

18 Marschall der Sowjetunion (1935) Semjon Michailowitsch *Budjonny* (1883–1973). 1939 bis 1941 stellvertretender Verteidigungskommissar. Juni bis Oktober 1941 Oberbefehlshaber an der Südwestfront. 1942 Oberbefehlshaber im Nord-Kaukasus.

19 Marschall der Sowjetunion (1939) Semjon Konstantinowitsch *Timoschenko* (1895–1970). Maßgeblich am Aufbau der Roten Armee beteiligt. Mai 1940 bis Juli 1941 Volkskommissar für Verteidigung. Juli bis Oktober 1941 Oberbefehlshaber der Westfront. Oktober 1941 bis Dezember 1942 Oberbefehlshaber der Südfront.

20 Vizeadmiral Nikolaus *Horthy von Nagybànya* (1868–1957). März 1920 bis Oktober 1944 Reichsverweser von Ungarn. Der Besuch Horthys fand vom 8. September bis 10. September 1941 in der »Wolfsschanze«, dem Führerhauptquartier, statt. In dem Kommuniqué vom 11. September 1941 hieß es, Horthy habe Hitler in seinem Hauptquartier an der Ostfront [!] einen Besuch abgestattet. *Domarus*. Band II, S. 1751. Nikolaus von *Horthy*: Ein Leben für Ungarn. Bonn 1953. Zur Biographie: Peter *Gosztony*: Miklós von Horthy. Admiral und Reichsverweser. Göttingen, Zürich, Frankfurt 1973 (Persönlichkeit und Geschichte, Band 76/77).

21 Am 25. August 1941 besuchten Hitler und Mussolini die Gruppe III der Operationsabteilung. Oberstleutnant i. G. Stieff war Leiter dieser Gruppe. Auf diesen Besuch bezieht sich die Bemerkung. Vgl. Brief Nr. 70 Anm. 6. S. auch die Notiz Ili *Stieffs*. Nachlaß Stieff N 114/4, Bl. 42. BA/MA Freiburg i. Br.

22 Peter *Gaertner* (*1931). Sohn von Alfred und Margot Gaertner. Neffe Ili Stieffs.

Nr. 72

Bundesarchiv/Militärarchiv Freiburg i. Br., Nachlaß Stieff N 114/3 fol. 27–28. Fotokopie, Handschrift, Ausfertigung

1 Gemeint ist die Zeit, nachdem Stieff erster Generalstabsoffizier (I a) im Armeeoberkommando 4 geworden war (24. September 1941).

2 Nicht erhalten.

3 Gemeint ist die Verwendung als erster Generalstabsoffizier im Armeeoberkommando 4.

4 Am 2. Oktober 1941 begann die Heeresgruppe Mitte (2., 4. und 9. Armee) den Angriff auf Moskau (Operation »Taifun«). Die 4. Armee hatte den taktischen Durchbruch auf der Straße Roslawl – Moskau zu führen. *KTB OKW (WFSt)*. Band I, S. 673 (Eintragung vom 2. Oktober 1941). *Philippi und Heim*, S. 85f.; *Seaton*, S. 137ff.; *Der Angriff auf die Sowjetunion*, S. 576ff. Klaus *Reinhardt*: Die Wende vor Moskau. Das Scheitern der Strategie Hitlers im Winter 1941/42. Stuttgart 1972 (Beiträge zur Militär- und Kriegsgeschichte, Band 13), S. 67ff.

5 Generalfeldmarschall Günther von *Kluge* (1882–1944). September 1939 (Dezember 1939 Generaloberst. Juli 1940 Generalfeldmarschall) bis Dezember 1941 Oberbefehlshaber der 4. Armee. Dezember 1941 bis Oktober 1943 Oberbefehlshaber der Heeresgruppe Mitte. Juli 1944 Oberbefehlshaber West und der Heeresgruppe D. Juli/August 1944 Oberbefehlshaber der Heeresgruppe B. Freitod am 19. August 1944 bei Valmy/Frankreich. Zur Biographie: Thilo *Vogelsang*: [Artikel:] Günther von Kluge. In: Neue Deutsche Biographie. Band 12. Berlin 1980, S. 141f. Zu Kluge: Rudolf Christoph Freiherr von *Gersdorff*: Soldat im Untergang. Frankfurt/M., Berlin, Wien 1977,

S. 111f. Gersdorff berichtet aus eigenem Erleben. Von April 1941 bis September 1943 gehörte er als Ic/AO dem Oberkommando der Heeresgruppe Mitte an, die Kluge im Dezember 1941 übernommen hatte.

6 Das OKH befahl am 7. Oktober 1941 die Verfolgung in Richtung Moskau und billigte die Absicht der Heeresgruppe Mitte, die 4. Armee mit der Panzergruppe 4, der Armee unterstellt, über die Linie Kaluga - Moshaisk vorzuführen und die 9. Armee mit der Panzergruppe 3 auf Rshew und Kalinin anzusetzen. *KTB OKW (WFSt).* Band I, S. 682f., 684f., 686f., 688., 690f., 693, 695 und 697f. (Eintragungen vom 6. Oktober bis 13. Oktober 1941). *Philippi und Heim*, S. 87. *Seaton*, S. 138. *Reinhardt*: Die Wende vor Moskau, S. 71ff.; *Der Angriff auf die Sowjetunion*, S. 576ff.

7 Zur operativen Lage: *KTB OKW (WFSt).* Band I, S. 697 (Eintragung vom 13. Oktober 1941). *Seaton*, S. 143. *Reinhardt*, S. 76f.; *Der Angriff auf die Sowjetunion*, S. 579f.

8 Zur »Schlacht von Wjasma«, die letzte der großen Einkreisungen von 1941: *KTB OKW (WFSt).* Band I, S. 684 (Eintragung vom 7. Oktober 1941). *Philippi und Heim*, S. 86. *Seaton*, S. 142. *Reinhardt*, S. 67ff., 71. *Der Angriff auf die Sowjetunion*, S. 575ff. Die Panzerspitzen schlossen am 7. Oktober 1941 den Ring bei Wjasma. Am 14. Oktober 1941 war der Kampf mit den drei eingekesselten Armeen beendet.

9 Schätzungsweise wurden 45 russische Divisionen vernichtet und innerhalb einer Woche 650 000 Soldaten gefangengenommen. *Philippi und Heim*, S. 86. *Seaton*, S. 142. *Reinhardt*, S. 71 Anm. 157.

10 Hierzu: Christian *Streit*: Keine Kameraden. Die Wehrmacht und die sowjetischen Kriegsgefangenen 1941-1945. Stuttgart 1978 (Studien zur Zeitgeschichte, Band 13), S. 128ff. Hans-Adolf *Jacobsen*: Kommissarbefehl und Massenexekutionen sowjetischer Kriegsgefangener. In: Hans *Buchheim* [u.a.]: Anatomie des SS-Staates. Band II. Olten und Freiburg i. Br. 1965, S. 161–279 (Darstellung »Massenexekutionen sowjetischer Kriegsgefangener«, S. 185–197). S. auch Brief Nr. 78 Anm. 5.

11 Hierzu: *KTB OKW (WFSt).* Band I, S. 697, 700 (Eintragungen vom 13. und 14. Oktober 1941). *Reinhardt*, S. 52f., 77. *Der Angriff auf die Sowjetunion*, S. 579. Dazu: Weisung Nr. 35 vom 6. September 1941. In: *Hubatsch*, S. 150–153.

Nr. 73

Privatbesitz Frau Ursula Grundmann, Berlin. Handschrift, Ausfertigung

1 S. Brief Nr. 70 Anm. 8.

2 Oberstleutnant i. G. Horst von *Zitzewitz* (1899–1981). 20. Oktober 1940 bis 23. September 1941 erster Generalstabsoffizier (I a) des Armeeoberkommandos 4. Zuletzt Oberst i. G. Herrn Hermann von *Zitzewitz* danke ich sehr für seine Mitteilungen vom 27. August 1988.

3 Zur operativen Lage der 4. Armee und zu den Verlusten der Heeresgruppe Mitte: *KTB OKW (WFSt).* Band I, S. 700, 702, 704, 706 (Eintragungen vom 14. Oktober bis 17. Oktober 1941). *Reinhardt*, S. 77f.; *Der Angriff auf die Sowjetunion*, S. 579f. Die Verluste der Heeresgruppe Mitte beliefen sich vom 1. Oktober bis zum 17. Oktober 1941 auf 50 000 Mann. *Reinhardt*, S. 77f.

4 Oberst i. G. Günther *Blumentritt* (1892–1967). Oktober 1940 (November 1941 Generalmajor) bis Januar 1942 Chef des Generalstabes der 4. Armee. Oberst i. G. Blumentritt war von November 1938 bis August 1939 Chef der 4. (Aus-

bildungs-)Abteilung im Generalstab des Heeres/OKH.

5 Gemeint ist Generalfeldmarschall von *Kluge.*

Nr. 74

Bundesarchiv/Militärarchiv Freiburg i. Br., Nachlaß Stieff N 114/3 fol. 29–30. Fotokopie, Handschrift, Ausfertigung

Druck: Auszugsweise in VfZ 2 (1954), S. 302 (Nr. 8)

1 Stieffs Schwiegermutter, Frau Kunigunde *Gaertner.*

2 Zum Phänomen der »Schlammperiode« und zur operativen Lage der 4. Armee: *KTB OKW (WFSt).* Band I, S. 687–743 (Eintragungen vom 9. Oktober bis 5. November 1941). *Philippi und Heim,* S. 90f.; *Seaton,* S. 143ff., 147. Ausführlich: *Reinhardt,* S. 78f., 123, 126. Zu den operativen Überlegungen, die Offensive wiederaufzunehmen: *Der Angriff auf die Sowjetunion,* S. 587f.; *Reinhardt,* S. 126–135. Zu den Differenzen zwischen OKH und dem Oberkommando der Heeresgruppe Mitte: *ders.,* S. 135–139.

3 Als Gruppenleiter IV/III der Operationsabteilung im Generalstab des Heeres/OKH (Oktober 1938 bis Ende September 1941).

4 Das heißt, seit Beginn des deutschen Angriffs auf die Sowjetunion am 22. Juni 1941. Die personellen Verluste der Heeresgruppe Mitte betrugen bis zum 1. Oktober 1941 etwa 229 000 Mann; bis zum 6. Oktober erhöhten sie sich auf 277 000. Den Verlusten stand ein Gesamtersatz von 151 000 Mann gegenüber. *Der Angriff auf die Sowjetunion,* S. 586.

Nr. 75

Bundesarchiv/Militärarchiv Freiburg i. Br., Nachlaß Stieff N 114/3 fol. 31–32. Fotokopie, Handschrift, Ausfertigung

1 Die Luftkriegsakademie befand sich in Berlin-Gatow.

2 Am 11. November 1941 meldete das Oberkommando der Heeresgruppe Mitte dem Chef des Generalstabes des Heeres, Generaloberst Halder, als nächstes Ziel werde der Lauf der Moskwa und des Wolgakanals ins Auge gefaßt. Die 4. Armee sollte wieder frontal angreifen, während die Panzergruppen 4 und 3 an den Wolgakanal vorzustoßen hatten, um von Norden nach Moskau einzudrehen. *KTB OKW (WFSt).* Band I, S. 752–764 (Eintragungen vom 11. November bis 18. November 1941). *Philippi und Heim,* S. 96f.; ausführlich: *Reinhardt,* S. 145. *Der Angriff auf die Sowjetunion,* S. 589.

3 Der 21. Juni 1941 war der Tag vor Beginn des deutschen Angriffs gegen die Sowjetunion. *KTB OKW (WFSt).* Band I, S. 417 (Eintragung vom 21. Juni 1941). *Philippi und Heim,* S. 53. *Seaton,* S. 87. Ausführlich: *Der Angriff auf die Sowjetunion,* S. 451.

4 Armand Augustin Louis Graf von *Caulaincourt,* Herzog von Vicenza (1808) (1773–1827). Französischer Diplomat. 1801 und 1807 bis 1811 Gesandter in St. Petersburg. Gewann das Vertrauen des Zaren Alexander I., konnte aber das Zerwürfnis zwischen Napoleon und dem russischen Kaiser nicht aufhalten. Er riet vom Krieg gegen Rußland ab, nahm aber 1812 als Großstallmeister am Feldzug teil. Auf dem Rückzug begleitete er Napoleon. Caulaincourt schloß am 4. Juni 1813 den Waffenstillstand von Poischwitz. Im November 1813 wurde er Außenminister. Caulaincourt unterzeichnete am 10. April 1814 den Vertrag von Fontainebleau über die Abdankung Napoleons. Während der ›Hundert Tage‹ war er wieder Außenminister. Seine Memoiren enthalten aufschlußreiche Gespräche mit Napoleon beim Rückzug 1812.

5 *Mit Napoleon in Rußland.* Denkwürdigkeiten des Generals *Caulaincourt*, Herzog von Vicenza, Großstallmeister des Kaisers. Autorisierte Übersetzung, Auswahl und Bearbeitung von Friedrich *Matthaesius.* Bielefeld und Leipzig: Velhagen & Klasing 1938. Zur Rezeption dieses Buches, auch unter jüngeren Offizieren: Ulrich de *Maizière*: In der Pflicht. Lebensbericht eines deutschen Soldaten im 20. Jahrhundert. Herford, Bonn 1989, S. 66.

6 Anläßlich der Versetzung Stieffs aus der Operationsabteilung des Generalstabes des Heeres Ende September 1941. Am 24. September 1941 wurde Stieff erster Generalstabsoffizier (I a) im Armeeoberkommando 4.

7 Zur fehlenden Winterausstattung: *Philippi und Heim*, S. 91. *Seaton*, S. 145, 147. Ausführlich: *Reinhardt*, S. 126ff.; *Der Angriff auf die Sowjetunion*, S. 981ff., 984f.

8 S. *KTB OKW (WFSt).* Band I, S. 799, 802, 806f. (für die Zeit ab 7. Dezember 1941).

Nr. 76

Bundesarchiv/Militärarchiv Freiburg i. Br., Nachlaß Stieff N 114/3 fol. 33–36. Fotokopie, Handschrift, Ausfertigung

Druck: Auszugsweise in VfZ 2 (1954), S. 302f. (Nr. 9)

1 Generalmajor Eduard *Wagner* (1894–1944). August 1940 (April 1942 Generalleutnant. August 1943 General der Artillerie) bis Juli 1944 Generalquartiermeister des Heeres. Wagner gehörte dem militärischen Widerstand gegen das Regime an. Um der bevorstehenden Verhaftung zu entgehen, wählte er am 23. Juli 1944 in Zossen bei Berlin den Freitod. *Der Generalquartiermeister.* Briefe und Tagebuchaufzeichnungen des Generalquartiermeisters des Heeres, General der Artillerie Eduard Wagner. Hrsg. von Elisabeth *Wagner.* München und Wien 1963.

2 Oberstleutnant i. G. Dr. Ihno *Krumpelt* (1899–1984). 1. August 1941 (1. März 1942 Oberst i. G.) bis 1. September 1942 Oberquartiermeister im Armeeoberkommando 4. Frau Gerda *Krumpelt* danke ich sehr für ihre Mitteilungen vom 8. September 1988.

3 Zur Eisenbahnlage: Eingehend: *Der Angriff auf die Sowjetunion*, S. 984ff.; *Reinhardt*, S. 175f., 216 (für Dezember 1941). Grundlegend: Horst *Rohde*: Das deutsche Wehrmachttransportwesen im Zweiten Weltkrieg. Entstehung, Organisation, Aufgaben. Stuttgart 1971 (Beiträge zur Militär- und Kriegsgeschichte, Band 12), S. 200, 245f.

4 Gemeint ist das Generalgouvernement Polen, das am 26. Oktober 1939 geschaffen wurde. Martin *Broszat*: Nationalsozialistische Polenpolitik 1939–1945. Stuttgart 1961 (Schriftenreihe der Vierteljahrshefte für Zeitgeschichte, Nr. 2), S. 68–84.

5 Eindringliche Schilderung: *Der Angriff auf die Sowjetunion*, S. 998 (mit Schaubild), 1000f., 1025. *Reinhardt*, S. 174f.; *Philippi und Heim*, S. 91. *Seaton*, S. 145, 147.

6 Seit Beginn der Operation »Taifun« stiegen die personellen Verluste der Heeresgruppe Mitte bis zum 15. November 1941 auf 87 455 Mann und erhöhten sich auf insgesamt 316 569 Mann. *KTB OKW (WFSt).* Band I, S. 761 (Eintragung vom 16. November 1941). *Reinhardt*, S. 146 mit Anm. 19 und 20.

7 Bemerkenswerte Schilderung der operativen Lage der 4. Armee: *KTB OKW (WFSt).* Band I, S. 761, 762, 764, 765f. (Eintragungen vom 16. November bis 19. November 1941). *Reinhardt*, S. 157. *Der Angriff auf die Sowjetunion*, S. 592f.

8 Stieff beschreibt das Do-Gerät 38, das zuerst für die Fallschirmtruppe vorgesehen war. Do-Gerät hieß es deshalb, weil es unter Aufsicht von General Walter Dornberger entwickelt wurde. Mit dieser Waffe, einem einfachen, gitterförmigen Rahmen, »Schießrinne« genannt, wurde die 40 kg schwere 15 cm-Wurfgranate verschossen. Der Schwarzpulvertreibsatz führte nicht nur zu zahlreichen Frühdetonationen, sondern auch die Streuung war bei einer Schußweite von 5 500 m mit 230 m viel zu groß. Fritz *Hahn*: Waffen und Geheimwaffen des deutschen Heeres 1933–1945. Band 1: Infanteriewaffen, Pionierwaffen, Artilleriewaffen, Pulver, Spreng- und Kampfstoffe. Koblenz 1986, S. 197.

9 Gemeint ist der Mehrfachraketenwerfer (russ. »Katjuschka«), seit September 1941 von den sowjetischen Streitkräften in mehreren Typen eingesetzt. Dieser Raketenwerfer, den Generalleutnant Blagonravov entwickelt hatte, verschoß je nach Typ bis zu 48 Geschosse gleichzeitig von Gleitschienen, die auf Lastwagen oder Panzerwannen montiert waren. Die deutschen Soldaten nannten diesen Raketenwerfer »Stalinorgel«.

10 Die Einführung einer persönlichen Kennzeichnung der Juden als diskriminierende und polizeiliche Maßnahme wurde auf der Besprechung über die Judenfrage unter Vorsitz Görings am 12. November 1938 erwogen. SS-Gruppenführer Heydrich erhoffte sich davon einen günstigen »psychologischen Einfluß auf die öffentliche Meinung«. Die Kennzeichnung in Form des gelben Davidsternes mit der Aufschrift »Jude«, der auf der linken Brustseite der Kleidung sichtbar zu tragen war, wurde im Deutschen Reich am 2. September 1941 (mit Wirkung ab 19. September 1941) verfügt. In den besetzten polnischen Gebieten war der Judenstern bereits im November 1939 eingeführt worden. Am 1. Juni 1942 folgte die Einführung in den besetzten Ländern Frankreich und Holland. Gerhard *Schoenberner*: Der gelbe Stern. Die Judenverfolgung in Europa 1933 bis 1945. Hamburg 1960. H[orst] *M[ühleisen]*: Der Gelbe Stern. In: Juden in Trier. Katalog einer Ausstellung von Stadtarchiv und Stadtbibliothek Trier. März – November 1988. Unter Mitwirkung von Horst *Mühleisen* und Bernhard *Simon*, bearb. von Reiner *Nolden*. Hrsg. von der Stadtbibliothek und der Universitätsbibliothek Trier. Trier 1988 (Ausstellungskataloge Trierer Bibliotheken, Nr. 15), S. 120f. [Nr.] 100.

11 S. Brief Nr. 63 vom 21. November 1939.

12 Die Nationalsozialistische Volkswohlfahrt (NSV), im Mai 1933 gegründet, war zuständig für alle Wohlfahrts- und Fürsorgeangelegenheiten, besonders Gesundheitsfürsorge (»Hilfswerk Mutter und Kind«). Die NSV finanzierte sich aus Mitgliedsbeiträgen, staatlichen Mitteln und den Erträgen des »Winterhilfswerks«, der alljährlich durchgeführten Sammelaktion. Herwart *Vorländer*: NS-Volkswohlfahrt und Winterhilfswerk des deutschen Volkes. In: Vierteljahrshefte für Zeitgeschichte 34 (1986), S. 341–380. *Ders.*: Die NSV. Darstellung und Dokumentation einer nationalsozialistischen Organisation. Boppard a. Rh. 1988 (Schriften des Bundesarchivs. 35).

13 Carla zur *Nieden* geb. Krause (1884–?). Eine Schwester von Stieffs Mutter. Verstorben in London.

14 Antonie (»To«) *Schmidt* geb. Seyfried. Eine Cousine von Stieffs Schwiegervater Dr. Adrian Gaertner. Sie war verheiratet mit dem Kunsthistoriker Dr. Paul Ferdinand Schmidt, dem Leiter der Sammlung moderner Bilder in der Gemäldegalerie Dresden. Die Nationalsozialisten verfolgten Schmidt. Stieffs Schwiegervater gewährte dem Ehepaar in seinem Haus in Thalgau

Sicherheit. Dort lebten sie unbeachtet und unbehelligt von den Nationalsozialisten, bis die Ereignisse des 20. Juli 1944 sie aus Thalgau vertrieben. Mitteilungen des Ministerialdirigenten Peter *Gaertner* vom 12. August 1988 an den Herausgeber.

Nr. 77

Bundesarchiv/Militärarchiv Freiburg i. Br., Nachlaß Stieff N 114/3 fol. 37–38. Fotokopie, Handschrift, Ausfertigung

Druck: Auszugsweise in VfZ 2 (1954), S. 303 (Nr. 10)

1 Nicht ermittelt.

2 Der Nordflügel der 4. Armee trat am 23. November 1941 zum Angriff an. *KTB OKW (WFSt).* Band I, S. 773 (Eintragung vom 23. November 1941). *Reinhardt*: Die Wende vor Moskau, S. 157.

3 Major *Friedrichs.* Die Hauptleute Friedrichs und Stieff waren 1937/1938 Batteriechefs in der II. Abteilung des Artillerieregiments 33 in Landau/Pfalz. Stieff war Chef der 4. Batterie. Nachlaß Stieff N 114/23. BA/MA Freiburg i. Br.

Nr. 78

Bundesarchiv/Militärarchiv Freiburg i. Br., Nachlaß Stieff N 114/3 fol. 39–42. Fotokopie, Handschrift, Ausfertigung

1 Am 15. November 1941 begann der Angriff der Heeresgruppe Mitte gegen Moskau (Unternehmen »Taifun«). *KTB OKW (WFSt).* Band I, S. 758 (Eintragung vom 15. November 1941). Rudolf *Hofmann*: Die Schlacht von Moskau 1941. In: Entscheidungsschlachten des zweiten Weltkrieges, S. 139–183. *Philippi und Heim*, S. 97. *Seaton*, S. 154 mit Anm. 38. *Reinhardt*, S. 153ff.; *Der Angriff auf die Sowjetunion*, S. 592f.

2 Generalfeldmarschall von *Kluge* befahl am 3. Dezember 1941 auf eigene Verantwortung, die Offensive einzustellen. Am 5. Dezember stellte Feldmarschall von *Bock* mit Zustimmung des OKH die Offensive ein. *KTB OKW (WFSt).* Band I, S. 786–792 (Eintragungen vom 1. Dezember bis 4. Dezember 1941). *Philippi und Heim*, S. 97f.; *Seaton*, S. 156. *Reinhardt*, S. 162–171. *Der Angriff auf die Sowjetunion*, S. 599ff.

3 Generaloberst Erich *Hoepner* (1886–1944). Juni bis Oktober 1941 Befehlshaber der Panzergruppe 4. Oktober 1941 bis Januar 1942 Oberbefehlshaber der 4. Panzerarmee. Am 8. Januar 1942 aufgrund selbständiger Rücknahme des XX. Armeekorps von Hitler abgelöst. Juni 1942 verabschiedet. Am 8. August 1944 in Berlin-Plötzensee hingerichtet. Zur Biographie: Walter *Bußmann*: [Artikel:] Erich Hoepner. In: Neue Deutsche Biographie. Band 9. Berlin 1972, S. 350–351. Walter *Chales de Beaulieu*: Generaloberst Erich Hoepner. Militärisches Porträt eines Panzer-Führers. Neckargemünd 1969 (Die Wehrmacht im Kampf, Band 45). Heinrich *Bücheler*: Hoepner. Ein deutsches Soldatenschicksal des 20. Jahrhunderts. Herford 1980.

4 Zur operativen Lage der Panzergruppe 4 und der Krise, die ab 3. Dezember 1941 entstand: *KTB OKW (WFSt).* Band I, S. 792 (Eintragung vom 4. Dezember 1941). *Reinhardt*, S. 164f.; *Der Angriff auf die Sowjetunion*, S. 599. Walter *Chales de Beaulieu*: Der Vorstoß der Panzergruppe 4 auf Leningrad - 1941. Neckargemünd 1961 (Die Wehrmacht im Kampf, Band 29), S. 203ff.

5 Politruk: der politische Führer in einer sowjetischen Truppe, der dem militärischen Führer beigeordnet war. Die endgültige Fassung des »Kommissar-

befehls«, dessen Verteilung auf die Oberbefehlshaber der Armeen bzw. Luftflottenchefs beschränkt war und dessen Inhalt an die Befehlshaber und Kommandeure nur mündlich weitergegeben werden durfte, trug das Datum des 6. Juni 1941. Der Befehl bestimmte u.a., die in der Truppe kämpfenden politischen »Kommissare werden nicht als Soldaten anerkannt; der für Kriegsgefangene völkerrechtliche Schutz findet auf sie keine Anwendung. Sie sind nach durchgeführter Aussonderung zu erledigen.« Wortlaut des Befehls: Hans-Adolf *Jacobsen*: Kommissarbefehl und Massenexekutionen sowjetischer Kriegsgefangener. In: Hans Buchheim [u.a.]: Anatomie des SS-Staates. Bd. II. Olten und Freiburg i. Br. 1965, S. 225–227: Dok. 12. Als erster Generalstabsoffizier im Armeeoberkommando 4 besaß Oberstleutnant i. G. *Stieff* nicht die Befugnis, politische Kommissare erschießen zu lassen. Einen Befehl dieser Art konnte nur der Oberbefehlshaber bzw. sein Vertreter, der Chef des Stabes, geben. Beim AOK 4 traf der »Kommissarbefehl« vom 6. Juni 1941 am 20. Juni ein. Mitteilungen des Generalleutnants (Bw) a. D. Cord von *Hobe* vom 13. Juli 1988 an den Herausgeber. S. Anm. 8 dieses Briefes. Zu den Politruks: *Jacobsen*: Kommissarbefehl, S. 183.

6 Für Hitler bedeutete der Feldzug gegen Rußland einen Kreuzzug gegen den Bolschewismus. Vgl. Brief Nr. 70 Anm. 2. *Philippi und Heim*, S. 21. *Messerschmidt*, S. 306f.; *Der Angriff auf die Sowjetunion*, S. 440ff.

7 Werner *Linnartz* (1907–1979 [?]). Ein Vetter Ili Stieffs.

8 Hauptmann i. G. Cord Dietrich von *Hobe-Gelting* (*1909). 1. April 1941 (26. Dezember 1941 Major i. G.) bis 31. März 1942 vierter Generalstabsoffizier (I d) im Armeeoberkommando 4. Nächster Mitarbeiter Stieffs.

Nr. 79

Bundesarchiv/Militärarchiv Freiburg i. Br., Nachlaß Stieff N 114/3 fol. 43–46. Fotokopie, Handschrift, Ausfertigung

1 Hauptmann i. G. Friedrich *Übelhack* (1907–1979). April 1940 bis Dezember 1941 erster Ordonnanzoffizier (O 1) im Armeeoberkommando 4. Übelhacks Nachfolger als O 1 wurde Oberleutnant d. R. Nikolaus-Leopold Fürst zu Salm-Salm (1906–1988).

2 Hauptmann i. G. *Übelhack* wurde zum 10. Dezember 1941 als erster Generalstabsoffizier (I a) des XXXVI. (Geb.) Armeekorps in Nordfinnland versetzt.

3 Panzergruppe *Hoepner*: Panzergruppe 4. *KTB OKW (WFSt)*. Band I, S. 801 (Eintragung vom 8. Dezember 1941). *Der Angriff auf die Sowjetunion*, S. 605f. S. Brief Nr. 78 Anm. 3.

4 Panzergruppe *Reinhardt*: Panzergruppe 3. General der Panzertruppe Hans-Georg *Reinhardt* (1887–1963). Oktober 1941 bis Dezember 1941 Befehlshaber der Panzergruppe 3.

5 Am 3. Dezember 1941 befahl der Oberbefehlshaber der 4. Armee, Generalfeldmarschall von *Kluge*, den Angriff auf Moskau einzustellen. S. Brief Nr. 78 Anm. 2.

6 Die Heeresgruppe Süd eroberte am 21. November 1941 Rostow. Bereits am 28. November mußte Rostow wieder aufgegeben werden. Die sowjetischen Truppen begannen ab 22. November damit, mit vierfacher Überlegenheit die deutschen Kräfte anzugreifen. *KTB OKW (WFSt)*. Band I, S. 768, 781 (Eintragungen vom 21. November und 28. November 1941). *Philippi und Heim*, S. 98. *Seaton*, S. 149f. *Der Angriff auf die Sowjetunion*, S. 600. In der zweiten Novemberhälfte 1941 spitzte sich die Spannung um Tichwin und

ostwärts des unteren Wolchow durch örtliche Krisen sowie unter dem Einfluß der Versorgungsschwierigkeiten und der Kälte von minus 30° weiter zu. Aufgrund fortwährenden Drängens des Oberbefehlshabers der Heeresgruppe Nord, Generalfeldmarschall Ritter von *Leeb*, befahl Hitler schließlich am 8. Dezember 1941, die Räumung der Stadt freizugeben. Daran knüpfte er die Bedingung, daß Bahn und Straße nach Leningrad im Wirkungsbereich der Artillerie bleiben müßten. Diese Auflage entsprach nicht den Vorstellungen des Oberkommandos der Heeresgruppe Nord. *KTB OKW (WFSt)*. Band I, S. 756–771, 777, 782–786, 789–793 (Eintragungen vom 14. November bis 22. November, 25. November, 29. November bis 30. November, 2. Dezember bis 4. Dezember 1941). *Leeb*, S. 388–411 (Eintragungen vom 8. November bis 10. Dezember 1941). *Philippi und Heim*, S. 98. *Seaton*, S. 151f.

7 Im Herbst 1812 scheiterte Napoleons Rußlandfeldzug vor Moskau. Die Große Armee löste sich nach dem Brand Moskaus durch den Winterrückzug auf. *Reinhardt*, S. 221. *Seaton*, S. 179f.

8 Ohne Kriegserklärung überfiel die japanische Luftwaffe am Morgen des 7. Dezember 1941 den US-Flottenstützpunkt Pearl Harbor auf Hawaii und vernichtete oder beschädigte bei etwa 3 500 Todesopfern zahlreiche Kriegsschiffe. Die innenpolitische Wirkung des japanischen Überfalls bestand darin, daß die öffentliche Meinung in den Vereinigten Staaten einmütig Roosevelts Politik des amerikanischen Kriegseintritts unterstützte. Am 11. Dezember 1941 erklärte Deutschland, mit Japan verbündet, den USA den Krieg. Bernd *Martin*: Deutschland und Japan im Zweiten Weltkrieg. Vom Angriff auf Pearl Harbor bis zur deutschen Kapitulation. Göttingen, Frankfurt, Zürich 1969 (Studien und Dokumente zur Geschichte des Zweiten Weltkrieges, Band 11).

9 Die USA versorgten durch das Leih-Pacht-System (Lend-Lease) die Alliierten mit kriegswichtigen Gütern (Waffen, Flugzeugen, Schiffen und Fahrzeugen, Lebensmitteln, Medikamenten, Rohstoffen und Patenten) ohne Bezahlung auf Gegenseitigkeit (Reverse Lend-Lease). Bereits vor dem eigenen Kriegseintritt unterstützten die Vereinigten Staaten mit dem Lend-Lease-Act vom 11. März 1941, der das System des Cash and Carry aufhob, Großbritannien, die Staaten des Commonwealth und im Mittleren Osten, China und seit dem 6. November 1941 auch die Sowjetunion. Das zunächst mit sieben Milliarden US-Dollar angelaufene Programm wurde am 21. August 1945 offiziell beendet; bis Ende 1946 wurde es auf Lieferungen und Kredite in Höhe von 50,6 Milliarden US-Dollar ausgeweitet. Hiervon erhielt Großbritannien etwa die Hälfte, die Sowjetunion etwa elf Milliarden US-Dollar. Daher ist Stieffs Aussage zu korrigieren. *Jacobsen*: 1939–1945. Der Zweite Weltkrieg in Chronik und Dokumenten, S. 222–226 (Wortlaut des Leih- und Pachtgesetzes vom 11. März 1941: Dok. 53).

Nr. 80

Bundesarchiv/Militärarchiv Freiburg i. Br., Nachlaß Stieff N 114/3 fol. 47. Fotokopie, Handschrift, Ausfertigung

1 S. Brief Nr. 83 vom 24. Dezember 1941.

Nr. 81

Privatbesitz Frau Ursula Grundmann, Berlin. Handschrift, Ausfertigung

1 3. Januar 1942. Stieffs Mutter wurde 65 Jahre alt.

2 Die 2. Panzerarmee (Generaloberst *Guderian*) und die 3. Panzerarmee (General der Panzertruppe *Reinhardt*). *KTB OKW (WFSt)*. Band I, S. 832f. (Eintragung vom 17. Dezember 1941). *Der Angriff auf die Sowjetunion*, S. 611f.

4 Zur Lage der 4. Armee am 17. Dezember 1941: *Seaton*, S. 179. *Reinhardt*, S. 224. *Der Angriff auf die Sowjetunion*, S. 611f.

Nr. 82

Bundesarchiv/Militärarchiv Freiburg i. Br., Nachlaß Stieff N 114/3 fol. 48–49. Fotokopie, Handschrift, Ausfertigung

1 Heeresgruppe Mitte. Feldmarschall von *Kluge* war seit 18. Dezember 1941 deren Oberbefehlshaber als Nachfolger *Bocks*.

2 General der Infanterie Gotthard *Heinrici* (1886–1971). Juni 1940 bis Januar 1942 Kommandierender General des XXXXIII. Armeekorps. Alfred *Philippi*: Generaloberst Heinrici - 80 Jahre alt. In: Wehrwissenschaftliche Rundschau 16 (1966), S. 661–665. S. auch Brief Nr. 86 Anm. 4.

3 Generalmajor *Blumentritt*. S. Brief Nr. 73 Anm. 4.

4 Generalfeldmarschall von *Kluge*.

5 XIII. Armeekorps. Kommandierender General: General der Infanterie *Felber*. S. auch Brief Nr. 83 Anm. 6. Zur operativen Lage: *KTB OKW (WFSt)*. Band I, S. 843–850 (Eintragungen vom 20. Dezember bis 22. Dezember 1941). *Der Angriff auf die Sowjetunion*, S. 616ff.

6 Hauptquartier der 4. Armee.

7 Hauptmann Christian *Schaeder* an Stieff. [Hauptquartier OKH: Mauerwald bei Angerburg in Ostpreußen:] 17. Dezember 1941. BA/MA Freiburg i. Br., Nachlaß Stieff N 114/3 fol. 50, Fotokopie, Handschrift, Ausfertigung.

»Hochzuverehrender Herr Oberstleutnant!

Obwohl die Lage an der Front so ernst und gespannt ist und obwohl Herr Oberstleutnant alle Hände voll zu tun haben werden, so hoffen wir doch, daß am Heiligen Abend wenigstens eine Stunde Zeit ist, um etwas auszuruhen [hs. Notiz Stieffs: »auch die nicht!«] und an die Angehörigen daheim zu denken. Der Verschönerung dieser Stunde soll das kleine Geschenk der Offiziere der Gruppe III dienen [hs. Notiz Stieffs: »2 Flaschen Hennessy!«]. Unsere Gedanken sind oft bei unserm alten Grulei [Gruppenleiter], der uns so oft fehlt. Sie werden aber besonders am Heiligen Abend zu Herrn Oberstleutnant und zu den tapferen Männern an der Front hinausgehen.

Gebe Gott, daß es der letzte Winter ist, den deutsche Männer in diesem unseligen Land verbringen müssen. Ich möchte Herrn Oberstleutnant kein gesegnetes Weihnachten wünschen, weil wir alle wissen, daß die Voraussetzungen dafür nicht gegeben sind, wir alle aber bitten den Herrgott um seinen Schutz für Herrn Oberstleutnant und die tapferen Männer an der Front.

Wir gedenken Ihrer, hochverehrter Herr Oberstleutnant, in alter Treue Ihr dankbarer *Schaeder*«

Herrn Generalmajor (Bw) a. D. Christian *Schaeder* danke ich sehr für die Erlaubnis, diesen Brief in vollem Wortlaut zu veröffentlichen (Mitteilung vom 7. April 1988).

8 Hauptmann Christian *Schaeder* (*1909). Januar 1941 (1. April 1942 Major, 1. August 1942 Versetzung in den Generalstab des Heeres) bis Mitte Mai 1943 Mitarbeiter der Operationsabteilung im Generalstab des Heeres. September 1941 bis Mitte Mai 1943 Leiter der Gruppe III der Operationsabteilung (Nachfolger Stieffs). Mündliche Mitteilungen des Generalmajors (Bw) a. D. Chri-

stian *Schaeder* am 5. Dezember 1987 und Mitteilungen vom 1. Februar und 7. April 1988 an den Herausgeber.

9 Hauptmann Albert *Stückler* (*1913). Chef der Sturmgeschützbatterie 640. Stieff war mit dem späteren Oberstleutnant i. G. Stückler seit Oktober 1937 befreundet. Beide gehörten in Landau/Pfalz der II. Abteilung des Artillerieregiments 33 an. Hauptmann Stieff als Batteriechef und Leutnant, Oberleutnant Stückler als deren Adjutant bis Herbst 1938. Mitteilungen des Oberstleutnants i. G. a. D. Albert *Stückler* vom 13. Februar 1978 und 30. August 1988 an den Herausgeber.

10 Brauchitschs Verabschiedung erfolgte am 19. Dezember 1941. *Halder*: Hitler als Feldherr, S. 45. *Erfurth*, S. 273 ff.; *Seaton*, S. 159. *Der Angriff auf die Sowjetunion*, S. 613. Adolf *Heusinger*: Befehl im Widerstreit. Schicksalsstunden der deutschen Armee 1923–1945. Tübingen 1950, S. 151–153 (19. Dezember 1941).

Nr. 83

Bundesarchiv/Militärarchiv Freiburg i. Br., Nachlaß Stieff N 114/3 fol. 51–54. Fotokopie, Handschrift, Ausfertigung

1 General der Gebirgstruppe Ludwig *Kübler* (1889–1947: in Jugoslawien erschossen). Dezember 1941 bis Januar 1942 Oberbefehlshaber der 4. Armee. Zum Wechsel im Armeeoberkommando 4: *Reinhardt*: Die Wende vor Moskau, S. 230 Anm. 237. *Der Angriff auf die Sowjetunion*, S. 626 Anm. 649.

2 Am 23. Dezember 1941. *Reinhardt*, S. 229. *Der Angriff auf die Sowjetunion*, S. 620.

3 Bei diesem Anruf stand Hitler neben Heusinger. Der Anruf war auf Befehl Hitlers erfolgt. Dies erfuhr Stieff Monate später. Notiz Ili *Stieffs*. Nachlaß Stieff N 114/4, Bl. 47. BA/MA Freiburg i. Br. Zur Gesamtlage der Heeresgruppe Mitte: *KTB OKW (WFSt)*. Band I, S. 856f. (Eintragung vom 24. Dezember 1941).

4 Gemeint sind Stieffs Schwager Dr. Alfred *Gaertner* und dessen Ehefrau Margot geb. Becker. Das Ehepaar wohnte in Siegburg. Dr. Gaertner arbeitete als Chemiker bei Dynamit Nobel in Troisdorf (IG Farben Konzern); er war kriegsdienstverpflichtet. Mitteilungen des Ministerialdirigenten Peter *Gaertner* vom 12. August 1988 an den Herausgeber.

5 Generalmajor von *Greiffenberg*. Chef des Generalstabes der Heeresgruppe. S. Brief Nr. 63 Anm. 31.

6 General der Infanterie Hans *Felber* (1889–1962). Oktober 1940 bis Dezember 1941 Kommandierender General des XIII. Armeekorps. S. auch Brief Nr. 82 Anm. 5 und: Kriegserinnerungen. Hs. Tagebuchaufzeichnungen des Generals der Infanterie Hans Felber vom 1. Januar 1939 bis 12. Mai 1945 sowie vom 21. Oktober bis 24. Dezember 1941: Militärische Ereignisse. Nachlaß Felber N 67/1. BA/MA Freiburg i. Br.

7 Generalfeldmarschall von *Kluge*.

8 Oberst i. G. Rudolf *Hofmann* (1895–1970). Februar 1940 bis Dezember 1941 Chef des Generalstabes des XIII. Armeekorps.

9 Im Ersten Weltkrieg erzwang der Kommandeur der 3. Gardeinfanteriedivision, Generalleutnant z. D. Karl *Litzmann*, am 23./24. November 1914 den »Durchbruch von Brzeziny«. Dadurch befreite er die Armeeabteilung Scheffer, die von russischen Truppen umzingelt war, aus der Umklammerung und rettete sie vor der Vernichtung. Für diese militärische Führungsleistung erhielt der »Löwe von Brzeziny« am 29. November 1914 den Orden Pour le Mérite.

Nr. 84

Bundesarchiv/Militärarchiv Freiburg i. Br., Nachlaß Stieff N 114/3 fol. 55–56. Fotokopie, Handschrift, Ausfertigung

1 Oberst i. G. Julius von *Bernuth* (1897–1942). Oktober 1940 bis Juni 1941 Chef der 4. (Ausbildungs-)Abteilung im Generalstab des Heeres/OKH. Januar 1942 (April 1942 Generalmajor) bis Juli 1942 Chef des Generalstabes des Armeeoberkommandos 4. Bernuth wurde am 20. Januar 1942 in seiner neuen Stellung bestätigt. Während eines Erkundungsfluges am 12. Juli 1942 bei Sokranaja/Südrußland gefallen. Er wurde in Frolovski begraben. Mitteilungen des Dipl.-Ing. Hans-Dietrich von *Bernuth* vom 28. September 1987 an den Herausgeber.

2 *Reinhardt* erwähnt diesen Befehl Hitlers nicht ausdrücklich. Zur Lage der 4. Armee in den letzten Dezembertagen: *KTB OKW (WFSt)*. Band I, S. 859, 862, 864f., 868, 871f. (Eintragungen vom 25. Dezember bis 30. Dezember, ausgenommen 27. Dezember 1941). *Philippi und Heim*, S. 102. *Seaton*, S. 180. *Reinhardt*, S. 229ff.; *Der Angriff auf die Sowjetunion*, S. 620f.

3 Gemeint ist Hitler als Oberbefehlshaber der Wehrmacht *und* Oberbefehlshaber des Heeres.

Nr. 85

Bundesarchiv/Militärarchiv Freiburg i. Br., Nachlaß Stieff N 114/3 fol. 57–58. Fotokopie, Handschrift, Ausfertigung

Druck: Auszugsweise in VfZ 2 (1954), S. 303f. (Nr. 11)

1 Gemeint sind die Kämpfe um den Desna-Brückenkopf von Jelnja, die Anfang August 1941 stattfanden und schwere Verluste forderten. *Philippi und Heim*, S. 72. *Der Angriff auf die Sowjetunion*, S. 497, 504. Zur operativen Lage der 4. Armee: Kriegstagebuch des Oberkommandos der Wehrmacht (Wehrmachtführungsstab) 1940–1945. Geführt von Helmuth *Greiner* und Percy Ernst *Schramm*. Band II: 1. Januar 1942 - 31. Dezember 1942. Zus.gestellt und erl. von Andreas *Hillgruber*. Erster Halbband. Frankfurt a. M. 1963, S. 182f., 186f., 189f., 193, 195f., 199, 202, 206, 209 und 212 (Eintragungen vom 1. Januar bis 10. Januar 1942). Künftig zitiert: *KTB OKW (WFSt)*. Band II/1.

2 Zur operativen Lage der 4. Armee am 10. Januar 1942: *KTB OKW (WFSt)*. Band II/1, S. 182f., 186f., 189f., 193, 195f., 199, 202, 206, 209 und 212 (Eintragungen vom 1. Januar bis 10. Januar 1942). *Der Angriff auf die Sowjetunion*, S. 621.

3 Generaloberst *Hoepner*, Oberbefehlshaber der 4. Panzerarmee, war am 8. Januar 1942 abgesetzt worden. S. Brief Nr. 78 Anm. 3

Nr. 86

Bundesarchiv/Militärarchiv Freiburg i. Br., Nachlaß Stieff N 114/3 fol. 59–60. Fotokopie, Maschinenschrift, Abschrift der handschriftlichen Ausfertigung.

1 Hierzu: Eintragung im Kriegstagebuch (KTB) Nr. 11: 3. Januar - 31. März 1942. Zweiter Teil: 11. Februar - 31. März 1942 des AOK 4 vom 6. Februar 1942, Bl. 245–249. RH 20-4/281. BA/MA Freiburg i. Br.

2 Maschinenschriftlicher Vermerk Ili Stieffs: »Diesen Brief schrieb ich damals der Schwiegermutter ab. Das Original wurde mit den andern bei der Haussuchung im Juli [19]44 fortgenommen.« Notiz Ili *Stieffs*. Nachlaß Stieff N 114/3 fol. 59. BA/MA Freiburg i. Br.

3 Ausführlich: *KTB OKW (WFSt)*. Band II/1, S. 272, 275 und 277 (Eintragun-

gen vom 30. und 31. Januar sowie 1. Februar 1942). *Reinhardt*, S. 252. *Der Angriff auf die Sowjetunion*, S. 626.

4 General der Infanterie Gotthard *Heinrici* (1886–1971). Januar 1942 (Februar 1943 Generaloberst) bis Juni 1944 Oberbefehlshaber der 4. Armee. S. auch Brief Nr. 82 Anm. 2.

5 Ausführlich: *KTB OKW (WFSt)*. Band II/1, S. 283 und 286 (Eintragungen vom 3. und 4. Februar 1942). *Reinhardt*, S. 254. Am 3. Februar 1942 gelang es, die Lücke zum XX. Armeekorps der 2. Panzerarmee zu schließen.

6 Das KTB Nr. 11 des AOK 4 vom 7. Februar 1942, Bl. 251 verzeichnete: »10.00 Uhr fliegt Oberstleutnant Stieff zum vorgeschobenen Gefechtsstand.« Bl. 252: »11.30 Uhr meldet Obstlt. Stieff sein Eintreffen in Shukowa beim XXXXIII. A. K. [Armeekorps]. Der Chef [Oberst i. G. von Bernuth] ist bereits abgeflogen.« RH 20–4/281. BA/MA Freiburg i. Br.

Nr. 87

Bundesarchiv/Militärarchiv Freiburg i. Br., Nachlaß Stieff N 114/3 fol. 61–62. Fotokopie, Handschrift, Ausfertigung

1 Hierzu: Eintragung im KTB Nr. 11 des AOK 4 vom 19. Februar 1942, Bl. 341–346. RH 20–4/282. BA/MA Freiburg i. Br.

2 Die Heeresgruppe Mitte beabsichtigte im Frühjahr 1942, über Suchinitschi bis Juchnow wieder zu einer geraden Front zu kommen. Doch sie litt unter erheblichem Kräftemangel. Die 4. Armee kämpfte um die Befriedung ihrer Rollbahn von Roslawl nach Juchnow. Hier wollten sich sowjetische Luftlandetruppen von Norden her und die russische 10. Armee im Süden vereinigen. Die Abwehr dieser Angriffe verzehrte Ende Februar 1942 die deutschen Kräfte. Um diese weiter zu erhalten, mußte das AOK 4 am 3. März 1942 den vorspringenden Juchnow-Bogen aufgeben und diese Front verkürzen. Nach langen Bemühungen stimmte Hitler zu. Zur operativen Lage: *Philippi und Heim*, S. 117. *Seaton*, S. 189.

3 Margot *Gaertner* geb. Becker (1905–1988). Ehefrau von Dr. Alfred Gaertner, Stieffs Schwager.

Nr. 88

Bundesarchiv/Militärarchiv Freiburg i. Br., Nachlaß Stieff N 114/3 fol. 63–64. Fotokopie, Maschinenschrift, Abschrift der handschriftlichen Ausfertigung[1]

1 Maschinenschriftlicher Vermerk Ili Stieffs: »Diesen Brief schrieb ich damals meiner Schwiegermutter ab. Das Original wurde bei der Haussuchung Juli [19]44 mit den übrigen Briefen weggenommen« (fol. 63).

2 Der Kriegsorden des Deutschen Kreuzes wurde durch Verordnung vom 28. September 1941 gestiftet und »zur Anerkennung vielfacher außergewöhnlicher Tapferkeits- oder Führungstaten« verliehen. Der Orden kam in Gold und Silber zur Verleihung. K[urt] G[erhard] *Klietmann*: Pour le Mérite und Tapferkeitsmedaille. Berlin 1966, S. 55. Hans Karl *Geeb* und Heinz *Kirchner*: Deutsche Orden und Ehrenzeichen. Kommentar zum Gesetz über Titel, Orden und Ehrenzeichen und eine Darstellung deutscher Orden und Ehrenzeichen von der Kaiserzeit bis zur Gegenwart mit Abbildungen. 2. neu bearb. u. erg. Aufl. Köln 1970, S. 174f. Das KTB Nr. 11 des AOK 4 verzeichnete am 20. Februar 1942: »19.00 Uhr versammelt der O.B. die Abteilungschefs des A.O.K. und übergibt dem Obstlt. Stieff mit Worten hoher Anerkennung das ihm vom Führer verliehene Deutsche Kreuz in Gold.« RH 20–4/282, Bl. 355. BA/MA Freiburg i. Br.

3 Das KTB Nr. 11 des AOK 4 verzeichnete am 21. Februar 1942: »9.00 Uhr Abflug des O.B. und I a zur Besprechung in Smolensk über den Frontverlauf und die Kräftegliederung, die in den nächsten Wochen angestrebt werden sollen. Der I a überbringt die Vorschläge der Armee.« RH 20-4/282, Bl. 356. BA/MA Freiburg i. Br.

4 S. die Eintragung im KTB Nr. 11 des AOK 4 vom 20. Februar 1942. RH 20-4/282, Bl. 346 - 356. BA/MA Freiburg i. Br.

5 Gemeint sind vermutlich Briefe, die Stieff von ehemaligen Mitarbeitern erhielt. Im Nachlaß sind diese Briefe nicht vorhanden.

6 Hauptmann Horst-Waldemar *Hesse von Hessenthal* (1912–1990). Hessenthal kannte Stieff seit 1938, als dieser Chef der 4. Batterie der II. Abteilung des Artillerieregiments 33 in Landau/Pfalz war. Leutnant von Hessenthal war Adjutant dieser Abteilung. Mitteilungen des Majors a. D. Horst-Waldemar *Hesse von Hessenthal* vom 20. Juni 1988 an den Herausgeber.

7 Dr. Waldemar *Hesse von Hessenthal* (1880–1942). Preußischer Regierungsrat a. D. Gestorben am 26. Januar 1942 in Potsdam. Martina *Hesse von Hessenthal* geb. Trefftz (1881–1941). Gestorben am 15. Dezember 1941 in Potsdam.

Nr. 89

Bundesarchiv/Militärarchiv Freiburg i. Br., Nachlaß Stieff N 114/3 fol. 65–66. Fotokopie, Handschrift, Ausfertigung

1 Ferngespräch Smolensk - Heiligenbeil. Stieff telefonierte mit seiner Frau, als sie ihre Schwägerin, Frau Grundmann, in Heiligenbeil/Ostpreußen besuchte. Notiz Ili *Stieffs*. Nachlaß Stieff N 114/4, Bl. 63. BA/MA Freiburg i. Br.

2 Im Bereich der Heeresgruppe Mitte trat die Rote Armee kurz nach Beginn der Südoperation (s. Anm. 3) am 5. Juli 1942 zu einem schweren Angriff gegen die Front der 2. Panzerarmee nördlich Orel an. Ihre Überlegenheit gegen sechseinhalb schwache Divisionen war dreifach. *KTB OKW (WFSt)*. Band II/1, S. 476, 478f., 482, 484f., 486f., 489f. und 491f. (Eintragungen vom 5. Juli bis 11. Juli 1942). *Philippi und Heim*, S. 142.

3 Gemeint ist die deutsche Sommeroffensive vom 28. Juni 1942, von Hitler mit der Weisung Nr. 41 vom 5. April 1942 befohlen. Diese Offensive vernichtete die gegnerischen Kräfte südlich des Don. Anschließend erfolgte der Durchbruch an die Wolga bis Stalingrad. *Hubatsch*, S. 183–188. *KTB OKW (WFSt)*. Band II/1, S. 456–474, 476, 478f., 482, 484f., 486f., 489, 491f. (Eintragungen vom 28. Juni bis 11. Juli 1942). *Philippi und Heim*, S. 133–146. *Seaton*, S. 204–213.

4 Die Weisung Nr. 45 vom 23. Juli 1942 bestimmte: »Nach Vernichtung der feindlichen Kräftegruppe südlich des Don ist es die wichtigste Aufgabe der H.Gr. A, die gesamte Ostküste des Schwarzen Meeres in Besitz zu nehmen und damit die Schwarzmeerhäfen und die feindliche Schwarzmeerflotte auszuschalten.« *Hubatsch*, S. 196–200. *KTB OKW (WFSt)*. Band II/1, S. 520ff., 522ff., 525, 527f., 530f., 532f., 535f., 537f., 540f., 542f., 545f., 547f., 550f., 553, 555f., 557f., 560f., 563f. und 565f. (Eintragungen vom 23. Juli bis 11. August 1942, ausgenommen 2. August 1942). *Philippi und Heim*, S. 143–146, 148. *Seaton*, S. 207–211.

5 Am 30. Juli 1942 begann die russische Offensive. Ihr Stoß ging in die Nordfront von Rshew. Die Heeresgruppe Mitte konnte nur mühsam die tiefen Einbrüche auffangen. Äußerst kritisch wurde die Lage am 14. August, als

Stieff den Brief schrieb. Die russische 33. Armee rannte den Südflügel der deutschen 3. Panzerarmee mit der Zielrichtung Gshatsk ein. Der gesamte Nordflügel der Heeresgruppe drohte einzustürzen. Dennoch hatte Hitler am 11. August das Unternehmen auf Suchinitschi einseitig aus dem Raum von Belew anlaufen lassen. Die 2. Panzerarmee führte dieses Unternehmen mit unzulänglichen Kräften durch. Diese Offensive erwähnte Stieff. Der deutsche Angriff band erhebliche Kräfte des Gegners und hielt sie von der nördlichen Front ab. Der sowjetische Gegenangriff, der am 22. August begann, konnte abgewehrt werden. *KTB OKW (WFSt).* Band II/1, S. 523, 525, 528, 531, 533, 535, 538, 540f., 543, 546, 548, 550f., 553, 556, 558, 561, 564, 566, 577., 583f. und 589f. (Eintragungen vom 24. Juli bis 14. August 1942, ausgenommen 2. August 1942). *Philippi und Heim*, S. 163f.

6 Generalfeldmarschall von *Kluge*. Oberbefehlshaber der Heeresgruppe Mitte.

7 S. Anm. 3 dieses Briefes.

8 Sturmartillerieabteilung 193. S. auch Brief Nr. 92 Anm. 3.

9 Dora *Wagner* (*1908). Braut von Adrian (»Wittel«) *Gaertner*. Stieffs Schwager.

Nr. 90

Bundesarchiv/Militärarchiv Freiburg i. Br., Nachlaß Stieff N 114/3 fol. 67–68. Fotokopie, Handschrift, Ausfertigung

Druck: Auszugsweise in VfZ 2 (1954), S. 304 (Nr. 12)

1 Major i. G. von *Hobe* war vom 1. April bis 31. Dezember 1942 erster Generalstabsoffizier (I a) der Panzergrenadierdivision *Großdeutschland*. Mitteilungen des Generalleutnants (Bw) a. D. Cord von *Hobe* vom 10. April 1988 an den Herausgeber.

2 Nach dem gescheiterten Landungsunternehmen alliierter Truppen in Dieppe am 19. August 1942 nahm Hitler einen baldigen Beginn der Invasion an. Die 1. SS-Panzerdivision (»Leibstandarte«) wurde nach Frankreich verlegt. Die Panzergrenadierdivision »Großdeutschland« sollte folgen. Major i. G. von Hobe war deren erster Generalstabsoffizier und wurde vorausgesandt. Ein Telegramm des Chefs des Generalstabes des Heeres, Generaloberst Halder, rief ihn auf der Reise nach Westen zurück, um sich in Smolensk, dem Hauptquartier der Heeresgruppe Mitte, zur Einweisung zu melden. Die Panzergrenadierdivision »Großdeutschland« sollte bei Rshew eingesetzt werden. Dort war eine Krise entstanden. Auf der Fahrt bzw. dem Flug nach Smolensk besuchte Hobe Oberst i. G. Stieff, »mit dem mich ein besonderes Vertrauensverhältnis verband«, im Armeehauptquartier. Mitteilung wie Anm. 1.

3 Gemeint ist der Angriff der Heeresgruppe B auf Stalingrad. Bereits am 7. August 1942 trat die 6. Armee zum konzentrischen Angriff von Norden und Süden her gegen die sowjetischen Truppen westlich Kalatsch an. Bis zum 15. August stieß die 6. Armee an den Don südlich Sirotinskaja durch. Zu den weiteren Operationen der Heeresgruppe B: *KTB OKW (WFSt).* Band II/ 1, S. 556, 558, 561, 563f., 566, 577f., 584, 589f. und 594 (Eintragungen vom 7. August bis 15. August 1942). *Philippi und Heim*, S. 158ff.; *Seaton*, S. 217ff. Die Heeresgruppe B erreichte in der zweiten Septemberhälfte ihr operatives Ziel, das ihr befohlen worden war.

4 Ende April 1942 deutete das Feindbild vor der Heeresgruppe Mitte darauf

hin, daß der Gegner - wohl in Unkenntnis über die Stoßrichtung der deutschen Offensive, die zu erwarten war - vorläufig zum Schutz des Raumes von Moskau überging. Die Heeresgruppe nützte diese Ruhepause dazu, von Mitte Mai bis 21. Juni im Bereich der 4. Armee und der 4. Panzerarmee die erheblichen russischen Kräfte zu zerschlagen. Dann war die Rückenfront frei. *KTB OKW (WFSt).* Band II/1, S. 359-438 (Eintragungen vom 15. Mai bis 21. Juni 1942). *Philippi und Heim*, S. 124.

5 Eine Anspielung auf Generalfeldmarschall von *Kluge.*

6 Anna Regina *Kendlbacher* geb. Böcklinger (1879-1965). Grundstücksnachbarin des Anwesens Gaertner in Thalgau und Besitzerin des Gasthofes Bräu Keller. Mitteilungen der Marktgemeinde Thalgau vom 22. Februar 1989, für die ich Herrn Bürgermeister Schmidinger sehr danke.

Nr. 91

Bundesarchiv/Militärarchiv Freiburg i. Br., Nachlaß Stieff N 114/3 fol. 69–70. Fotokopie, Handschrift, Ausfertigung

1 Bedeutet: Rollbahn. Diese war eine breite, befestigte Autostraße von Moskau - Malojaroslawez - Juchnow - Spass Djemjenskoje - Rosslawl. KTB Nr. 12 des AOK: 1. April 1942 bis 23. Mai 1942. RH 20-4/317. BA/MA Freiburg i. Br. Diese Bezeichnung wird öfters verwendet. Notiz Ili *Stieffs.* Nachlaß Stieff N 114/4, Bl. 66. BA/MA Freiburg i. Br. Zur operativen Lage der Heeresgruppe Mitte: *KTB OKW (WFSt).* Band II/1, S. 694–715 (Eintragungen vom 7. September bis 11. September 1942).

2 Oberstleutnant i. G. Erich *Helmdach* (1903-1983). Oktober 1940 (1. März 1942 Oberstleutnant i. G.) bis 11. September 1942 dritter Generalstabsoffizier (I c/AO) im Armeeoberkommando 4. KTB Nr. 14 des AOK 4 vom 13. August bis 31. Dezember 1942. Eintragung vom 12. September 1942: »Helmdach abgefahren.« RH 20-4/366, Bl. 99. BA/MA Freiburg i. Br.

Nr. 92

Bundesarchiv/Militärarchiv Freiburg i. Br., Nachlaß Stieff N 114/3 fol. 71–72. Fotokopie, Handschrift, Ausfertigung

1 Dora *Wagner.*

2 Heeresgruppe Mitte.

3 Stieffs Schwager gehörte als Reserveoffizier der Sturmartillerieabteilung 193 an. Mitteilungen von Frau Ili *Stieff* vom 24. April 1978.

4 Dies hätte bedeutet, daß Stieff Nachfolger des Oberst i. G. Henning von *Tresckow* geworden wäre. Tresckow war von Dezember 1940 (April 1942 Oberst i. G.) bis Oktober 1943 erster Generalstabsoffizier (I a) im Oberkommando der Heeresgruppe B bzw. Mitte. Bei Bodo *Scheurig*: Henning von Tresckow. Ein Preuße gegen Hitler. Biographie. Frankfurt/M., Berlin 1987 (überarb. Neuausgabe) findet sich kein Hinweis. Seit 1942 war Tresckow eine treibende Kraft und Schlüsselfigur des militärischen Widerstandes gegen Hitler.

Nr. 93

Bundesarchiv/Militärarchiv Freiburg i. Br., Nachlaß Stieff N 114/3 fol. 73–74. Fotokopie, Handschrift, Ausfertigung

1 Hauptquartier des OKH im Mauerwald bei Angerburg in Ostpreußen. S. Anm. 3 dieses Briefes.

2 Am 22. November 1942 vereinigten sich die Panzerspitzen der beiden russischen Zangenarme bei Kalatsch und schnitten die 6. Armee von ihren rückwärtigen Verbindungen ab. Am 24. November erklärte Hitler Stalingrad zur »Festung« und lehnte deren Ausbruch ab. *Philippi und Heim*, S. 181ff.; *Seaton*, S. 240ff.; *Manstein*: Verlorene Siege, S. 327ff.; Heeresadjutant bei Hitler 1938-1943. Aufzeichnungen des Majors [Gerhard] *Engel*. Hrsg. und kommentiert von Hildegard *v. Kotze*. Stuttgart 1974 (Schriftenreihe der Vierteljahrshefte für Zeitgeschichte, Nr. 29), S. 138 (Eintragung vom 24. November 1942). Hans *Doerr*: Der Feldzug nach Stalingrad. Versuch eines operativen Überblicks. Darmstadt 1955, S. 69. Walter *Görlitz*: Die Schlacht um Stalingrad 1942-1943. In: Entscheidungsschlachten des zweiten Weltkrieges, S. 273-311. Als Stieff diesen Brief am 18. Dezember 1942 schrieb, war dies der siebte Angriffstag des später mißglückten Befreiungsangriffs (Unternehmen »Wintergewitter«) der Armeegruppe Hoth. S. Brief Nr. 94 Anm. 4. *Philippi und Heim*, S. 187f.; *Seaton*, S. 248f.; Paulus: »Ich stehe hier auf Befehl!« Lebensweg des Generalfeldmarschalls Friedrich Paulus. Mit den Aufzeichnungen aus dem Nachlaß, Briefen und Dokumenten, hrsg. von Walter *Görlitz*. Frankfurt a. M. 1960, S. 84, 236f. (Künftig zitiert: *Görlitz*: Paulus). *Engel*: Heeresadjutant bei Hitler, S. 140 (Eintragung vom 18. Dezember 1942).

3 Oberst i. G. *Stieff* war seit 23. Oktober 1942 Chef der Organisationsabteilung im Generalstab des Heeres/OKH. Militärische Dienstlaufbahn (Bundesarchiv-Zentralnachweisstelle, Aachen-Kornelimünster).

Nr. 94

Bundesarchiv/Militärarchiv Freiburg i. Br., Nachlaß Stieff N 114/3 fol. 74-76. Fotokopie, Handschrift, Ausfertigung

1 Gemeint ist die Heeresgruppe Mitte.

2 Gemeint sind die Heeresgruppen Don und B. Oberbefehlshaber der Heeresgruppe Don: Generalfeldmarschall von *Manstein*. Am 27. November 1942 übernahm er den Befehl über die Heeresgruppe. Oberbefehlshaber der Heeresgruppe B: Generaloberst Freiherr von und zu *Weichs*. Seit 15. Juli 1942 Oberbefehlshaber.

3 Generaloberst Friedrich *Paulus* (1890-1957). Januar 1942 General der Panzertruppe (November 1942 Generaloberst, Januar 1943 Generalfeldmarschall) und bis Ende Januar 1943 Oberbefehlshaber der 6. Armee. Mit den Resten der Armee ging Paulus in sowjetische Kriegsgefangenschaft. Zur Biographie: *Görlitz*: Paulus. *Seaton*, S. 214f.

4 Zur Lage der 6. Armee: Am 12. Dezember 1942 trat die Armeegruppe Hoth mit dem LVII. Panzerkorps zum Angriff an (Unternehmen »Wintergewitter«). Dieser Entsatzvorstoß von Süden hatte das Ziel, den Einschließungsring um Stalingrad aufzubrechen. Am 19. Dezember hatten Hoths Panzerspitzen einen Brückenkopf über den Myschkowa-Fluß etwa 48 Kilometer vom Einschließungsring gewonnen. »Wintergewitter« sah vor, daß die 6. Armee aus dem Kessel mit eigenen Panzerkräften Hoth entgegenstieß, um den Entsatzangriff zu unterstützen. Nach den Vorstellungen von Paulus und Manstein aber konnte »Wintergewitter« nur dann wirklich Sinn haben, wenn es in das zweite Unternehmen »Donnerschlag« einmündete, den Gesamtausbruch der 6. Armee aus dem Kessel. Am 23. Dezember 1942 stand fest, daß der Entsatzversuch für die 6. Armee endgültig gescheitert war. Die Befreiungsoffensive wurde abgebrochen. »Donnerschlag« erfolgte

nicht. Das Schicksal der 6. Armee war besiegelt. Kriegstagebuch des Oberkommandos der Wehrmacht (Wehrmachtführungsstab) 1940-1945. Geführt von Helmuth *Greiner* und Percy Ernst *Schramm*. Band II: 1. Januar - 31. Dezember 1942. Zus.gestellt und erl. von Andreas *Hillgruber*. Zweiter Halbband. Frankfurt a. M. 1963, S. 1120f., 1123, 1127f., 1129, 1133, 1138, 1144, 1148 und 1151f. (Eintragungen vom 12. Dezember bis 18. Dezember 1942). Künftig zitiert: *KTB OKW (WFSt)*. Band II/2. *Doerr*, S. 89ff.; *Görlitz*: Paulus, S. 84ff., 241ff.; *Philippi und Heim*, S. 187ff.; *Manstein*: Verlorene Siege, S. 361ff.

5 Am 16. Dezember 1942 durchbrachen die Sowjets an mehreren Stellen die Front der italienischen 8. Armee unter Generaloberst Gariboldi. *KTB OKW (WFSt)*. Band II/2, S. 1151f. (Eintragung vom 18. Dezember 1942). *Doerr*, S. 98.

6 Gemeint ist die rumänische 4. Armee, deren Zusammenbruch am 27. Dezember 1942 erfolgte. *KTB OKW (WFSt)*. Band II/2, S. 1193 (Eintragung vom 27. Dezember 1942). *Doerr*, S. 104.

7 General der Infanterie Kurt *Zeitzler* (1895-1963). September 1942 (Januar 1944 Generaloberst) bis Ende Juni 1944 Chef des Generalstabes des Heeres. August 1944 in die Führerreserve OKH versetzt. Ende Januar 1945 verabschiedet.

Nr. 95

Bundesarchiv/Militärarchiv Freiburg i. Br., Nachlaß Stieff N 114/3 fol. 77-80. Fotokopie, Handschrift, Ausfertigung auf Kopfbogen Der Chef der Organisationsabteilung im Generalstab des Heeres

1 Generalmajor Richard-Heinrich von *Reuß* (1896-1942). September bis Dezember 1942 Kommandeur der 62. Infanteriedivision. S. auch Brief Nr. 38 Anm. 3.

2 Generalleutnant Walter *Buhle* (1894-1959). Februar 1942 (April 1944 General der Infanterie) bis Ende Januar 1945 Chef des Heeresstabes beim Chef OKW. Februar 1945 Chef der Wehrmacht-Rüstung.

3 General (Bw) a. D. Ernst *Ferber*, Ende März 1943 bis Mai 1945 Mitarbeiter der Organisationsabteilung im Generalstab des Heeres, zuletzt Oberstleutnant i. G. und Chefgruppenleiter, bezeichnete Buhle als »das Kontrollorgan Hitlers«. Mündliche Mitteilung am 14. Dezember 1987 an den Herausgeber. Zum Heeresstab beim Chef OKW: de *Maizière*: In der Pflicht, S. 74. S. auch die maschinenschriftliche Aufzeichnung Buhles, nach 1945 entstanden: »Der Chef des Heeresstabes beim Chef OKW« im Rahmen der Wehrmachtführung. Militärgeschichtliche Sammlung 2/3328. BA/MA Freiburg i. Br.

4 Gemeint ist Hitler als Oberbefehlshaber der Wehrmacht im Führerhauptquartier »Wolfschanze« im Görlitzer Wald bei Rastenburg in Ostpreußen. Aufenthaltsort Hitlers während des Ostfeldzuges, nur unterbrochen durch den Aufenthalt in Winniza/Ukraine (»Werwolf«) und durch gelegentliche Reisen nach Berlin und zum »Berghof« bei Berchtesgaden. Hitler hielt sich vom 23. November 1942 bis 17. Februar 1943 in der »Wolfschanze« auf. *Domarus*. Band II, S. 2341.

Nr. 96

Bundesarchiv/Militärarchiv Freiburg i. Br., Nachlaß Stieff N 114/3 fol. 81-82. Fotokopie, Handschrift, Ausfertigung

1 Die sowjetische Führung unterbreitete dem Armeeoberkommando 6 am

8. Januar 1943 ein Kapitulationsangebot. Generaloberst Paulus lehnte es nach Rückfrage beim OKH und auf Befehl Hitlers ab. Am 10. Januar griffen die sowjetischen Truppen konzentrisch an. Bis zum 16. Januar 1943 war die Westhälfte des Kessels eingedrückt. Dabei ging der Versorgungsflugplatz Pitomnik verloren. Kriegstagebuch des Oberkommandos der Wehrmacht (Wehrmachtführungsstab) 1940–1945. Geführt von Helmuth *Greiner* und Percy Ernst *Schramm*. Band III: 1. Januar 1943 - 31. Dezember 1943. Zus.gestellt und erl. von Walther *Hubatsch*. Erster Halbband. Frankfurt a. M. 1963, S. 21, 24, 28f., 32f. und 37f. (Eintragungen vom 6. und 7. Januar, 9. Januar bis 14. Januar 1943). Künftig zitiert: *KTB OKW (WFSt)*. Band III/1. *Doerr*, S. 114f.; *Görlitz*: Paulus, S. 90f., 243. *Philippi und Heim*, S. 192f.; *Seaton*, S. 252f.; *Manstein*: Verlorene Siege, S. 387.

2 Bis zum 23. Januar 1943 eroberten die Sowjets im Nordwesten und Westen große Teile des Kessels. Drei Tage später gelang es ihnen, den Kessel der 6. Armee in zwei Teile zu spalten. Am 28. Januar 1943 erfolgte nochmals eine Aufspaltung des südlichen Kessels. Die 6. Armee stand in drei Restgruppen, die voneinander getrennt waren, vor ihrem Ende. *KTB OKW (WFSt)*. Band III/1, S. 41, 44, 47, 49, 51, 53f., 56, 58, 64, 67f., 72, 74, 78, 81, 83, 86, 90 und 92 (Eintragungen vom 15. Januar bis 2. Februar 1943). *Doerr*, S. 115f.; *Görlitz*: Paulus, S. 91ff.; *Philippi und Heim*, S. 192f.; *Seaton*, S. 254. *Manstein*: Verlorene Siege, S. 390.

3 Gemeint ist die 2. ungarische Armee unter dem Oberbefehl des Generalobersten Gustav *Jány* (1883–1947) am Nordflügel der Heeresgruppe B. *KTB OKW (WFSt)*. Band III/1, S. 37 (Eintragung vom 12. Januar 1943). *Philippi und Heim*, S. 192.

4 Der sowjetische Angriff (sieben Armeen unter dem Oberbefehlshaber der Don-Front, General Konstantin Konstantinowitsch Rokossowski) begann am 10. Januar 1943. *KTB OKW (WFSt)*. Band III/1, S. 32 (Eintragung vom 11. Januar 1943). *Doerr*, S. 114. *Görlitz*: Paulus, S. 90, 243. *Philippi und Heim*, S. 192. *Seaton*, S. 252. *Manstein*: Verlorene Siege, S. 385.

5 Oberst i. G. August *Winter* (1897–1979). Juli 1942 bis Februar 1943 erster Generalstabsoffizier (I a) im Oberkommando der Heeresgruppe B. Major i. G. Winter gehörte von August 1937 (April 1939 Oberstleutnant i. G.) bis Oktober 1940 der 1. (Operations-)Abteilung im Generalstab des Heeres als Gruppenleiter an. Stieff unterstand ihm zeitweilig.

6 Heeresgruppe B.

7 Gemeint ist die »Gewaltaktion zur Aufrüstung der Ostverbände«, die Stieff als Chef der Organisationsabteilung ausarbeitete und für die Generalleutnant Buhle, Chef des Heeresstabes, Vorschläge gemacht hatte. *KTB OKW (WFSt)*. Band III/1, S. 39 (Eintragung vom 14. Januar 1943) mit weiteren Einzelheiten. Diese »Führerweisung« konnte in den Akten des Generalstabes des Heeres, Organisationsabteilung, nicht ermittelt werden (Bestand RH 2, BA/MA Freiburg i. Br.).

Nr. 97

Privatbesitz Frau Ursula Grundmann, Berlin. Handschrift, Ausfertigung auf Kopfbogen Der Chef der Organisationsabteilung im Generalstab des Heeres

1 Major *Grundmann* war Führer des Grenadierregiments 686 im Südabschnitt der Ostfront. Dieses führte er im Rahmen der Absetzbewegung nach der Kapitulation Stalingrads, die zunächst am Mius endete.

2 Major Grundmann gehörte von 1938 bis 1940 als Hauptmann und Kompaniechef dem Maschinengewehrbataillon 9 an, das in Heiligenbeil, Ostpreußen, lag. Mitteilungen des Oberstleutnants a. D. Hasso *Grundmann* vom 3. September 1988 an den Herausgeber.

3 Hitler erklärte am 24. November 1942 Stalingrad zur »Festung«, obwohl die beiden wichtigsten Voraussetzungen dafür, Bevorratung und Befestigungen, fehlten. *Philippi und Heim*, S. 183. Die Rote Armee nahm am 31. Januar 1943 das Armeeoberkommando 6 mit seinem Oberbefehlshaber, Generalfeldmarschall Paulus, am Roten Platz in Stalingrad gefangen. Am 2. Februar stellte der letzte Verband der Armee, das XI. Armeekorps, den Kampf ein. Dies war das Ende der 6. Armee. *Doerr*, S. 116. *Görlitz*: Paulus, S. 92f.; *Philippi und Heim*, S. 192. *Seaton*, S. 254f.; *Manstein*: Verlorene Siege, S. 395.

4 Etwa 200 000 deutsche Soldaten fielen in Stalingrad. 91 000 Soldaten der 6. Armee gerieten im Januar und Februar 1943 in sowjetische Kriegsgefangenschaft. 6 000 Soldaten kehrten zurück. *Philippi und Heim*, S. 192. *Seaton*, S. 255.

5 Ute (*1938) und Jutta (*1942) *Grundmann*.

Nr. 98

Bundesarchiv/Militärarchiv Freiburg i. Br., Nachlaß Stieff N 114/3 fol. 83. Fotokopie, Handschrift, Ausfertigung

1 Am 13. März 1943 besuchte Hitler das Hauptquartier der Heeresgruppe Mitte in Smolensk (Generalfeldmarschall von *Kluge*). Auf dem Rückflug von Smolensk nach dem Führerhauptquartier »Wolfschanze« in Ostpreußen mißglückte das Attentat. Erst am 8. September 1943 erfuhr Stieff durch Oberst i. G. von Tresckow von diesem Versuch. Notiz Ili *Stieffs*. Nachlaß Stieff N 114/4, Bl. 73. BA/MA Freiburg i. Br. Zu dem geplanten Attentat am 13. März 1943: Fabian von *Schlabrendorff*: Offiziere gegen Hitler. Neue, durchges. und erw. Ausgabe von Walter *Bußmann*. Nach der Edition von Gero v. *Gaevernitz*. Berlin 1984 (Deutscher Widerstand 1933–1945. Zeitzeugnisse und Analysen), S. 72ff. *Gersdorff*: Soldat im Untergang, S. 127ff.; Peter *Hoffmann*: Widerstand, Staatsstreich, Attentat. Der Kampf der Opposition gegen Hitler. 3. neu überarb. und erw. Aufl. München 1979, S. 351ff. Hermann *Teske*: Die silbernen Spiegel. Generalstabsdienst unter der Lupe. Heidelberg 1952, S. 172f. Teske war am 13. März 1943 in Smolensk anwesend. Romedio Galeazzo Graf von *Thun-Hohenstein*: Der Verschwörer. General Oster und die Militäropposition. Berlin 1982 (Deutscher Widerstand 1933 bis 1945. Zeitzeugnisse und Analysen), S. 231.

2 Gemeint ist die Heeresgruppe Mitte.

3 Führerhauptquartier »Wolfschanze« bei Rastenburg in Ostpreußen. S. Brief Nr. 95 Anm. 4.

4 Hierzu: *KTB OKW (WFSt)*. Band III/1, S. 95–217 (Eintragungen vom 3. Februar bis 16. März 1943). *Manstein*: Verlorene Siege, S. 445ff., bes. 459ff. (»Die Schlacht zwischen Donez und Dnjepr«). Alexander *Stahlberg*: Die verdammte Pflicht. Erinnerungen 1932 bis 1945. Berlin, Frankfurt/M. 1987, S. 315. Eberhard *Schwarz*: Die Stabilisierung der Ostfront nach Stalingrad 1943. Mansteins Gegenschlag zwischen Donez und Dnjepr. Göttingen, Zürich 1986 (Studien und Dokumente zur Geschichte des Zweiten Weltkrieges, Band 17).

5 Generalfeldmarschall Erich von *Lewinski gen. von Manstein* (1887–1973).

November 1942 bis Ende März 1944 Oberbefehlshaber der Heeresgruppe Don, später Süd. Ende März 1944 verabschiedet. Nach Auffassung Stieffs waren *Manstein* und *Schukow* die bedeutendsten Heerführer des Zweiten Weltkrieges. Notiz Ili *Stieffs*. Nachlaß Stieff N 114/4, Bl. 74. BA/MA Freiburg i. Br. Erich von *Manstein*: Aus einem Soldatenleben 1887–1939. Bonn 1958. *Ders.*: Verlorene Siege. Bonn 1955. Zur Biographie: *Nie außer Dienst*. Zum achtzigsten Geburtstag des Generalfeldmarschall Erich von Manstein. 24. November 1967. Hrsg. von der Markus Verlagsgesellschaft. Köln 1967.

6 Das Großkreuz wurde am 1. September 1939 gestiftet. Nur ein einziges Mal wurde es verliehen: am 19. Juli 1940 an Reichsmarschall Göring. *Klietmann*, S. 53. *Geeb und Kirchner*, S. 173.

Nr. 99

Bundesarchiv/Militärarchiv Freiburg i. Br., Nachlaß Stieff N 114/3 fol. 83–84. Fotokopie, Handschrift, Ausfertigung

1 Gemeint ist: Fotoatelier H. Rama, Berlin. Die Aufnahmen, die Stieff erwähnte, befinden sich, zusammen mit weiteren Fotografien, bei Ministerialdirigent Peter Gaertner, Buschhoven. Auch Frau Grundmann, Stieffs Schwester, besitzt einige Fotos.

2 Berlin-Charlottenburg, Sybelstraße 66, II. Etage. In der Nacht vom 22./23. November oder 23./24. November 1943 wurde das Haus durch Brandbomben getroffen. Die II. Etage war durch die Löscharbeiten unbewohnbar geworden. Mitteilungen des Brigadegenerals (Bw) a. D. Johann *Condné* vom 10. Oktober 1987 und 18. April 1988 an den Herausgeber. Der damalige Oberleutnant Condné bewohnte ab Juni 1943 mit seiner Gattin die Stieff-Wohnung als Untermieter.

3 Hans *Eisel*. Er betreute das Haus Gaertner in Thalgau und war über 90 Jahre alt, als er starb. Mitteilungen des Ministerialdirigenten Peter *Gaertner* vom 12. August 1988 an den Herausgeber.

Nr. 100

Bundesarchiv/Militärarchiv Freiburg i. Br., Nachlaß Stieff N 114/3 fol. 85–86. Fotokopie, Handschrift, Ausfertigung

1 Einige Tage, bevor Stieff diesen Brief schrieb, hatte er den schwerstverwundeten Oberstleutnant i. G. Graf *Stauffenberg*, zuletzt erster Generalstabsoffizier (I a) der 10. Panzerdivision in Nordafrika, im Lazarett in München besucht. Notiz Ili *Stieffs*. Nachlaß Stieff N 114/4, Bl. 75. BA/MA Freiburg i. Br. Stauffenberg leitete bis Ende Januar 1943 die Gruppe II der Organisationsabteilung im Generalstab des Heeres/OKH.

2 Stieffs Schwiegervater, Dr. Dr. Ing. e.h. Adrian *Gaertner*, wurde am 9. Juni 1943 67 Jahre alt.

Nr. 101

Bundesarchiv/Militärarchiv Freiburg i. Br., Nachlaß Stieff N 114/3 fol. 87–90. Fotokopie, Handschrift, Ausfertigung

1 Auf dem »Berghof«, dem Hauptquartier Hitlers auf dem Obersalzberg bei Berchtesgaden.

2 Oberstleutnant i. G. Oskar-Alfred *Berger* (*1910). Major i. G. Berger gehörte vom 1. August 1942 (Januar 1943 Oberstleutnant i. G.) bis 1. August 1943 der Organisationsabteilung im Generalstab des Heeres an. Er war Leiter der

Gruppe I und bei Abwesenheit Stieffs dessen Vertreter als Abteilungschef.

3 Auf Veranlassung Stieffs und mit Wissen des Chefs des Generalstabes des Heeres, General der Infanterie Zeitzler, führte Berger in Italien, besonders in Rom, mit militärischen Führungspersönlichkeiten Gespräche über eine neue Spitzengliederung des Generalstabes und Neuordnung der Kriegsschauplätze. Nach Abschluß der Gespräche verfaßte Berger am 23. Juni 1943 einen Bericht, dessen Offenheit und klare Beurteilung der Lage zur Folge hatten, daß er Anfang August 1943 aus dem Generalstab des Heeres versetzt wurde. Berger erhielt ein Regiment. Mündliche Mitteilungen des Brigadegenerals (Bw) a. D. Oskar-Alfred *Berger* am 19. Dezember 1987 an den Herausgeber. Bergers »Bericht über das Kommando nach Italien vom 9. - 20.6.1943« in: RH 2/936 fol. 29-38. BA/MA Freiburg i. Br.

4 Das Hauptquartier des OKH befand sich seit Juni 1941 im Mauerwald bei Angerburg in Ostpreußen. Zum Standort des Führerhauptquartiers im Juni 1943: s. Anm. 1.

5 Spitzengliederung. Forderung der militärisch verantwortlichen Kreise, einen gemeinsamen Generalstab zu schaffen. Notiz Ili *Stieffs*. Nachlaß Stieff N 114/4, Bl. 76. BA/MA Freiburg i. Br.

6 Alle Frauen, die kinderlos oder sonst abkömmlich waren, wurden zur Arbeit herangezogen, besonders ab Frühjahr 1943. Notiz Ili *Stieffs*. Nachlaß Stieff N 114/4, Bl. 76. BA/MA Freiburg i. Br.

7 Bezieht sich auf den Luftangriff auf Hamburg. S. auch Brief Nr. 102 Anm. 7. Notiz Ili *Stieffs*. Nachlaß Stieff N 114/4, Bl. 76. BA/MA Freiburg i. Br.

Nr. 102

Bundesarchiv/Militärarchiv Freiburg i. Br., Nachlaß Stieff N 114/3 fol. 91-92. Fotokopie, Handschrift, Ausfertigung

1 Am 5. Juli 1943 begann das Unternehmen »Zitadelle« mit den beiden Heeresgruppen Süd und Mitte bei Kursk. Hitler wollte dadurch die Initiative im Osten wiedergewinnen. Bereits nach wenigen Tagen stand fest, daß die letzte deutsche Gegenoffensive im Raum von Kursk gescheitert war. Am 12. Juli begannen die Sowjets ihre Offensive gegen den Orelbogen im Rükken der 9. Armee. Am folgenden Tag entschloß sich Hitler, die Operation »Zitadelle« abzubrechen. Kriegstagebuch des Oberkommandos der Wehrmacht (Wehrmachtführungsstab) 1940-1945. Geführt von Helmuth *Greiner* und Percy Ernst *Schramm*. Band III: 1. Januar 1943 - 31. Dezember 1943. Zus.gestellt und erl. von Walther Hubatsch. Zweiter Halbband. Frankfurt a. M. 1963, S. 748ff., 754f., 757, 759, 762, 765, 769f., 772, 775 und 781 (Eintragungen vom 5. Juli bis 14. Juli 1943). Künftig zitiert: *KTB OKW (WFSt)*. Band III/2. Ernst *Klink*: Das Gesetz des Handelns. Die Operation »Zitadelle« 1943. Stuttgart 1966 (Beiträge zur Militär- und Kriegsgeschichte, Band 7), S. 270ff. *Philippi und Heim*, S. 208ff.; *Seaton*, S. 274ff., 277. *Manstein*: Verlorene Siege, S. 497ff. Zur weiteren Entwicklung im Osten (Sommeroffensive der Sowjets): *KTB OKW (WFSt)*. Band III/2, S. 788, 794, 797f., 802, 804, 808f., 813 und 817 (Eintragungen vom 15. Juli bis 22. Juli 1943). *Philippi und Heim*, S. 212ff.; *Seaton*, S. 279ff.; *Manstein*: Verlorene Siege, S. 507ff.

2 Gemeint ist die Entwicklung in Italien und auf dem Balkan. *KTB OKW (WFSt)*. Band III/2, S. 855ff., 859ff., 863ff., 868ff., 878ff. und 883ff. (Eintragungen vom 29. Juli bis 2. August 1943). Zur Entwicklung in Italien: s. auch Anm. 4 dieses Briefes. Oberbefehlshaber Süd war vom 1. Dezember 1942 bis

25. Juli 1943: Generalfeldmarschall Albert *Kesselring* (1885-1960). Oberbefehlshaber Südost (Heeresgruppe E) war von August 1942 bis Juli 1943: Generaloberst Alexander *Löhr* (1885-1947).

3 S. den Bericht für Juni 1943 über die »Auswirkung feindlicher Luft- und sonstiger Angriffe auf kriegswirtschaftlich wichtige Anlagen«: *KTB OKW (WFSt).* Band III/2, S. 780 (Eintragung vom 13. Juli 1943). Georg W. *Feuchter*: Geschichte des Luftkriegs. Entwicklung und Zukunft. Bonn 1954. Hans *Rumpf*: Das war der Bombenkrieg. Deutsche Städte im Feuersturm. Oldenburg und Hamburg 1961.

4 Am 25. Juli 1943 fand in Italien ein Regierungswechsel statt. Marschall Badoglio wurde zum neuen Regierungschef ernannt und Mussolini gefangengesetzt. *KTB OKW (WFSt).* Band II/2, S. 829ff., 836ff., 844 und 846f. (Eintragungen vom 25. Juli bis 27. Juli 1943). Josef *Schröder*: Italiens Kriegsaustritt 1943. Die deutschen Gegenmaßnahmen im italienischen Raum: Fall »Alarich« und »Achse«. Göttingen, Zürich, Frankfurt 1969 (Studien und Dokumente zur Geschichte des Zweiten Weltkrieges, Band 10), S. 201.

5 Zur weiteren Entwicklung bis zur Kapitulation Italiens am 8. September 1943: *KTB OKW (WFSt).* Band III/2, S. 851–1082 (Eintragungen vom 28. Juli bis 8. September 1943). *Schröder*, S. 202ff.

6 Hitlers Hauptquartier (»Wolfschanze«) und das des OKH (Lager »Anna«) befanden sich etwa auf halber Strecke zwischen Angerburg und Rastenburg, Ostpreußen, und waren unmittelbar benachbart.

7 Die schwersten Luft-Großangriffe auf Hamburg erfolgten zwischen Sonntag, 25. Juli (erster Angriff) und Dienstag, 3. August 1943 (siebter Angriff). Die Briten bezeichneten diese Angriffe als »Unternehmen Gomorrha«. Sie kosteten 35 000 bis 40 000 Menschen das Leben und richteten schwerste Verwüstungen an. *Rumpf*, S. 55–64. David J. *Irving*: Und Deutschlands Städte starben nicht. Ein Dokumentarbericht. Zürich 1963, S. 142–167. Hans *Brunswig*: Feuersturm über Hamburg. Die Luftangriffe auf Hamburg im 2. Weltkrieg und ihre Folgen. Stuttgart 1978. *Hamburg.* Geschichte der Stadt und ihrer Bewohner. Hrsg. von Werner *Jochmann* und Hans-Dieter *Loose.* Band II: Werner *Jochmann* (Hrsg.): Vom Kaiserreich bis zur Gegenwart. Hamburg 1986, S. 366ff. Mitteilungen des Staatsarchivs der Freien und Hansestadt *Hamburg* vom 15. April 1988 an den Herausgeber.

8 Gemeint ist Stieffs Arbeitsgebiet, die Organisationsabteilung im Generalstab des Heeres.

Nr. 103

Bundesarchiv/Militärarchiv Freiburg i. Br., Nachlaß Stieff N 114/3 fol. 93–94. Fotokopie, Handschrift, Ausfertigung

Druck: Auszugsweise in VfZ 2 (1954), S. 305 (Nr. 13)

1 Stieff hatte am 28. Februar 1943 seiner Frau mitgeteilt, man sei an ihn herangetreten, um ihn zur Teilnahme an einem Attentat gegen Hitler zu bewegen. Längere Zeit habe er geschwankt. Die Bemerkung in diesem Brief bedeutete, daß er sich zur Teilnahme entschlossen hatte. Notiz Ili *Stieffs*. Nachlaß Stieff N 114/4, Bl. 78. BA/MA Freiburg i. Br.

2 Zur Heeresgruppe Mitte.

3 Gemeint sind die ukrainischen Fremdarbeiter (s. den Schluß von Brief Nr. 102). Diese waren in der Fabrik von Stieffs Schwiegervater in Mittelsteine, Kreis Glatz, beschäftigt.

Nr. 104

Bundesarchiv/Militärarchiv Freiburg i. Br., Nachlaß Stieff N 114/3 fol. 95–96. Fotokopie, Handschrift, Ausfertigung

1 Ob dieser Satz ein Hinweis auf Stieffs Aktivität in der Militäropposition war, kann nicht mit Sicherheit gesagt werden.

2 Freitag = 13. August 1943. S. Brief Nr. 105 mit ausführlicher Schilderung der Reise.

3 4. Armee: Oberbefehlshaber: Generaloberst *Heinrici.*

4 Heeresgruppe Süd. Oberbefehlshaber: Generalfeldmarschall von *Manstein* (bis 30. März 1944). Zur Lage: *KTB OKW (WFSt).* Band III/2, S. 936, 944, 948 und 956 (Eintragungen vom 13. August bis 16. August 1943).

5 Die sowjetische Führung leitete mit dem erwarteten Großangriff aus dem Raum südlich von Kursk am 3. August 1943 den zweiten Teil ihrer Sommeroffensive ein. Der Angriff richtete sich gegen den Nordflügel der Heeresgruppe Süd. *KTB OKW (WFSt).* Band III/2, S. 885, 891, 895, 904 f., 910 f., 915, 918, 923 f., 927, 933, 944 und 948 (Eintragungen vom 3. August bis 15. August 1943). *Philippi und Heim,* S. 213 f.; *Seaton,* S. 280 ff.; *Manstein*: Verlorene Siege, S. 517 ff.

6 In Spass Djemjenskoje befand sich 1941 das Hauptquartier des Armeeoberkommandos 4, als Stieff erster Generalstabsoffizier war.

Nr. 105

Bundesarchiv/Militärarchiv Freiburg i. Br., Nachlaß Stieff N 114/3 fol. 97–101. Fotokopie, Handschrift, Ausfertigung

1 Major *Stricker.* Zweiter Adjutant (Personalangelegenheiten und Ersatzfragen für Unteroffiziere und Mannschaften).

2 Oberst i. G. Sigismund-Hellmut Ritter und Edler von *Dawans* (1899–1944). Juli 1943 bis Oktober 1943 Chef des Generalstabes des Armeeoberkommandos 4.

3 Generalmajor Hans *Röttiger* (1896–1960). Juli 1943 bis März 1944 Chef des Generalstabes der Heeresgruppe A. Röttiger war von Ende April 1942 bis Mitte Juli 1943 Chef des Generalstabes des Armeeoberkommandos 4. Stieff war bis Oktober 1942 sein erster Generalstabsoffizier.

4 Oberst i. G. Ivo-Thilo von *Trotha* (*1905). Oktober 1942 bis April 1944 erster Generalstabsoffizier des Armeeoberkommandos 4 (Stieffs Nachfolger). April 1944 Generalmajor und bis Oktober 1944 erster Generalstabsoffizier der Heeresgruppe Südukraine. Mitteilungen des Generalmajors a. D. Ivo-Thilo von *Trotha* vom 21. September 1987 an den Herausgeber.

5 Generaloberst *Heinrici.* S. Brief Nr. 86 Anm. 4.

6 Generalleutnant Friedrich *Hoßbach* (1894–1980). August 1943 (November 1943 General der Infanterie) bis Juli 1944 Kommandierender General des LVI. Panzerkorps.

7 General der Panzertruppe Ferdinand *Schaal* (1889–1962). September 1941 bis August 1943 Kommandierender General des LVI. Panzerkorps.

8 Generalleutnant Hans *Krebs* (1898–1945). März 1943 (August 1944 General der Infanterie) bis September 1944 Chef des Generalstabes der Heeresgruppe Mitte.

9 S. hierzu: Burkhart *Müller-Hillebrand*: Das Heer 1933–1945. Entwicklung des organisatorischen Aufbaues. Band III: Der Zweifrontenkrieg. Das Heer vom Beginn des Feldzuges gegen die Sowjetunion bis zum Kriegsende. Frankfurt a. M. 1969, S. 135–139.

10 Generaloberst Hans *Jeschonnek* (1899–1943). Februar 1939 (Juli 1940 General der Flieger; März 1942 Generaloberst) bis August 1943 Chef des Generalstabes der Luftwaffe. Am 19. August 1943 wählte Jeschonnek bei Goldap in Ostpreußen den Freitod.
11 Gemeint ist Reichsmarschall *Göring*, Oberbefehlshaber der Luftwaffe.
12 Stieff nahm an der Beisetzung Jeschonneks teil. Voller Empörung äußerte er nach Rückkehr im Kasino vor allen Anwesenden: »Und da stellt sich dieses Schwein von einem Göring hin und heult Tränen am Grab eines Mannes, den er selbst in den Tod getrieben hat.« Mitteilungen des Hauptmanns a. D. Rolf *Dosch* vom 4. Dezember 1987 an den Herausgeber.
13 Oberstleutnant Hannes *Christ*. Kommandeur der II. Abteilung des Artillerieregiments 47. Hörsaalkamerad Stieffs von 1932 bis 1935. S. auch Brief Nr. 51 Anm. 6 und Nr. 53 Anm. 3.
14 Oberstleutnant i. G. Werner von *Unger*. Hauptmann von Unger arbeitete 1940/41 in der Gruppe III der Operationsabteilung (III b) im Generalstab des Heeres. Oberstleutnant i. G. Stieff war Leiter dieser Gruppe. Unger fiel am 7. August 1943 in Tomarowka bei Bjelgorod. S. auch Brief Nr. 66 Anm. 19.
15 Margarete Freiin von *Bodenhausen* (*1920). Die Eheschließung mit Hauptmann Werner von Unger fand am 27. Dezember 1940 in Stedtfeld bei Eisenach statt.
16 Charkow wurde am 22. August 1943 aufgegeben. Zur operativen Lage: *KTB OKW (WFSt)*. Band III/2, S. 982, 986, 993 und 996 (Eintragungen vom 21. August bis 24. August 1943). *Philippi und Heim*, S. 214f., *Seaton*, S. 280ff.; *Manstein*: Verlorene Siege, S. 518ff.

Nr. 106

Bundesarchiv/Militärarchiv Freiburg i. Br., Nachlaß Stieff N 114/3 fol. 102–103. Fotokopie, Handschrift, Ausfertigung

1 Brief Nr. 105 vom 21. August 1943.
2 General der Infanterie Walter *Weiß* (1890–1967). Februar 1943 (Februar 1944 Generaloberst) bis März 1945 Oberbefehlshaber der 2. Armee. Ende der zwanziger Jahre führte der damalige Hauptmann Weiß eine Kompanie im 7. (Preuß.) Infanterieregiment in Schweidnitz, als Oberleutnant Stieff der I. Abteilung des 3. (Preuß.) Artillerieregiments in Schweidnitz angehörte.
3 Gemeint ist die 4. Armee.
4 Am 26. August 1943 griff die Mittelfront unter dem Oberbefehl von General Rokossowski die Heeresgruppe Mitte (Generalfeldmarschall von *Kluge*) mit zwei Armeen in westlicher Richtung und die 2. Armee unter Generaloberst Weiß an. Die sowjetischen Truppen gingen auf einer Frontbreite von etwa 100 Kilometern rasch vor, überschritten am 3. September die Desna und bedrohten die Flanken der Heeresgruppen Mitte und Süd. Die Sowjets durchstießen die 2. Armee in Richtung Gluchow und nahmen ihren Angriff gegen die 4. Armee wieder auf. Dieser weitete sich zu einem Durchbruch auf Jelnja aus. *KTB OKW (WFSt)*. Band III/2, S. 1010, 1015f., 1018, 1022, 1033, 1036, 1040f., 1043f. und 1047f. (Eintragungen vom 26. August bis 3. September 1943). *Philippi und Heim*, S. 215. *Seaton*, S. 282. *Manstein*: Verlorene Siege, S. 523.
5 Zu den Luftangriffen auf Berlin: *Rumpf*, S. 80–88. Hans Dieter *Schäfer*: Berlin im Zweiten Weltkrieg. Der Untergang der Reichshauptstadt in Augenzeugenberichten. München, Zürich 1985. Ende November 1943 wurde

Stieffs Wohnung in Berlin-Charlottenburg, Sybelstraße 66, durch Brandbomben getroffen. S. Brief Nr. 99 Anm. 2.

6 Major i. G. Albert *Stückler*. August 1943 bis Dezember 1943 zweiter Generalstabsoffizier (I b) der 258. Infanteriedivision. S. auch Brief Nr. 82 Anm. 9. Mitteilungen des Oberstleutnants i. G. a. D. Albert *Stückler* vom 11. April 1988 an den Herausgeber.

7 258. Infanteriedivision. Der zweite Generalstabsoffizier war für die Versorgung zuständig.

Nr. 107

Bundesarchiv/Militärarchiv Freiburg i. Br., Nachlaß Stieff N 114/3 fol. 103–105. Fotokopie, Handschrift, Ausfertigung

1 Berlin-Charlottenburg.

2 Stieffs Schwager Adrian *Gaertner* war Reserveoffizier (Hauptmann d. R.) der Sturmartillerie.

3 Erster Adjutant, zuständig für Offizierangelegenheiten.

Nr. 108

Bundesarchiv/Militärarchiv Freiburg i. Br., Nachlaß Stieff N 114/3 fol. 106–107. Fotokopie, Handschrift, Ausfertigung

1 Gemeint ist Hitlers geplanter Aufenthalt im »Berghof« auf dem Obersalzberg bei Berchtesgaden.

2 Oberstleutnant i. G. Carl F. *Giese* (1904–?). August 1943 bis November 1943 Leiter der Gruppe III in der Organisationsabteilung im Generalstab des Heeres/OKH.

Nr. 109

Privatbesitz Frau Ursula Grundmann, Berlin. Handschrift, Ausfertigung

1 Oberst i. G. *Stieff* wurde am 1. Februar 1944 zum Generalmajor befördert. Rangdienstalter: 1. Februar 1944 (20). Militärische Dienstlaufbahn (Bundesarchiv-Zentralnachweisstelle, Aachen-Kornelimünster).

2 Gemeint sind die Eltern Ili Stieffs: Kunigunde und Adrian *Gaertner*.

Nr. 110

Bundesarchiv/Militärarchiv Freiburg i. Br., Nachlaß Stieff N 114/3 fol. 108–111. Fotokopie, Handschrift, Ausfertigung

Druck: »Spiegelbild einer Verschwörung«. Die Opposition gegen Hitler und der Staatsstreich vom 20. Juli 1944 in der SD-Berichterstattung. Geheime Dokumente aus dem ehemaligen Reichssicherheitshauptamt. Hrsg. von Hans-Adolf *Jacobsen*. Band 2. Stuttgart 1984, S. 798 f. (Nr. 89)

1 Ili Stieff erhielt diesen Brief am 8. Februar 1945. SS-Obergruppenführer *Breithaupt* hatte ihn eingeschrieben zugesandt mit der Bemerkung, sie bekäme eine Unterstützung. Notiz Ili *Stieffs*. Nachlaß Stieff N 114/4, Bl. 92. BA/MA Freiburg i. Br. und Mitteilungen Frau *Stieffs* vom 24. April 1978. Zum Abschiedsbrief Hellmuth Stieffs an seine Frau: Ili *Stieff* an Ricarda *Huch*. Thalgau bei Salzburg, 13. Juli 1947. Institut für Zeitgeschichte München, ZS/ A 26/3.

2 Es ist zu vermuten, daß SD-Beamte die Angeklagten anwiesen, ihre Schuld zu bekennen und zu formulieren. Auch andere Abschiedsbriefe (Albrecht von *Hagen*, Robert *Bernardis*, Erich *Hoepner* und Friedrich Karl *Klausing*)

enthalten Wendungen, die die Schuld eingestehen. *Spiegelbild.* Band 2, S. 795–797, 799 f. (Nr. 85–88, 90 und 91).

3 Pfarrer Peter *Buchholz* an Ili *Stieff.* Düsseldorf, 14. Februar 1947. Pfarrer Buchholz war der katholische Gefängnisgeistliche der Strafanstalt Plötzensee in Berlin. Ausführlich berichtete er Frau Stieff über die letzte Stunde ihres Mannes und den seelsorgerlichen Beistand, den er ihm gab. Pfarrer Buchholz erfüllte Stieffs Wunsch, im katholischen Glauben zu sterben. Nachlaß Stieff N 114/4, Bl. 93–94. BA/MA Freiburg i. Br.

Verzeichnis der Abkürzungen

I a	*Erster Generalstabsoffizier (Führung)*
I b	*Zweiter Generalstabsoffizier (Versorgung)*
I c/AO	*Dritter Generalstabsoffizier/Abwehroffizier (Feindlage)*
I d	*Vierter Generalstabsoffizier (Gehilfe des I a)*
II a	*Erster Adjutant (Personalangelegenheiten für Offiziere)*
II b	*Zweiter Adjutant (Personalangelegenheiten und Ersatzfragen für Unteroffiziere und Mannschaften)*
Ag.	*Amtsgruppe*
AO	*Abwehroffizier*
AOK	*Armeeoberkommando*
A. R.	*Artillerieregiment*
BA	*Bundesarchiv (Koblenz)*
BA/MA	*Bundesarchiv/Militärarchiv (Freiburg i. Br.)*
Bw	*Bundeswehr*
Chefs.	*Chefsache*
d. G.	*des Generalstabes (Zusatz für Generalstabsoffiziere, die im OKW/WFSt tätig waren)*
d.R.	*der Reserve*
E.K.	*Eisernes Kreuz*
F.H.Qu.	*Führerhauptquartier*
Gen.Lt.	*Generalleutnant*
GenStdH	*Generalstab des Heeres*
g. K., g. Kds., g. Kdos.	*Geheime Kommandosache*
g. K. Chefs.	*Geheime Kommandosache, Chefsache*
H. Gr.	*Heeresgruppe*
HPA	*Heerespersonalamt*
H. Qu.	*Hauptquartier*
i. G.	*im Generalstab (Zusatz für Generalstabsoffiziere, die im OKH, in Stäben und Kommandobehörden tätig waren)*
IMT	*International Military Tribunal*
In	*Inspektion*
I. R.	*Infanterieregiment*
KTB	*Kriegstagebuch*
N	*Nachlaß (im BA/MA Freiburg i. Br.)*
NL	*Nachlaß (im BA Koblenz)*

O	*Ordonnanzoffizier*
O 1	*Erster Ordonnanzoffizier*
O 5	*Fünfter Ordonnanzoffizier*
O 7	*Siebter Ordonnanzoffizier*
OB	*Oberbefehlshaber*
OBdH	*Oberbefehlshaber des Heeres*
Oberstlt., Oberstltn.	*Oberstleutnant*
OHL	*Oberste Heeresleitung*
OKH	*Oberkommando des Heeres*
OKW	*Oberkommando der Wehrmacht*
Op. Abt.	*Operationsabteilung (im Generalstab des Heeres)*
Org. Abt.	*Organisationsabteilung (im Generalstab des Heeres)*
O. U.	*Ohne Unterkunft*
PK	*Propagandakompanie*
R 1	*Rollbahn*
r	*reitend*
RAD	*Reichsarbeitsdienst*
Rechtsgr.	*Rechtsgruppe*
RH 2	*Bestand im BA/MA (Truppenamt, Generalstab)*
vorg. St.	*vorgeschobene Staffel*
(W)	*Waffenoffizier der Wehrmacht*
WFSt	*Wehrmachtführungsstab*
z. D.	*zur Disposition*

Verzeichnis der ungedruckten Quellen

I. Bundesarchiv Koblenz (BA)

1. Bestand 20. Juli 1944
   NS 6
2. Nachlässe im Bundesarchiv
   Nachlaß Franz Ritter von Epp NL 101/47
   Nachlaß Otto Schmidt (-Hannover) NL 211/74

II. Bundesarchiv-Militärarchiv Freiburg i. Br. (BA/MA)

1. Militärgeschichtliche Sammlung 2/3328
2. Bestand RH 2
   308, 310, 311, 312, 314, 345, 347, 350 b, 427, 435, 436, 470, 474, 475, 476, 477, 800, 821, 824, 828, 831, 838, 843, 845, 847, 847 b, 851, 881, 895, 934 a, 934 b, 936, 937, 938, 940, 1107, 1325, 1326
3. Bestand RH 7
   v. 30, v. 496
4. Bestand RH 20-4
   281, 282, 317, 366
5. Bestand RH 37
   v. 496
6. Nachlässe im Bundesarchiv-Militärarchiv
   Hans Felber N 67/1-2
   Leo Freiherr Geyr von Schweppenburg N 254
   Cord von Hobe N 577/v. 2
   Burkhart Müller-Hillebrand N 553
   Günther von Poseck N 244/5
   Hellmuth Stieff N 114/1-27
   Kurt Zeitzler N 63/17, 18, 95

III. Bundesarchiv-Zentralnachweisstelle Aachen-Kornelimünster

Militärische Dienstlaufbahn des Generalmajors Hellmuth Stieff. Bundesarchiv-Zentralnachweisstelle - IV A 3 (Stieff) vom 9. Mai 1966, mitgeteilt mit Schreiben des Bundesarchivs-Zentralnachweisstelle - Aachen-Kornelimünster vom 31. Januar 1978 - Az.: I 40-54/78.

IV. Institut für Zeitgeschichte München

Generaloberst a. D. Franz Halder an Dr. Helmut Krausnick. Karlsruhe, 7. Februar 1955. Zeugenschrifttum 240/V.

Ili Stieff an Ricarda Huch. Thalgau bei Salzburg, 13. Juli 1947. Zeugenschrifttum A/26/3.

[Eduard] Wagner: Der Verlauf des 20. Juli [1944] (aus dem Gedächtnis). [Zossen,] 21. Juli 1944. Maschinenschrift. ED 95.

V. a) Quellen aus privater Hand

Aufzeichnung von Frau Annie Stieff über ihren Sohn Hellmuth, geschrieben um 1950. Freundlicherweise von Frau Ursula Grundmann, Berlin, überlassen.

Bericht des (damaligen) Hauptmanns i. G. Cord von Hobe, 1941/42 vierter Generalstabsoffizier (I d) im Armeeoberkommando 4, gesprochen auf Tonbandkassette. Zugesandt mit Brief vom 13. Juli 1988.

Sende-Typoskript: Zeugen des Jahrhunderts. Adolf Heusinger im Gespräch mit Rudolf Woller. ZDF-Sendung am 25. Oktober 1982.

b) Befragungen

Brigadegeneral (Bw) a. D. *Oskar-Alfred Berger*, Köln
Oberst i. G. (Bw) a. D. Dr. *Alfred Dürrwanger*, Berg am Starnberger See
General (Bw) a. D. *Ernst Ferber*, München
Ministerialdirigent *Peter Gaertner*, Buschhoven bei Bonn
Frau *Ursula Grundmann*, Berlin
Major a. D. *Heinz C. Hoppe*, Vorstandsmitglied der Daimler-Benz AG i. R., Grünwald bei München
Frau *Ute Kathan*, Tuttlingen
General (Bw) a. D. *Johann Adolf Graf Kielmansegg*, Bad Krozingen
Generalmajor (Bw) a. D. *Karl C. Kleyser*, Großburgwedel bei Hannover
General (Bw) a. D. *Ulrich de Maizière*, Bonn - Bad Godesberg
Hauptmann d. R. a. D. *Nikolaus-Leopold Fürst zu Salm-Salm* †
Generalmajor (Bw) a. D. *Christian Schaeder*, Mainz

c) Schriftliche Mitteilungen

Dipl.-Ing. *Hans-Dietrich von Bernuth*, Düsseldorf
Brigadegeneral (Bw) a. D. *Oskar-Alfred Berger*, Köln
Oberst i. G. a. D. *Bogislaw von Bonin* †
Oberstleutnant d. R. a. D. *Philipp Freiherr von Boeselager*, Kreuzberg/Ahr
Major a. D. *Axel Freiherr von dem Bussche-Streithorst*, Begnins/Vaud, Schweiz
Major i. G. a. D. *Markus von Busse*, Solingen
Oberstleutnant (Bw) a. D. *Heinrich Bücheler*, Inzigkofen
Brigadegeneral (Bw) a. D. *Johann Condné*, Stuttgart
Oberst (Bw) a. D. *Gustav von Detten* †
Hauptmann a. D. *Rolf Dosch*, Kiel-Mettenhof
Oberst i. G. (Bw) a. D. Dr. *Alfred Dürrwanger*, Berg am Starnberger See
Eidgenössisches Militärdepartement - Bundesamt für Adjutantur, Bern, Schweiz
General (Bw) a. D. *Ernst Ferber*, München
Generalleutnant (Bw) a. D. *Heinz Gaedcke*, Waldesch-Eschbach bei Koblenz
Ministerialdirigent *Peter Gaertner*, Buschhoven bei Bonn
Generalmajor und Präsident a. D. *Reinhard Gehlen* †
Generalmajor a. D. *Rudolf-Christoph Freiherr von Gersdorff* †
Oberstleutnant a. D. *Hasso Grundmann*, München
Frau *Ursula Grundmann*, Berlin
Oberstleutnant a. D. *Wolff-Rüdiger Guercke*, Bergen/Oberbayern
Frau *Ada Guntrum-Heusinger*, Oppenheim am Rhein

Intendant i. R. *Ludwig Freiherr von Hammerstein-Equord*, Berlin
Dekan *Hartmut Heinrici*, Reutlingen
Oberst i. G. a. D. *Erich Helmdach* †
Oberst i. G. a. D. *Hans Hessel*, Zams/Tirol, Österreich
General (Bw) a. D. *Adolf Heusinger* †
Oberstleutnant d. R. a. D. *Joseph Hinterseer* †
Generalleutnant (Bw) a. D. *Cord von Hobe*, Niesgrau/Schleswig-Holstein
Prof. Dr. *Peter Hoffmann*, Montreal, Canada
Major a. D. *Heinz C. Hoppe*, Vorstandsmitglied der Daimler-Benz AG i. R., Grünwald bei München
General (Bw) a. D. *Johann Adolf Graf Kielmansegg*, Bad Krozingen
Generalmajor (Bw) a. D. *Karl C. Kleyser*, Großburgwedel bei Hannover
Hauptmann d. R. a. D. *Hans Joachim Kunold*, Murnau/Oberbayern
Oberstleutnant i. G. a. D. *Friedrich Litterscheid*, São Paulo, Brasilien
Generalleutnant (Bw) a. D. *Wilhelm Meyer-Detring*, Diessen am Ammersee
General (Bw) a. D. *Ulrich de Maizière*, Bonn - Bad Godesberg
Generalleutnant (Bw) a. D. *Burkhart Müller-Hillebrand* †
Oberst i. G. a. D. *Hans Refior* †
Generalmajor (Bw) a. D. *Hellmuth Reinhardt* †
Major (Bw) a. D. *Wolfgang Roidl*, Murnau/Oberbayern
Hauptmann d. R. a. D. *Nikolaus-Leopold Fürst zu Salm-Salm* †
Generalmajor (Bw) a. D. *Christian Schaeder*, Mainz
Brigadegeneral (Bw) a. D. Dr. *Wolfgang Schall*, Uhldingen
Oberst i. G. a. D. *Hans-Joachim Schipp von Branitz* †
Frau *Ili Stieff* †
Oberstleutnant i. G. a. D. *Albert Stückler*, Freising
Oberst a. D. *Joachim Toeche-Mittler*, Berlin
Generalmajor a. D. *Ivo-Thilo von Trotha*, Wiesenbach bei Heidelberg
General der Kavallerie a. D. *Siegfried Westphal* †
General der Gebirgstruppe a. D. *August Winter* †
Oberst i. G. (Bw) a. D. *Karl Heinz Zimmermann*, Vilshofen
Frau *Renate von Zitzewitz verw. Smend*, Bielefeld

Danksagung

Zahlreich sind die Personen und Institutionen, denen ich für Auskünfte und Hilfe zu danken habe. Mein besonderer Dank gilt Frau Ursula Grundmann, der Schwester Stieffs. Sie überließ mir die Briefe, die Hellmuth Stieff seiner Mutter und ihr geschrieben hat und die hier erstmals veröffentlicht werden.

Herrn General (Bw) a. D. Ernst Ferber, dem ehemaligen Mitarbeiter Stieffs in der Organisationsabteilung, danke ich für sein Geleitwort und für seine Mitteilungen über jene Jahre, die noch heute nachwirken und uns alle berühren.

Von den übrigen noch lebenden Mitgliedern der Organisationsabteilung möchte ich besonders Herrn Major a. D. Heinz C. Hoppe, Vorstandsmitglied der Daimler-Benz AG i. R., nennen. Er regte an, ehemalige Mitarbeiter Stieffs zu befragen. Diese Begegnung fand in seinem gastfreien Hause statt. Vor allem bin ich ihm für sein stetes und förderndes Interesse an dieser Veröffentlichung dankbar.

Herrn Generalmajor (Bw) a. D. Karl Christian Kleyser, meinem ehemaligen stellvertretenden Divisionskommandeur, danke ich sehr für seine Mitteilungen über Stieff, den er 1939/40 in der Operationsabteilung erlebte. Vor sechsundzwanzig Jahren erzählte mir Brigadegeneral Kleyser in Sigmaringen von Hellmuth Stieff. Dies gab den Anstoß, mich mit dem Leben dieses Soldaten zu beschäftigen.

Den Damen und Herren des Bundesarchivs – Militärarchiv in Freiburg i. Br., besonders Archivoberinspektor Johannes Ganser und Erhard Moritz, Benutzersaal, danke ich für ihre Auskünfte und die Bereitwilligkeit, mir die gewünschten Archivalien zugänglich zu machen.

Für vielfältige Unterstützung bin ich Herrn Prof. Dr. Hans Mommsen, Universität Bochum, dankbar. Entgegenkommend vermittelte er bei der Stiftung Volkswagenwerk eine Sach- und Reisekostenbeihilfe, wofür ich ihm und der Stiftung danke.

Meine Frau half mir durch ihre Geduld und den Verzicht auf gemeinsame Freizeit, diese Arbeit durchzuführen. Neben ihrem Beruf schuf sie für mich den Freiraum und die Atmosphäre, die notwendig sind, um schreiben zu können. Mein Dank ist größer, als Worte dies auszudrücken vermögen.

Trier, im März 1990 *Horst Mühleisen*

Namenindex

Kursive Seitenzahlen verweisen auf die biographischen Angaben im Kommentar. Der Name Ili Stieff wurde nicht aufgenommen.

Bildnachweis

Bundesarchiv Koblenz: 14; Ullstein Bilderdienst Berlin: 2; alle anderen Abbildungen stammen aus Privatbesitz.

Helmut Schmidt

Die Deutschen und ihre Nachbarn

592 Seiten mit Abbildungen, Leinen

Der zweite Band des Lebensberichts von Helmut Schmidt, der ausschließlich den Deutschen und ihren Nachbarn gewidmet ist, hat auf eine frappierende Weise Aktualität gewonnen. Denn im Mittelpunkt dieses Bandes stehen jene europäischen Regionen, die heute fast täglich die Schlagzeilen füllen. Im Vordergrund natürlich das andere Deutschland, wo Helmut Schmidt in der Auseinandersetzung mit Erich Honecker das Beste für die Deutschen diesseits und jenseits der Grenze herauszuholen suchte. Dann die Ungarn und die Polen, zu denen Helmut Schmidt während seiner Kanzlerschaft besonders enge Beziehungen pflegte, weil er diesen Nachbarn die Sorge vor einem wiedererstarkten Deutschland nehmen wollte.
Im Westen legte Helmut Schmidt vor allem Wert auf ein enges und harmonisches Verhältnis zu Frankreich. Denn die Erfahrungen der politischen Wirklichkeit lehrten ihn, daß Paris der eigentliche Partner für Bonn sei, nicht zuletzt, weil England darauf beharrte, eine Sonderrolle in Europa zu spielen, und sich lange für die EG nicht gewinnen ließ. Schmidt gibt in diesem zweiten Band seines Rückblicks wieder jene Mischung von persönlichen Erfahrungen und sachlichen Einsichten, die schon der Titel des ersten Bandes zum Ausdruck brachte - Menschen und Mächte. Man kann diesen Band mit Recht das »Dokument eines deutschen Europäers« nennen.

»Ein wichtiges Stück deutscher Geschichtsschreibung.«
Deutsches Allg. Sonntagsblatt

Franz Josef Strauß
Die Erinnerungen

576 Seiten mit Abbildungen, Leinen

Als Franz Josef Strauß am 3. Oktober 1988 starb, lagen 1200 Manuskriptseiten seiner Erinnerungen vor. Noch wenige Tage vor seinem Tod arbeitete er daran.
Sein Lebensbericht hebt an mit dem Hitler-Putsch vom 9. November 1923 an der Feldherrnhalle, und die letzten Eintragungen enden mit dem Besuch bei Gorbatschow im Kreml Ende Dezember 1987.
Dazwischen liegen Triumphe und Niederlagen der Bundesrepublik Deutschland. Strauß erzählt aus dem Zentrum der Macht.

»Ein Band, der eine spannende Lektüre ist, ob nun die politische Couleur ihn zum Muß macht, oder ob die politische Einstellung eher gegnerisch zum Autor war. Ein Band voller Geschichte und Geschichten, kein Wunder beim Historiker FJS, und alles ist auf unverblümte Art mit unverwechselbarer Diktion niedergelegt.« *Buchjournal*

im
Siedler Verlag

CIP-Titelaufnahme der Deutschen Bibliothek

[Deutscher Widerstand neunzehnhundertdreiunddreißig bis neunzehnhundertfünfundvierzig]
Deutscher Widerstand 1933-1945: Zeitzeugnisse und Analysen / hrsg. von Karl Otmar von Aretin ... - Berlin: Siedler
Teilw. hrsg. von Ger van Roon u. Hans Mommsen. -
Teilw. mit d. Verlagsangabe Severin u. Siedler, Berlin
NE: Aretin, Karl Otmar Frhr. von [Hrsg.];
Roon, Ger van [Hrsg.]
Stieff, Hellmuth: Briefe. - 1. Aufl. - 1991

Stieff, Hellmuth:
Briefe: Herausgegeben und eingeleitet
von Horst Mühleisen. - 1. Aufl. -
Berlin: Siedler, 1991
(Deutscher Widerstand 1933-1945)
ISBN 3-88680-366-X

Der Siedler Verlag ist ein gemeinsames
Unternehmen der Verlagsgruppe Bertelsmann
und von Wolf Jobst Siedler

Satz: Bongé + Partner, Berlin
Lithos: Faesser, Berlin
Umschlag: Hans-Peter Willberg, Eppstein
Druck: Bosch, Landshut
Buchbinder: Lüderitz & Bauer, Berlin
Printed in Germany 1991
ISBN 3-88680-366-X